아니마칸지의

일본어 한자혁명

1

후루룩외국어 x 시대에듀

아니마칸지의

일본어 한자혁명

1

후루룩외국어 x 시대에듀

머리말

약 10년간의 연구 성과와 노하우로 혁명과도 같은 한자 학습법을 제시해 드립니다.

여러분, 그거 아시나요? 일본인들도 한자를 외우기 어려워한다는 사실을요. 영어 문장을 읽기 위해선 26개의 알파벳만 외우면 됩니다. 한글도 14개의 자음과 10개의 모음만 외우면 글을 읽고 쓸 수 있죠. 하지만 일본어는 다릅니다. 약 92개의 히라가나와 가타카나, 그리고 문부과학성에서 지정한 초, 중, 고 상용한자 2136자를 외워야만 교과서와 신문을 읽을 수 있게 됩니다.

일본어는 알파벳이 2000개가 넘는 언어라 할 수 있습니다. 심지어 이게 끝이 아닙니다. 대학생이 되면 3000개가 넘는 한자를 외워야만 하죠. 때문에 일본의 학생들은 고등학교를 졸업할 때까지 한자를 외웁니다. 한국으로 비유하자면, 초등 1~3학년 때 하는 받아쓰기 시험을 고등학교 졸업 때까지 하는 셈이죠.

아니마칸지는 한자학의 거장이자 일본의 노벨상이라고 할 수 있는 일본 문화 훈장 수상자인 시라카와 시즈카(白川静) 박사의 연구물과 함께 갑골문자를 기반으로 한 독자적인 해설 체계를 만드는 데 성공했습니다. 이는 한자가 탄생한 지 약 1300년 이래 최초로 모든 한자를 통일된 부수 체계로 정리한 것으로, 부수 하나만 외워도 그 부수를 사용하는 수십 개의 한자를 아주 쉽고 재밌게 외울 수 있는 궁극의 한자 풀이법입니다.

한자의 기원, 갑골문자는 엄연히 상형문자입니다. 때문에 기존의 언어 체계로 한자를 해설하려고 하면 당연히 그것은 어색해질 수밖에 없게 됩니다. 특히나 JLPT N3~N1 수준의 어려운 한자로 갈수록 그 해설은 작위적인 것이 될 가능성이 높죠.

하지만 한자가 왜 태어났는지, 당대의 사람들이 왜 이런 모양으로 문자를 만들었는지, 한중일의 역사와 민속 문화를 바탕으로 그 유래를 유추해 가면 모든 것이 자연스럽게 연결되기 시작합니다. 단순히 어렵고 딱딱한 문자를 반복적으로 외우는 것이 아닌, 마치 하나의 거대한 옛이야기를 보는 듯한 시선으로 바뀌게 되죠. 이집트의 상형문자에도 당대 사람들의 생활 모습이 모두 담겨 있는 것처럼요.

아니마칸지는 약 10년 동안 6000자가 넘는 한자를 모두 수작업으로 비교하며, 고증에 충실하고도 통일된 해설 체계를 만들기 위해 노력했습니다. 말 그대로 수만 가지가 넘는 모든 경우의 수를 고려하여 가장 핵심적인 한자라 할 수 있는 상용한자 2136자의 그림 해설본을 만들었습니다. 그러한 혁신성으로 저희는 일본 특허청의 특허 출원이 아닌 '특허 등록'을 받게 되었고, 2021년 국내에선 유은혜 교육부 장관 및 부총리님의 우수기업 인증도 받게 되었습니다.

저 또한 처음에 한자를 외울 때 많은 고통을 겪었습니다. 그래서 저는 대학교 1학년 때부터 지금까지, 거의 10년이 넘는 시간을 한자 연구에만 쏟아부었습니다. 교수님들의 도움을 받아 갑골문부터 사학까지, 심지어 한중일의 무속 신앙까지 전부 참고하며 한자의 기원을 파헤치기 시작했죠. 그 결과물이 바로, 지금 눈앞에서 보고 계시는 바로 이 책입니다.

더 이상 손 아픈 깜지는 그만합시다. 아니마칸지가 들려주는 한자 스토리와 그림을 통해 한자를 눈으로 보고, 이야기로 기억해 보세요. 한자는 더 이상 어렵고 생소한 존재가 아닌, 일상의 즐거움이자 삶의 지혜로 바뀔 것입니다. 부디 여러분들의 한자 공부 시간이 고통과 지루함이 아닌, 재미와 감동으로 가득 차 있길 바랍니다.

아니마칸지 한자연구소 소장

손양의 드림

아니마칸지의 <일본어 한자혁명>이 특별한 이유

아니마칸지는?

아니마칸지는 기원전 1300년 이래 최초로 모든 한자를 그림으로 해설하고, 통일된 부수 체계로 정리하는데 성공한 한자 전문 연구 조직입니다. '아니마칸지'는 '영혼, 숨결'을 뜻하는 라틴어의 'Anima'와 일본어로 '한자'를 의미하는 단어 '漢字(kanji)'의 합성어로 '한자에 숨결을 불어넣다' 라는 뜻을 담고 있습니다. 본 연구소의 손양의 대표는 갑골문자, 소전, 동양사학, 민속학 등 오랜 시간 연구를 통해 고증에 충실한 해설문과 2300점이 넘는 일러스트를 직접 그리며 한자 학습에 대한 즐거움과 해결책을 제시합니다. 더 자세한 내용은 아니마칸지 공식 홈페이지와 전용 앱을 통해 확인해 보세요.

안드로이드 IOS

▸ 아니마칸지 상용한자 유료 학습 앱
공식 홈페이지 : www.animakanji.com

국내 최초! 일본에서 특허 받은 스토리식 한자 학습법

한자의 원리와 그 안에 담긴 스토리를 무시한 채 그저 암기를 강요하거나, 잘못된 고증으로 엉터리 해설을 제시하고 있는 국내 일본어 한자 학습서의 한계를 보완하고자 아니마칸지는 그동안의 연구 노하우를 바탕으로 한자의 어원을 직관적인 스토리로 풀어내어 이해를 돕는 학습법을 고안, 이는 국내 최초로 일본에서 특허 인증(일본 특허 번호: 제7356489호)을 받는 데 성공했습니다.

그림으로 한자를 접하면 한자가 기억에 오래 남습니다.

본 도서의 모든 한자에는 읽기만 해도 머릿속에 각인되는 이야기 형태의 한자 풀이와 아니마칸지의 그림 부수 체계가 반영된 일러스트가 수록되어 있어 한자를 아주 쉽고 재밌게, 빠르게 익힐 수 있습니다. 한자를 머리로만 암기하는 시대는 이제 끝났습니다. 눈으로 보고, 이야기로 기억하는 진짜 한자 학습서를 경험해 보세요.

일본 초등학교 상용한자 1026자 + 156자, 총 1182자 수록!

본 도서는 일본 문부과학성에서 지정한 초등학교 1~6학년 상용한자 1026자를 모두 다루고 있으며, 상용한자 외에 기초 한자 학습에 꼭 필요한 초~중급(JLPT N5~N2) 수준의 한자 156자를 추가 수록했습니다. JLPT N5~N2, JPT 700점, EJU 300점을 목표로 하시는 분들께 강력 추천합니다.

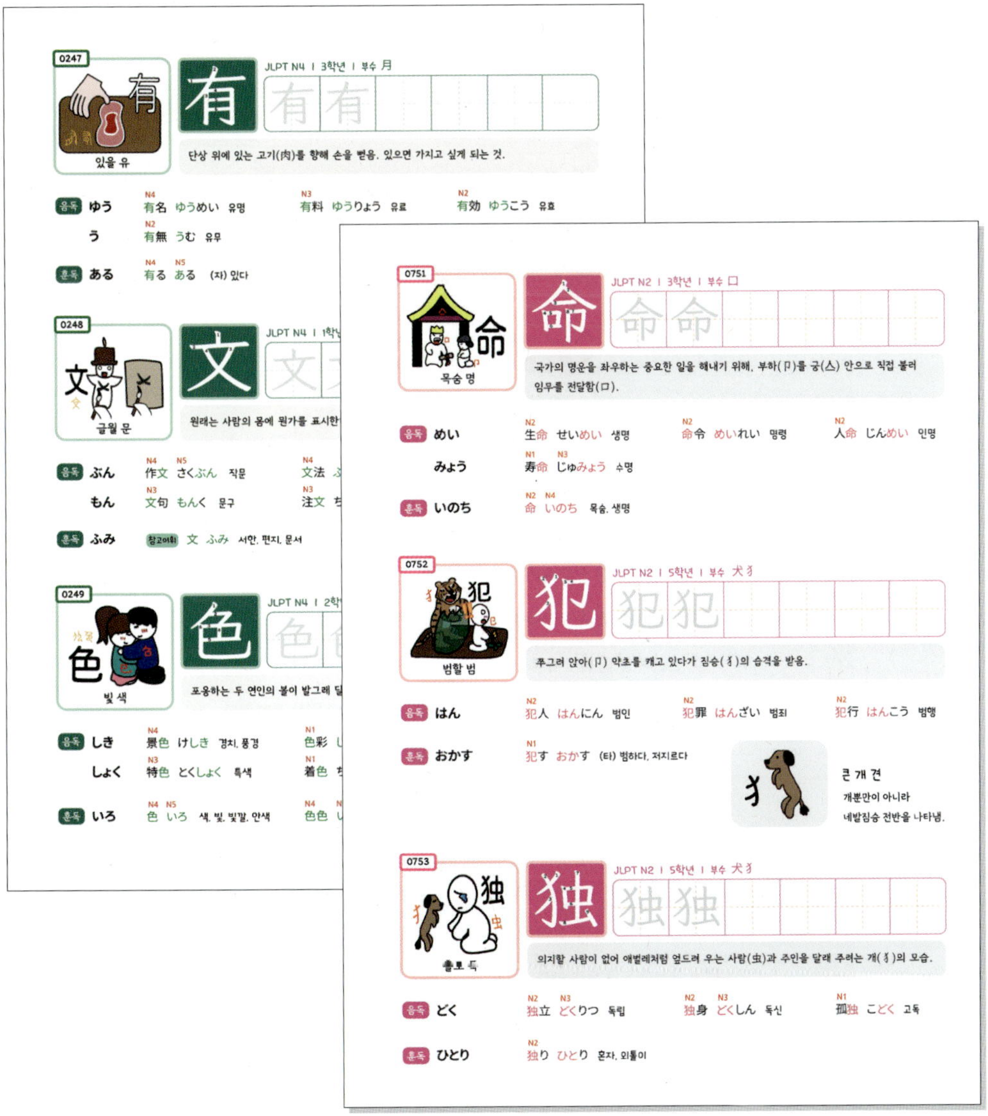

각 한자 어휘에는 JLPT 급수 표기가 되어 있어 시험 대비도 가능합니다.

구성 & 활용법

학습 준비하기

본격적인 학습에 앞서 이번 장에서 학습하게 될 내용을 한눈에 확인할 수 있는 페이지입니다. 상단에는 한자의 레벨에 어느 정도인지 JLPT(일본어능력시험) 기준으로 나타내었으며, 하단에는 각 한자들이 어떤 주제로 묶여 있는지 확인할 수 있도록 테마 리스트를 실었습니다.

제 4 장

JLPT N2 레벨

중고급 한자 **503**자

- 01 건축,조형, 큰 도구 유래 한자1
- 02 건축,조형, 큰 도구 유래 한자2
- 03 인간의 형상, 신체 유래 한자1
- 04 인간의 형상, 신체 유래 한자2
- 05 인간의 눈 유래 한자
- 06 인간의 발 유래 한자
- 07 인간의 입 유래 한자
- 08 인간의 손과 도구 유래 한자1
- 09 인간의 손과 도구 유래 한자2
- 10 유용한 도구 유래 한자
- 11 줄 관련 한자
- 12 돈 또는 자산 관련 한자
- 13 풀과 작물 유래 한자
- 14 나무 또는 목재 유래 한자
- 15 농경사회의 일상 관련 한자
- 16 칼과 화살을 부수로 가진 한자
- 17 자연물 유래 한자
- 18 새와 각종 동물 유래 한자
- 19 농경 사회, 천문, 점성술 관련 한자
- 20 황실과 귀족의 권위 관련 한자
- 21 병기와 전쟁 유래 한자

한자 학습하기

한자 번호
각 한자에 번호(001~1182)를 달았습니다. 순서대로 학습하셔도 좋고, 필요한 한자부터 보셔도 됩니다.

한자 획순
한자를 어떤 순으로 쓰는지 알 수 있도록 숫자로 획순을 표기했습니다.

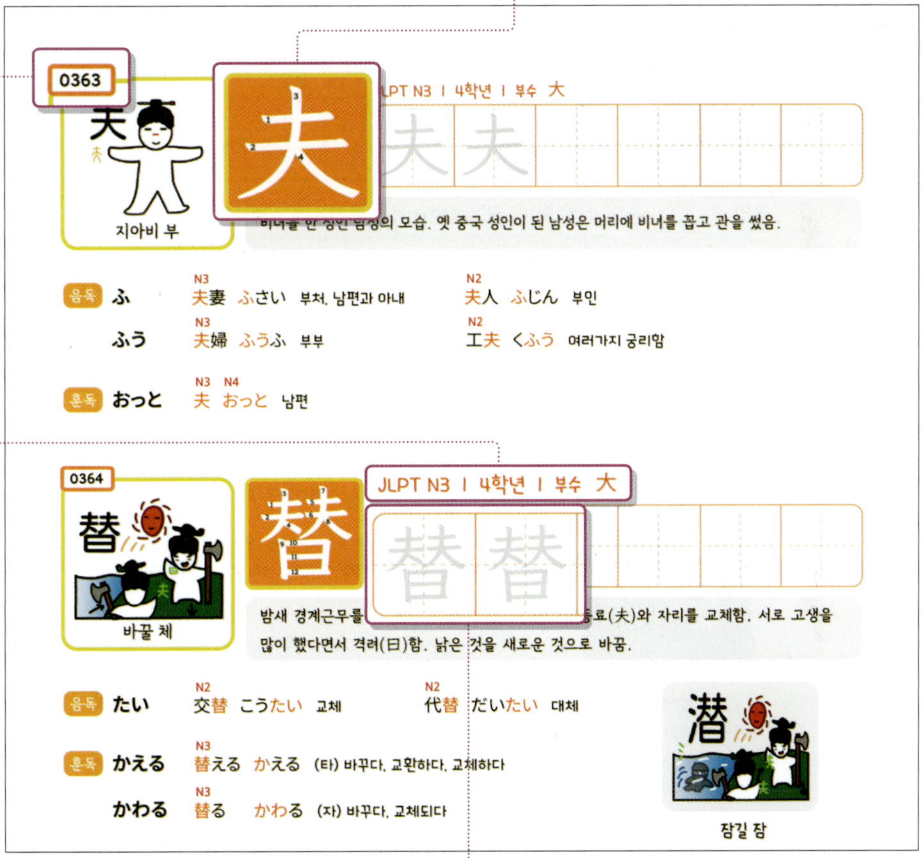
0363 夫 지아비 부 JLPT N3 | 4학년 | 부수 大

비녀를 한 성인 남성의 모습. 옛 중국 성인이 된 남성은 머리에 비녀를 꼽고 관을 썼음.

음독 ふ　N3 夫妻 ふさい 부처, 남편과 아내　N2 夫人 ふじん 부인
ふう　N3 夫婦 ふうふ 부부　N2 工夫 くふう 여러가지 궁리함
훈독 おっと　N3 N4 夫 おっと 남편

0364 替 바꿀 체 JLPT N3 | 4학년 | 부수 大

밤새 경계근무를 … 동료(夫)와 자리를 교체함. 서로 고생을 많이 했다면서 격려(曰)함. 낡은 것을 새로운 것으로 바꿈.

음독 たい　N2 交替 こうたい 교체　N2 代替 だいたい 대체
훈독 かえる　N3 替える かえる (타) 바꾸다, 교환하다, 교체하다
かわる　N3 替る かわる (자) 바꾸다, 교체되다

潜 잠길 잠

난이도/부수
한자 레벨을 JLPT, 일본 초등학교 기준으로 나타냈으며, 가장 우측에는 부수를 실었습니다.

쓰기 연습
획순을 참고해 가며 한자를 직접 써 볼 수 있습니다.

구성 & 활용법

한자 학습하기

한자 그림

아니마칸지만의 부수 체계가 반영된 한자 일러스트를 보면서 한자에 대한 이미지를 그려 보세요.

스토리식 어원풀이

일본 특허 인증을 받은 스토리 기반 어원 풀이를 읽어 보고 한자의 원리를 학습해 보세요.

옮길 운

運

JLPT N4 | 3학년 | 부수 辵 辶

수레(車)를 끌고 진영(冖)을 옮기는(辶) 병사들의 모습.

음독	うん	N4 運 うん 운, 운명, 행운		N4 運動 うんどう 운동		N4 運転 うんてん 운전
훈독	はこぶ	N4 運ぶ はこぶ (타) 운반하다, 옮기다 (자) 진행되다, 진척되다				

알고 가면 더 좋은!

재미있는 한자 이야기

군사 군

전선에 마차(車)를 세워놓고 진영(冖)를 구축하고 있는 군대(軍)의 모습.

왜 '옮길 운'에 행운, 운명이라는 의미도 붙었을까?

전쟁에서 가장 어려운 부분 중 하나가 바로 물자의 운송이었습니다. 수 만이 넘는 병사들의 식량과 무기를 수레에 싣고, 수 십킬로미터 이상을 행군하는 것은 아주 큰 고역이었죠.

더군다나 제대로 된 보존 기술도 없었던 옛날엔 비가 조금만 내려도 식량들이 금방 썩고는 했습니다. 그렇기 때문에 이 운송의 과정에서는 정말 많은 행운이 필요했죠. 그래서 이 '옮길 운' 이라는 한자에는 행운, 운명이라는 의미도 따라 붙게 되었습니다.

반대로 어떤 일을 행하기 전에 철저한 조사와 연구, 사전 준비를 한다면, 운이 좋아질 확률도 높아지겠죠?

음, 훈독/어휘

각 한자의 음독과 훈독과 함께 어휘를 학습해 보세요.

*어휘 위에는 JLPT 급수 표기가 되어 있습니다. 한자의 요미가나로 출제된 경우, 요미가나 위에 급수 표기를 해 놓았습니다.

재미있는 한자 이야기

한자 학습에 도움이 되는 꿀팁과 배경지식 등을 확인해 보세요.

실력 체크하기

각 주제별 학습을 마치고 나면 한자 실력을 스스로 체크해 볼 수 있도록 확인문제를 수록했습니다. 일본어 학습에서 특히 중요한 한자 표기와 읽는 법을 꼼꼼히 체크하여 각종 일본어 시험에 완벽히 대비할 수 있습니다. 정답은 페이지 가장 맨 하단에 표기되어 있습니다.

UPGRADE!

01

확인문제

한자표기 다음 단어의 한자 표기로 적당한 것을 고르세요.

01 くうき ① 空木 ② 空気 ③ 穴気

02 がいこくじん ① 外国人 ② 内国人 ③ 外玉人

03 でんしゃ ① 来年 ② 特別 ③ 電車

04 せんしゅう ① 来週 ② 先週 ③ 先周

05 じかん ① 時問 ② 寺間 ③ 時間

한자읽기 다음 한자의 읽는 법을 고르고 빈칸에 뜻을 적으세요.

06 電気 ① でんぎ ② てんき ③ でんき [ ]

07 午前 ① おぜん ② ごぜん ③ ごせん [ ]

08 午後 ① ごご ② おご ③ ごこ [ ]

09 毎日 ① まいいち ② まいにち ③ ないにち [ ]

10 汽車 ① きしゃ ② きちゃ ③ ぎしゃ [ ]

정답 01 ② 공기 02 ① 외국인 03 ③ 전차 04 ② 지난주 05 ③ 시간 06 ③ 전기 07 ② 오전 08 ① 오후 09 ② 매일 10 ① 기차

제1장 JLPT N5 레벨 기초 한자 110자 35

구성 & 활용법

학습 효과 2배로 올리는 부가 콘텐츠

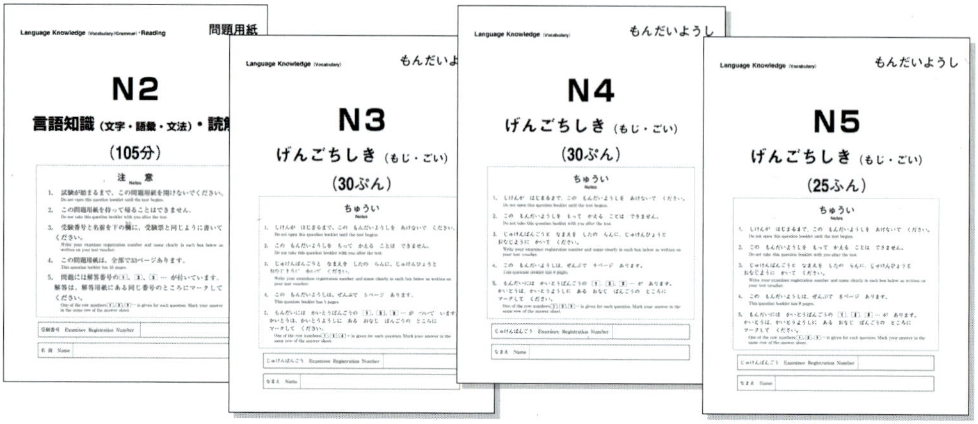

본서 학습 후, 일본어 능력 향상의 지표가 되는 일본어능력시험(JLPT)의 '언어지식(문자·어휘)' 영역을 모의테스트 형식으로 N5부터 N2까지 급수별로 제공하고 있습니다.

(좌측의 QR코드를 스캔하거나 www.sdedu.co.kr에 접속하여 다운로드)

학습 준비하기

표제어에 등장하는 용어 해설	JLPT N5~N1	일본어능력시험(JLPT) 급수 표시
	1학년~6학년	일본 문부과학성에서 발표한 상용한자 중 초등학교 1학년~6학년 학년별 필수 학습 한자 표시 *상용한자 외 상급 수준의 한자는 '상급한자'로 별도 표시함
	부수	표제어의 부수
어휘에 등장하는 용어 해설	음독	한자를 음으로 읽는 것
	훈독	일본 고유어로 한자를 의미로 읽는 것
	(자)	자동사에 해당하는 어휘
	(타)	타동사에 해당하는 어휘
	참고어휘	JLPT 급수에 해당하지 않은 어휘 혹은 참고로 인용한 어휘
	N5~N1	일본어능력시험(JLPT) 급수 표시 *일본어능력시험 N5, N4, N3 레벨 중 한자가 아닌 한자의 읽는 법(후리가나, 요미가나)으로 출제된 것은 요미가나 위에 급수 표기해 놓음

이 책의 목차

제1장 | JLPT N5 레벨 기초 한자 110자

학습완료 시 체크 ☑

제2장 | JLPT N4 레벨 초급 한자 202자

학습완료 시 체크 ☑

제3장 | JLPT N3 레벨 초중급 한자 367자

학습완료 시 체크 ☑

이 책의 목차

제4장 | JLPT N2 레벨 중고급 한자 503자

학습완료 시 체크 ☑

JLPT N5 수준의 초급 한자 110자를 마스터하면
일본어 한자 학습의 기초체력이 쑥쑥 올라갑니다.
숫자 표현부터 사람의 몸, 동식물에 관한 단어까지 배우다 보면
어느새 말문이 트여 있을 거예요.

제 1 장

JLPT N5 레벨 기초 한자 110자

01 방향, 날씨, 날짜, 시간 관련 한자

02 인간, 신체, 일상생활 관련 한자

03 자연, 동식물, 수량 관련 한자

01 방향, 날씨, 날짜, 시간 관련 한자(34자)

0001

앞 전

前

JLPT N5 | 2학년 | 부수 刂

배(舟)의 선두에 서서 칼(刂)을 뽑고 적진을 향해 뛰어드는(止) 솜씨 좋은 병사의 모습.

음독 ぜん

N5 午前 ごぜん 오전

N4 以前 いぜん 이전

N5 前後 ぜんご 전후

훈독 まえ

N5 前 まえ 앞

N2 腕前 うでまえ 솜씨, 실력

腕(うで)는 '팔 완'이라는 한자로 팔을 뜻합니다.
또한 신체 부위 뿐만 아니라 한 사람의 능력, 수완을 말하기도 합니다.

재미있는 한자 이야기

그칠 지

목적지에 도착해서 발걸음을 멈춤. 원래는 발을 그린 한자로, 앞으로 나아간다는 뜻을 가진 한자였음.

배 주

배를 그린 한자. 부수로 사용될 때는 달 월(月)의 형태를 가질 때도 있음.

칼 도

칼 도가 부수로 사용될 때는 선칼도방 도(刂)의 형태로 변하기도 함.

0002

뒤 후

後

JLPT N5 | 2학년 | 부수 彳

도망(夊)치려다 붙잡힌 포로들을 줄(糸)로 묶어 데려가고 있는 군관들과, 도망치지 못하게 순찰(彳)을 돌며 감시하고 있는 병사들의 모습. 뒤처져 있음.

음독 ご

- N5 午後 ごご 오후
- N4 以後 いご 이후
- N3 最後 さいご 최후

こう

- N3 後輩 N5 こうはい 후배
- N4 後半 こうはん 후반
- N4 後者 こうしゃ 후자

훈독 あと

- N5 後 あと 뒤, 나중

うしろ

- N5 後 うしろ 뒤쪽, 등쪽

のち

- N2 後 のち 뒤, 나중, 장래

おくれる

- N5 後れる おくれる (자) 시대나 어떤 흐름에 뒤떨어지다

재미있는 한자 이야기

조금 걸을 척

조금씩 발걸음을 옮기며 어딘가를 계속 왕래함.

실 사

실 또는 줄을 그린 모습. 사람 사이의 인연의 끈을 의미하기도 함.

뒤져올 치

늦어서 뛰어감. 갑골문에서 원래는 발을 나타낸 글자였음.

0003

오른쪽 우

右

JLPT N5 | 1학년 | 부수 口

오른손으로 밥을 먹는(口) 사람의 모습. 물이 귀하고 씻는 것이 어려웠던 옛날, 동양인은 오른손을 주로 밥 먹는 손으로 썼음.

음독 う

N3 右折 うせつ 우회전

N2 右辺 うへん 우변 (수학)

N2 右翼 うよく 우익

ゆう

N2 左右 さゆう 좌지우지함

훈독 みぎ

N5 右 みぎ 오른쪽

N5 右左 みぎひだり 오른쪽과 왼쪽

N5 右手 みぎて 오른손

0004

왼쪽 좌

左

JLPT N5 | 1학년 | 부수 工

주로 도구를 사용할 때 쓰는, 지저분한 일을 할 때 사용하는 손인 왼손을 가리킴.
실제 동서양 전쟁사 속, 혼자만 다른 검술을 쓰는 왼손잡이 검사는 탁월한 살수였음.

음독 さ

N3 左折 させつ 좌회전

N1 左翼 さよく 좌익

N1 左遷 させん 좌천

훈독 ひだり

N5 左 ひだり 왼쪽

N5 左手 ひだりて 왼손

왼쪽 좌 부수

손을 나타낸 한자.

장인 공

장인의 모루 또는 달구를 그린 모습. 달구(달고)는 땅을 고르게 다지는 도구임.

0005

날 일

日

JLPT N5 | 1학년 | 부수 日

해를 그린 모습. 해가 떠 있는 시간을 말하기도 함.

		N			N			N		
음독	じつ	N3	休日 きゅうじつ	휴일	N3	平日 へいじつ	평일	N2	当日 とうじつ	당일
	にち	N5	一日 いちにち	일일, 하루	N5	毎日 まいにち	매일			
훈독	ひ	N5	日 ひ	해, 태양	N5	日々 ひび	매일, 날마다	N4 N5	曜日 ようび	요일
	か	N5	五日 いつか	5일, 닷새						

0006

달 월

月

JLPT N5 | 1학년 | 부수 月

달을 그린 모습. 고기 육(肉)과 배 주(舟)는 부수로 쓰일 때 月의 모양을 가질 때가 있음.

		N			N		
음독	がつ	N5	九月 くがつ	9월	N5	十月 じゅうがつ	10월
	げつ	N5	今月 こんげつ	이번 달	N5	毎月 まいげつ	매월, 매달 (격식)
훈독	つき	N5	月 つき	달	N4	毎月 まいつき	매월, 매달 (구어체)

0007

해 년

年

JLPT N5 | 1학년 | 부수 干

한 해 동안 살 기른 작물을 등 뒤에 잔뜩 이고 있는 농부의 모습.

		N			N			N		
음독	ねん	N5	一年 いちねん	일년	N5	来年 らいねん	내년	N5	毎年 まいねん	매년 (격식)
훈독	とし	N5	年 とし	해, 년, 나이	N5	今年 ことし	올해	N4	毎年 まいとし	매년 (구어체)

0008

하늘 천

天

JLPT N5 | 1학년 | 부수 大

어른(大)의 머리 위에 있는 것(一)인 하늘을 말함.

음독 てん

N5 天 てん 하늘

N5 天気 てんき 날씨

훈독 あま

N1 天下り あまくだり 강림, 낙하산 인사

あめ

N1 天地 あめつち 천지, 세상

0009

기운 기

気

JLPT N5 | 1학년 | 부수 气

김(气)이 모락모락 나는 맛있는 밥(米)을 먹자 기운이 솟아남.

음독 き

N5 気 き 기, 기운

N5 天気 てんき 날씨, 천기

N4 元気 N5 げんき 건강

け

N3 気 け 기운, 기색

N2 湿気 しっけ 습기

N3 気配 けはい 흔적, 조짐

0010

물 끓는 김 기

汽

JLPT N5 | 2학년 | 부수 氵

끓는 물(氵)에서 김(气)이 모락모락 피어나고 있는 모습.

음독 き

N5 汽車 きしゃ 기차

N3 汽船 きせん 기선

N2 汽圧 きあつ 기압, 증기의 압력

0011

비 우

雨

JLPT N5 | 1학년 | 부수 雨

빗물이 지붕을 타고 내려오고 있는 모습.

음독 う

- N1 雨天 うてん 우천
- N2 N3 梅雨 ばいう 장마, 매화(梅花)가 필 때 쯤 내리는 비

あめ

- N5 雨 あめ 비
- N4 大雨 おおあめ 큰비

훈독 あま

- N3 雨戸 あまど 덧문
- N3 雨宿り あまやどり 비가 그치기를 기다림

0012

번개 전

電

JLPT N5 | 2학년 | 부수 雨

비(雨)와 번개(申)가 몰아치고 있는 모습.

음독 でん

- N5 電気 でんき 전기
- N4 N5 電話 でんわ 전화
- N5 電車 でんしゃ 전차, 전철
- N2 N4 電灯 でんとう 전등
- N3 発電 はつでん 발전 (전기를 만들어 냄)

납 신

구름 위에서 번개를 내리는 신의 모습.

고대인은 번개를 신의 분노 또는 어떠한 계시로 해석하였음.

'신고(申告)하다'의 경우에도 '申'을 사용함

0013

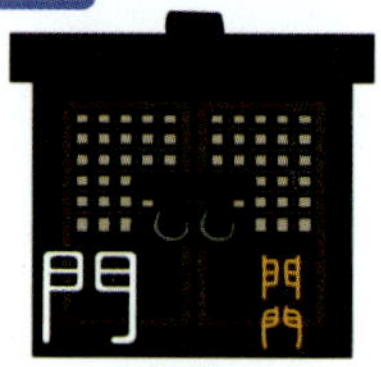

문 문

門

JLPT N5 | 2학년 | 부수 門

문을 그린 모습.

음독 もん

N5 門 もん 문

N4 正門 せいもん 정문

N3 専門 せんもん 전문

훈독 かど

門口 かどぐち 문간, 집의 출입구 참고어휘

0014

사이 간

間

JLPT N5 | 2학년 | 부수 門

정오가 되자 문(門) 틈 사이로 햇살(日)이 들어옴.

음독 かん

N5 時間 じかん 시간

N3 N4 期間 きかん 기간

けん

N2 世間 せけん 세간, 세상

훈독 あいだ

N5 間 あいだ 사이, (시공간적) 간격, ~동안

ま

N5 間 ま 사이, 간격

N4 昼間 ひるま 낮, 낮 동안

0015

이제 금

今

JLPT N5 | 1학년 | 부수 人亻

설산의 맑은 공기를 절벽 위에서 들이 마쉬며 현재 내가 여기 있음을 느낌. 지금 이 순간을 말함.

음독 こん

N5 今月 こんげつ 이번 달

N4 N5 今晩 こんばん 오늘 밤

N5 今週 こんしゅう 이번 주

きん

古今 こきん 고금, 일본의 옛 시가집 참고어휘

훈독 いま

N5 今 いま 지금

0016

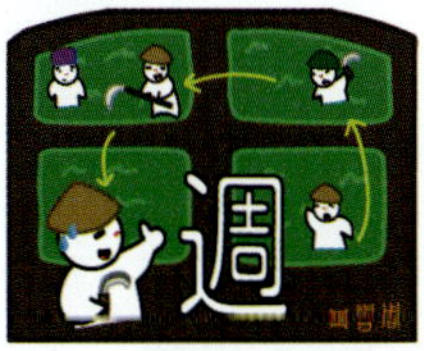

돌 주

週

JLPT N5 | 2학년 | 부수 辵 辶

농사를 위해 밭을(周) 전부 한 바퀴 도니(辶) 1주가 지나있음.

음독 **しゅう**

- N5 週 しゅう 주
- N5 来週 らいしゅう 다음 주
- N5 毎週 まいしゅう 매주
- N5 週間 しゅうかん 주간
- N5 先週 せんしゅう 지난주

쉬엄쉬엄 갈 착

먼 길을 쉬엄 쉬엄 걸어감.

두루 주

농사(田)를 지으며 주변(周) 동료들에게 뭐라 말하고 있는(口) 있는 농부의 모습.

0017

올 래

来

JLPT N5 | 2학년 | 부수 木

고대 사람들은 땅에서 작물이 자라는 것이 신이 선물을 내려주는 것이라 생각했음. 봄이 되자 신의 선물이 옴.

음독 **らい**

- N5 来年 らいねん 내년
- N5 来月 らいげつ 다음 달
- N3 未来 みらい 미래

훈독 **くる**

- N5 来る くる (자) 오다

きたす

- N2 来す きたす (타) 오게 하다

きたる

- N2 来る きたる (자) 찾아오다, 현재에 이르다

0018

매양 매

毎

JLPT N5 | 2학년 | 부수 毋 母

毎 毎

집에 오면 매일 반겨주는 아내나 어머니를 그린 모습. 결혼한 여성은 머리에 비녀를 꽂았음.

음독 **まい**

N5 毎日 まいにち 매일

N5 毎月 まいげつ·まいつき 매월

0019

낮 오

午

JLPT N5 | 2학년 | 부수 十

午 午

해가 가장 높게 뜬 시점을 말함. 너무 더워 절구공이를 내려놓은 일꾼의 모습.

음독 **ご**

N5 午前 ごぜん 오전

N5 午後 ごご 오후

N4 正午 しょうご 정오

0020

나눌 분

分

JLPT N5 | 1학년 | 부수 刀 刂

分 分

물건을 칼(刀)로 쪼갬(八).

음독 **ぶ**

N2 分 ぶ 몇 등분한 것의 하나

N4 大分 だいぶ 상당히, 꽤

ふん

N4 分 ふん (시간) 분

N1 分別 ふんべつ 분별

ぶん

N2 分 ぶん 몫, 부분

N4 気分 きぶん 기분

N3 部分 ぶぶん 부분

훈독 **わかる**

N5 分る わかる (자) 알다, 이해하다

냉장고를 분해해 보니, 어떤 구조인지 알겠어!

わかれる

N3 分れる わかれる (자) 갈라지다, 나뉘다

わける

N3 分ける わける (타) 나누다, 구분하다

わかつ

分つ わかつ (타) 나누다, 분배하다 참고어휘

0021

때 시

時

JLPT N5 | 2학년 | 부수 日

태양신(日)의 기운이 충만한 정오 12시에 사원(寺)에서 기도를 올리고 있는 제사장의 모습.

음독 **じ**

N5 一時 いちじ 잠시, 일시

N5 時間 じかん 시간

훈독 **とき**

N5 時 とき 시간, 시각, 때

N5 時々 ときどき 가끔, 때때로

절 사

어떤 사원의 사제(土)에게 가서(止) 절을 하며 공물을 바치고(寸) 있는 신도들의 모습.

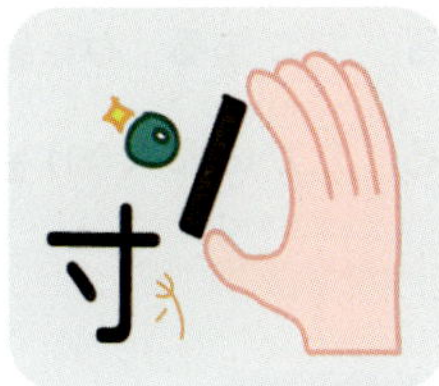

마디 촌

뭔가에 손을 뻗는 모습. 또는 어떤 일을 착수하기 위해 물건의 치수를 손으로 재봄.

0022

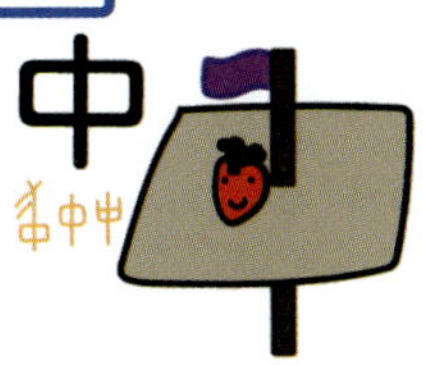

가운데 중

中

JLPT N5 | 2학년 | 부수 丨

한 가운데, 또는 마음 속 깊은 곳.

음독 **じゅう**

N5 中 じゅう ~하는 중에, 동안

N5 年中 ねんじゅう 연중

ちゅう

N4 中心 ちゅうしん 중심

N4 中止 ちゅうし 중지

N2 途中 とちゅう 도중

훈독 **なか**

N5 中 なか 내부, 속, 중앙

N5 お中 おなか 배, 복부

N4 中々 なかなか 꽤나

0023

높을 고

高

JLPT N5 | 2학년 | 부수 高

나무보다 높은 아주 큰 집을 그린 모습.

음독 **こう**

N4 高校	こうこう	고등학교	N3 最高	さいこう	최고	N3 高級	こうきゅう	고급

훈독

たか	N2 高	たか	(높이, 수치, 가격, 수준 등이) 높음
たかい	N5 高い	たかい	높다
たかまる	N3 高まる	たかまる	(자) 높아지다
たかめる	N3 高める	たかめる	(타) 높이다

0024

바깥 외

外

JLPT N5 | 2학년 | 부수 夕

원래 점을 칠 땐 주로 태양신이 있는 낮에 쳤는데, 매우 긴박한 상황이 되어 밤(夕)에 점(卜)을 침. 예외적으로 밤에 점을 치다.

음독

がい	N5 外国人 がいこくじん 외국인	N4 以外 いがい 이외	N2 N4 郊外 こうがい 교외
げ	N2 外科 げか 외과		

훈독

そと	N5 外	そと	바깥
ほか	N5 外	ほか	그 외의 것, 다른 것
はずす	N2 外す	はずす	(타) 떼다, 벗기다
はずれる	N2 外れる	はずれる	(자) 빠지다, 벗겨지다

저녁 석

달에 구름이 드리워져 있는 모습.

점 복

고대 동양의 주술사들은 거북이 등딱지를 불에 태운 다음, 그 갈라진 틈의 모양을 보며 점을 쳤음.

0025

이름 명

名

JLPT N5 | 1학년 | 부수 口

아무것도 안 보이는 밤(夕)에도 이름(口)을 부르면 상대가 누군지 알 수 있음.

음독 **みょう**

N2 名字 みょうじ 성씨, 성

N2 本名 ほんみょう 본명

めい

N4 有名 ゆうめい 유명

N3 名作 めいさく 명작

N2 N3 名刺 めいし 명함

훈독 **な**

N5 名前 なまえ 이름

0026

가게 점

店

JLPT N5 | 2학년 | 부수 广

점(占)을 봐주는 가게(广)의 모습. 어떤 장소에 자리 잡고 물건을 팜.

음독 **てん**

N4 売店 ばいてん 매점

N2 N5 喫茶店 きっさてん 찻집, 카페

훈독 **みせ**

N5 店 みせ 가게, 상점, 점포

점칠 점

새로운 지역을 점령하고 앞으로의 운세를 점(卜)치는 모습. 점을 본 결과를 말함(口). 점술, 점령.

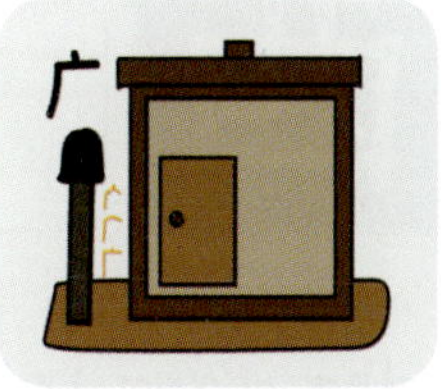

집 엄

담장이 있는 집의 모습.

0027

옛 고

古

JLPT N5 | 2학년 | 부수 口

10년도(十) 더 된 시절의 이야기를 늘어놓고(口) 있는 노인의 모습.

음독 こ

N3 中古 ちゅうこ 중고
N2 古典 こてん 고전
N1 古代 こだい 고대

훈독 ふるい

N5 古い ふるい 오래되다, 낡다

ふるす

古す ふるす (타) 낡게 하다 참고어휘

0028

동녘 동

東

JLPT N5 | 2학년 | 부수 木

동쪽에서 아침 해(日)가 나무(木) 뒤로 떠오르고 있는 모습. 또는 어떤 뭉치를 나타냄.

음독 とう

N4 東洋 とうよう 동양

훈독 ひがし

N5 東 ひがし 동쪽

0029

서녘 서

西

JLPT N5 | 2학년 | 부수 襾 西 覀

새의 둥지를 그린 모습. 중국의 겨울 철새들은 날씨가 추워지면 서쪽의 추운 지방으로 이동했기 때문에, 빈 새집이 서쪽이라는 의미로 연결됨.

음독 さい

N3 関西 かんさい 관서 지방 (교토, 오사카, 고베를 중심으로 한 지방)

せい

N4 西洋 せいよう 서양
N2 西欧 せいおう 서구
N2 西暦 せいれき 서력, 서기

훈독 にし

N5 西 にし 서쪽
N1 西日 にしび 석양, 서쪽으로 지는 해

0030

남녘 남

南

JLPT N5 | 2학년 | 부수 十

남쪽 열대지방으로 갈수록 과일나무들이 많이 보임.

음독 なん	N2 南極 なんきょく 남극	N2 南米 なんべい 남미
な	南無 なむ 나무아미타불의 나무 참고어휘	
훈독 みなみ	N5 南 みなみ 남쪽	N4 南風 みなみかぜ 남풍

0031

북녘 북

北

JLPT N5 | 2학년 | 부수 匕

예로부터 북쪽은 기후가 춥고 험해 사나운 유목민들이 많았고 남쪽은 따뜻하여 농경인이 많았는 데, 원래는 북쪽 사람을 등진다는 말이었으나 현재는 북쪽이라는 의미로만 사용됨. (옛 중국과 몽골, 고구려의 전쟁사.)

음독 ほく	N2 北米 ほくべい 북미, 북아메리카	N1 敗北 はいぼく 패배
훈독 きた	N5 北 きた 북, 북쪽	

등 배

사람을 등질(北) 때 보이는 신체 부위(肉)인 등을 말함. 배후, 배경.

종 복

양을 키우는 북방(业) 민족(羌)과의 전쟁에서, 사로잡은 포로(亻)들을 굴복시켜 종으로 만듦.

칠 박

북(业)으로부터의 침략을 예방하기 위해 북방민족(羌)을 치러(扌) 가는 남방민족의 모습. 박멸, 박살.

0032

空

빌 공

空

JLPT N5 | 1학년 | 부수 穴

살 곳(穴)을 만들기 위해 도구(工)로 빈 공간(空)을 만드는 모습. 입구 밖에 보이는 하늘을 가리키기도 함.

음독 くう

N5 空気 くうき 공기

N3 N4 空港 くうこう 공항

N3 空席 くうせき 공석

훈독 から

N5 空 から 텅 빔, 공

そら

N5 空 そら 하늘

あく

N4 空く あく (자) 비다, 결원이 생기다

あける

N3 空ける あける (타) 비우다, 쏟다

구멍 혈

넓은 동굴의 입구,
또는 지푸라기로 엮은
움집을 그린 모습.

장인 공

장인의 모루 또는 달구를
그린 모습. 달구(달고)는
땅을 고르게 다지는 도구임.

당길 공

작업하던 것을 멈추고
공사하면서 생긴 잔해물들을 밖으로
끌어냄. 덜어내다. 공제하다.

0033

위 상

上

JLPT N5 | 1학년 | 부수 一

하늘을 가리키고 있는 모습.

음독 **じょう**

N5 上手 じょうず 잘함, 솜씨가 좋음

N4 以上 いじょう 이상

しょう

上下 しょうか (신분의) 상하 참고어휘

훈독 **うえ**

N5 上 うえ 위, 위쪽

N5 年上 としうえ 연상

うわ

N4 上着 N5 うわぎ 겉옷

あがる

N5 上がる あがる (자) 오르다

あげる

N5 上げる あげる (타) 올리다

のぼる

N3 上る のぼる (자) 오르다, 상경하다

のぼす

N3 上す のぼす (타) 올리다 (=上せる)

のぼせる

N3 上せる のぼせる (타) 올리다, 글로 써서 실리게 하다

かみ

N2 上 かみ 위, 위쪽, 상류

N2 風上 かざかみ 바람이 불어오는 쪽

0034

아래 하

下

JLPT N5 | 1학년 | 부수 一

下 下

땅을 가리키고 있는 모습.

음독	か	N4 地下鉄	N5 ちかてつ	지하철
	げ	N2 下品	げひん	하품, 천함
훈독	した	N5 下	した	아래
	もと	N4 下	もと	슬하, 밑
	おりる	N4 下りる	おりる	(자) (주로 위치적으로) 내리다, 내려오다
	おろす	N4 下ろす	おろす	(타) (주로 위치적으로) 내리다, 아래로 옮기다
	くださる	N4 下さる	くださる	(타) (윗사람이) 주시다, 하사해 주시다
	くだす	N4 下す	くだす	(타) 내리다, 하달하다, (윗사람이) 하사하다
	くだる	N3 下る	くだる	(자) 내리다, 내려가다, (신적인 존재가) 강림하다
	さがる	N4 下がる	さがる	(자) (기온 등이) 내려가다, (값, 지위, 성적 등이) 떨어지다
	さげる	N4 下げる	さげる	(타) (물건·온도 등을) 내리다, (위치·가격·볼륨 등을) 낮추다, 줄이다
	しも	N2 下	しも	아래, 허리 아래, 강의 하류, 아래쪽

UPGRADE!

01

확인문제

한자표기 **다음 단어의 한자 표기로 적당한 것을 고르세요.**

01	くうき	① 空木	② 空気	③ 穴気
02	がいこくじん	① 外国人	② 内国人	③ 外玉人
03	でんしゃ	① 電転	② 雲車	③ 電車
04	せんしゅう	① 来週	② 先週	③ 先周
05	じかん	① 時問	② 寺間	③ 時間

한자읽기 **다음 한자의 읽는 법을 고르고 빈칸에 뜻을 적으세요.**

06	電気	① でんぎ	② てんき	③ でんき	
07	午前	① おぜん	② ごぜん	③ ごせん	
08	午後	① ごご	② おご	③ ごこ	
09	毎日	① まいいち	② まいにち	③ ないにち	
10	汽車	① きしゃ	② きちゃ	③ ぎしゃ	

정 답 01 ② 공기 02 ① 외국인 03 ③ 전차 04 ② 지난주 05 ③ 시간 06 ③ 전기 07 ② 오전 08 ① 오후 09 ② 매일 10 ① 기차

02

인간, 신체, 일상생활 관련 한자(41자)

0035

사람 인

人

JLPT N5 | 1학년 | 부수 人亻

사람이 서 있는 모습.

음독	じん	N5 日本人 にほんじん 일본인	N5 主人 しゅじん 주인, 가장	N4 人口 じんこう 인구
	にん	N5 三人 さんにん 세 명	N3 N4 人形 にんぎょう 인형	
훈독	ひと	N5 人 ひと 사람		

0036

들어갈 입

入

JLPT N5 | 1학년 | 부수 入

사람이 왔다갔다 하는 정문의 지붕을 그린 모습.

음독	にゅう	N4 入学 にゅうがく 입학	N4 入社 にゅうしゃ 입사	N4 入院 にゅういん 입원
		N2 収入 しゅうにゅう 수입		
훈독	はいる	N5 入る はいる (자) 들어가다, 들어오다		
	いれる	N5 入れる いれる (타) 넣다, 들어가게 하다		
	いる	N2 入る いる (자) 들다, 들어가다	N5 入(り)口 いりぐち 입구	

0037

큰 대

大

JLPT N5 | 1학년 | 부수 大

덩치가 큰 어른의 모습.

음독 たい
N3 N5 大変 たいへん 대단함, 힘듦
N2 N4 大底 たいてい 대개, 적당히

だい
N5 大学 だいがく 대학
N1 N5 大丈夫 だいじょうぶ 괜찮음
난 사내 대장부니까 괜찮아!

훈독 おお
N3 N4 大雪 おおゆき 대설, 큰 눈

おおきい
N5 大きい おおきい 크다, 많다

おおいに
N3 大いに おおいに 대단히, 크게, 매우

0038

개 견

犬

JLPT N5 | 1학년 | 부수 犬 犭

개를 끌어안고 있는 사람의 모습.

음독 けん
N2 愛犬 あいけん 애견

훈독 いぬ
N5 犬 いぬ 개
N4 小犬 こいぬ 강아지, 작은 개

0039

아들 자

子

JLPT N5 | 1학년 | 부수 子

머리가 큰 아이를 나타낸 모습.

음독 し
N3 女子 じょし 여자
N3 男子 だんし 남자
N2 弟子 でし 제자

す
N1 N5 椅子 いす 의자
N2 様子 ようす 모양, 상태, 정세

훈독 こ
N3 N5 子供 こども 아이, 어린아이
N3 息子 むすこ 아들, 자식

0040

어미 모

母

JLPT N5 | 1학년 | 부수 毋 母

母 母

아이에게 모유를 주고 있는 어머니의 모습.

음독 ぼ

- N2 父母 ふぼ 부모
- N2 N4 祖母 そぼ 조모, 할머니
- N1 母国 ぼこく 모국

훈독 はは

- N5 母 はは 어머니
- N4 母親 ははおや 어머니, 모친

0041

아비 부

父

JLPT N5 | 1학년 | 부수 父

父 父

공구를 들고 있는 힘센 아버지의 모습.

음독 ふ

- N2 N4 祖父 そふ 조부, 할아버지

훈독 ちち

- N5 父 ちち 아버지
- N4 父親 ちちおや 아버지, 부친

0042

힘 력

力

JLPT N5 | 1학년 | 부수 力

力 力

밭을 갈고 있는 힘센 농부의 모습. 원래 갑골문에서 '力'은 쟁기를 그린 한자였음.

음독 りき

- N2 自力 じりき 자력
- N2 馬力 ばりき 마력

りょく

- N2 N3 能力 のうりょく 능력
- N3 実力 じつりょく 실력

훈독 ちから

- N5 力 ちから 힘

0043

사내 남

男

JLPT N5 | 1학년 | 부수 田

男 男

밭(田)에서 일하는 힘센(力) 농부를 나타낸 모습.

음독 だん
- 男子 だんし 남자 (N3)
- 男性 だんせい 남성 (N3 N4)
- 男女 だんじょ 남녀 (N2)

なん
- 次男 じなん 차남 (N3)
- 長男 ちょうなん 장남 (N3)

훈독 おとこ
- 男 おとこ 남자, 남성 (N5)

0044

여자 여

女

JLPT N5 | 1학년 | 부수 女

女 女

앉아있는 사람의 모습. 원래는 집에 주로 앉아있는 사람을 뜻하는 단어였으나, 고대엔 그게 주로 어머니나 아내였기에 여자라는 의미가 붙음.

음독 じょ
- 女子 じょし 여자 (N3)
- 女性 じょせい 여성 (N3 N4)
- 長女 ちょうじょ 장녀 (N3)

にょ
- 老若男女 ろうにゃくなんにょ 남녀노소 참고어휘

にょう
- 女房 にょうぼう 1. 아내, 처, 마누라 2. 궁녀 참고어휘

훈독 おんな
- 女 おんな 여자, 여성 (N5)

め
- 女神 めがみ 여신 참고어휘

0045

편안 안

安

JLPT N5 | 1학년 | 부수 宀

安 安

집(宀)에서 언제나 날 기다려 주는 어머니(女) 또는 아내가 있어 마음이 평안함.

음독 あん
- 安全 あんぜん 안전 (N3 N4)
- 安心 あんしん 안심 (N4)
- 不安 ふあん 불안 (N4)

훈독 やすい
- 安い やすい 1. (가격이) 싸다 2. 편하다 (N5)

0046

길 장

長

JLPT N5 | 1학년 | 부수 長

긴 머리카락(彡)과 옷자락(衣)을 휼날리며 서 있는 명망 높은 어르신의 모습.

음독 ちょう

N4 社長 しゃちょう 사장　N4 部長 ぶちょう 부장　N3 課長 N4 かちょう 과장

훈독 ながい

N5 長い ながい 길다, (세월이나 시간이) 오래다

0047

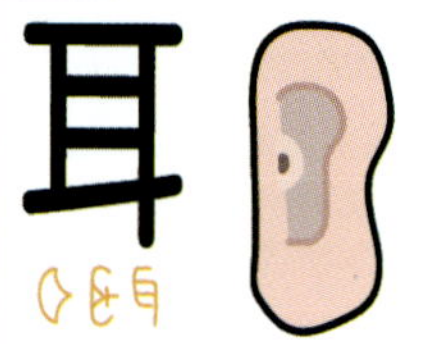

귀 이

耳

JLPT N5 | 1학년 | 부수 耳

귀를 그린 모습.

음독 じ

耳目 じもく 이목, 견문 참고어휘

훈독 みみ

N5 耳 みみ 귀　N1 初耳 はつみみ 초문, 처음 들어봄

0048

들을 문

聞

JLPT N5 | 2학년 | 부수 耳

문(門) 너머로 귀(耳)를 기울이고 있는 모습.

음독 ぶん

N5 新聞 しんぶん 신문　N1 外聞 がいぶん 외문, 세상 소문

もん

N1 聴聞 ちょうもん 청문　N1 未聞 みもん 미문, 아직 듣지 못한 일

훈독 きく

N5 聞く きく (타) 듣다, 묻다

きこえる

N4 聞える きこえる (자) 들리다

0049

目

JLPT N5 | 1학년 | 부수 目 罒

눈을 그린 모습.

음독 **もく**
- N3 注目 ちゅうもく 주목
- N3 目標 もくひょう 목표
- N3 目的 もくてき 목적

ぼく
- N1 面目 めんぼく 면목

훈독 **め**
- N5 目 め 눈
- N1 N4 駄目 だめ 소용없음, 쓸모 없음

ま
- N1 N2 目蓋 まぶた 눈꺼풀

0050

見

JLPT N5 | 1학년 | 부수 見

가장 넓은 시야(目)와 식견을 갖춘 사람(人)을 나타냄.

음독 **けん**
- N4 見物 けんぶつ 구경
- N4 意見 いけん 의견
- N3 発見 はっけん 발견

훈독 **みる**
- N5 見る みる (타) 보다

みせる
- N5 見せる みせる (타) 보이다, 보여주다, 나타내다

みえる
- N4 見える みえる (자) 보이다, 눈에 들어오다

0051

口

JLPT N5 | 1학년 | 부수 口

입 또는 뭔가가 오가는 통로를 말함.

음독 **こう**
- N4 人口 じんこう 인구
- N2 火口 かこう 화구
- N2 口実 こうじつ 구실

く
- N1 口調 くちょう 어조

훈독 **くち**
- N5 口 くち 입
- N5 出口 でぐち 출구
- N2 悪口 わるくち 험담

0052

말씀 언

言

JLPT N5 | 2학년 | 부수 言

어떤 사람이 자신의 견해를 말하고 있는 모습.

음독 げん
- N3 言語 げんご 언어
- N2 方言 ほうげん 방언
- N2 発言 はつげん 발언

ごん
- N3 伝言 でんごん 전언
- N2 遺言 ゆいごん 유언

훈독 いう
- N5 言う いう (타) 말하다, 이야기하다

こと
- N3 N4 言葉 ことば 말, 이야기
- N2 一言 ひとこと 한마디

0053

말씀 어

語

JLPT N5 | 2학년 | 부수 言

중요한 말을(言) 글로 받아 적기엔 너무 내용이 많아(五), 직접 달려가 구두(口)로 보고하고 있는 전령의 모습.

음독 ご
- N4 N5 英語 えいご 영어
- N3 単語 たんご 단어
- N3 国語 こくご 국어

훈독 かたる
- N2 語る かたる (타) 말하다, 이야기하다, 잘 설명하다

かたらう
- 語らう かたらう (타) 이야기를 주고받다 참고어휘

다섯 오

다섯을 표기한 모습.
막대기로 표현하기엔 5개는
너무 많아 교차해서 표시함.

깨달을 오

하늘과 땅이 교차(五)하는
세상의 중심에서, 만물의
이치를 깨달아(忄) 탄성(口)을
내지르고 있는 사람의 모습.

0054

말씀 화

話

JLPT N5 | 2학년 | 부수 言

현장 감독(舌)과 지휘관(言)이 앞으로의 계획에 대해 진지하게 상의하고 있는 모습.

음독 わ

N5 電話 でんわ 전화

N4 会話 かいわ 회화

N4 世話 せわ 도움, 신세짐

훈독 はなし

N5 話 はなし 이야기, 할 말

N3 話合う はなしあう (자) 의논하다, 상의하다

はなす

N5 話す はなす (타) 말하다, 이야기하다

0055

어찌 하

何

JLPT N5 | 2학년 | 부수 人亻

뭐라고 하소연(可) 하는 사람과(亻) 언어가 통하지 않아 어찌해야 할지 모르겠는 사람의 모습.

음독 か

幾何 きか 기하, 기하학, 넓이나 폭 등을 측정하는 학문 참고어휘

훈독 なに

N5 何 なに 무엇

N1 何卒 なにとぞ 부디, 아무쪼록

なん

N5 何 なん 무엇, 몇

N5 何人 なんにん 몇 명

N4 何度 なんど 몇 번

혀 설

혀를 열심히 놀려가며 뭐라뭐라 지시를 내리고 있는 사람의 모습. 원래는 뱀의 혀를 나타내었음.

옳을 가

하하하 웃으며 두 팔을 벌리고 좋아하는 사람의 모습. 호감이 가서 수용이 가능함. 혹은 뭐라 크게 말하며 강하게 하소연 함.

0056

손 수

手

JLPT N5 | 2학년 | 부수 手扌

손을 그린 모습.

음독 しゅ

N3 N4 選手 せんしゅ 선수　　N4 歌手 かしゅ 가수

훈독 て

N5 手 て 손　　N4 N5 手紙 てがみ 편지　　N4 N5 切手 きって 우표, 수표

た

手繰る たぐる (타) 끌어당기다, 더듬어 나가다 참고어휘

0057

발 족

足

JLPT N5 | 1학년 | 부수 足

입구(口)나 출구를 향해 발걸음을 옮기는(止) 사람의 모습. 인력의 수를 뜻하기도 함. 부족하다, 만족하다.

음독 そく

N3 不足 ふそく 부족　　N3 満足 まんぞく 만족

훈독 あし

N5 足 あし 발, 다리　　N2 N3 足跡 あしあと 발자국, 발자취

たす

N4 足す たす (타) 더하다

たりる

N4 足りる たりる (자) 족하다, 충분하다

たる

N2 足る たる (자) 족하다, 충분하다, 만족하다

그칠 지

목적지에 도착해서 발걸음을 멈춤. 원래는 발을 그린 한자로, 앞으로 나아간다는 뜻을 가진 한자였음.

0058

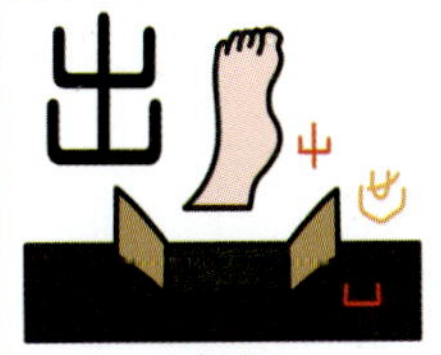

날 출

出

JLPT N5 | 1학년 | 부수 凵

문 밖으로 발을 내딛고 있는 모습.

음독 **しゅつ**

N3 外出 がいしゅつ 외출　N3 提出 ていしゅつ 제출　N3 輸出 ゆしゅつ 수출

すい

N1 出納 すいとう 출납

훈독 **だす**

N5 出す だす (타) 1. 내놓다 2. 대접하다

でる

N5 出る でる (자) 나가다, 나아가다

0059

벗 우

友

JLPT N5 | 2학년 | 부수 又

친구가 손(又)을 흔들며 인사하자 팔을 벌리며 환영함.

음독 **ゆう**

N3 友人 ゆうじん 친구　N3 親友 しんゆう 친우, 친한 친구

훈독 **とも**

N5 友 とも 벗　N3 N5 友達 ともだち 친구, 동무

왼 좌 부수

손을 내민.

또 우

손을 흔들며 또 만나자고
작별인사를 하는 모습.
又ね! (またね!) = 또 봐!

0060

설 립

立

JLPT N5 | 1학년 | 부수 立

당당히 서 있는 사람의 모습.

음독 りつ

- N4 国立 こくりつ 국립
- N2 N3 独立 どくりつ 독립
- N3 私立 しりつ 사립

りゅう

- 建立 こんりゅう (불교) 건립 참고어휘

훈독 たつ

- N5 立つ たつ (자) 서다

たてる

- N5 立てる たてる (타) 세우다

0061

새 신

新

JLPT N5 | 1학년 | 부수 斤

상관(立)의 명령으로 새로운 건물을 신축하기 위해 도끼(斤)로 나무(木)를 자름.

음독 しん

- N5 新聞 しんぶん 신문
- N4 新年 しんねん 신년
- N2 新人 しんじん 신인

훈독 あたらしい

- N5 新しい あたらしい 새롭다

あらた

- N2 新た あらた 새로움, 생생함

にい

- N1 新妻 にいづま 새댁, 갓 결혼한 아내

근 근

도끼(斤)를 그린 모습.
손도끼 하나 정도의 무게,
1근을 말함. 약 600그램
정도 됨.

0062

둥글 원

円

JLPT N5 | 1학년 | 부수 冂

고대 제사 때 쓰던 아주 비싸고 둥근 제기를 그림. 현재는 주로 평면 형태의 둥근 것을 말하며, 일본에서는 화폐단위인 엔(円)을 나타내기도 함.

음독 **えん**
- N5 円 えん 1. (일본 화폐 단위) 엔 2. 둥근 것, 원
- N5 一円 いちえん 1엔

훈독 **まるい**
- N4 円い まるい 둥글다 (≒丸い まるい 둥글다)

0063

밥 식

食

JLPT N5 | 2학년 | 부수 食 飠

밥을 짓고 있는 모습.

음독 **しょく**
- N4 N5 食堂 しょくどう 식당
- N4 食事 しょくじ 식사
- N4 夕食 ゆうしょく 저녁 식사

じき
- 乞食 こじき 거지, 비렁뱅이 참고어휘

훈독 **たべる**
- N5 食べる たべる (타) 먹다
- N4 N5 食べ物 たべもの 먹을 것, 음식

くう
- N2 食う くう (타) 먹다

くらう
- N2 食らう くらう (타) 먹다, 좋지 않은 일을 당하다

0064

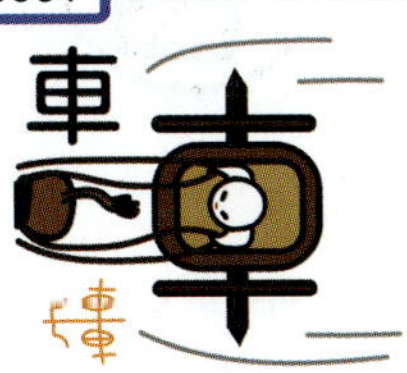

수레 차

車

JLPT N5 | 1학년 | 부수 車

수레(車)를 그린 모습. 현대엔 자동차를 의미함.

음독 **しゃ**
- N5 電車 でんしゃ 전철
- N5 汽車 きしゃ 기차
- N3 N4 駐車 ちゅうしゃ 주차

훈독 **くるま**
- N5 車 くるま 차, 탈 것, 수레
- N2 歯車 はぐるま 톱니바퀴

0065

마실 음

飲

JLPT N5 | 3학년 | 부수 食 飠

밥을(食) 먹다 목이 메여 입을 크게 벌리고(欠) 물을 마심.

음독 いん

N4 飲酒 いんしゅ 음주

훈독 のむ

N5 飲む のむ (타) 마시다, 약을 먹다

N4 飲み物 のみもの 마실 것, 음료

0066

글 서

書

JLPT N5 | 2학년 | 부수 曰

누가 말하는(曰) 것을 종이에 받아 적고 있는(聿) 모습.

음독 しょ

N3 N5 辞書 じしょ 사전

N4 N5 図書館 としょかん 도서관

N3 文書 ぶんしょ 문서

훈독 かく

N5 書く かく (타) 쓰다

하품 흠, 이지러질 결

사람이 하품하자 피곤했던 영혼이 잠깐 바깥 공기를 쐬고 오는 모습. 결핍(欠乏)된 상태. 입을 크게 벌려 호흡함.

붓 율

붓으로 글을 씀.

가로 왈

이빨이 보일 정도로 입을 크게 벌리며 열심히 말함.

0067

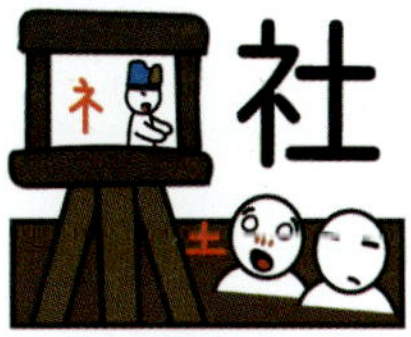

모일 사

社

JLPT N5 | 2학년 | 부수 示ネ

중요한 전달사항이 있어 망루 위(示)에서 땅(土)에 있는 사람들에게 모여보라고 소리침.

음독 **しゃ**

N5 会社 かいしゃ 회사

N5 社会 しゃかい 사회

N4 社長 しゃちょう 사장

N4 入社 にゅうしゃ 입사

N4 本社 ほんしゃ 본사

훈독 **やしろ**

社 やしろ 신을 모신 건물, 신사 참고어휘

보일 시

망루 위에서 지시를 내림.
또는 신의 제단을 나타냈음.

제사 제

제사(示)로 올리는 고기(肉)가
상하지 않았는 지 손(又)으로 확인해 봄.
제사, 축제, 일본의 마츠리.

0068

모을 회

会

JLPT N5 | 2학년 | 부수 人亻

밥솥 앞에 앉아있는 사람들의 모습. 모여서 의논함.

음독 **かい**

N5 会 かい 회, 모임

N3 N4 会議 かいぎ 회의

N4 会話 かいわ 회화

え

会 え 법회, 모임 심화어휘

훈독 **あう**

N5 会う あう (자) 만나다, 마주치다

0069

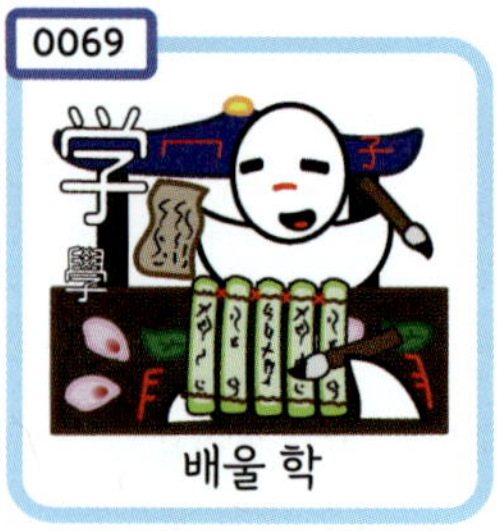

배울 학

学

JLPT N5 | 1학년 | 부수 子

서당에서 공부를 하고 있는 학생의 모습. 줄로 엮인 대나무 책인 죽간을 두 손으로 잡고, 문장을 읽으며 공부함.

음독 がく

- N5 大学 だいがく 대학
- N5 学生 がくせい 학생
- N4 入学 にゅうがく 입학

훈독 まなぶ

- N3 学ぶ まなぶ (타) 배우다, 습득하다, 공부하다

0070

학교 교

校

JLPT N5 | 1학년 | 부수 木

나무(木) 밑 의자에 앉아(交) 학생들을 가르치고 있는 선생의 모습.

음독 こう

- N5 学校 がっこう 학교
- N4 校長 こうちょう 교장
- N4 小学校 しょうがっこう 초등학교
- N4 中学校 ちゅうがっこう 중학교
- N4 高校 こうこう 고등학교

사귈 교

의자에 다리를 꼬고 앉아 느긋하게 대화를 하고 있는 사람들의 모습. 교제하다.

견줄 교

느긋하게 다리를 꼬고 앉아 어떤 수레가 더 빠른 지 비교함.

0071

주인 주

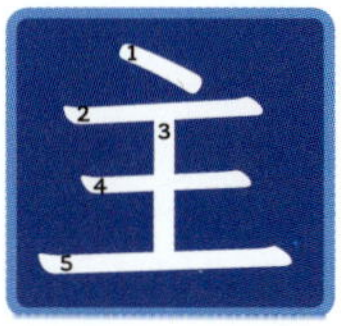

JLPT N5 | 3학년 | 부수 主

어두운 곳에선 촛불을 든 사람이 주인임. 지혜는 무지를 밝히는 빛으로 상징되었음.

음독 しゅ

N5 主人 しゅじん 주인
N2 N3 主婦 しゅふ 주부
N2 N3 主張 しゅちょう 주장

す

座主 ざす (불교) 좌주 참고어휘

훈독 おも

N3 主 おも 주됨, 주요함

ぬし

N1 主 ぬし 주인, 임자
N1 家主 やぬし 가주, 집주인

0072

나라 국

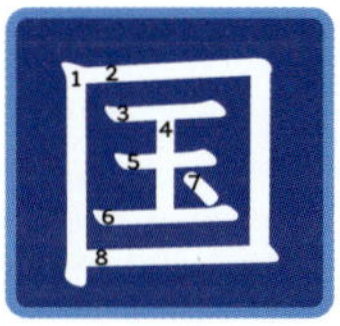

JLPT N5 | 2학년 | 부수 国

임금과 국가의 재보(玉)를 지키는 성벽(口)을 그린 모습.

음독 こく

N5 外国人 がいこくじん 외국인
N3 N4 国内 こくない 국내
N1 N5 韓国 かんこく 한국

훈독 くに

N5 国 くに 나라, 국가

구슬 옥

아주 귀한 보석인 옥(玉)을 그린 모습.

임금 왕

양날 도끼는 왕(王)의 권력을, 외날 도끼는 신하(士)의 권력을 상징했음.

나라 국 (본자)

혹여나 적이 오지 않을까, 성문 앞에서 경계를 서고 있는 병사의 모습.

0073

흰 백

白

JLPT N5 | 1학년 | 부수 白

어둠을 하얗게 밝히는 촛불을 그린 모습.

음독 **はく**

N3 明白 めいはく 명백

N4 白菜 はくさい 배추

びゃく

黒白 こくびゃく 흑백 참고어휘

훈독 **しろい**

N5 白い しろい 하얗다

N3 N5 面白い おもしろい 재밌다

しろ

N5 白 しろ 흰색

N4 白黒 しろくろ 흑백

しら

N2 白髪 しらが 백발, 흰머리

0074

다닐 행

行

JLPT N5 | 2학년 | 부수 行

간판, 깃발을 들고 사람이 많은 사거리를 왔다갔다 함.

음독 **ぎょう**

N3 行 ぎょう 행

N2 行列 ぎょうれつ 행렬

N3 行事 ぎょうじ 행사

こう

N4 N5 銀行 ぎんこう 은행

N3 N5 飛行機 ひこうき 비행기

N4 N5 旅行 りょこう 여행

あん

行脚 あんぎゃ 승려의 여행 참고어휘

훈독 **いく**

N5 行く いく (자) 가다

おこなう

N3 行う おこなう (타) (일을) 하다, 행하다

ゆく

N4 行く ゆく (자) 가다

0075

읽을 독

読

JLPT N5 | 2학년 | 부수 言

상인으로부터 매입한(売) 책을 낭독(言)하고 있는 사관의 모습.

음독 **どく**
- N5 読書　どくしょ　독서
- N1 購読　こうどく　구독
- N1 朗読　ろうどく　낭독

とう
- N2 句読点　くとうてん　구두점

とく
- 読本　とくほん　독본　참고어휘

훈독 **よむ**
- N5 読む　よむ　(타) 읽다

팔 매

상인(人)이 책상(冖) 위에 진열해 놓은 물건을 사관(士)이 사가고 있는 모습. 매매.

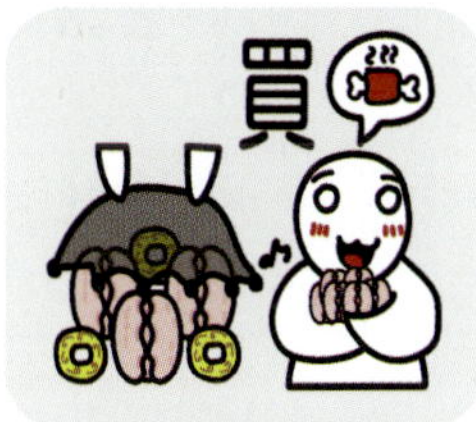

살 매

구매하고 싶은 물건이 있어, 고대의 화폐였던 마노 조개(貝)를 그물(网)로 채취해 가져감. 매입.

조개 패

조개를 그린 모습. 고대 사회엔 조개를 화폐로 썼기에 재물이라는 의미를 가짐. 특히 마노 조개는 보석처럼 광택이 있고 구하기 힘들었음.

UPGRADE!

02

확인문제

한자표기 **다음 단어의 한자 표기로 적당한 것을 고르세요.**

01	じんこう	① 人口	② 人生	③ 入口
02	じょし	① 男子	② 女子	③ 女学
03	しんぶん	① 新聞	② 新間	③ 新問
04	でんわ	① 談話	② 雲話	③ 電話
05	かいしゃ	① 社会	② 会社	③ 合社

한자읽기 **다음 한자의 읽는 법을 고르고 빈칸에 뜻을 적으세요.**

		①	②	③	뜻
06	学生	① かくせい	② かくせん	③ がくせい	
07	学校	① かっこう	② がっごう	③ がっこう	
08	主人	① しゅじん	② しゅいん	③ じゅいん	
09	銀行	① ぎんこう	② きんこう	③ きんごう	
10	読書	① とくしょ	② どくしょ	③ とくじょ	

정 답 01 ① 인구 02 ② 여자 03 ① 신문 04 ③ 전화 05 ② 회사 06 ③ 학생 07 ③ 학교 08 ① 주인 09 ① 은행 10 ② 독서

03

자연, 동식물, 수량 관련 한자(35자)

0076

나무 목

木

JLPT N5 | 1학년 | 부수 木

木 木

나무의 뿌리를 그린 모습.

음독 **ぼく**

N2 大木 たいぼく 거목, 큰 나무

N1 土木 どぼく 토목

もく

N2 材木 ざいもく 재목

N2 木材 もくざい 목재

훈독 **き**

N5 木 き 나무

N3 並木 なみき 가로수

こ

木立 こだち 나무숲 참고어휘

0077

근본 본

本

JLPT N5 | 1학년 | 부수 木

本 本

나무(木)의 뿌리를 가리키며 근본(本)을 강조함. 지식의 뿌리인 책을 말하기도 함.

음독 **ほん**

N5 本 ほん 책

N5 日本人 にほんじん 일본인

N1 本質 ほんしつ 본질

N2 本来 ほんらい 본래

훈독 **もと**

N2 本 もと 시초, 근본, 근간

本木 もとき 나무 밑동 참고어휘

0078

쉴 휴

休

JLPT N5 | 1학년 | 부수 人 亻

休 休

어떤 사람(亻)이 나무(木)에 기대어 쉬고 있는 모습.

음독 **きゅう**

N3 休日 きゅうじつ 휴일 | N1 N3 休暇 きゅうか 휴가

훈독 **やすむ**

N5 休む やすむ (자) 쉬다

やすめる

N3 休める やすめる (타) 쉬게 하다, 휴식시키다

やすまる

N3 休まる やすまる (자) 편안해지다

0079

꽃 화

花

JLPT N5 | 1학년 | 부수 艸 艹

花 花

아이도 언젠간 할아버지가 되듯이(化) 꽃(艹)도 언젠간 짐.

음독 **か**

N2 N5 花瓶 かびん 화병, 꽃병 | N1 花粉 かふん 화분, 꽃가루

훈독 **はな**

N5 花 はな 꽃 | N4 花見 はなみ 꽃구경, 꽃놀이

재미있는 한자 이야기!

초두머리 초

풀 또는 꽃.

될 화

어린아이(匕)도 언젠가는 늙은이(亻)가 됨.

비수 비

숟가락을 향해 손을 뻗는 아이의 모습. 아이에겐 숟가락도 비수가 될 수 있으니 조심해야함. 옛 숟가락은 마감이 안 좋았음.

0080

물 수

水

JLPT N5 | 1학년 | 부수 水 氺

물의 흐름을 나타낸 모습.

음독 すい

N4 水道 すいどう 수도　　N2 N4 水泳 すいえい 수영

훈독 みず

N5 水 みず 물　　N3 水着 みずぎ 수영복

0081

흙 토

土

JLPT N5 | 1학년 | 부수 土

흙더미, 또는 땅 위에 서 있는 사람의 모습.

음독 と

N3 土地 とち 토지

ど

N5 土曜日 どようび 토요일　　N1 土台 どだい 토대　　N1 土手 どて 둑, 제방

훈독 つち

N5 土 つち 땅, 흙, 토양

0082

쇠 금

金

JLPT N5 | 1학년 | 부수 金

광산 앞에 서 있는 광부와 땅 아래 묻혀있는 철과 금을 그린 모습.

음독 きん

N4 金 きん 금　　N4 金魚 きんぎょ 금붕어　　N3 現金 げんきん 현금

こん

N1 黄金 おうごん 황금 참고어휘

훈독 かね

N5 お金 おかね 돈, 금전　　N2 針金 はりかね 철사

かな

N1 金具 かなぐ 쇠장식, 금구　　金槌 かなづち 쇠망치 참고어휘

0083

메 산

山

JLPT N5 | 1학년 | 부수 山

산을 그린 모습.

음독 **さん**

N2 山林 さんりん 산림
N1 山脈 さんみゃく 산맥
N3 登山 とざん 등산

훈독 **やま**

N5 山 やま 산
N4 山道 やまみち 산길

0084

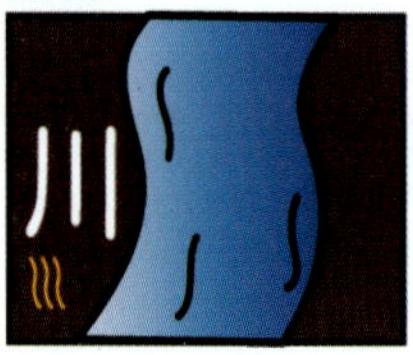

내 천

川

JLPT N5 | 1학년 | 부수 巛 川

냇물이 흐르고 있는 모습.

음독 **せん**

N3 河川 かせん 하천

훈독 **かわ**

N5 川 かわ 강, 시내, 하천
N2 川岸 かわぎし 하안, 강가, 냇가

0085

소 우

牛

JLPT N5 | 2학년 | 부수 牛 牜

소를 그린 모습.

음독 **ぎゅう**

N3 N5 牛乳 ぎゅうにゅう 우유
N5 牛肉 ぎゅうにく 우육, 소고기

훈독 **うし**

N5 牛 うし 소

0086

먼저 선

先

JLPT N5 ｜ 1학년 ｜ 부수 儿

先 先

소(牛)를 끌고 가고 있는 사람(亻)의 모습. 소 앞에 서 있음.

음독 せん

N5 先生 せんせい 선생	N5 先月 せんげつ 지난 달	N1 先方 せんぽう 상대방

훈독 さき

N5 先 さき 끝, 앞, 선두	N3 あて先 あてさき 수신인(처)	N2 春先 はるさき 초봄

0087

새 조

鳥

JLPT N5 ｜ 2학년 ｜ 부수 鳥

鳥 鳥

새를 그린 모습.

음독 ちょう

N3 白鳥 はくちょう 백조	N2 一石二鳥 いっせきにちょう 일석이조

훈독 とり

N5 鳥 とり 새	N4 小鳥 ことり 작은 새

0088

물고기 어

魚

JLPT N5 ｜ 2학년 ｜ 부수 魚

魚 魚

물고기를 그린 모습.

음독 ぎょ

N4 金魚 きんぎょ 금붕어, 금어

훈독 さかな / うお

N5 魚 さかな 물고기, 생선

N2 魚 うお 물고기

0089

말 마

馬

JLPT N5 | 2학년 | 부수 馬

馬 馬

말을 그린 모습.

음독 ばば

N2
競馬 けいば 경마

N2
馬鹿 ばか 바보, 말과 사슴도 구분 못하는 사람 💡 鹿 (사슴 록)

훈독 うま

N5
馬 うま 말

ま

N2
馬子 まご 마부

0090

역 역

駅

JLPT N5 | 3학년 | 부수 馬

駅 駅

일정한 거리(尺)마다 있는 말(馬) 정류장을 그린 모습.

음독 えき

N5
駅 えき 역

N4
駅員 えきいん 역무원

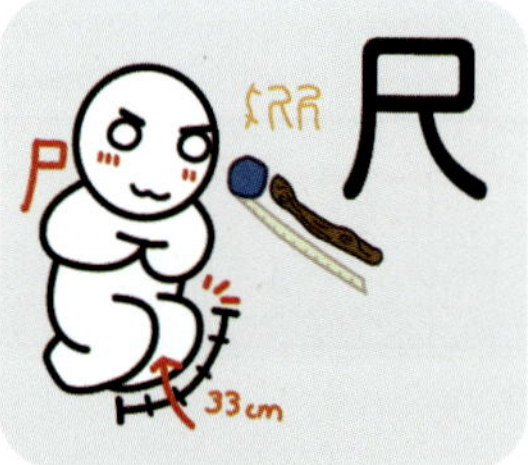

자 척

사람의 발목에서 무릎 정도 되는 길이인 척을 말함. 뭔가를 일정한 기준으로 측량함.

역 역

역적을 붙잡아 수갑(幸)을 채운 후, 수레에 태워 수도로 송환함.

엿볼 역, 불알 고, 못 택

흉악한 수배범을 붙잡고 행복해 함. 수갑(幸)을 채운 채 땅에 엎드리게 함. 고개를 들어 엿보니(罒) 불알이 보임. 바닥이 축축해 무릎이 젖음.

0091

고기 육

肉

JLPT N5 | 2학년 | 부수 肉 月

고기 또는 신체부위를 말함.

음독 にく

N5 肉 にく 고기

N2 筋肉 きんにく 근육

N2 皮肉 ひにく 비꼼, 야유

0092

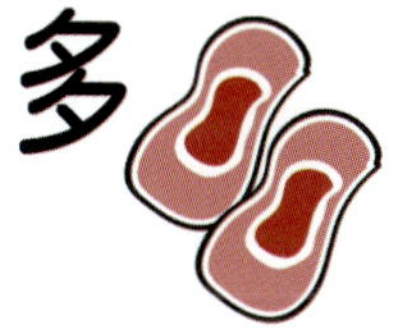

많을 다

多

JLPT N5 | 2학년 | 부수 夕

고기가 많이 있는 모습.

음독 た

N4 多分 たぶん 대개, 아마

N3 N4 多数 たすう 다수

훈독 おおい

N5 多い おおい (주로 양이) 많다

0093

작을 소

小

JLPT N5 | 1학년 | 부수 小

작은 파편들을 그린 모습.

음독 しょう

N4 小説 しょうせつ 소설

N4 小学校 しょうがっこう 초등학교

훈독 ちいさい

N5 小さい ちいさい (주로 크기가) 작다

こ

N3 小指 こゆび 새끼 손가락

N2 小型 こがた 소형

お

小川 おがわ 도랑, 작은 시내 참고어휘

0094

적을 소

少

JLPT N5 | 2학년 | 부수 少

작은 파편들을 그린 모습. 전체 총량에서 양이 적은 부분을 말함.

음독 **しょう**	N4 多少 たしょう 다소	N4 少年 しょうねん 소년	N4 少女 しょうじょ 소녀
훈독 **すこし**	N5 少し すこし 조금, 약간		
すくない	N5 少ない すくない (주로 양이) 적다		

0095

살 매

買

JLPT N5 | 2학년 | 부수 貝

구매하고 싶은 물건이 있어, 고대의 화폐였던 마노 조개(貝)를 그물(网)로 채취해 가져감.

음독 **ばい**	N3 売買 ばいばい 매매	N1 購買 こうばい 구매	N1 買収 ばいしゅう 매수
훈독 **かう**	N5 買う かう (타) 사다, 구입하다		

그물 망

그물을 그린 모습.

조개 패

조개를 그린 모습. 고대 사회엔 조개를 화폐로 썼기에 재물이라는 의미를 가짐. 특히 마노 조개는 보석처럼 광택이 있고 구하기 힘들었음.

0096

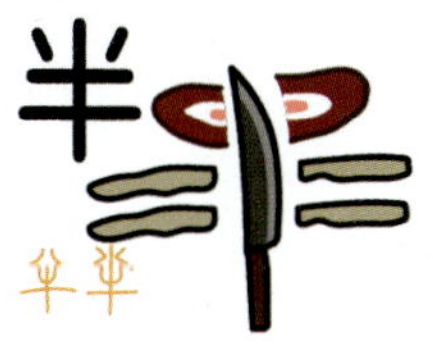

반 반

半

JLPT N5 | 1학년 | 부수 半

뭔가를 반을 나눈 모습.

음독	はん	N5 半 はん 반	N5 半分 はんぶん 절반, 반분
훈독	なかば	N2 半ば なかば 절반, 일의 도중	

0097

날 생

生

JLPT N5 | 1학년 | 부수 生

새싹이 자라고 있는 모습.

음독	せい	N4 生活 せいかつ 생활	N1 発生 はっせい 발생	N2 生命 せいめい 생명
	しょう	N2 一生 いっしょう 일생		

훈독	うまれる	N5 生れる	うまれる	(자) 태어나다	
	うむ	N3 生む	うむ	(타) 낳다	
	なま	N4 生	なま	생, 날 것	N3 生卵 N4 なまたまご 날달걀
	いきる	N4 生きる	いきる	(자) 살다, 생명을 유지하다	
	いかす	N1 生かす	いかす	(타) 살리다, 소생시키다	
	いける	N1 生ける	いける	(타) 꽃꽂이하다, 흙에 심다	
	はえる	N2 生える	はえる	(자) (초목이나 털 등이) 나다	
	はやす	N2 生やす	はやす	(타) (초목이나 털 등을) 자라게 하다, 기르다	
	き	N2 生地	きじ	1. 본연 그대로의 성질 2. 옷감, 천	
	おう	N1 生い茂る	おいしげる	(자) 우거지다	

0098

한 일

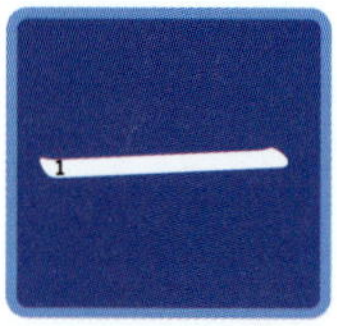

JLPT N5 | 1학년 | 부수 一

하나를 표기한 모습.

음독 **いち**

N5 一 いち 일, 하나

N5 一度 いちど 1. 한 번 2. 일단 한 번

いつ

N2 同一 どういつ 동일

N1 N2 唯一 ゆいいつ 유일

훈독 **ひと**

N1 一息 ひといき 한숨 돌림, 단숨에 함

예외 N5 一人 ひとり 한 명

ひとつ

N5 一つ ひとつ 하나, 한 개

0099

두 이

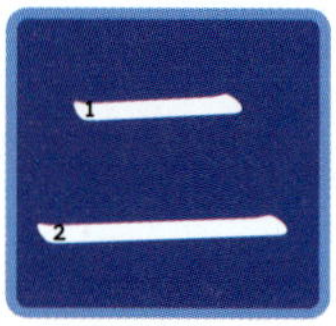

JLPT N5 | 1학년 | 부수 二

둘을 표기한 모습.

음독 **に**

N5 二 に 둘, 두 번째

N3 N5 二階 にかい 2층

훈독 **ふた**

二重 ふたえ 두 겹, 쌍커풀 참고어휘

예외 N5 二人 ふたり 두 사람

ふたつ

N5 二つ ふたつ 둘, 두 개

0100

석 삼

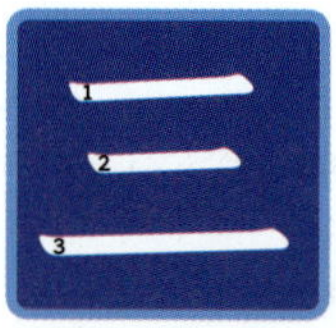

JLPT N5 | 1학년 | 부수 三

셋을 표기한 모습.

음독 **さん**

N5 三 さん 삼, 셋

N5 三時 さんじ 3시

N3 N4 三角 さんかく 삼각

훈독 **み**

N2 三日月 みかづき 초승달

みつ

三つ指 みつゆび 엄지 · 검지 · 장지의 세 손가락을 짚고 공손히 절함 참고어휘

みっつ

N5 三つ みっつ 셋, 세 개

0101

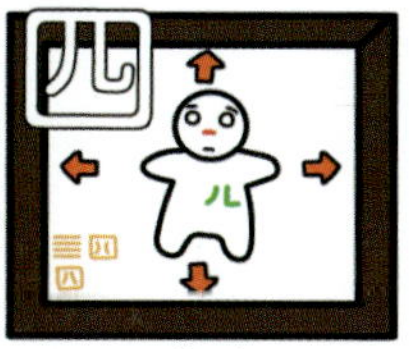

넷 사

四

JLPT N5 | 1학년 | 부수 口

원래는 사람의 콧구멍을 그렸으나 숫자 넷을 나타내는 의미로 사용됨.

음독 し

- N5 四 し 사, 넷
- N5 四月 しがつ 4월
- N3 四季 しき 사계

훈독 よ

- N5 四人 よにん 네 사람
- N2 四隅 よすみ 네 구석

よつ

- N3 四つ角 よつかど 네 모퉁이, 사거리

よっつ

- N5 四つ よっつ 넷, 네 개

よん

- N5 四 よん 사, 넷
- N4 N5 四回 よんかい 4회
- N2 N5 四階 よんかい 4층

0102

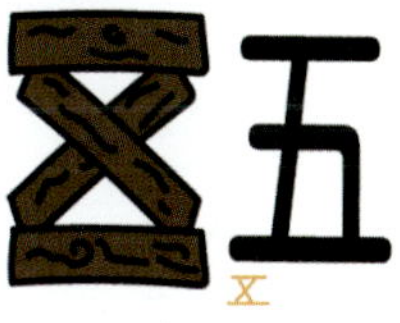

다섯 오

五

JLPT N5 | 1학년 | 부수 二

다섯을 표기한 모습. 막대기로 표현하기엔 5개는 너무 많아 교차해서 표시함. 막대가 교차해 있음.

음독 ご

- N5 五 ご 오, 다섯
- N5 五月 ごがつ 5월

훈독 いつ

- N5 五 いつ 오, 다섯

いつつ

- N5 五つ いつつ 다섯, 다섯 개

0103

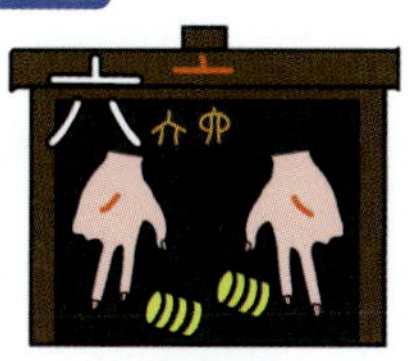

여섯 육

六

JLPT N5 | 1학년 | 부수 八

물건 값으로 동전 6냥을 요구하고 있는 상인의 모습. 양팔을 벌린다는 의미도 있음.

음독 ろく

- N5 六 ろく 육, 여섯
- N5 六時 ろくじ 6시
- N5 六月 ろくがつ 6월

훈독 む

- 六十 むそ 예순 (숫자 60을 예스럽게 표현한 말) 참고어휘

むい

- N5 六日 むいか 6일, 엿새

むっつ

- N5 六つ むっつ 여섯, 여섯 개

むつ

- 六つ切り むつぎり 육등분 참고어휘

0104

일곱 칠

七

JLPT N5 | 1학년 | 부수 一

적당한 크기의 나무를 자르는 데 필요한 도끼질의 횟수, 칠을 나타냄.

음독 **しち**

N5 七 しち 칠, 일곱

N5 七月 しちがつ 칠월

훈독 **なな**

N5 七 なな 칠, 일곱

なの

N5 七日 なのか 7일

ななつ

N5 七つ ななつ 일곱, 일곱 개

0105

여덟 팔

八

JLPT N5 | 1학년 | 부수 八

뭔가를 잘라 나눠줌. 8개 정도 되니 많아보임. 나눌 분(分)의 부수로도 사용됨.

음독 **はち**

N5 八 はち 팔, 여덟

N5 八月 はちがつ 8월

훈독 **や**

八重歯 やえば 덧니 참고어휘

예외 N4 八百屋 N5 やおや 채소 가게

やつ

八つ当たり やつあたり 화풀이 참고어휘

やっつ

N5 八つ やっつ 여덟, 여덟 개

よう

N5 八日 ようか 8일

0106

아홉 구

九

JLPT N5 | 1학년 | 부수 九

엄청 많은 구슬들이 바닥에 떨어져 팔을 구부려 주우려는 사람의 모습. 1의 자리 중 가장 큰 숫자, 9를 말함. 뭔가가 극에 달해 있음.

음독 **きゅう**

N5 九 きゅう 구, 아홉

N5 九百 きゅうひゃく 구백, 900

く

N5 九月 くがつ 9월

N5 九時 くじ 9시

훈독 **ここの**

N5 九日 ここのか 9일

ここのつ

N5 九つ ここのつ 아홉, 아홉 개

0107

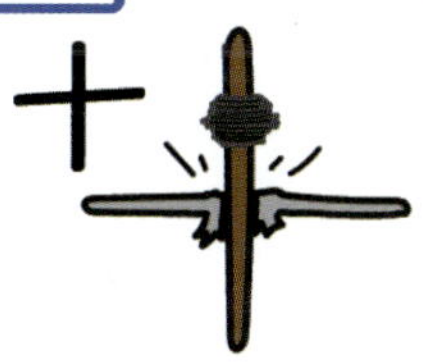

열 십

十

JLPT N5 | 1학년 | 부수 十

일의 자리를 초월한 십을 표기한 모습. 또는 뭔가를 찌름. 열. 초월하다. 찌르다.

음독 **じゅう**

N5 十 じゅう 열, 십

N4 十分 じゅうぶん 충분함

じっ

N1 十指 じっし 열 손가락

훈독 **とお**

N5 十 とお 열, 열 개

N5 十日 とおか 10일, 열흘

と

十重 とえ 10겹 참고어휘

0108

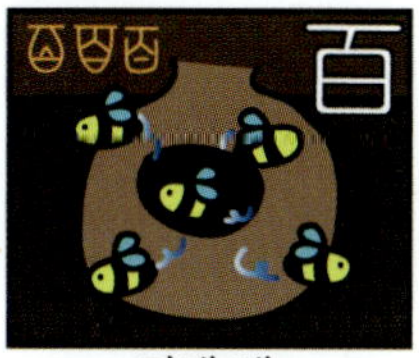

일백 백

百

JLPT N5 | 1학년 | 부수 百

벌집에 사는 벌들의 수 정도.

음독 **ひゃく**

N5 百 ひゃく 백, 100

N5 百年 ひゃくねん 백년

N3 数百 すうひゃく 수백

0109

일천 천

千

JLPT N5 | 1학년 | 부수 十

병사(亻)들을 천 명씩 한 줄(一)로 세워, 군대의 규모를 세는 지휘관의 모습.

음독 せん

- N5 千 せん 천
- N5 千円 せんえん 천 엔
- N4 千番 せんばん 천 번

훈독 ち

- N2 千切る ちぎる (타) 잘라 떼다, 찢어발기다

0110

일만 만

万

JLPT N5 | 2학년 | 부수 一

일 만의 원군이 온다는 소식을 듣고 전갈처럼 두 손을 하늘 위로 들며 만세를 외침.

음독 まん

- N5 万 まん 만, 10000
- N2 万年筆 N4 まんねんひつ 만년필

ばん

- N2 万歳 N3 ばんざい 만세
- N1 万事 ばんじ 만사
- N1 万能 ばんのう 만능

UPGRADE!

03

확인문제

한자표기 **다음 단어의 한자 표기로 적당한 것을 고르세요.**

01	きゅうじつ	① 木日	② 森日	③ 休日
02	とち	① 地土	② 土地	③ 金地
03	ぎゅうにく	① 鳥肉	② 牛月	③ 牛肉
04	せんせい	① 生先	② 洗生	③ 先生
05	はんぶん	① 半分	② 羊分	③ 半公

한자읽기 **다음 한자의 읽는 법을 고르고 빈칸에 뜻을 적으세요.**

06	一日	① いちいち	② いちにち	③ にちいち	
07	二人	① はたり	② ふたり	③ ふだり	
08	三時	① さんじ	② ざんし	③ ざんじ	
09	八月	① はちかつ	② はちがつ	③ はちげつ	
10	六日	① もいか	② めいか	③ むいか	

정답 01 ③ 휴일 02 ② 토지 03 ③ 소고기 04 ③ 선생 05 ① 절반 06 ② 일일, 하루종일 07 ② 2인 08 ① 3시 09 ② 8월 10 ③ 6월

JLPT N4 수준의 초급 한자 202자를 익히면,

일상생활에서 마주치는 일본어 문장이 훨씬 친숙해져요.

뉴스 자막이나 간단한 안내문, 기본적인 회화 문장도 눈에 들어오기 시작하죠.

기초 어휘력은 물론, 문장을 이해하는 속도까지 빨라지면서

듣기 · 읽기 실력도 같이 올라갑니다.

제 2 장

JLPT N4 레벨 초급 한자 202자

01 민족, 축제, 제사, 공동체 관련 한자 (42자)

0111

기다릴 대

待

JLPT N4 | 3학년 | 부수 彳

주인 사제가 사원(寺)으로 돌아 오신다고 하기에, 분주히(彳) 맞이할 준비를 하고 있는 시종들의 모습.

음독 たい

- N2 N4 招待 しょうたい 초대
- N3 期待 きたい 기대
- N2 接待 せったい 접대

훈독 まつ

- N4 N5 待つ まつ (타) 기다리다

0112

가질 지

持

JLPT N4 | 3학년 | 부수 手扌

신의 지팡이를 들고(扌) 있는 사제(土)가 신도들의 절을 받고 있는 모습. 권력과 재물을 손에 쥐고 있음(寸).

음독 じ

- N1 N2 維持 いじ 유지
- N2 持参 じさん 지참
- N1 支持 しじ 지지

훈독 もつ

- N4 N5 持つ もつ (타) 쥐다, 가지다

재미있는 한자 이야기

절 사

어떤 사원의 사제에게 가서(止) 절을 하며 공물을 바치고(寸) 있는 신도들의 모습. 사원.

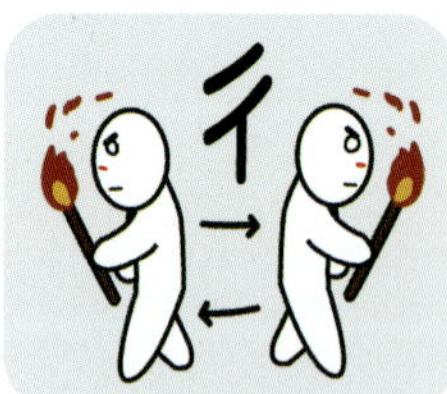

조금 걸을 척

조금씩 발걸음을 옮기며 계속 어딘가를 왕래하는 사람의 모습.

재방변 수

손 수(手)의 축약형.

0113

특별할 특

特

JLPT N4 | 4학년 | 부수 牛 牜

特 特

아주 귀한 소(牛)를 제물로 바치는 매우 특별한 제삿날(寺)을 말함.

음독 とく

N4 特別 とくべつ 특별	N3 特売 とくばい 특매	N3 特色 とくしょく 특색

0114

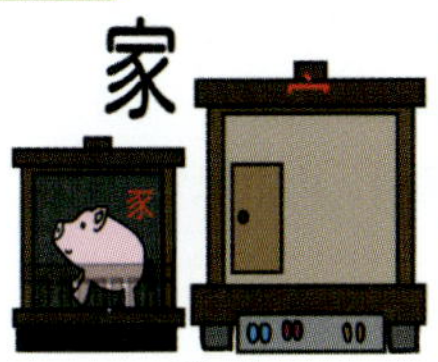

집 가

家

JLPT N4 | 2학년 | 부수 宀

家 家

집(宀)과 유용한 가축인 돼지(豕)를 그린 모습. 옛 중국에서는 집에 돼지가 있는 것이 한 가정의 상징이었다.

음독 か

N4 N5 家族 かぞく 가족	N2 N4 家庭 かてい 가정	N4 家内 かない 1. 집안 2. 아내

け

家来 けらい 가신, 하인 참고어휘

훈독 いえ

N5 家 いえ 집, 주택	N1 家出 いえで 가출

や

N4 家 や 집, 주택	N2 N3 家賃 やちん 집세

돼지 시

0115

백성 민

民

JLPT N4 | 4학년 | 부수 氏

民 民

밭을 갈고 있는 백성의 모습. 또는 말을 듣지 않는 노예의 눈을 끌로 찔러 멀게 함.

음독 みん

N4 市民 しみん 시민	N4 国民 こくみん 국민	N3 住民 じゅうみん 주민

훈독 たみ

N3 民 たみ 백성, 국민

0116

겨레 족

族

JLPT N4 | 3학년 | 부수 方

어려운 일이 있을 때 깃발(㫃)과 화살(矢)을 들고 함께 싸우는 관계, 겨레를 말함.

음독 ぞく

N4 N5 家族 かぞく 가족	N1 民族 みんぞく 민족	N1 貴族 きぞく 귀족

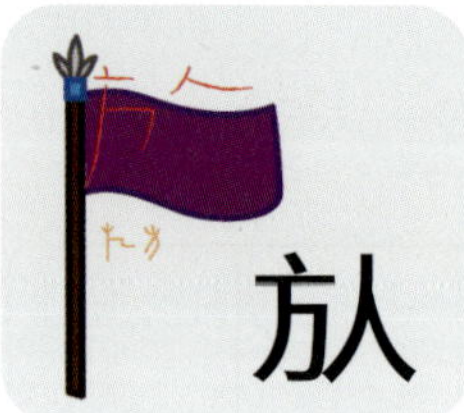

나부낄 언

깃발이 나부끼고 있는 모습.

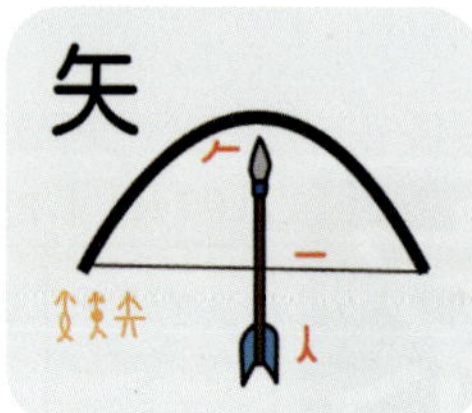

화살 시

화살과 활시위를 그린 모습.
화살을 쏘면 누군가는 맞음.
원인과 결과, 효시(矢)가 됨.

0117

술 주

酒

JLPT N4 | 3학년 | 부수 酉

술독(酉)에서 새어 나온 술(氵)을 마시고 기절해 있는 닭들의 모습.

음독 しゅ

N4 飲酒 いんしゅ 음주	N2 清酒 せいしゅ 청주

훈독 さけ

N4 酒 さけ 술

さか

N2 酒場 さかば 술집, 바	N2 酒屋 さかや 술을 빚는 사람, 술집

0118

형 형

兄

JLPT N4 | 2학년 | 부수 儿

兄 兄

한 집단에서 발언권(口)이 가장 높은 사람(人)을 말함.

음독 きょう N4 兄弟 N5 きょうだい 형제

けい 父兄 ふけい 부형, 학부형 참고어휘

훈독 あに N4 兄 N5 あに 형, 오빠　　N1 兄貴 あにき 형님, 선배

0119

아우 제

弟

JLPT N4 | 2학년 | 부수 弓

弟 弟

동생이 활쏘기(弓) 연습을 하기 위해, 연습용 화살인 주살에 줄을 감고 있는 모습.

음독 だい N4 兄弟 N5 きょうだい 형제

てい 小弟 しょうてい 소제, 나이 어린 동생 참고어휘

で N2 弟子 でし 제자

훈독 おとうと N4 弟 N5 おとうと 남동생, 아우

0120

속 오

奥

JLPT N4 | 중, 고등 | 부수 大

奥 奥

곡식 창고(冂)에 가득 쌓여 있는 쌀(米)을 지키고 있는 어른(大)의 모습. 소중한 것을 깊은 곳에 숨겨놓음.

음독 おう 心奥 しんおう 심오, 깊고 오묘함 참고어휘

훈독 おく N3 奥 おく 깊숙한 곳, 안, 속　　N4 奥さま おくさま 아내분, 부인, 사모님

0121

저자 시

市

JLPT N4 | 2학년 | 부수 巾

과거 동양사회의 간판인 깃발(巾)이 건물(亠)에 많이 달려 있음. 그런 곳, 도시를 말함.

음독 **し**

N4 都市 とし 도시
N4 市内 しない 시내
N4 市民 しみん 시민

훈독 **いち**

N3 市場 いちば 시장

0122

손윗누이 자

姉

JLPT N4 | 2학년 | 부수 女

어린 여동생을 대신해 주로 시장(市)에 장을 보러 가는 큰 딸(女), 누나(姉)를 말함.

음독 **し**

N4 姉妹 しまい 자매

훈독 **あね**

N4 N5 姉 あね 언니

0123

누이 매

妹

JLPT N4 | 2학년 | 부수 女

덜 자란 나무처럼, 여자(女)인데 아직 미숙(未)해 보호가 필요한 여동생(妹)을 나타냄.

음독 **まい**

N4 姉妹 しまい 자매

훈독 **いもうと**

N4 N5 妹 いもうと 여동생

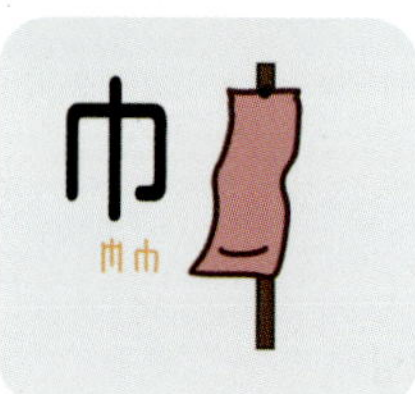

수건 건

아닐 미

나뭇가지가 아직 뿌리보다 짧음.
아직 미성숙함.

0124

머리 수

首

JLPT N4 | 2학년 | 부수 首

원래 짐승의 머리를 그렸으나 현재는 머리와 목 전반을 가리킴. 머리처럼 중요한 기관이나 어떤 직위를 말하기도 함.

음독 しゅ

- N3 首都 しゅと 수도
- N2 首相 しゅしょう 수상
- N1 元首 げんしゅ 원수

훈독 くび

- N4 N5 首 くび 목

0125

길 도

道

JLPT N4 | 2학년 | 부수 辵 辶

인간(頁)이라면 모두 고민하며 걷게 되는 길(辶), 도(道)를 말함.

음독 どう

- N4 車道 しゃどう 차도
- N3 道路 どうろ 도로
- N2 N4 道具 どうぐ 도구

음독 とう

- N1 神道 しんとう 신토, 일본의 종교

훈독 みち

- N4 道 みち 길, 도로
- N4 山道 やまみち 산길

0126

서울 경

京

JLPT N4 | 2학년 | 부수 亠

언덕 위에 지어진 왕과 귀족이 사는 궁궐을 나타냄.

음독 きょう

- N4 東京 とうきょう 도쿄
- N4 京都 きょうと 교토
- N2 上京 じょうきょう 상경

음독 けい

- 京阪 けいはん 교토와 오사카의 줄임말 참고어휘

0127

떼 부

部

JLPT N4 | 3학년 | 부수 邑阝

어떤 문제를 해결하기 위해 언덕(阝) 위로 올라가, 사람을 끌어 모으고 있는 관리(咅)의 모습.

음독 ぶ

N4 全部　ぜんぶ　전부	N4 部長　ぶちょう　부장	N3 部下　ぶか　부하

0128

도읍 도

都

JLPT N4 | 3학년 | 부수 邑阝

나라의 현자가 언덕 위(阝)에서 사람(者)들의 형편을 헤아리며, 다음 정책을 생각하고 있는 모습. 정책을 결정하는 사람이 사는 곳, 수도.

음독 と

N4 都市　とし　도시	N3 首都　しゅと　수도	N3 都心　としん　도심

음독 つ

N4 都合　つごう　형편, 사정

훈독 みやこ

N2 都　みやこ　수도, 도읍지

침 부

침을 튀겨가며 뭐라뭐라 말하고 있는 사람의 모습.

언덕 부

암벽, 또는 언덕 위에서 나부끼고 있는 깃발을 그린 모습.

놈 자

학식이 높은 어르신(耂)이 뭐라뭐라 말하고 있는(曰) 모습.

0129

마을 촌

村

JLPT N4 | 1학년 | 부수 木

村 村

멀리서 목자(木)로 측정(寸)할 수 있을 정도의 크기를 가진 마을을 말함.

음독 そん

N3
村 そん 촌

N2 N3
農村 のうそん 농촌

훈독 むら

N4
村 むら 마을, 촌락, 시골

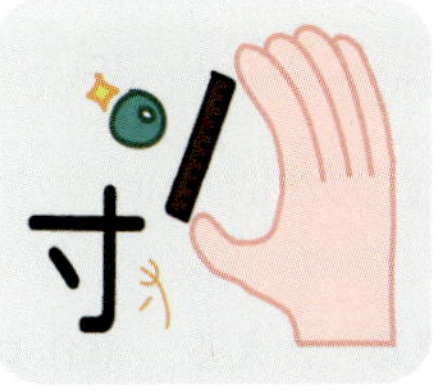

마디 촌

뭔가에 손을 뻗고 있는 모습.
또는 어떤 일을 착수하기 위해
물건의 치수를 손으로 재봄.

0130

마을 부

府

JLPT N4 | 4학년 | 부수 广

府 府

사람(亻)들로부터 세금을 걷어(寸) 아주 보안이 철저한 창고(广)에 보관함. 세금을 징수해 적절한 곳에 사용하는 기관인 정부를 말함.

음독 ふ

N4
府 ふ 부 (일본의 행정단위)

N2
政府 せいふ 정부

0131

고을 현

県

JLPT N4 | 3학년 | 부수 目 罒

県 県

눈(目)이 좋은 병사가 현의 입구에 있는 망루(示)에서 망을 보고 있는 모습.

음독 けん

N4
県 けん 현 (일본의 행정단위)

N2
県庁 けんちょう 현청

일본의 행정단위, 도도부현! (都道府県)

1. 도쿄도 (≒ 특별시급)
- 東京都 とうきょうと
(인구수 약 1418만 명)

2. 홋카이도 (≒ 광역시급)
- 北海道 ほっかいどう
(인구수 약 511만 명)

3. 오사카부 (≒ 광역시급)
- 大阪府 おおさかふ
(인구수 약 876만 명)

4. 기타 43개의 현들
- 福島県 ふくしまけん
(후쿠시마 현, 기타 등등)

0132

대신할 대

代

JLPT N4 | 3학년 | 부수 人亻

代 代

위험한 화살 대신 주살(弋)로 자식에게 활쏘기 기술을 전해주는 아비(人)의 모습.
자신을 대신(代)할, 앞으로의 시대(代)를 개척해 나갈 인재를 육성함.

음독 **たい**
- N2 交代 こうたい 교대
- 希代 きたい·きだい 희대 참고어휘

だい
- N4 時代 じだい 시대
- N3 現代 げんだい 현대
- N3 代表 だいひょう 대표

훈독 **かえる**
- N2 代える かえる (타) 대신하다

かわる
- N2 代る かわる (자) 대리하다, 대표하다

よ
- N1 代 よ 세상, 사회, 시대

しろ
- 代 しろ 재료, 대용물 참고어휘

0133

빌릴 대

貸

JLPT N4 | 5학년 | 부수 貝

貸 貸

물건을 빌려주는 대신(代) 돈(貝)을 받음.

음독 **たい**
- N2 貸与 たいよ 대여
- N2 賃貸 ちんたい 임대
- N2 貸借 たいしゃく 대차

훈독 **かす**
- N4 貸す N5 かす (타) 빌려주다

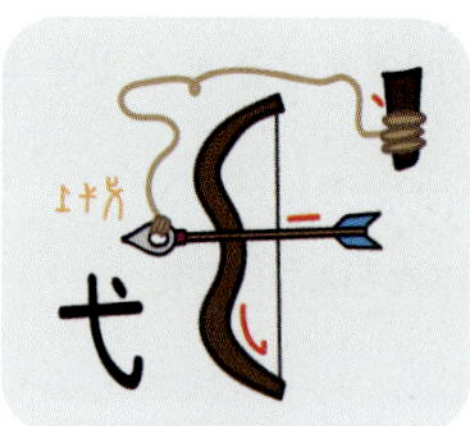

주살 익

화살에 구멍을 뚫고 줄을 연결해 쏴도 멀리 안나가게 함. 연습용 화살인 주살로, 활쏘기 연습을 할 때나 신성한 의식을 치를 때 사용함.

조개 패

조개를 그린 모습. 고대 사회엔 조개를 화폐로 썼기에 재물이라는 의미를 가짐. 특히 마노 조개는 보석처럼 광택이 있고 구하기 힘들었음.

0134

시험 시

試

JLPT N4 | 4학년 | 부수 言

試 試

활의 품질을 점검하기 위해 장인(工)이 주살(弋)을 쏴 보라고 요구(言)함.

음독 し

N4 試験 しけん 시험　N4 試合 しあい 시합　N4 入試 にゅうし 입시

훈독 ためす

N2 試す ためす (타) 시험해 보다, 시도해 보다

こころみる

N1 試みる こころみる (타) 한 번 시도해 보다

0135

시험할 험

験

JLPT N4 | 4학년 | 부수 馬

験 験

과거 시험을 치르기 위해 말(馬)을 타고 시험장에 모여든 선비(㑒)들의 모습.

음독 けん

N4 試験 しけん 시험　N3 N4 経験 けいけん 경험　N3 受験 じゅけん 수험

げん

霊験 れいけん·れいげん 영험 참고어휘

법 식

제삿날 장인(工)이 정성스럽게 만든 주살(弋)로 의식(式)을 치룸.

다 첨

어떤 일로 짐을 들고 모여든 사람들의 모습.

0136

구역 구

区

JLPT N4 | 3학년 | 부수 匸

성 내 어떤 구역(区)을 표시한 모습.

음독 く

N4 N5 区 く (행정 단위) 구, 또는 구획	N3 N4 区役所 くやくしょ 구청	N3 区別 くべつ 구별

0137

바 소

所

JLPT N4 | 3학년 | 부수 戸 戶

비밀회담을 진행할 집(戶)을 도끼(斤)로 찍어 표시해 놓음.

음독 しょ

N4 場所 ばしょ 장소	N3 N4 市役所 しやくしょ 시청	N4 住所 じゅうしょ 주소

훈독 ところ

N5 所 ところ 곳, 장소	N4 N5 台所 だいところ 부엌, 주방

0138

마당 장

場

JLPT N4 | 2학년 | 부수 土

햇볕이 잘 드는(昜) 마당 위에(土) 먹을 것을 늘어놓음(勿).

음독 じょう

N4 会場 かいじょう 회장	N4 駐車場 ちゅうしゃじょう 주차장

훈독 ば

N4 場所 ばしょ 장소	N4 場合 ばあい 경우, 사정

💡 현장(場)의 사정을 헤아리며 서로 합(合)을 맞춤.

말 물

전투에서 칼이 부러져 낙심함.

마치 절하는 듯한 자세를 하고 있음.

0139

밭 전

田

JLPT N4 | 1학년 | 부수 田

밭을 그린 모습. 주로 마을 공동체를 나타냄. 가면을 나타낼 때도 있음.

음독 でん

- N1 田園 でんえん 전원
- N1 水田 すいでん 수전
- 예외 N2 N4 田舎 いなか 시골, 지방

훈독 た

- N2 田 た 논
- N2 田畑 たはた 논밭, 농토

0140

마을 리

미리 알고 가면 편해요!

里

JLPT N1 | 2학년 | 부수 里

밭(田)을 가느라 옆에 토양(土)이 쌓여있는 모습. 이장이 관리할 수 있을 정도의 작은 크기의 촌락을 나타냄.

음독 り

- N1 郷里 きょうり 향리, 고향
- 千里 せんり 천리 참고어휘

훈독 さと

- N1 里 さと 마을, 시골, 고향
- N1 N4 古里 ふるさと 고향

0141

다스릴 리

理

JLPT N4 | 2학년 | 부수 玉 王

왕(王)의 증표(玉)를 가진 신하가 지방으로 파견을 나옴. 이장이 합리적으로 마을(里)을 잘 다스리고 있나 확인하고 있는 모습.

음독 り

- N4 料理 りょうり 요리
- N3 N4 無理 むり 무리
- N2 N4 理由 りゆう 이유
- N3 理解 りかい 이해
- N3 整理 せいり 정리
- N2 合理 ごうり 합리

0142

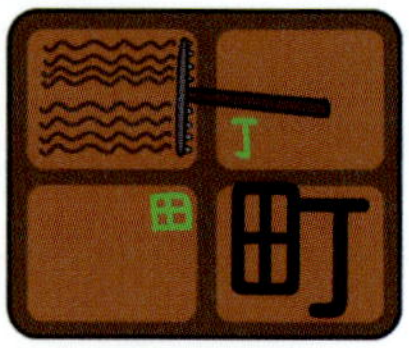

밭두둑 정

町

JLPT N4 | 1학년 | 부수 田

농사를 짓기 위해 고무래(丁)로 밭(田)을 갈고 있는 모습. 함께 밭을 가는 공동체, 정(町)을 말함.

음독 ちょう

N4 町 ちょう (일본 지방 자치 단체의 하나) 쵸 — 한국의 '읍'에 해당합니다.

훈독 まち

N4 N5 町 まち 도회, 마을, 번화가

N3 町角 まちかど 길모퉁이, 길목

일본의 행정단위, 시구정촌! (市区町村)

1. 市 (일본의 도시)
   - 요코하마 시 등
2. 区 (준 도시급)
   - 도쿄 23구, 세타가야 구 등
3. 町 (읍/면 급)
   - 나가타쵸 등
4. 村 (읍/면 급)
   - 야마토손 등

0143

지경 계

界

JLPT N4 | 3학년 | 부수 田

갑옷을 단단히 껴 입은 병사(介)가 마을(田)의 경계에서 보초를 서고 있는 모습.

음독 かい

N4 世界 せかい 세계

N3 限界 げんかい 한계

N2 境界 きょうかい 경계

고무래 정

못과 고무래를 그린 모습.
망치로 신중하게 못을 박다.

낄 개

갑옷(儿) 사이에 꽉 낀 사람(人)의 모습. 개입하다.

0144

들 야

野

JLPT N4 | 2학년 | 부수 里

아직 개간되지 않는 땅을 농지(里)로 만들기 위해 잡초들을 베어냄(予).

음독 や

N3 野生 やせい 야생

N2 平野 へいや 평야

N4 N5 野菜 やさい 야채, 채소

훈독 の

N3 N4 野原 のはら 들, 들판

0145

차례 번

番

JLPT N4 | 2학년 | 부수 田

밭(田)의 작물을 훔쳐먹은, 땅에 발자국(釆)을 남긴 짐승을 잡기 위해 차례차례 교대를 섬.

음독 ばん

N4 N5 番 ばん 번, 순서, 차례

N4 N5 交番 こうばん 파출소

N4 N5 番号 ばんごう 번호

N4 N5 一番 いちばん 일 번, 첫째, 가장

미리 예

벌레가 곡식을 먹기 전에 미리미리 수확해두는 모습. 원래는 직기를 나타낸 한자였음.

분별 변

어떤 짐승의 발자국인지 분별하고 있는 모습.

0146

생각 사

思

JLPT N4 | 2학년 | 부수 心 忄

밭(田)의 상태를 보며 앞으로 농사를 어떻게 지을 지 머릿속으로 생각(心) 해봄.

음독 し

N2 意思 いし 의사

N2 思想 しそう 사상

N2 思考 しこう 사고

훈독 おもう

N4 思う おもう (타) 생각하다, 판단하다

N1 片思い かたおもい 짝사랑

0147

검을 흑

黒

JLPT N4 | 2학년 | 부수 黒 黑

논밭(里)이 불타(灬) 검은 재만 남아있는 모습.

음독 こく

N2 N4 黒板 こくばん 칠판, 흑판

N1 暗黒 あんこく 암흑

훈독 くろ

N4 N5 黒 くろ 검정

N4 白黒 しろくろ 흑백

くろい

N4 N5 黒い くろい 검다, 까맣다

0148

세상 세

世

JLPT N4 | 3학년 | 부수 一

봄이 되자 나뭇가지에서 새순이 돋아나고 있는 모습. 봄이 되자 새로운 세상이 열림.

음독 せ

N4 世界 せかい 세계

N4 世話 せわ 도와줌, 보살핌, 신세짐

せい

N2 世紀 せいき 세기

N2 中世 ちゅうせい 중세

훈독 よ

N3 世 よ 세상, 사회

N3 世のなか よのなか 세상, 세간

0149

그림 화

画

JLPT N4 | 2학년 | 부수 田

画 画

밭의 전경을 그리고 있는 화가의 모습.

음독 **が**

N1 N4 漫画 まんが 만화
N4 映画 えいが 영화
N3 画面 がめん 화면

かく

N4 計画 けいかく 계획
N1 企画 きかく 기획
N1 区画 くかく 구획

0150

그림 도

図

JLPT N4 | 2학년 | 부수 口

図 図

성의 도면을 그리고 있는 모습. 본격적으로 일을 진행하기 전에 먼저 전체적인 기획을 함.

음독 **ず**

N4 図 ず 그림, 지도, 도면
N4 地図 ちず 지도
N3 図面 ずめん 도면

と

N4 N5 図書館 としょかん 도서관
N1 意図 いと 의도

훈독 **はかる**

N1 図る はかる (타) 도모하다, 꾀하다

0151

한가지 동

同

JLPT N4 | 2학년 | 부수 口

同 同

중요한 일을 의논하기 위해 식사 자리를 마련함. 구리로 만든 큰 냄비와 사람의 입(口)을 나타냄

음독 **どう**

N3 合同 ごうどう 합동
N2 同時 どうじ 동시
N2 共同 きょうどう 공동

훈독 **おなじ**

N4 N5 同じ おなじ 같음

0152

집 당

堂

JLPT N4 | 5학년 | 부수 土

堂 堂

권력자의 집(尚) 앞마당(土)에 모여 중요한 논의를 하고 있는 사람들의 모습.

음독 どう

- N4 N5 食堂 しょくどう 식당
- N2 N4 講堂 こうどう 강당
- N1 堂々 どうどう 당당함
- N1 議事堂 ぎじどう 의사당

오히려 상

멋진 기와와 큰 대문을 가진 고상한 귀족의 집을 나타냄.

무리 당

우두머리의 집(尚) 앞에 모여 있는 당원(兄)들의 모습.

UPGRADE!

01

확인문제

한자표기 **다음 단어의 한자 표기로 적당한 것을 고르세요.**

01	とくべつ	① 待別	② 持別	③ 特別
02	かぞく	① 家族	② 民族	③ 貴族
03	しみん	① 市民	② 姉視	③ 氏眠
04	きょうだい	① 父兄	② 姉妹	③ 兄弟
05	とし	① 図氏	② 都市	③ 図市

한자읽기 **다음 한자의 읽는 법을 고르고 빈칸에 뜻을 적으세요.**

06	姉妹	① じまい	② しまい	③ しめい	
07	車道	① しゃとう	② ちゃどう	③ しゃどう	
08	全部	① ぜんぶ	② せんぶ	③ せんぷ	
09	時代	① じだい	② しだい	③ じたい	
10	地図	① ちず	② ちど	③ しど	

정 답 01 ③ 특별 02 ① 가족 03 ① 시민 04 ③ 형제 05 ② 도시 06 ② 자매 07 ③ 차도 08 ① 전부 09 ① 시대 10 ① 지도

02

인간과 경제 활동 관련 한자(48자)

0153

무거울 중

重 JLPT N4 | 3학년 | 부수 里

등 뒤에 무거운 짐을 지고 가는 사람의 모습.

음독 **じゅう**

N3 重要 じゅうよう 중요 　 N3 重視 じゅうし 중시 　 N3 体重 たいじゅう 체중

ちょう

N2 貴重 きちょう 귀중 　 N2 慎重 しんちょう 신중 　 N2 尊重 そんちょう 존중

훈독 **おもい**

N4 重い N5 おもい 무겁다

かさなる

N3 重なる かさなる (자) 겹치다, 포개어지다

かさねる

N3 重ねる かさねる (타) 포개다, 거듭하다, 되풀이하다

え

八重 やえ 여덟 겹 참고어휘

0154

움직일 동

動 JLPT N4 | 3학년 | 부수 力

봇짐을 지고 있는 상인과(重) 밭을 갈고 있는 농부의(力) 모습.

음독 **どう**

N4 動物 N5 どうぶつ 동물 　 N4 運動 うんどう 운동 　 N4 自動 じどう 자동

훈독 **うごく**

N4 動く うごく (자) 움직이다, (기계 등이) 작동하다

うごかす

N4 動かす うごかす (타) 움직이게 하다, 작동시키다

0155

일할 동

働

JLPT N4 | 4학년 | 부수 人 亻

働 働

돈을 벌기 위해 사람(亻)을 고용해 짐을 나르고 밭을 갈게 함(動).

음독 どう

N2 労働 ろうどう 노동

N1 協働 きょうどう 협동

훈독 はたらく

N4 働く はたらく (자) 일하다

0156

옮길 운

運

JLPT N4 | 3학년 | 부수 辵 辶

運 運

수레(車)를 끌고 진영(冖)을 옮기는(辶) 병사들의 모습.

음독 うん

N4 運 うん 운, 운명, 행운

N4 運動 うんどう 운동

N4 運転 うんてん 운전

훈독 はこぶ

N4 運ぶ はこぶ (타) 운반하다, 옮기다

재미있는 한자 이야기

군사 군

전선에 마차(車)를 세워놓고 진영(冖)을 구축하고 있는 군대(軍)의 모습.

왜 '옮길 운'에 행운, 운명이라는 의미도 붙었을까?

전쟁에서 가장 어려운 부분 중 하나가 바로 물자의 운송이었습니다. 수 만이 넘는 병사들의 식량과 무기를 수레에 싣고, 수 십킬로미터 이상을 행군하는 것은 아주 큰 고역이었죠.

더군다나 제대로 된 보존 기술도 없었던 옛날엔 비가 조금만 내려도 식량들이 금방 썩고는 했습니다. 그렇기 때문에 이 운송의 과정에서는 정말 많은 행운이 필요했죠. 그래서 이 '옮길 운' 이라는 한자에는 행운, 운명이라는 의미도 따라 붙게 되었습니다.

반대로 어떤 일을 행하기 전에 철저한 조사와 연구, 사전 준비를 한다면, 운이 좋아질 확률도 높아지겠죠?

0157

구를 전

転

JLPT N4 | 3학년 | 부수 車

転 転

구름(云)이 움직일 정도의 세찬 바람이 불자 수레(車)가 굴러감.

음독 てん

- N4 運転 うんてん 운전
- N2 回転 かいてん 회전
- N4 自転車 じてんしゃ 자전거

훈독 はこぶ

- N4 転ぶ ころぶ (자) 쓰러지다, 자빠지다, 넘어지다
- N3 転げる ころげる (자) 구르다 (= 転がる), 쓰러지다 (= 転ぶ)
- N3 転がる ころがる (자) 구르다, 쓰러지다
- N3 転がす ころがす (타) 굴리다, 넘어뜨리다

0158

가벼울 경

軽

JLPT N4 | 3학년 | 부수 車

軽 軽

물건이 가벼워 쉽게 땅(土)에서 들어 올림(又). 수레(車)가 필요 없을 정도로 가벼움.

음독 けい

- N1 軽減 けいげん 경감
- N1 軽快 けいかい 경쾌
- N1 軽視 けいし 경시

훈독 かるい

- N4 軽い N5 かるい 가볍다, 정도가 심하지 않다

かろやか

- N3 軽やか かるやか 발랄하고 경쾌함

운 운

구름(云)을 보며 점을 침.
추상적인 말을 운운함

또 우

손을 흔들며 또 만나자고
작별인사를 함.

0159

대 대

台

JLPT N4 | 2학년 | 부수 口

구름이 손에 닿을 정도의 높은 전망대에 올라가, 기둥을 붙잡고(厶) 망을 봄.
"위험해, 태풍이 오고 있어!"

음독 **たい**

N4 台風 たいふう 태풍

N2 N3 舞台 ぶたい 무대

だい

N2 N3 灯台 とうだい 등대

N4 N5 台所 だいどころ 부엌

N1 土台 どだい 토대

식기들을 놓는 넓은 횡목, 대(台)가 있는 장소(所)라 하여 부엌을 '다이도코로(台所)'라고 불렀습니다.

0160

비로소 시

始

JLPT N4 | 3학년 | 부수 女

임신한 아이가 나오기 시작함. 산통으로 팔을 웅크린 채(厶) 소리(口)를 지르고 있는 임산부(女)의 모습.

음독 **し**

N2 開始 かいし 개시

N1 原始 げんし 원시

N2 始終 しじゅう 시종, 처음과 끝

훈독 **はじめる**

N4 始める はじめる (타) 시작하다

はじまる

N4 始まる はじまる (자) 시작되다

사사 사

자신에게 할당된 곡물(禾)을 가득 안고(厶) 감.
자신의 사유물을 말함.

사사 사 부수

팔이 안쪽으로 굽혀져 있는 모습.

0161

물을 문

問

JLPT N4 | 3학년 | 부수 口

문(門) 너머로 누가 있냐고(口) 물어보는 사람의 모습.

음독 もん

N4 N5 問題 もんだい 문제

N4 質問 しつもん 질문

N3 学問 がくもん 학문

훈독 とい

N2 問い とい 물음, 질문

N2 問い合せ といあわせ 문의, 조회

とう

N1 問う とう (타) 묻다, 질문하다

とん

N1 問屋 とんや 도매상

0162

닫을 폐

閉

JLPT N4 | 6학년 | 부수 門

새싹 한 포기(才)도 들어오지 못하게 빗장(十)을 걸어 문(門)을 단단히 잠금.

음독 へい

N2 閉会 へいかい 폐회

N2 開閉 かいへい 개폐

N3 閉店 へいてん 폐점

훈독 しめる

N4 N5 閉める しめる (타) (문 따위를) 닫다

しまる

N4 N5 閉る しまる (자) 문이 닫히다

とじる

N4 閉じる とじる (자) 닫히다, 끝나다 (타) 열려있는 것을 닫다, 눈을 감다, 책을 덮다

とざす

N4 閉ざす とざす (타) 문을 닫다, 잠그다, 길을 폐쇄하다, 입이나 귀를 막다

재주 재

새싹이 고난을 이겨내고 피어
오르듯이, 자라오면서 길러진
어떤 사람의 재능(才)을 뜻함.

0163

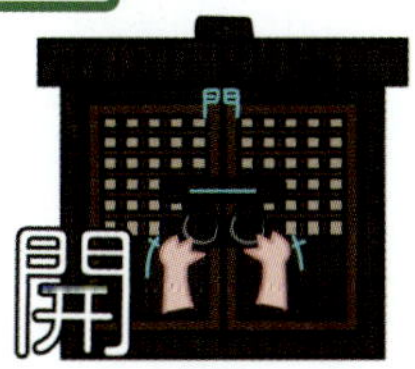

열 개

開

JLPT N4 | 3학년 | 부수 門

開 開

두 손(开)으로 문(門)을 여는 사람의 모습. 뭔가를 시작하다.

음독 **かい**

N4 公開 N5 こうかい 공개 | N2 展開 てんかい 전개

훈독 **あく**

N4 開く N5 あく (자) 열리다, (영업 등이) 시작하다

あける

N4 開ける N5 あける (타) 열다

ひらく

N4 開く ひらく (자) 문이 열리다, 꽃이 피다 (타) 문을 열다

ひらける

N4 開ける ひらける (자) 열리다, 트이다, 전개되다, 발전되다

0164

조개 패

貝

JLPT N4 | 1학년 | 부수 貝

貝 貝

조개(貝)를 그린 모습. 고대 사회엔 조개를 화폐로 썼기에 재물이라는 의미를 가짐.
특히 마노 조개는 보석처럼 광택이 있고 구하기 힘들었음.

훈독 **かい**

N4 貝 かい 조개 | N1 貝殻 かいがら 조개껍데기

0165

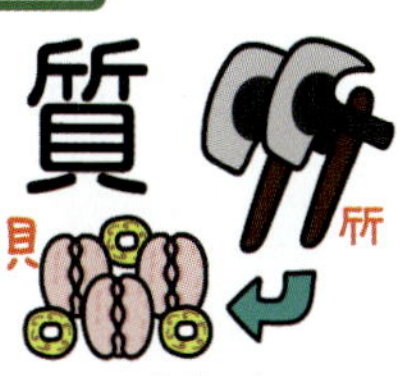

바탕 질

質

JLPT N4 | 5학년 | 부수 貝

質 質

돈(貝)을 빌리는 대신 값진 도끼(斤)나 전리품들을 담보로 맡김.

음독 **しつ**

N4 質 しつ 질, 가치 | N4 質問 しつもん 질문 | N2 本質 ほんしつ 본질

ち

N2 地質 ちしつ 지질

しち

質屋 しちや 전당포 참고어휘 | N1 人質 ひとじち 인질

0166

인원 원

員

JLPT N4 I 3학년 I 부수 口

해가 중천에 뜨자 밥을 먹기 위해 솥 앞으로 모여든 사람들의 모습.

음독 いん

N4 員 いん 인원	N4 店員 てんいん 점원	N4 駅員 えきいん 역원
N3 全員 ぜんいん 전원	N3 N4 公務員 こうむいん 공무원	

덜 손

먹을 것을 나눠주니(扌)를 솥(員) 안의 음식이 점점 줄어듦. 손실이 생기다.

운 운

솥(員)에서 음식을 퍼가며 콧노래(音)를 흥얼거리고 있는 사람들의 모습. 운율이 있음.

0167

이할 리

利

JLPT N4 I 4학년 I 부수 刀 刂

벼(禾)를 날붙이(刂)로 수확함.

음독 り

N3 N5 便利 べんり 편리	N4 利用 りよう 이용	N2 利益 りえき 이익

훈독 きく

N4 利く きく (자) 잘 움직이다, 잘 기능하다

0168

사사 사

私

JLPT N4 | 6학년 | 부수 禾

私 私

자신에게 할당된 곡물(禾)을 가득 안고 감(厶).

음독 し
- N3 私立 しりつ 사립
- N3 私鉄 してつ 민영 철도
- N1 私有 しゆう 사유

훈독 わたし
- N4 N5 私 わたし 나

わたくし
- N4 私 わたくし (주로 여성들이) 저, 나

0169

가을 추

秋

JLPT N4 | 2학년 | 부수 禾

秋 秋

벼(禾)에 불(火)이 붙기 쉬운 아주 건조한 가을을 말함.

음독 しゅう
- 秋分 しゅうぶん 추분 참고어휘
- 晩秋 ばんしゅう 만추, 늦가을 참고어휘

훈독 あき
- N4 N5 秋 あき 가을
- N4 秋風 あきかぜ 가을 바람

0170

화할 화

和

JLPT N4 | 3학년 | 부수 口

和 和

인구(口) 수에 맞게 작물(禾)을 나눔.

음독 わ
- N3 平和 へいわ 평화
- N4 和 わ 와, 일본의 정체성
- N4 和食 わしょく 일본 요리

お
- 和尚 おしょう 주지 스님 참고어휘

훈독 なごむ
- N1 和む なごむ (자) 누그러지다, 온화해지다

なごやか
- N1 和やか なごやか 부드러움, 온화함

やわらぐ
- N1 和らぐ やわらぐ (자) 누그러지다

やわらげる
- N1 和らげる やわらげる (타) 누그러뜨리다

0171

쌀 미

米

JLPT N4 | 2학년 | 부수 米

밭 위에 쌀알이 흩어져 있는 모습. 음을 빌려 미국을 나타내기도 함.

음독 べい

N3 米国 べいこく 미국

N2 北米 ほくべい 북미

N2 南米 なんべい 남미

まい

玄米 げんまい 현미 참고어휘

훈독 こめ

N4 米 こめ 쌀

N2 米粒 こめつぶ 쌀알

0172

헤아릴 료

料

JLPT N4 | 4학년 | 부수 斗

요리를 만들기 위해 쌀(米)을 바가지(斗)로 펌. 재료(料)의 상태를 확인함.

음독 りょう

N4 N5 料理 りょうり 요리

N3 材料 ざいりょう 재료

N4 食料品 しょくりょうひん 식료품

말 두

콩 한 말을 바가지로 퍼올리는 모습.

0173

셀 계

計

JLPT N4 | 2학년 | 부수 言

나뭇가지로 땅에 표시를 새기며(十) 물건의 수를 입(言)으로 계산하는 사람의 모습.

음독 けい

N4 N5 時計 とけい 시계

N4 計画 けいかく 계획

N2 N3 計算 けいさん 계산

훈독 はかる

N2 計る はかる (타) 세다, 재다

はからう

N2 計らう はからう (타) 상의하다, 편의 등을 봐주다

0174

말씀 설

説

JLPT N4 | 4학년 | 부수 言

영웅이 호탕하게 웃으며(兌) 미래에 대한 자신의 포부(言)를 말하고 있는 모습.

음독 **せつ**

N4 説明 せつめい 설명 | N4 小説 しょうせつ 소설 | N3 解説 かいせつ 해설

ぜい

N1 遊説 ゆうぜい 유세

훈독 **とく**

N1 説く とく (타) 말하다, 설득하다, 설명하다

0175

지을 작

作

JLPT N4 | 2학년 | 부수 人亻

어떤 사람(亻)이 제품을 만드는(乍) 모습. 옷감을 자르고 콩기름을 짜냄.

음독 **さ**

N3 作業 さぎょう 작업 | N2 操作 そうさ 조작 | N2 動作 どうさ 동작

さく

N4 N5 作文 さくぶん 작문 | N4 作品 さくひん 작품

훈독 **つくる**

N4 N5 作る つくる (타) 만들다

기쁠 태

호탕하게 웃고 있는 영웅호걸의 모습.

일어날 작

옷을 칼로 가르자 솜이 튀어나옴. 콩을 짜자 기름이 나옴. 순식간에 뭔가 일어남. 여러가지 일을 하면서 뭔가를 열심히 만듦.

0176

어제 작

昨

JLPT N4 | 4학년 | 부수 日

작업(乍)이 끝나자 하루(日)가 다 지나 있음.

음독 さく

- N4 昨年 さくねん 작년
- N1 昨日 さくじつ 어제 (격식)
- 예외 N4 昨日 N5 きのう 어제

0177

합할 합

合

JLPT N4 | 2학년 | 부수 口

밥솥을 그린 모습. 의견을 합(合)하기 위해 식사 자리를 마련함.

음독 ごう

- N3 合同 ごうどう 합동
- N3 会合 かいごう 회합
- N3 合格 ごうかく 합격

がっ

- N1 合唱 がっしょう 합창
- N1 合併 がっぺい 합병
- N1 合致 がっち 합치, 일치

かっ

- 合戦 かっせん 합전, 대항전, 싸움 참고어휘

훈독 あう

- N4 合う あう (자) 합쳐지다

あわす

- N1 合わす あわす (타) 합치다

あわせる

- N1 合せる あわせる (타) 아우르다

0178

대답 답

答

JLPT N4 | 2학년 | 부수 竹

왕의 질문에 대답하기 위해 신하들이 밥을 먹으면서 서로의 의견을 죽간에(竹) 합(合)하고 있는 모습.

음독 とう

- N3 答案 とうあん 답안
- N2 解答 かいとう 해답
- N2 回答 かいとう 회답

훈독 こたえ

- N4 答(え) N5 こたえ 대답, 대꾸, 정답

こたえる

- N4 答える N5 こたえる (자) 대답하다, 회답하다, 해답하다

0179

물건 물

物

JLPT N4 I 3학년 I 부수 牛 牜

소(牛)를 사냥하기 위해 엎드려(勿) 접근함.

음독 ぶつ	N4 動物 N5 どうぶつ 동물	N4 見物 けんぶつ 구경	N3 植物 しょくぶつ 식물
もつ	N3 荷物 N4 にもつ 짐, 짐덩이	N2 貨物 かもつ 화물	N2 穀物 こくもつ 곡물
훈독 もの	N4 物 N5 もの 어떤 것, 물건	N4 建物 N5 たてもの 건물	N3 果物 N5 くだもの 과일

0180

돌아갈 귀

帰

JLPT N4 I 2학년 I 부수 巾

전쟁(刂)에 나간 남편이 무사히 돌아오길 기도하며 청소(帚)를 하고 있는 아내의 모습.

음독 き	N3 帰国 きこく 귀국	N3 帰宅 きたく 귀가
훈독 かえる	N4 帰る N5 かえる (자) 돌아가다, 돌아오다	
かえす	N4 帰す かえす (타) 돌려보내다	

말 물

전투에서 칼이 부러져 낙심함.
마치 절하는 듯한 자세를 하고 있음.

비 추

빗자루로 바닥을 쓸음.

0181

쇠 철

鉄

JLPT N4 | 3학년 | 부수 金

鉄 鉄

쇠(金)가 너무 무거워 손에서 떨어뜨림(失).

음독 てつ

N4 鉄 てつ 철	N4 地下鉄 N5 ちかてつ 지하철	N3 鉄道 てつどう 철도

0182

은 은

銀

JLPT N4 | 3학년 | 부수 金

銀 銀

노예나 사용인(艮)을 고용할 수 있을 정도의 가치를 가진 쇳덩어리(金), 은(銀)을 말함.

음독 ぎん

N4 銀 ぎん 은	N4 銀行 N5 ぎんこう 은행

잃을 실

손(手)에서 뭔가를
떨어뜨림. 분실하다.

그칠 간

고개 들기를 그침. 아래를 봄.
노예나 사용인을 뜻하기도 함.

0183

장인 공

工

JLPT N4 | 2학년 | 부수 工

工 工

장인의 모루 또는 달구를 그린 모습. 달구(달고)는 땅을 고르게 다지는 도구임.

음독 こう	N4 工事 こうじ 공사	N4 工場 こうじょう 공장	N4 工業 こうぎょう 공업
く	N2 大工 だいく 목수	N2 工夫 くふう 궁리함, 고안함	N1 細工 さいく 세공

0184

업 업

業

JLPT N4 | 3학년 | 부수 木

業 業

성벽을 판축(业)하기 위해 잡초를 뽑고 판자(木)를 대어 흙을 쌓아올림.

음독 ぎょう	N4 産業 さんぎょう 산업	N3 N5 授業 じゅぎょう 수업	N3 N4 営業 えいぎょう 영업
ごう	N1 自業自得 じごうじとく 자업자득		
훈독 わざ	N1 業 わざ 행위, 일	N1 仕業 しわざ 소행, 짓거리	

0185

낳을 산

産

JLPT N4 | 4학년 | 부수 生

産 産

강풍이 부는 날 기슭 위(厂)에 서서(立) 씨앗을 뿌리고 있는(生) 농부의 모습.

음독 さん	N4 生産 せいさん 생산	N4 国産 こくさん 국산	N2 財産 ざいさん 재산
훈독 うまれる	N4 産れる·生れる	N5 うまれる	(자) 태어나다, 생겨나다
うむ	N3 産む·生む	うむ	(타) 낳다, 새롭게 만들어 내다
うぶ	産土	うぶすな	출생지, 고향 참고어휘

0186

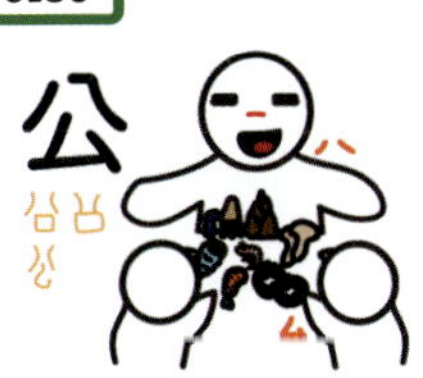

공평할 공

公

JLPT N4 | 2학년 | 부수 八

公 公

공평하게 재산을 분배(八)하는 관리와 그걸 취하는(厶) 사람들의 모습.

음독 こう	N4 公開 こうかい 공개	N3 N5 公園 こうえん 공원	N3 公立 こうりつ 공립
훈독 おおやけ	N1 公 おおやけ 정부, 국가, 관청, 공공		

0187

쓸 용

用 JLPT N4 | 2학년 | 부수 用

어디에나 유용(用)하게 쓸 수 있는 통을 나타냄.

음독 よう

- N4 利用 りよう 이용
- N4 用意 ようい 준비
- N4 用事 ようじ 볼일, 용건

훈독 もちいる

- N2 用いる もちいる (타) 쓰다, 사용하다, 채용하다

0188

일 사

事 JLPT N4 | 3학년 | 부수 亅

세금을 내러 온 사람들의 이름을 장부에 적음.

음독 じ

- N4 工事 こうじ 공사
- N4 食事 しょくじ 식사
- N4 大事 だいじ 큰일, 대사, 소중함

ず

- N1 好事 こうず 호사

훈독 こと

- N4 N5 事 こと 일, 어떤 것, 사건
- N4 N5 仕事 しごと 일, 업무, 직업

0189

돌아올 회

回 JLPT N4 | 2학년 | 부수 囗

소용돌이를 그린 모습.

음독 かい

- N4 N5 回 かい 회, 횟수
- N4 N5 一回 いっかい 1회, 한 번
- N3 回収 かいしゅう 회수

え

- 回向 えこう 불공을 드리며 명복을 빔 참고어휘

훈독 まわす

- N4 回す まわす (타) 돌리다

まわる

- N4 回る まわる (자) 돌다, 회전하다

0190

섬길 사

仕

JLPT N4 | 3학년 | 부수 人亻

仕 仕

왕(亻)을 섬기고 있는 신하(士)의 모습. 왕 다음으로 권력이 강한 사람, 사관(仕)

음독 し

N4 N5 仕事 しごと 일, 업무, 직업

N4 仕方 しかた 하는 방법, 방식

N1 奉仕 ほうし 봉사

じ

N1 給仕 きゅうじ 급사, 식사 시중을 드는 것, 서빙 (Serving)

훈독 つかえる

N1 仕える つかえる (자) 시중들다, 섬기다

0191

통할 통

通

JLPT N4 | 2학년 | 부수 辵⻌

通 通

큰 종(甬)을 치자 소리가 마을 전체로 순식간에 퍼져 나감(⻌).

음독 つう

N3 N4 交通 こうつう 교통

N3 N4 普通 ふつう 보통

N3 N4 通過 つうか 통과

つ

通夜 つや (죽은 사람의 유해를 지키며) 밤샘 참고어휘

훈독 とおる

N4 通る とおる (자) 통하다

とおす

N2 通す とおす (타) 통하게 하다

かよう

N4 通う かよう (자) 다니다, 왕래하다

선비 사

왕의 힘은 양날도끼(王)로, 신하들의 힘은 외날 도끼(士)로 비유되었음.

길 용

엄청나게 큰 종(甬)의 모습. 또는 뒤집은 통을 손으로 두드림.

0192

부릴 사

使

JLPT N4 | 3학년 | 부수 人亻

주인을 돕고 있는 사용인(亻)의 모습.

음독 し

N1 酷使 こくし 혹사

N2 使用 しよう 사용

N4 大使館 たいしかん 대사관

훈독 つかう

N4 N5 使う つかう (타) 쓰다, 사용하다

0193

헤아릴 탁, 법도 도, 살 택

度

JLPT N4 | 3학년 | 부수 广

집(广) 주인이 먼 길을 떠나기 위해 짐(廿)을 챙기라고(又) 하인에게 지시를 내림.

어느 정도 짐을 쌀지 생각하고 준비함. 잘 살기 위해 잘 헤아린 후, 올바른 법도를 세움.

음독 ど

N4 度 ど 도, 정도

N4 一度 いちど 한 번, 일 회, 일단

N4 今度 こんど 이번

N2 程度 ていど 정도

N3 速度 そくど 속도

N3 温度 おんど 온도

たく

N3 N4 支度 したく 준비, 채비

と

N4 急度 きっと 반드시

法度 はっと 법도, 법령 참고어휘

훈독 たび

N2 この度 このたび 이번, 금번 (격식)

0194

보낼 송

送

JLPT N4 | 3학년 | 부수 辵⻌

어두운 밤길(⻌)을 횃불(关)로 밝히며 귀빈을 안전하게 배웅함.

음독 そう

N2 N4 放送 ほうそう 방송

N3 送信 そうしん 송신

N2 輸送 ゆそう 수송

훈독 おくる

N4 送る おくる (타) 보내다, 부치다

0195

세울 건

建

JLPT N4 | 4학년 | 부수 廴

建 建

유명한 건축가가 설계(聿)한 성벽 위에서 궁병(廴)들이 순찰을 돌고 있음.

음독 けん

N2 建設 けんせつ 건설　N3　N2 建築 けんちく 건축

こん

建立 こんりゅう 건립 참고어휘

훈독 たつ

N4 建つ たつ (자) 세워지다

たてる

N4 建てる たてる (타) 세우다

0196

팔 매

売

JLPT N4 | 2학년 | 부수 士

売 売

상인(儿)이 책상(冖) 위에 진열해 놓은 물건을, 사관(士)이 구매하는 모습.

음독 ばい

N3 商売 しょうばい 장사　N3 売店 ばいてん 매점　N3 販売 はんばい 판매

훈독 うる

N4 売る N5 うる (타) 팔다

うれる

N3 売れる うれる (자) 잘 팔리다, 유명해지다, 인기가 있다

길게 걸을 인

활을 등에 메고
순찰을 함.

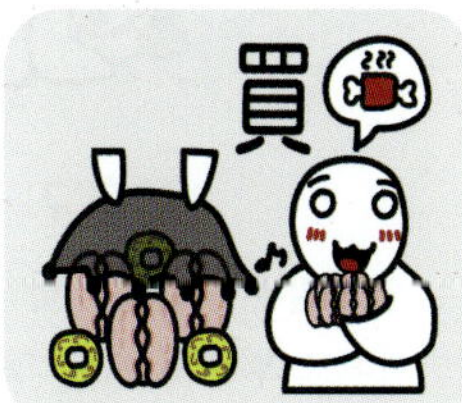

살 매

구매하고 싶은 물건이 있어,
고대의 화폐였던 마노 조개(貝)를
그물(网)로 채취해 가져감.

0197

연구할 구

究

JLPT N4 | 3학년 | 부수 穴

究 究

동굴(穴) 속으로 기어들어 가 손으로(九) 여기저기를 만져보며 유심히 탐구(究)함.

음독 **きゅう**

N4 研究 けんきゅう 연구　　N1 究極 きゅうきょく 궁극　　N1 追究 ついきゅう 추구

훈독 **きわめる**

N1 究める きわめる (타) 깊이 연구하다, 끝까지 밝히다

0198

갈 연

研

JLPT N4 | 3학년 | 부수 石

研 研

나무틀(开)을 원하는 목적에 맞게 돌(石)로 연마함.

음독 **けん**

N4 研究 けんきゅう 연구　　N2 研修 けんしゅう 연수

훈독 **とぐ**

N1 研ぐ とぐ (타) (칼 등을) 갈다, (쌀 등을) 씻다

구멍 혈

넓은 동굴의 입구. 또는 지푸라기로 엮은 움집을 그린 모습.

아홉 구

엄청 많은 구슬들이 바닥에 떨어져, 팔을 구부려 주우려는 사람의 모습. 1의 자리 중 가장 큰 숫자 9.

평평할 견

평평한 나무 판자를 나타냄.

0199

탈 승

乗

JLPT N4 | 3학년 | 부수 丿

열매를 따기 위해 나무(木) 위로 올라가고 있는 사람의 모습.

음독 じょう

- N3 乗車 じょうしゃ 승차
- N3 乗客 じょうきゃく 승객

훈독 のる

- N4 乗る N5 のる (자) 타다

のせる

- N4 乗せる N5 のせる (타) 태우다, 타게 하다, 싣다

0200

빌 차

借

JLPT N4 | 4학년 | 부수 人亻

태양을 집어삼킬 듯한 대홍수(昔)로 전 재산을 잃은 농민(亻)에게 돈을 빌려줌.

음독 しゃく

- N1 拝借 はいしゃく (돈이나 물건 등을) 빌려 씀의 겸사말
- N2 借金 しゃっきん 돈을 꿈, 빚을 냄

훈독 かりる

- N4 借りる N5 かりる (타) 빌리다, 꾸다

예 석

토목 기술이 발전하지 않았던 옛날, 중국 황하강 유역엔 B.C 2000년부터 꾸준히 태양(日)을 삼킬 정도의 홍수가 엄청 많이 일어났었는데, 그 시절을 지칭하는 말로 옛날이라는 의미가 붙음.

아낄 석

대홍수(昔)로 마을이 박살난 것을 보며 애석해(忄) 함.

둘 조

대홍수(昔)로 모든 것을 잃은 난민들에게 식량을 배급(扌) 하라고 조치함.

UPGRADE!

02

확인문제

한자표기 **다음 단어의 한자 표기로 적당한 것을 고르세요.**

01	どうぶつ	① 重物	② 動物	③ 働物
02	うんてん	① 運転	② 軍転	③ 運芸
03	たいふう	① 台風	② 治風	③ 太風
04	もんだい	① 間題	② 聞題	③ 問題
05	こうかい	① 公開	② 公聞	③ 公間

한자읽기 **다음 한자의 읽는 법을 고르고 빈칸에 뜻을 적으세요.**

06	質問	① しつもん	② じつもん	③ しつまん	
07	店員	① でんいん	② てんにん	③ てんいん	
08	利用	① いよう	② いゆう	③ りよう	
09	料理	① ようり	② りょうり	③ りょうい	
10	時計	① どけい	② とげい	③ とけい	

정답 01 ② 동물 02 ① 운전 03 ① 태풍 04 ③ 문제 05 ① 공개 06 ① 질문 07 ③ 점원 08 ③ 이용 09 ② 요리 10 ③ 시계

03
활, 화살 유래 한자(12자)

미리 알고 가면 편해요!

0201

활 궁

弓

JLPT N1 | 2학년 | 부수 弓

弓 弓

활을 그린 모습. 또는 활처럼 휘어있는 무언가를 나타냄.

음독 **きゅう**

弓道部 きゅうどうぶ 궁도부 (일본 활쏘기 동아리) 참고어휘

훈독 **ゆみ**

N1 弓 ゆみ 활

N1 弓矢 ゆみや 활과 화살

0202

강할 강

強

JLPT N4 | 2학년 | 부수 弓

強 強

활(弓)이 너무 단단해 시위를 걸기가(厶) 어려움. 온 몸을 굽히며(虫) 안간힘을 씀.

음독 **きょう**

N4 N5 勉強 べんきょう 공부

N3 強化 きょうか 강화

N2 強力 きょうりょく 강력

ごう

N2 強引 ごういん 강인, 억지로 함

N2 強盗 ごうとう 강도, 도둑

훈독 **つよい**

N4 N5 強い つよい 강하다, 세다

つよまる

N3 強まる つよまる (자) 강해지다

つよめる

N3 強める つよめる (타) 강하게 하다

しいる

N1 強いる しいる (타) 강요하다, 강제하다

벌레 충

벌레를 그린 모습.
또는 애벌레처럼 몸을 웅크리고
있는 사람의 모습.

0203

끌 인

引

JLPT N4 | 2학년 | 부수 弓

과녁(丨)을 향해 활시위(弓)를 당김.

음독 いん

N2 引力 いんりょく 인력　　N2 引退 いんたい 은퇴

훈독 ひく

N4 引く　N5 ひく　(타) 끌다, 당기다

ひける

N1 引ける　ひける　(자) 파하다, 끝나다

0204

약할 약

弱

JLPT N4 | 2학년 | 부수 弓

줄이 약해져 활(弓) 시위가 끊어짐.

음독 じゃく

N2 弱点 じゃくてん 약점　　N2 貧弱 ひんじゃく 빈약　　N2 薄弱 はくじゃく 박약

훈독 よわい

N4 弱い　N5 よわい　약하다

よわまる

N1 弱まる　よわまる　(자) 약해지다

よわめる

N1 弱める　よわめる　(타) 약하게 하다

よわる

N1 弱る　よわる　(자) 약해지다, 곤란해지다

0205

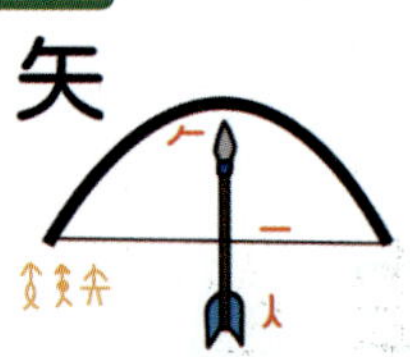

화살 시

미리 알고 가면 편해요!

矢

JLPT N1 | 2학년 | 부수 矢

활과 활시위, 화살을 그린 모습. 화살을 쏘면 누군가는 맞음. 원인과 결과, 효시(矢)가 됨.

음독 し

嚆矢 こうし 효시, 인과 관계의 맨 처음 참고어휘

훈독 や

N1 矢 や 화살　　N1 弓矢 ゆみや 활과 화살　　N4 矢張り やはり 역시, 여전히

화살(矢)을 쏘면(張) 누군가는 맞음.
필연적인 인과관계를 나타낸 단어입니다.

0206

알 지

知

JLPT N4 | 2학년 | 부수 矢

화살(矢)이 바로 머리 위로 지나가 깜짝 놀람(口).

음독 ち

- N3 知人 ちじん 지인
- N2 知識 ちしき 지식
- N1 認知 にんち 인지

훈독 しる

- N4 知る しる (타) 알다, 인식하다

0207

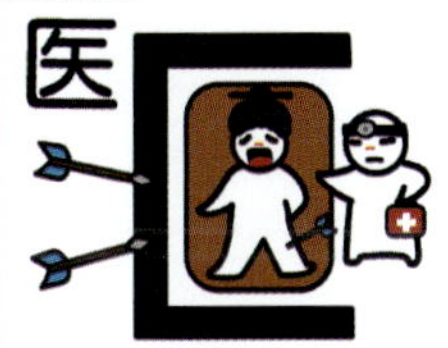

의원 의

医

JLPT N4 | 3학년 | 부수 匸

화살(矢)을 맞은 병사들이 의원(匸)에서 안전하게 치료를 받음.

음독 い

- N4 N5 医者 いしゃ 의사
- N4 医学 いがく 의학
- N1 医院 いいん 의원

0208

짧을 단

短

JLPT N4 | 3학년 | 부수 矢

투호놀이를 함. 화살(矢)을 제기(豆)에 던짐. 활을 쏠 때 보다 거리가 짧음.

음독 たん

- N2 N4 簡短 かんたん 간단
- N3 短期 たんき 단기
- N2 短所 たんしょ 단점

훈독 みじかい

- N4 N5 短い みじかい 짧다

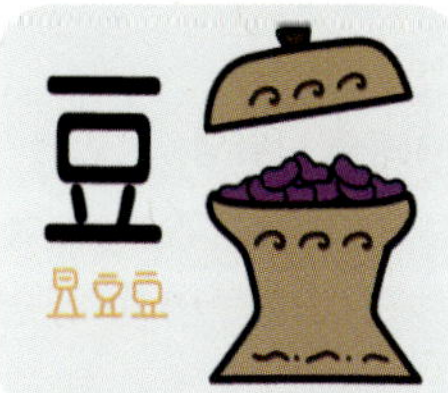

콩 두

제사용 제기에 콩을 담은 모습. 콩은 척박한 땅에 심어도 잘 자라 신이 내린 선물이라 생각했었음.

0209

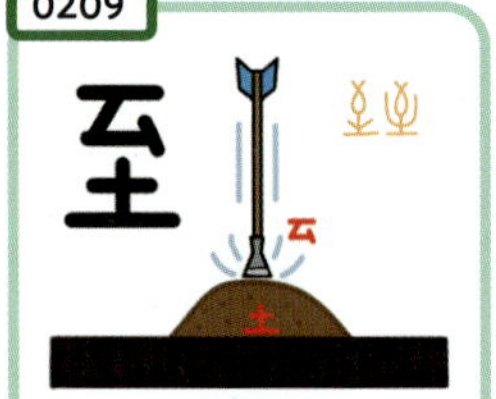

이를 지

至

미리 알고 가면 편해요!

JLPT N2 | 6학년 | 부수 至

무거운 화살이 땅(土)에 다다른 모습.

음독 し

N2 至急 しきゅう 매우 급함
N1 乃至 ないし 내지, ~에서 ~까지
至極 しごく 지극, 더없음 참고어휘
至当 しとう 지당함 참고어휘

훈독 いたる

N2 至る いたる (자) 이르다, 도달하다

0210

집 실

室

JLPT N4 | 2학년 | 부수 宀

화살(至)이 닿지 않는 아주 안전한 실내(宀)를 말함.

음독 しつ

N4 N5 教室 きょうしつ 교실
N4 室内 しつない 실내
N3 温室 おんしつ 온실
N1 浴室 よくしつ 욕실
N1 客室 きゃくしつ 객실

훈독 むろ

石室 いしむろ 석실, 돌방 참고어휘

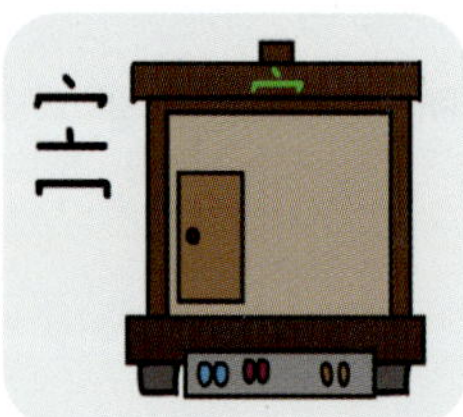

집 면

집 또는 지붕을 나타냄.

0211

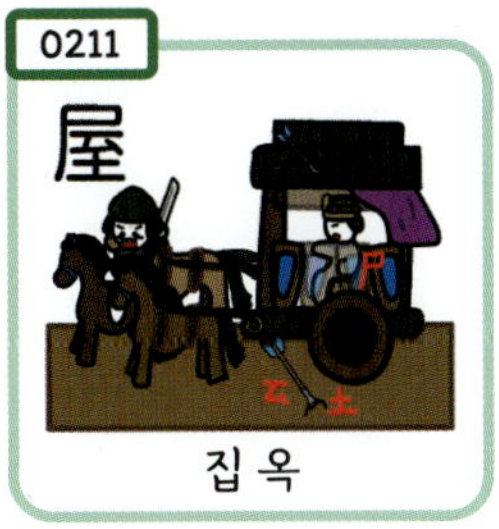

屋

JLPT N4 | 3학년 | 부수 尸

屋 屋

전장의 상황을 보려고 황제(尸)가 방벽이 달린 마차를 끌고 나온 모습. 화살(至) 맞을 걱정이 없음. 현재는 외벽이 튼튼한 집을 말함.

음독 おく

- N4 屋上 おくじょう 옥상
- N3 屋内 おくない 옥내
- N2 家屋 かおく 가옥

훈독 や

- N4 屋根 やね 지붕
- 예외 N4 N5 部屋 へや 방
- N4 本屋 ほんや 책방

0212

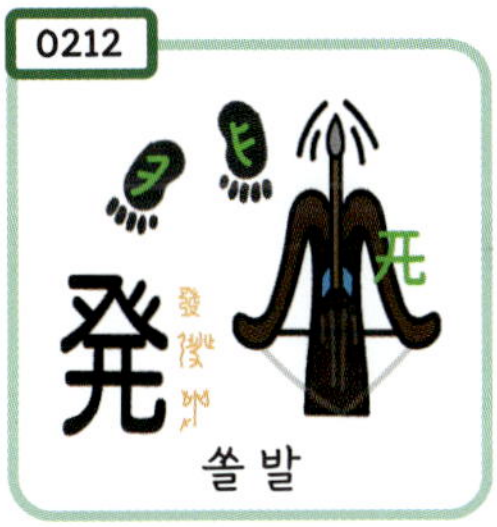

発

JLPT N4 | 3학년 | 부수 癶

発 発

도망(癶) 가는 적을 향해 석궁을 발사함.

음독 はつ

- N4 発音 はつおん 발음
- N3 発電 はつでん 발전
- N3 発明 はつめい 발명

ほつ

- 発意 ほつい 발의 참고어휘

주검 시

주검처럼 몸을 약간 숙인 채 웅크려 앉아있는 사람의 모습.

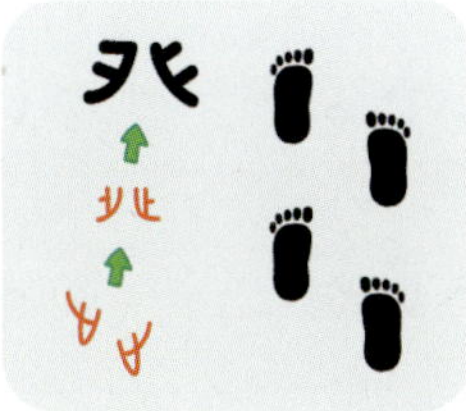

등질 발

앞으로 나아가니 뭔가를 등지게 됨.

쥘 악

전장을 완전히 장악한 후 승리를 만끽하기 위해 집차(屋)를 끌고 나옴. 지휘봉(扌)을 휘두르며 영향력을 행사함.

UPGRADE!

03

확인문제

한자표기 다음 단어의 한자 표기로 적당한 것을 고르세요.

01	いがく	① 医学	② 医弟	③ 矢学
02	きょうしつ	① 教屋	② 教室	③ 老室
03	おくじょう	① 屋上	② 屋下	③ 屋前
04	はつおん	① 発立	② 発意	③ 発音
05	しつない	① 屋内	② 室納	③ 室内

한자읽기 다음 한자의 읽는 법을 고르고 빈칸에 뜻을 적으세요.

06	勉強	① へんきょう	② べんぎょう	③ べんきょう	
07	医者	① いじゃ	② いしゃ	③ ひしゃ	
08	部屋	① へいや	② へや	③ へやあ	
09	弱い	① よあい	② ゆわい	③ よわい	
10	知る	① しる	② する	③ いる	

정답 01 ① 의학 02 ② 교실 03 ① 옥상 04 ③ 발음 05 ③ 실내 06 ③ 공부 07 ② 의사 08 ② 방 09 ③ 약하다 10 ① 알다

04

인간의 형상, 신체 유래 한자1(32자)

0213

클 태

太

JLPT N4 | 2학년 | 부수 大

발에 걸리면 넘어질 정도의 굵은 통나무를 나타낸 모습.

음독 たい

N2 太鼓 たいこ 태고, 북

N2 太陽 たいよう 태양

た

N1 丸太 まるた 통나무

훈독 ふとい

N4 太い ふとい 굵다

ふとる

N4 太る ふとる (자) 살찌다

0214

좋을 호

好

JLPT N4 | 4학년 | 부수 女

엄마(女)를 보고 방그레 웃고 있는 아이(子)의 모습.

음독 こう

N2 N4 格好 かっこう 모습, 모양, 꼴

N1 好意 こうい 호의

훈독 すく

N4 N5 好く すく (타) 좋아하다

このむ

N3 好む このむ (타) 마음에 들어하다, 즐기다

0215

글자 자

字

JLPT N4 | 1학년 | 부수 子

집(宀)에서 글자공부를 하고 있는 아이(子)의 모습.

음독 じ

- N4 N5 字 じ 글자
- N4 N5 漢字 かんじ 한자
- N4 N5 字引 じびき 사전, 옥편
- N4 N5 文字 もじ 문자
- N3 数字 すうじ 숫자

훈독 あざ

- 字 あざ 町(정)·村(촌) 가운데의 한 구획의 이름 참고어휘

0216

갈 거

去

JLPT N4 | 3학년 | 부수 厶

어딘가에서 뛰쳐 나오는 사람의 모습. 떠나다. 이미 지난 시점을 말하기도 함.

음독 きょ

- N4 N5 去年 きょねん 작년
- N1 消去 しょうきょ 소거
- N2 除去 じょきょ 제거

こ

- N2 過去 かこ 과거

훈독 さる

- N3 去る さる (자) 떠나다, 경과하다

0217

달릴 주

走

JLPT N4 | 2학년 | 부수 走

어딘가로 달려가는 사람의 모습.

음독 そう

- N1 走行 そうこう 주행
- N1 逃走 とうそう 도주
- N1 暴走 ぼうそう 폭주

훈독 はしる

- N4 走る はしる (자) 달리다

0218

몸 기

미리 알고 가면 편해요!

己

JLPT N1 | 6학년 | 부수 己巳已

사람의 몸을 그린 모습.

음독 こ

N1 自己 じこ 자기　　N1 自己紹介 N4 じこしょうかい 자기소개

き

知己 ちき 지인 참고어휘

훈독 おのれ

己(れ) おのれ 1. 너 2. 나 참고어휘

0219

일어날 기

起

JLPT N4 | 3학년 | 부수 走

급한 일이 생겨 몸(己)을 일으키고 달려 감(走).

음독 き

N4 起立 きりつ 기립　　N2 起床 きしょう 기상

훈독 おきる

N4 起きる N5 おきる (자) 일어나다

おこす

N4 起す N5 おこす (타) 일으키다

おこる

N3 起る おこる (자) 어떤 일이 일어나다

0220

그칠 지

止

JLPT N4 | 2학년 | 부수 止

목적지에 도착해 발걸음을 멈춤. 원래는 발을 그린 한자로 앞으로 나아간다라는 뜻을 가지고 있었으나, 현재는 '멈추다'라는 의미로 사용됨.

음독 し

N4 中止 ちゅうし 중지　　N3 禁止 きんし 금지　　N2 停止 ていし 정지

훈독 とめる

N4 止める とめる (타) 멈추게 하다

とまる

N4 止る とまる (자) 멈추다, 정지하다

0221

바를 정

正

JLPT N4 | 1학년 | 부수 止

침략자들을 무찌르기 위해 적군(一)을 향해 돌진(止)함. 혼란을 바로잡음.

음독 **しょう**
- N4 正月 しょうがつ 정월, 1월
- N3 正直 しょうじき 정직
- N3 正面 しょうめん 정면

せい
- N3 正確 せいかく 정확함
- N3 正門 せいもん 정문

훈독 **ただしい**
- N4 正しい ただしい 바르다, 맞다

ただす
- N3 正す ただす (타) 바르게 하다, 고치다

まさ
- 正夢 まさゆめ 사실과 일치하는 꿈 참고어휘

0222

걸음 보

歩

JLPT N4 | 2학년 | 부수 止

조금씩(少) 목적지를 향해 걸어 감(止).

음독 **ほ**
- N3 歩道 ほどう 보도
- N2 N3 徒歩 とほ 도보
- N2 歩道橋 ほどうきょう 보도교, 육교

ぶ
- 歩合 ぶあい 수수료, 보수 참고어휘

ふ
- 歩 ふ 일본 장기말 중 하나 참고어휘

훈독 **あるく**
- N5 歩く あるく (자) 걷다

あゆむ
- N1 歩む あゆむ (자) 걷다, 나아가다

0223

써 이

以

JLPT N4 | 4학년 | 부수 人 亻

밭일을 하는 사람들의 수를 세고 있는 모습.

음독 **い**
- N4 以上 いじょう 이상
- N4 以下 いか 이하
- N4 以外 いがい 이외

0224

스스로 자

自

JLPT N4 | 2학년 | 부수 自

코를 그린 모습. 코는 영혼(숨)이 오가는 통로라 생각해, 옛 중국인들은 자신을 가리킬 때 코를 가리키곤 했음.

음독 じ
- N4 自分 じぶん 자신
- N4 自由 じゆう 자유
- N4 自動 じどう 자동

し
- N2 N3 自然 しぜん 자연
- N2 自然科学 しぜんかがく 자연과학

훈독 みずから
- N2 自ら みずから 자신, 스스로

0225

붙을 착

着

JLPT N4 | 3학년 | 부수 羊

머리에 보리(麦)가 붙은 걸 보고(目) 당황함.

음독 ちゃく
- N2 N3 到着 とうちゃく 도착
- N2 執着 しゅうちゃく 집착

じゃく
- 無頓着 むとんじゃく 무관심, 무심함 참고어휘

훈독 つく
- N4 着く つく (자) 닿다, 도착하다

つける
- N2 着ける つける (타) 대다, 닿게 하다

きる
- N4 着る きる (타) 옷을 입다

きせる
- N2 着せる きせる (타) 입히다

0226

참 진

真

JLPT N4 | 3학년 | 부수 目 罒

순진하고 참한 눈빛(目)을 가진 신관이, 국자(匕)로 제사용 제기(鼎)에 맑은 물을 채우고 있는 모습. 그 마음에 거짓이 없음.

음독 しん
- N4 N5 写真 しゃしん 사진
- N1 真実 しんじつ 진실
- N1 真理 しんり 진리

훈독 ま
- N4 真 ま 정말, 진실
- 예외 N4 真面目 まじめ 진지함, 성실함

0227

친할 친

親

JLPT N4 | 2학년 | 부수 見

親 親

미래에 올 위험을 방지하기 위해 나무(木) 위에 올라가 망을 보고 있는 아버지(立)와, 현재의 안전을 위해 자식의 옆에 서 있는 어머니(見)의 모습.

음독 しん

- N3 N4 両親 りょうしん 양친, 부모
- N3 親切 しんせつ 친절
- N3 親友 しんゆう 친한 벗

훈독 おや

- N4 親 おや 부모
- N4 父親 ちちおや 아버지
- N4 母親 ははおや 어머니

したしい

- N4 親しい したしい 친하다

したしむ

- N1 親しむ したしむ (자) 친하게 지내다

0228

마음 심

心

JLPT N4 | 2학년 | 부수 心 忄

心 心

심장을 그린 모습. 사람의 마음, 생각 등을 말하기도 함.

음독 しん

- N4 安心 あんしん 안심
- N3 N4 心配 しんぱい 걱정
- N4 中心 ちゅうしん 중심

훈독 こころ

- N4 心 こころ 마음, 생각

0229

급할 급

急

JLPT N4 | 3학년 | 부수 心 忄

急 急

위험한 길로 가려는 사람(及)을 다급히(心) 붙잡음(ヨ).

음독 きゅう

- N4 急行 きゅうこう 급행
- N4 特急 とっきゅう 특급
- N2 至急 しきゅう 매우 급함

훈독 いそぐ

- N4 急ぐ いそぐ (자, 타) 서두르다

0230

악할 악, 미워할 오

悪

JLPT N4 | 3학년 | 부수 心忄

양심(心)을 집(亜) 밖으로 내다버림. 흉년이 들어 굶어 죽는 사람이 많은 데도 문을 닫고 도와주지 않음.

음독 **あく**
- N2 悪 あく 악
- N1 N2 悪魔 あくま 악마
- N1 善悪 ぜんあく 선악

お
- N1 憎悪 ぞうお 증오
- N1 嫌悪 けんお 혐오

훈독 **わるい**
- N4 N5 悪い わるい 나쁘다, 좋지 않다

0231

비칠 영

映

JLPT N4 | 6학년 | 부수 日

눈부시게 빛나는 해(日) 때문에 잠에서 깨어난 사람(央)의 모습.

음독 **えい**
- N4 映画 えいが 영화
- N2 反映 はんえい 반영
- N1 映写 えいしゃ 영사

훈독 **うつす**
- N3 映す うつす (타) 비추다

うつる
- N3 映る うつる (자) 반영하다, 비치다

はえる
- N1 映える はえる (자) 빛나다

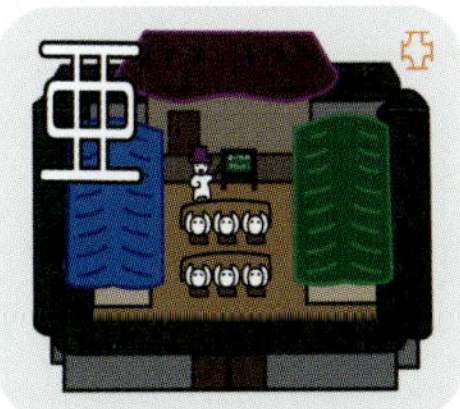

버금 아

왕에 버금가는 엄청난 권력을 가진 사람의 집을 나타냄.
버금가다, 아류이다.

가운데 앙

베개 중앙에 머리를 두고 누워있는 사람의 모습.

0232

英

꽃부리 영

英

JLPT N4 | 4학년 | 부수 艸 艹

나라를 구하고 죽은 영웅을 기리기 위해 누워 있는 시신(央) 위에 꽃(艹)을 올려놓음.

음독 えい

- N4 N5 英語 えいご 영어
- N3 英国 えいこく 영국
- N1 英雄 えいゆう 영웅

발음 상의 이유로 영국과 영어를 지칭할 때, 이 한자를 사용하기도 합니다.

0233

音

소리 음

音

JLPT N4 | 1학년 | 부수 音

앞에 서서(立) 뭐라뭐라 말하고(日) 있는 사람의 모습(音).

음독 おん

- N4 N5 音 おん 음
- N4 N5 音楽 おんがく 음악
- N4 発音 はつおん 발음

いん

- 福音 ふくいん 복음 참고어휘

훈독 おと

- N4 音 おと 소리
- N4 足音 あしおと 발소리

ね

- N1 音 ね 음성, 울음소리
- N1 本音 ほんね 본심, 속내

0234

뜻 의

意

JLPT N4 | 3학년 | 부수 心 忄

가슴(心) 속에 품고 있는 말(音)을 그대로 드러냄.

음독 い

- N4 N5 意味 いみ 의미
- N4 注意 ちゅうい 주의
- N4 意見 いけん 의견
- N3 意義 いぎ 의의
- N2 意識 いしき 의식

0235

어두울 암

暗

JLPT N4 | 3학년 | 부수 日

暗 暗

해(日)가 없어 아무것도 안 보임. 소리(音) 밖에 들리지 않음.

음독 **あん**

N3 暗記 あんき 암기

N1 明暗 めいあん 명암

훈독 **くらい**

N4 N5 暗い くらい 어둡다

0236

낯 안

顔

JLPT N4 | 2학년 | 부수 頁

顔 顔

산(厂) 속에서 은거하는, 좀처럼 보기 힘든 수염난(彡) 신선(立)의 얼굴을 지칭하는 말이었으나, 현재는 단순히 사람의 얼굴(頁)을 나타내는 말로 사용됨.

음독 **がん**

童顔 どうがん 동안 참고어휘

훈독 **かお**

N4 N5 顔 かお 얼굴

N4 顔色 かおいろ 안색

0237

머리 두

頭

JLPT N4 | 2학년 | 부수 頁

頭 頭

제사장이 제기(豆)를 머리 높이(頁)까지 들고 조심스레 제단 위로 올라감.

음독 **ず**

N2 頭脳 ずのう 두뇌

N2 頭痛 ずつう 두통

とう

N2 N4 到頭 とうとう 드디어, 마침내

N2 先頭 せんとう 선두

と

頭巾 ときん 두건 참고어휘

훈독 **あたま**

N4 N5 頭 あたま 머리

かしら

N1 頭 かしら 1. 머리 2. 우두머리

0238

제목 제

題

JLPT N4 | 3학년 | 부수 頁

난공불락의 성을 해가 지기 전에 어떻게 점령(是) 할지 머리(頁)를 쥐어 싸매며 고민함.

음독 だい

N4 N5 問題 もんだい 문제	N2 N5 宿題 しゅくだい 숙제	N3 課題 かだい 과제
N3 話題 わだい 화제	N1 主題 しゅだい 주제	N1 議題 ぎだい 의제

0239

생각할 고

考

JLPT N4 | 2학년 | 부수 老 耂

늙은 현자(耂)가 바닥에 뭔가를 끄적 거리며(丂) 깊은 생각에 잠긴 모습.

음독 こう

N2 思考 しこう 사고	N2 参考 さんこう 참고	N2 考慮 こうりょ 고려

훈독 かんがえる

N4
考える かんがえる (타) 생각하다

옳을 시

성문 밖은 매우 위험하니
해(日)가 지기 전까지 안으로
들어가는(疋) 것이 올바름. 시비.

늙을 로

지팡이를 짚고 있는
노인을 그린 모습.

공교할 교

글자나 문양을 끌로
공교하게 새김(丂,丂,丂).

0240

놈 자

者

JLPT N4 | 3학년 | 부수 老 耂

학식이 높은 어르신(耂)이 뭐라뭐라 말하고 있는(日) 모습.

음독 しゃ

N4 N5 医者 いしゃ 의사

N3 N4 記者 きしゃ 기자

훈독 もの

N3 者 もの 사람, 것

N3 若者 わかもの 젊은이, 청년

0241

가르칠 교

教

JLPT N4 | 2학년 | 부수 攵 支

늙은 선생(耂)이 잘못을 저지른 아이(子)의 손바닥을 매로 때리고(攵) 있는 모습.

음독 きょう

N4 N5 教室 きょうしつ 교실

N3 N4 教育 きょういく 교육

N4 教会 きょうかい 교회

훈독 おしえる

N4 N5 教える おしえる (타) 가르치다

おそわる

N3 教わる おそわる (타) 배우다, 가르침을 받다

0242

으뜸 원

元

JLPT N4 | 2학년 | 부수 儿

어떤 무리 안에서 가장 오래되고 으뜸가는 사람을 나타냄.

음독 げん

N4 N5 元気 げんき 건강

N1 元首 げんしゅ 원수

N1 元素 げんそ 원소

がん

N2 元日 がんじつ 설날, 1월 1일

N1 元来 がんらい 원래

훈독 もと

N4 元 もと 기원, 본래

N4 手元 てもと 손이 미치는 범위

0243

집 원

院 JLPT N4 | 3학년 | 부수 阜 阝

院 院

온 마을이 내려다 보이는(阝) 아주 좋은 집(宀)에서 사는 권세가(元)의 모습.

음독 いん

- N4 N5 病院 びょういん 병원
- N4 退院 たいいん 퇴원
- N4 入院 にゅういん 입원
- N3 寺院 じいん 사원
- N1 医院 いいん 의원

0244

병 병

病 JLPT N4 | 3학년 | 부수 疒

病 病

몸은 추운데(疒) 머리에선 열(丙)이 펄펄 남.

음독 びょう

- N4 N5 病気 びょうき 병, 앓음
- N4 N5 病院 びょういん 병원
- N2 看病 かんびょう 간병

へい

- N1 疾病 しっぺい 질병

훈독 やむ

- N1 病む やむ (자, 타) 앓다, 병들다

やまい

- 病 やまい 병, 나쁜 버릇 참고어휘

언덕 부

암벽, 또는 언덕 위에서 나부끼고 있는 깃발을 그린 모습.

병들어 기댈 녁

집 벽(广)에 구멍이 뚫려 찬바람이 슝슝 들어와(冫) 온 몸이 춥고 떨림.

남녘 병

가마에 불을 붙여 고기를 굽는 모습. 셋째 천간, 갑을병정의 병(丙)을 말하기도 함.

UPGRADE!

04

확인문제

한자표기 **다음 단어의 한자 표기로 적당한 것을 고르세요.**

01	かんじ	① 漢子	② 漢字	③ 漢文
02	あんしん	① 女心	② 安心	③ 案心
03	きりつ	① 去立	② 気立	③ 起立
04	きゅうこう	① 急行	② 筆行	③ 書行
05	りょうしん	① 両親	② 寮親	③ 両新

한자읽기 **다음 한자의 읽는 법을 고르고 빈칸에 뜻을 적으세요.**

06	映画	① えいが	② えいわ	③ えいは	
07	英語	① えいこ	② えいご	③ えいも	
08	音楽	① おんかく	② おんらく	③ おんがく	
09	意味	① いみ	② いい	③ りみ	
10	元気	① けんき	② げんぎ	③ げんき	

정 답 01 ② 한자 02 ② 안심 03 ③ 기립 04 ① 급행 05 ① 부모님 06 ① 영화 07 ② 영어 08 ③ 음악 09 ① 의미 10 ③ 원기, 건강

05

인간의 형상, 신체 유래 한자2(19자)

0245

늦을 만

晩

JLPT N4 | 6학년 | 부수 日

지는 해(日)처럼 늙어 죽을 때가 다 된 권력자(免)의 모습. 전성기가 지남.

음독 **ばん**

- N4 N5 晩 ばん 저녁때, 밤
- N4 N5 今晩 こんばん 오늘 밤
- N4 N5 毎晩 まいばん 매일 밤
- N4 N5 晩ご飯 ばんごはん 저녁밥

0246

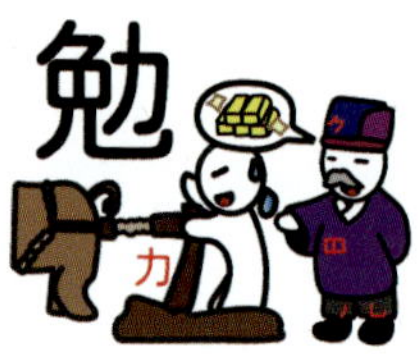

힘쓸 면

勉

JLPT N4 | 3학년 | 부수 力

좋은 성과를 내면 상을 주겠다며 일(力)을 열심히 할 것을 권장하는 권력자(免)의 모습.

음독 **べん**

- N4 N5 勉強 べんきょう 공부
- N1 勤勉 きんべん 근면

재미있는 한자 이야기

면할 면

지위가 높고 명망 있는 어르신(免)을 검문하지 않고 그냥 보냄.

0247

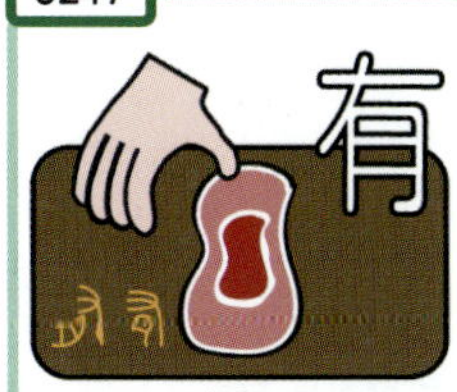

있을 유

有

JLPT N4 | 3학년 | 부수 月

단상 위에 있는 고기(肉)를 향해 손을 뻗음. 있으면 가지고 싶게 되는 것.

음독 ゆう

- N4 有名 ゆうめい 유명
- N3 有料 ゆうりょう 유료
- N2 有効 ゆうこう 유효

う

- N2 有無 うむ 유무

훈독 ある

- N4 N5 有る ある (자) 있다

0248

글월 문

文

JLPT N4 | 1학년 | 부수 文

원래는 사람의 몸에 뭔가를 표시한다는 의미였으나 현재는 작문(文)의 의미로 사용됨.

음독 ぶん

- N4 N5 作文 さくぶん 작문
- N4 文法 ぶんぽう 문법
- N4 文章 ぶんしょう 문장

もん

- N3 注文 ちゅうもん 주문
- N3 文句 もんく 1. (문장 속의) 문구 2. 불평, 이의

훈독 ふみ

- 文 ふみ 서한, 편지, 문서 참고어휘

0249

빛 색

色

JLPT N4 | 2학년 | 부수 色

포옹하는 두 연인의 볼이 발그레 달아오른 모습.

음독 しょく

- N3 特色 とくしょく 특색
- N1 着色 ちゃくしょく 착색

しき

- N1 色彩 しきさい 색채
- 예외 景色 けしき 경치, 풍경

훈독 いろ

- N4 N5 色 いろ 색, 빛깔
- N4 N5 色々 いろいろ 여러 가지
- N4 茶色 ちゃいろ 갈색

0250

붉을 적

赤

JLPT N4 | 1학년 | 부수 赤

赤 赤

모닥불(灬) 앞에 서자(土) 얼굴이 붉게 달아오름. 혈색이 좋은 아이를 말하기도 함.

음독 **せき**

N2 赤道 せきどう 적도

しゃく

赤銅 しゃくどう 적동색 참고어휘

훈독 **あか**

N4 赤 N5 あか 빨강, 적색

あかい

N4 赤い N5 あかい 붉다, 빨갛다

あからむ

N1 赤らむ あからむ (자) 붉어지다

あからめる

N1 赤らめる あからめる (타) 붉히다

0251

죽을 사

死

JLPT N4 | 3학년 | 부수 歹 歺

死 死

시신(歹) 앞에서 아이(匕)처럼 처량하게 울고 있는 사람의 모습.

음독 **し**

N4 死 し 죽음

N3 死亡 しぼう 사망

N3 死後 しご 사후

훈독 **しぬ**

N4 死ぬ N5 しぬ (자) 죽다

살 바른 뼈 알

부러진 뼈들이 땅 아래 묻혀있음. 시신(歹)이 땅 아래 묻혀 있음.

비수 비

숟가락을 향해 손을 뻗는 아이의 모습(匕). 아이에겐 숟가락도 비수가 될 수 있으니 조심해야 함.

0252

黄

누를 황

黄

JLPT N4 | 2학년 | 부수 黄 黄

온 몸에 황금을 두르고 있는 황제를 그린 모습.

음독 **おう**

N1
黄金 おうごん 황금

こう

黄泉 こうせん 황천 참고어휘

훈독 **き**

N4 N5
黄色い きいろい 노랗다

N4 N5
黄色 きいろ 노랑, 황색

こ

N2
黄金 こがね 황금

N2
黄金色 こがねいろ 황금빛

0253

넓을 광

広

JLPT N4 | 2학년 | 부수 广

황제가 살고 있는, 팔 안에 담지 못할 정도의 아주 넓은 집(广)을 나타냄.

음독 **こう**

N3
広告 こうこく 광고

N1
広域 こういき 광역

훈독 **ひろい**

N4 N5
広い ひろい 넓다

ひろがる

N3
広がる ひろがる (자) (공간, 범위 등이) 넓어지다, 퍼지다

ひろげる

N3
広げる ひろげる (타) 넓히다, 펼치다

ひろまる

N2
広まる ひろまる (자) (정보, 소문 등이) 넓어지다, 퍼지다

ひろめる

N2
広める ひろめる (타) 넓히다, 널리 퍼뜨리다, 전파하다

0254

자리 좌

座

JLPT N4 | 6학년 | 부수 广

담장이 있는 좋은 집(广)의 주인이 손님을 초대해 자리(坐)에 앉힘.

음독 ざ

- N3 座席 ざせき 좌석
- N3 正座 せいざ 정좌
- N2 座布団 ざぶとん 방석

훈독 すわる

- N4 座る N5 すわる (자) 앉다

0255

노래 가

歌

JLPT N4 | 2학년 | 부수 欠

영혼이 빠져나갈 기세로 노래를 부르며(欠) 연회를 즐기고 있는 사람(可)들의 모습.

음독 か

- N4 歌手 かしゅ 가수
- N1 歌謡 N2 かよう 가요

훈독 うた

- N4 歌 N5 うた 노래
- 童歌 わらべうた 동요 참고어휘

うたう

- N4 歌う N5 うたう (타) 노래하다

0256

빛 광

光

JLPT N4 | 2학년 | 부수 儿

주인의 옆에서 횃불로 밤길을 밝히고 있는 시종들의 모습.

음독 こう

- N3 観光 N4 かんこう 관광
- N2 日光 にっこう 일광, 햇볕
- N2 光景 こうけい 광경

훈독 ひかり

- N4 光 ひかり 빛

ひかる

- N4 光る N5 ひかる (자) 빛나다

0257

나물 채

JLPT N4 | 4학년 | 부수 艸 艹

菜 菜

밭에서 자란 나물(木)과 채소(艹)를 채집(爪)하고 있는 모습.

음독 さい

N4 野菜 やさい 야채, 채소　　N4 白菜 はくさい 배추

훈독 な

青菜 あおな 푸른 채소 참고어휘

0258

누를 압

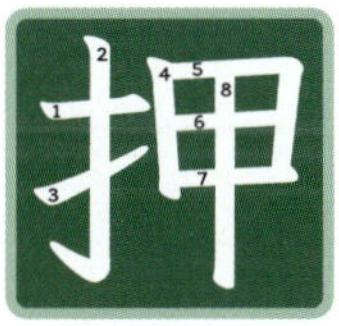

JLPT N4 | 중, 고등 | 부수 手 扌

押 押

전쟁터에 나가기 전에 손(扌)으로 갑옷(甲) 끈을 꽉 조임.

음독 おう

N2 押収 おうしゅう 압수

훈독 おす

N4 押す N5 おす (타) 밀다

おさえる

N1 押える おさえる (타) 억누르다, 참다

손톱 조

손톱으로 뭔가를 긁음.

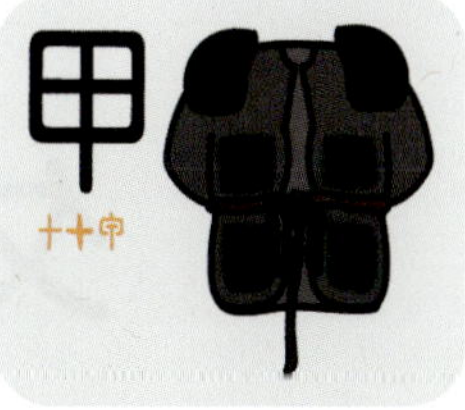

갑옷 갑

갑옷(甲)을 그린 모습.

갑옷에 달려 있는 쇠가 서로 부딪히며 날카로운 소리를 냄.

0259

혀 설

舌

JLPT N4 | 6학년 | 부수 舌

혀를 열심히 놀려가며 뭐라뭐라 지시를 내리고 있는 사람의 모습. 원래는 뱀의 혀를 나타냈음.

음독 ぜつ

筆舌 ひつぜつ 필설 참고어휘

훈독 した

N4 舌 した 혀

0260

내릴 강

降

JLPT N4 | 6학년 | 부수 阜 阝

항복한 병사들이 언덕 위(阝)의 진지에서 걸어(㐄) 내려오고(夂) 있는 모습.

음독 こう

N2 下降 かこう 하강

N1 降水 こうすい 강수

N1 降伏 こうふく 항복

훈독 おりる

N4 降りる N5 おりる (자) (탈것·역 등에서) 내리다

おろす

N3 降ろす おろす (타) (탈것·역 등에서) 내려주다

ふる

N4 降る N5 ふる (자) (비·눈·서리 등이) 내리다, 오다

걸을 과

발걸음을 옮김.

뒤져올 치

늦어서 뛰어감.

0261

바다 해

海

JLPT N4 | 2학년 | 부수 氵

어머니처럼(毎) 많은 생명을 품고 있는 거대한 해양(氵)를 나타냄.

음독 かい

- N2 海岸 N4 かいがん 해안
- N3 海外 かいがい 해외
- N2 海水浴 N3 かいすいよく 해수욕

훈독 うみ

- N4 海 N5 うみ 바다

0262

옷 복

服

JLPT N4 | 3학년 | 부수 月

배(舟)를 타고 먼 길을 가기 전, 겉옷을 입혀 달라고 명령하는 주인(卩)과 그것을 따르고 있는(又) 시종의 모습.

음독 ふく

- N4 服 N5 ふく 옷
- N4 洋服 N5 ようふく 양복
- N2 克服 こくふく 극복
- N2 服従 ふくじゅう 복종
- N1 征服 せいふく 정복

배 주

배를 그린 모습

병부 절

무릎을 꿇고 앉아 있는 모습.

팔에 힘을 주고 뭔가를 누름.

0263

잠잘 침

寝

JLPT N4 | 중, 고 | 부수 宀

寝 寝

열심히 집(宀)을 청소(浸) 한 후, 나무 옷걸이(丬)에 옷을 걸고 잠을 청함.

음독 **しん**

N2 寝台 しんだい 침대　　N2 寝室 しんしつ 침실　　N2 寝具 しんぐ 침구

훈독 **ねる**

N4 寝る　N5 ねる　(자) 자다

ねかす

N4 寝かす　ねかす　(타) 재우다

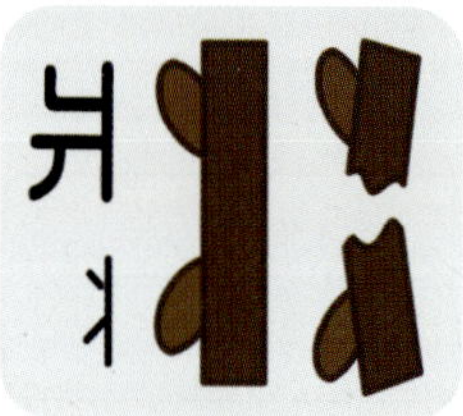

나뭇조각 장

책상, 옷걸이 등 나무로 만든 무언가를 말함.

잠길 침

빗자루(帚)로 마당 청소를 하고, 행주(又)를 깨끗한 물에 담근 후 책상(冖)을 닦음.

UPGRADE!

05

확인문제

한자표기 **다음 단어의 한자 표기로 적당한 것을 고르세요.**

01	ようふく	① 洋衣	② 洋服	③ 羊服
02	ゆうめい	① 有夕	② 有名	③ 有口
03	さくぶん	① 行文	② 搾文	③ 作文
04	かしゅ	① 歌手	② 可手	③ 歌主
05	ひろい	① 広い	② 台い	③ 鉱い

한자읽기 **다음 한자의 읽는 법을 고르고 빈칸에 뜻을 적으세요.**

		①	②	③	뜻
06	毎晩	① まいばん	② まいはん	③ まいぱん	
07	茶色	① しゃいろ	② ちゃいろ	③ じゃいろ	
08	黄色	① きいろ	② ぎいろ	③ ひいろ	
09	舌	① した	② さた	③ じた	
10	海	① あめ	② うめ	③ うみ	

정 답 01 ② 양복 02 ② 유명 03 ③ 작문 04 ① 가수 05 ① 넓다 06 ① 매일 밤 07 ② 갈색 08 ① 황색 09 ① 혀 10 ③ 바다

06

기후, 기온, 시간, 거리 관련 한자(14자)

0264

저녁 석

夕

JLPT N4 | 1학년 | 부수 夕

달에 구름이 드리워져 있는 모습.

음독 せき

朝夕 ちょうせき 조석, 아침 저녁 참고어휘

훈독 ゆう

N4 N5 夕 ゆう 저녁

N4 N5 夕方 ゆうがた 저녁, 해질녘

N4 N5 夕飯 ゆうはん 저녁밥

0265

밤 야

夜

JLPT N4 | 2학년 | 부수 夕

지붕(亠) 아래, 사람(亻)의 키 만한 높이만큼 내려와 있는 달(夕)의 모습.

음독 や

N4 今夜 こんや 오늘 밤

N4 夜間 やかん 야간

N2 N3 深夜 しんや 심야

훈독 よ

N4 夜 よ 밤

N3 夜中 よなか 한밤중

N3 真夜中 まよなか 심야

よる

N4 N5 夜 よる 밤, 야간

0266

아침 조

朝

JLPT N4 | 2학년 | 부수 夕

달(月)이 지고 해(𠦝)가 뜸.

음독 **ちょう**

N2 朝食 ちょうしょく 조식　N2 朝刊 ちょうかん 조간

훈독 **あさ**

N4 朝 N5 あさ 아침　N4 毎朝 N5 まいあさ 매일 아침　N4 朝ご飯 N5 あさごはん 아침밥

0267

이를 조

早

JLPT N4 | 1학년 | 부수 日

아침 해(日)가 아직 나무에 걸려 있는 모습. 아직 이른 시간을 말함.

음독 **そう**

N2 早退 N4 そうたい 조퇴　N1 早急 そうきゅう 조급

さっ

N2 早速 さっそく 조속, 조속히

훈독 **はやい**

N4 早い N5 はやい (시간적으로) 이르다

はやまる

N1 早まる はやまる (자) 시일이 빨라지다, 서두르다

はやめる

N1 早める はやめる (타) 예정보다 앞당기다

0268

더울 서

暑

JLPT N4 | 3학년 | 부수 日

너무 더워(日) 노인처럼 힘들어하는 사람(者)을 그린 모습.

음독 **しょ**

避暑 ひしょ 피서 참고어휘　残暑 ざんしょ 잔서, 늦더위 참고어휘

훈독 **あつい**

N4 暑い N5 あつい 덥다　N4 暑さ あつさ 더위

0269

낮 주

昼

JLPT N4 | 2학년 | 부수 日

해가 떠 있을 때(旦) 쓸 수 있는 만큼 최대한 글을 씀. 등불 기름을 아끼기 위해 밤에 글을 쓰는 걸 지양함.

음독 ちゅう

N3
昼食 ちゅうしょく 점심 식사

훈독 ひる

N4 N5
昼 ひる 낮, 점심

N4 N5
昼ご飯 ひるごはん 점심밥

N4
昼間 ひるま 낮, 낮 동안

0270

가까울 근

近

JLPT N4 | 2학년 | 부수 辵 辶

도끼(斤)가 닿을 정도의 가까운 거리(辶)를 말함.

음독 きん

N3 N4
最近 さいきん 최근

N4
近所 きんじょ 근처

N3
近視 きんし 근시

훈독 ちかい

N4 N5
近い ちかい 가깝다

0271

멀 원

遠

JLPT N4 | 2학년 | 부수 辵 辶

옷을 겹겹이 껴입고(袁) 먼 길을 나아가는(辶) 사람의 모습.

음독 えん

N1 N4
遠慮 えんりょ 1. 사양함, 삼감 2. 멀리 앞일을 내다봄

N2 N3
永遠 えいえん 영원

おん

久遠 くおん 구원, 영원 참고어휘

훈독 とおい

N4 N5
遠い とおい 멀다

0272

찰 한

寒

JLPT N4 | 3학년 | 부수 宀

寒 寒

날씨가 너무 추운 나머지 집(宀)에 있는 우물(井)이 얼음(氷).

음독 かん　N2 悪寒 おかん 오한　N2 寒帯 かんたい 한대

훈독 さむい　N4 N5 寒い さむい 춥다, 오싹하다

0273

봄 춘

春

JLPT N4 | 2학년 | 부수 日

春 春

따스한 햇살(日)이 있는 봄날, 꽃을 향해 손을 내밀고(龹) 있는 사람의 모습.

음독 しゅん　N3 青春 せいしゅん 청춘　回春 かいしゅん 회춘 참고어휘

훈독 はる　N4 N5 春 はる 봄　N2 春先 はるさき 초봄

우물 정

우물에서 물을 퍼 밭에 물을 줌. 부수로 쓰일 땐 마을 공동체를 나타내기도 함.

얼음 빙

강물에 얼음이 떠내려 가고 있는 모습.

밥 뭉칠 권

주먹 밥을 만들기 위해 양 손을 뻗음.

0274

여름 하

夏

JLPT N4 | 2학년 | 부수 夊

뜨거운 여름인데도 활기가 넘치는 아이들(夊)과 그걸 가만히 의자에 앉아서 지켜보고 있는 노인(頁)의 모습.

음독 か

夏季 かき 하계 참고어휘

げ

夏至 げし 하지 참고어휘

훈독 なつ

N4 N5 夏 なつ 여름

N4 N5 夏休み なつやすみ 여름 방학, 여름휴가

0275

겨울 동

冬

JLPT N4 | 2학년 | 부수 冫

추운 겨울을 버티기 위해 옷에 솜을 넣고 바늘로 매듭을 지음.

음독 とう

N1 冬眠 とうみん 동면

훈독 ふゆ

N4 N5 冬 ふゆ 겨울

N2 真冬 まふゆ 한겨울

0276

마칠 종

終

JLPT N4 | 3학년 | 부수 糸

바느질을 끝내고 실 매듭을 지은 후(冬), 남은 실(糸)을 돌돌돌 실패에 감음.

음독 しゅう

N3 終点 しゅうてん 종점

N2 最終 さいしゅう 최종

N2 終了 しゅうりょう 종료

훈독 おえる

N3 終える おえる (타) 끝내다

おわる

N4 N5 終る おわる (자) 끝나다

0277

밝을 명

明

JLPT N4 | 2학년 | 부수 日

明 明

달(月)이 지고 해(日)가 뜨며 날이 밝음. 어두운 부분을 밝힘.

음독	めい	N4 説明	せつめい	설명	N1 明暗 めいあん 명암
	みょう	N3 明後日	みょうごにち	내일 모레	
훈독	あかり	N2 明り	あかり	환한 빛	
	あかるい	N4 明るい	N5 あかるい	밝다	
	あかるむ	N1 明るむ	あかるむ	(자) 밝아지다	
	あからむ	N1 明らむ	あからむ	(자) 동이 터서 훤해지다	
	あきらか	N3 明らか	あきらか	뚜렷함, 명백함	
	あける	N3 明ける	あける	(자) 날이 밝아지다	
	あく	N4 明く・開く	N5 あく	(자) 열리다, 시작하다	
	あくる	N2 明くる	あくる	다음의, 이듬의	N2 明くる日 あくるひ 다음날, 오는 날
	あかす	N1 明かす	あかす	(타) 밝히다, 명백히 하다	

UPGRADE!

06

확인문제

한자표기 **다음 단어의 한자 표기로 적당한 것을 고르세요.**

01	やかん	① 夕間	② 月間	③ 夜間
02	こんや	① 今夜	② 今夕	③ 今月
03	せつめい	① 説朝	② 説明	③ 説名
04	あさ	① 夜	② 月	③ 朝
05	はやい	① 早い	② 草い	③ 花い

한자읽기 **다음 한자의 읽는 법을 고르고 빈칸에 뜻을 적으세요.**

06	暑い	① あつい	② あちゅい	③ あすい	
07	昼	① ひる	② ひろ	③ びろ	
08	寒い	① ざむい	② さぶい	③ さむい	
09	近い	① ちかい	② しかい	③ じかい	
10	遠い	① どおい	② とうい	③ とおい	

정답 01 ③ 야간 02 ① 오늘 밤 03 ② 설명 04 ③ 아침 05 ① 이르다 06 ① 덥다 07 ① 낮 08 ③ 춥다 09 ① 가깝다 10 ③ 멀다

07
동물 유래 한자(10자)

0278

모을 집

集

JLPT N4 | 3학년 | 부수 隹

나무(木) 위에 새(隹)들이 모여 있음.

음독 **しゅう**

N2 集中 しゅうちゅう 집중　　N2 集合 しゅうごう 집합　　N2 集団 しゅうだん 집단

훈독 **あつまる**

N4 集まる あつまる (자) 모이다

あつめる

N4 集める あつめる (타) 모으다

つどう

集う つどう (자) 모이다, 집회하다 참고어휘

0279

빛날 요

曜

JLPT N4 | 2학년 | 부수 日

아침 해(日)가 뜨자 새(隹)가 날아(羽)오르는 모습. 날이 밝아지며 하루가 시작됨 .

음독 **よう**

N4 日曜日 N5 にちようび 일요일　　N4 月曜日 N5 げつようび 월요일

재미있는 한자 이야기

새 추

새의 몸통과 날개를 그린 모습.

깃 우

깃털(羽)을 그린 모습.

0280

씻을 탁

濯

JLPT N4 | 중, 고 | 부수 氵

새(隹)가 물(氵) 웅덩이에서 날개(羽)를 퍼덕이며 몸을 씻고 있는 모습.

음독 **たく**

N4 N5
洗濯 せんたく 세탁

洗濯板 せんたくいた 빨래판 참고어휘

0281

나아갈 진

進

JLPT N4 | 3학년 | 부수 辵 辶

새(隹)가 빠르게 비행하는 것처럼 시원하게 앞으로 나아감(辶).

음독 **しん**

N3
進歩 しんぽ 진보

N3
進学 しんがく 진학

N2
進行 しんこう 진행

훈독 **すすむ**

N4
進む すすむ (자) 나아가다

すすめる

N4
進める すすめる (타) 앞으로 나아가게 하다

0282

익힐 습

習

JLPT N4 | 3학년 | 부수 羽

빛(白)이 내리쬐는 태양을 향해 비행(羽) 연습을 하는 새의 모습.

음독 **しゅう**

N2 N4
習慣 しゅうかん 습관

N2 N4
練習 れんしゅう 연습

N3
自習 じしゅう 자습

훈독 **ならう**

N4 N5
習う ならう (타) 배우다, 연습하다

0283

씻을 세

洗

JLPT N4 I 6학년 I 부수 氵

洗 洗

소가 밭일을 하느라 너무 더러워져, 주인(人)이 소(牛)를 데리고 강가(氵)로 가고 있는 모습.

음독 **せん**

N4 洗濯 せんたく 세탁

N3 洗剤 せんざい 세제

N3 洗面 せんめん 세면

훈독 **あらう**

N4 洗う N5 あらう (타) 씻다, 빨다

0284

바람 풍

風

JLPT N4 I 2학년 I 부수 風

風 風

전설의 새 주작이 날갯짓으로 바람을 일으킴. 문화의 느낌을 표현하기도 함.

음독 **ふう**

N4 台風 たいふう 태풍

N2 風景 N3 ふうけい 풍경

N1 風俗 ふうぞく 풍속

ふ

N1 風炉 ふろ 풍로, 화로

훈독 **かぜ**

N4 風 N5 かぜ 바람

かざ

風穴 かざあな 바람구멍 참고어휘

0285

큰 바다 양

洋

JLPT N4 I 3학년 I 부수 氵

洋 洋

끝이 안 보이는 엄청나게 많은 양 떼(羊)처럼 아주 큰 해양(氵)를 말함. 바다 건너의 문명을 지칭하기도 함.

음독 **よう**

N4 西洋 せいよう 서양

N4 東洋 とうよう 동양

N4 洋服 N5 ようふく 양복

N2 海洋 かいよう 해양

0286

다를 별

別

JLPT N4 | 4학년 | 부수 刀 刂

칼로 뼈와 고기를 분리해 구별함.

음독 べつ

N4 特別 とくべつ 특별

N3 区別 くべつ 구별

N2 差別 さべつ 차별

훈독 わかれる

N4 別れる わかれる (자) 헤어지다

0287

베낄 사

写

JLPT N4 | 3학년 | 부수 冖

왕에게 받은, 매우 귀하고 비싼 코끼리 상아(与)를 자랑하기 위해 집(冖) 앞으로 가져와 그림으로 남김.

음독 しゃ

N4 N5 写真 しゃしん 사진

N2 複写 ふくしゃ 복사

N1 描写 びょうしゃ 묘사

훈독 うつす

N4 写す うつす (타) 베끼다

うつる

N3 写る うつる (자) 사진에 찍히다

헤어질 령

뼈와 고기를 분리함.

줄 여

왕이 신하에게 코끼리 상아를 선물로 주는 모습. 시종들이 상아를 나름.

UPGRADE!

07

확인문제

한자표기 **다음 단어의 한자 표기로 적당한 것을 고르세요.**

01	ようび	① 曜日	② 羽日	③ 進日
02	せんたく	① 先曜	② 洗濯	③ 先濯
03	とうよう	① 東洋	② 車洋	③ 東羊
04	せいよう	① 四羊	② 西洋	③ 酒羊
05	しゃしん	① 与真	② 者真	③ 写真

한자읽기 **다음 한자의 읽는 법을 고르고 빈칸에 뜻을 적으세요.**

		①	②	③	뜻
06	進む	① すずむ	② すすむ	③ そそむ	
07	習う	① ならう	② はらう	③ ねらう	
08	風	① がぜ	② かぜ	③ かせ	
09	別れる	① はかれる	② わかれる	③ おかれる	
10	集まる	① あすまる	② おつまる	③ あつまる	

정답 01 ① 요일 02 ② 세탁 03 ① 동양 04 ② 서양 05 ③ 사진 06 ② 나아가다 07 ① 배우다 08 ② 바람 09 ② 헤어지다 10 ③ 모이다

08
식물 유래 한자(14자)

0288

아닐 불, 아닐 부

不

JLPT N4 | 4학년 | 부수 一

不 不

뿌리만 내린 채 아직 싹을 못 티운 콩의 모습.

음독 ふ

N3 N4 不便 ふべん 불편

N3 不足 ふそく 부족

N3 不満 ふまん 불만

ぶ

N1 不器用 ぶきよう 손재주가 없음, 요령이 나쁨

0289

한수 한

漢

JLPT N4 | 3학년 | 부수 氵

漢 漢

비옥한 중국의 한수강(氵) 유역에 핀 꽃(堇)을 나타냄.

음독 かん

N4 N5 漢字 かんじ 한자

N2 漢和 かんわ 중국어와 일본어

痴漢 ちかん 치한 참고어휘

재미있는 한자 이야기

진흙 근

진흙 속에 핀 아름다운 꽃(堇)을 그린 모습.

漢(한수 한)이 왜 치한, 악한, 문외한 등 부정적인 단어로도 활용되나요?

옛 유목민 부족인 흉노는 한나라 병사를 가리키며 '한아(漢兒)'라고 불렀습니다. 예로부터 중국과 동아시아 유목민족은 잦은 전쟁으로 사이가 좋지 않았기 때문에, 이런 한나라 사람들을 비난하는 단어들이 자연스레 탄생하게 되었습니다.

0290

수풀 림

林

JLPT N4 | 1학년 | 부수 木

林 林

인간의 통제가 가능한 정도의 숲을 말함.

음독 りん

N2 山林 さんりん 산림

N2 森林 しんりん 삼림

훈독 はやし

N4 林 はやし 숲, 수목이 무성한 곳

0291

수풀 삼

森

JLPT N4 | 1학년 | 부수 木

森 森

인간의 통제가 불가능한 매우 삼엄(森)한 숲을 말함. 현재는 단순히 숲 전체를 지칭함.

음독 しん

N2 森林 しんりん 삼림

森厳 しんげん 삼엄 참고어휘

훈독 もり

N4 N5 森 もり 숲

0292

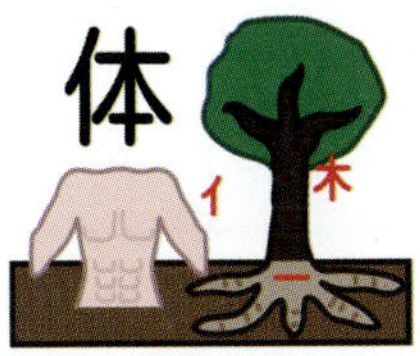

몸 체

体

JLPT N4 | 2학년 | 부수 人亻

体 体

나무의 뿌리(本)처럼 사람(人)이라는 존재의 근본이 되는 것, 몸을 말함.

음독 たい

N4 全体 ぜんたい 전체

N3 体重 たいじゅう 체중

N3 体力 たいりょく 체력

てい

N1 体裁 ていさい 외관, 형식

훈독 からだ

N4 N5 体 からだ 몸, 신체

0293

성씨 씨

氏

미리 알고 가면 편해요!

JLPT N3 | 4학년 | 부수 氏

절벽에 드러난 나무뿌리를 그린 모습. 같은 뿌리와 성씨를 가진 사람들을 말하기도 함.

음독 し

N3 氏名 しめい 성과 이름

N3 彼氏 かれし 남자 친구

훈독 うじ

氏 うじ 가문, 성 참고어휘

0294

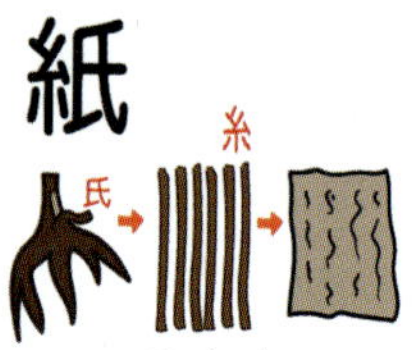

종이 지

紙

JLPT N4 | 2학년 | 부수 糸

나무뿌리의 줄기(氏)를 실(糸)처럼 잘게 뽑은 후, 다시 한데 붙여 종이로 만듦.

음독 し

N3 表紙 ひょうし 표지

N1 N2 紙幣 しへい 지폐

N2 用紙 ようし 용지

훈독 かみ

N4 N5 紙 かみ 종이

0295

낮을 저

低

JLPT N4 | 4학년 | 부수 人 亻

산사태(氏)나 폭우에 취약한 곳에 사는 사람(亻)들의 모습.

음독 てい

N3 最低 さいてい 최저, 최하

N3 低下 ていか 저하

N1 高低 こうてい 고저

훈독 ひくい

N4 低い N5 ひくい 낮다

ひくまる

N2 低まる ひくまる (자) 낮아지다

ひくめる

N2 低める ひくめる (타) 낮추다

0296

즐길 락

楽

JLPT N4 | 2학년 | 부수 木

밤에 촛불(白)을 켜놓고 나무(木)로 만든 거문고(絲)를 연주하며 즐겁게 놂.

음독 がく
- N4 N5 音楽 おんがく 음악
- N1 楽譜 がくふ 악보

らく
- N4 N5 楽 らく 편안함, 쉬움
- N3 娯楽 ごらく 오락

훈독 たのしい
- N4 N5 楽しい たのしい 즐겁다

たのしむ
- N3 楽しむ たのしむ (타) 즐기다, 좋아하다

0297

약 약

薬

JLPT N4 | 3학년 | 부수 艸 艹

약초(艹)를 먹고 병을 완전히 쾌유한 사람이 흥겨운 거문고 연주를 들으며 밤새 연회를 즐김.

음독 やく
- N2 農薬 のうやく 농약
- N2 薬品 やくひん 약품
- N1 火薬 かやく 화약

훈독 くすり
- N4 N5 薬 くすり 약
- N3 薬指 くすりゆび 약지

0298

앵두 앵, 벚나무 앵

미리 알고 가면 편해요!

桜

JLPT N1 | 5학년 | 부수 木

여사(女)들이 자고 나니는 예쁜 조개 목걸이(貝)처럼 예쁜 꽃잎을 가진 벚나무(木)를 말함.

음독 おう
- 桜花 おうか 벚꽃 참고어휘

훈독 さくら
- N1 N4 桜 さくら 벚나무, 벚꽃
- 桜木 さくらぎ 벚나무 참고어휘

0299

맛 미

味

JLPT N4 | 3학년 | 부수 口

음식의 아주 작은(未) 맛까지 전부 포착해 평가함(口). 자신이 가장 예민하게 느끼는 분야인 취미를 말하기도 함.

음독 み

N4 N5 意味 いみ 의미　　N1 N5 趣味 しゅみ 취미　　N3 N4 興味 きょうみ 흥미

훈독 あじ

N4 味 あじ 맛

あじわう

N3 味わう あじわう (타) 맛보다

0300

푸를 청

青

JLPT N4 | 1학년 | 부수 青 靑

새순(龶)처럼 싱싱하고 우물(井)에 비치는 달빛(月)처럼 맑은 것.

음독 せい

N3 青春 せいしゅん 청춘　　N3 青年 せいねん 청년

しょう

N3 青少年 せいしょうねん 청소년

훈독 あお

N4 N5 青 あお 파랑　　N2 青空 あおぞら 파랗게 갠 하늘

あおい

N4 N5 青い あおい 파랗다, 푸르다

아닐 미

나무(木)의 줄기(一)가 뿌리보다 작음. 아직 미성숙함.

풀 봉

새순 또는 가시를 그린 모습.

0301

차 다

茶

JLPT N4 | 2학년 | 부수 艸 艹

茶 茶

잠깐 쉴 겸 차(艹)를 마시며 집 짓기(余)를 멈춤.

음독 ちゃ

N4 茶 N5 ちゃ 차, 찻잎	N4 お茶 N5 おちゃ 차, 다도	N3 紅茶 N5 こうちゃ 홍차
N4 茶わん ちゃわん 찻종, 밥공기		

남을 여

기둥을 세우고도 아직 많이 남아있는 목재들의 모습. 여유가 있음.

비낄 사

건축(余)을 하기 전에 언덕 위에서 콩을 뿌려(斗) 경사가 어느 정도 되는지 확인함.

UPGRADE!

08

확인문제

한자표기 **다음 단어의 한자 표기로 적당한 것을 고르세요.**

01	かんじ	① 韓字	② 漢字	③ 漠字
02	ぜんたい	① 全体	② 金休	③ 公本
03	おんがく	① 音草	② 音薬	③ 音楽
04	ちゃ	① 茶	② 差	③ 味
05	かみ	① 氏	② 低	③ 紙

한자읽기 **다음 한자의 읽는 법을 고르고 빈칸에 뜻을 적으세요.**

06	森	① もり	② むり	③ まり	
07	体	① がらだ	② からだ	③ からた	
08	薬	① ぐすり	② くずり	③ くすり	
09	桜	① ざくら	② さぐら	③ さくら	
10	味	① あし	② あみ	③ あじ	

정답 01 ② 한자 02 ① 전체 03 ③ 음악 04 ① 차 05 ③ 종이 06 ① 숲 07 ② 몸 08 ③ 약 09 ③ 벚꽃 10 ③ 맛

09 유용한 도구 유래 한자(11자)

0302

밥 반

飯

JLPT N4 | 4학년 | 부수 食 𩙿

飯 飯

기슭을 오르기(反) 전에 먼저 밥을 지어 먹음(食). 힘쓰는 일을 하기 전에 먹는 것, 백반.

음독 **はん**

- N4 夕飯 ゆうはん 저녁밥
- N5 ご飯 ごはん 밥

훈독 **めし**

- N3 飯 めし 밥, 식사
- N1 昼飯 ひるめし 점심, 점심밥

0303

집 관

館

JLPT N4 | 3학년 | 부수 食 𩙿

館 館

점심시간, 벼슬아치(官)가 관청에서 공짜로 주는 밥(食)을 먹으러 가는 모습. 점심을 무료로 먹는 사람들이 근무하는 아주 특수한 목적이 있는 건물을 말함.

음독 **かん**

- N4 館 かん 관, 큰 건물
- N5 図書館 としょかん 도서관
- N4 大使館 たいしかん 대사관
- N4 旅館 りょかん 여관
- N3 会館 かいかん 회관

훈독 **やかた**

屋形 やかた 저택, 숙소 참고어휘 실제 어휘로는 사용되지 않는 훈입니다.

재미있는 한자 이야기

돌이킬 반

중요 인물을 암살하기 위해 정문으로 가지 않고 뱅 돌아서 절벽(厂)을 오름(又).

벼슬 관

관청(宀)에서 근무하고 있는 벼슬아치(𠂤)의 모습.

0304

모 방

方

JLPT N4 | 2학년 | 부수 方

원래는 쟁기를 나타낸 한자였으나, 시대의 흐름에 따라 사람의 모양, 깃발 등 다양한 의미로 해석됨. 쟁기로 밭을 가는 방법(方法), 또는 쟁기가 일정한 방향(方向)으로 움직임.

음독 ほう

N4 N5 方 ほう 방면, 방향
N3 N4 両方 りょうほう 양방
N3 方法 ほうほう 방법

훈독 かた

N4 方 かた 1. 쪽, 편 2. 방법
N4 仕方 しかた 하는 방법, 수단

0305

나그네 여

旅

JLPT N4 | 3학년 | 부수 方

깃발(㫃)을 들고 먼 길을 떠나는 군인들의 모습. 갑옷(衣)을 잔뜩 껴입음. 먼 길을 떠남.

음독 りょ

N4 旅行 りょこう 여행
N4 旅館 りょかん 여관
征旅 せいりょ 원정군, 정벌군 참고어휘

훈독 たび

N3 旅 たび 여행

재미있는 한자 이야기

나부낄 언

깃발이 나부끼고 있는 모습.

옷 의

옷을 그린 모습.

0306

못 지

池

JLPT N4 | 2학년 | 부수 氵

땅이 마르지 않도록 주전자(也)로 물(氵)을 부음. 동물들이 물을 마시며 생명을 유지하는 곳인 연못을 의미함. 건전지와 같이 생명을 유지하는 데 도움을 주는 자원들을 통칭하기도 함.

음독	ち	N2 電池 でんち 전지, 배터리	N2 乾電池 かんでんち 건전지
훈독	いけ	N4 N5 池 いけ 못, 연못	

0307

땅 지

地

JLPT N4 | 2학년 | 부수 土

땅(土)에 핀 꽃에 주전자(也)로 물을 주고 있는 모습.

음독	じ	N2 N4 地震 じしん 지진	N3 地面 じめん 지면	N1 地盤 じばん 지반
	ち	N4 N5 地下鉄 ちかてつ 지하철	N4 地図 ちず 지도	N4 地理 ちり 지리

어조사 야

주전자(也)를 그린 모습.
이야, 역시 친구와 함께
차를 마셔야 즐겁구나.

다를 타

주전자(也)로 손님(人)의
잔에 차를 따름.

0308

살 주

住

JLPT N4 | 3학년 | 부수 人 亻

방에 촛불(主)을 켜 놓고 쉬고 있는 사람(亻)의 모습.

음독 じゅう

N4 住所 じゅうしょ 주소　N3 住居 じゅうきょ 주거　N3 住民 じゅうみん 주민

훈독 すむ

N4 住む　N5 すむ　(자) 살다

すまう

N3 住まう　すまう　(자) 살고 있다, 계속 거주하다

0309

부을 주

注

JLPT N4 | 3학년 | 부수 氵

촛불(主)에 물(氵)을 부어 불을 끔. 액체 또는 정신을 한곳에 쏟아부음.

음독 ちゅう

N4 注意 N5 ちゅうい 주의　N3 注目 ちゅうもく 주목　注油 ちゅうゆ 주유 참고어휘

훈독 そそぐ

N3 注ぐ　そそぐ　(자) 쏟아지다　(타) 쏟다

0310

칼 도

刀

미리 알고 가면 편해요!

JLPT N2 | 2학년 | 부수 刀 刂

칼을 그린 모습.

음독 とう

長刀 ちょうとう 장도 참고어휘

훈독 かたな

N2 刀 かたな 무기용으로 사용되는 칼

0311

끊을 절

切

JLPT N4 | 2학년 | 부수 刀 刂

날붙이(刀)로 나무를 베는(七) 나무꾼의 모습. 추운 겨울을 대비해 불 때기 아주 적절한 나무를 찾아 베어놓음. 장작이 부족한 이웃에게 소중한 나무를 조금 나누어 줌.

음독 せつ
- N4 大切 たいせつ 소중함, 중요함
- N3 親切 しんせつ 친절
- N2 適切 てきせつ 적절

さい
- N1 一切 いっさい 일체

훈독 きる
- N4 切る きる (타) 끊다, 베다

きれる
- N4 切れる きれる (자) 끊어지다, 베이다

0312

소리 성

声

JLPT N4 | 2학년 | 부수 士

고대 악기 석경을 채로 두드리며 연주하고 있는 모습.

음독 せい
- N1 歓声 かんせい 환호성
- N1 声明 せいめい 성명

しょう
- 声明 しょうみょう 부처의 덕을 칭송하는 성악 참고어휘

훈독 こえ
- N4 N5 声 こえ 소리, 목소리

こわ
- 声色 こわいろ 음색, 목청 참고어휘

UPGRADE!

09

확인문제

한자표기 **다음 단어의 한자 표기로 적당한 것을 고르세요.**

01	としょかん	① 国書館	② 図筆館	③ 図書館
02	りょこう	① 旅行	② 旅作	③ 遊行
03	じゅうしょ	① 主所	② 住所	③ 注所
04	ちゅうい	① 主意	② 住意	③ 注意
05	たいしかん	① 大使館	② 台使館	③ 台紙館

한자읽기 **다음 한자의 읽는 법을 고르고 빈칸에 뜻을 적으세요.**

06	ご飯	① ごはん	② ごわん	③ ごあん	
07	旅館	① りょうかん	② ろかん	③ りょかん	
08	仕方	① しかた	② じかた	③ しがた	
09	池	① いく	② いげ	③ いけ	
10	住む	① そむ	② すむ	③ ゆむ	

정답 01 ③ 도서관 02 ① 여행 03 ② 주소 04 ③ 주의 05 ① 대사관 06 ① 밥 07 ③ 여관 08 ① 하는 방법 09 ③ 연못 10 ② 살다

메모 メモ

배운 내용을 자유롭게 적어가며 복습해보세요!

367자의 벽을 넘는 순간, 일본어 실력이 한 단계 올라섭니다.

JLPT N3 레벨의 한자를 마스터하면,

뉴스, 드라마, 설명서, 광고문까지 자연스럽게 읽히기 시작하죠.

어휘력은 물론 문장 해석력, 표현력까지 확실히 레벨업!

이제는 '읽기만' 하는 일본어에서,

'이해하고 활용하는 일본어'로 바뀌는 시점입니다.

제 3 장

JLPT N3 레벨 초중급 한자 367자

01

민족, 축제, 제사, 공동체 관련 한자(12자)

0313

보일 시

示 JLPT N3 | 5학년 | 부수 示 礻

망루(示) 위에서 지시를 내림. 또는 신의 제단을 나타내기도 함.

음독 じ	N3 指示 しじ 지시	N3 展示 てんじ 전시	N2 掲示 けいじ 게시
し	N1 示唆 じさ 시사		
훈독 しめす	N3 示す しめす (타) 가리키다, 보이다		

0314

빌 축

祝 JLPT N3 | 4학년 | 부수 示 礻

동네에서 가장 발언권이 높은 사람(兄)이 제단(示) 앞에서 신의 축복(祝)을 빌고 있는 모습.

음독 しゅく	N3 祝日 しゅくじつ 축일	N1 祝賀 しゅくが 축하
しゅう	祝儀 しゅうぎ 축의 참고어휘	
훈독 いわう	N3 N4 祝う いわう (타) 축하하다	

0315

볼 시

視

JLPT N3 | 6학년 | 부수 見

시야가 가장 좋은 사람이 망루(示) 위에 올라가 망을 보고(見) 있는 모습.

음독 し

- N3 無視 むし 무시
- N3 重視 じゅうし 중시
- N3 近視 きんし 근시
- N2 監視 かんし 감시
- N1 視野 しや 시야

0316

절 사

寺

JLPT N3 | 2학년 | 부수 寸

어떤 사원의 사제에게 가서(止) 절을 하며 공물을 바치고(寸) 있는 신도들의 모습.

음독 じ

- N3 寺院 じいん 사원
- 寺門 じもん 절의 문 참고어휘

훈독 てら

- N3 N4 寺 てら 절

0317

시 시

詩

JLPT N3 | 3학년 | 부수 言

사원(寺)에서 신을 찬양하는 굉장히 고차원적인 시를 읊음(言).

음독 し

- N3 詩 し 시
- N3 詩人 しじん 시인

0318

예절 례

礼

JLPT N3 | 3학년 | 부수 示礻

礼 礼

경외하는 신의 제단(示) 앞에 몸을 웅크리며(乚) 예의(礼)를 갖춤.

음독 **れい**

N3 礼 れい 예의, 인사, 절

N3 N4 失礼 しつれい 실례

N3 お礼 おれい 사례, 감사

らい

礼賛 らいさん 예찬 참고어휘

0319

제사 제

祭

JLPT N3 | 3학년 | 부수 示礻

祭 祭

제사(示)로 올리는 고기(肉)가 상하지 않았는지 손(又)으로 확인해 봄.

음독 **さい**

N3 祭日 さいじつ 제사를 지내는 날

N3 祝祭 しゅくさい 축제

훈독 **まつり**

N3 祭(り) まつり 제사, 축제, 마츠리

まつる

N2 祭る まつる (타) 제사 지내다

숨을 은

마치 숨어있는 것처럼
몸을 쭈그림.

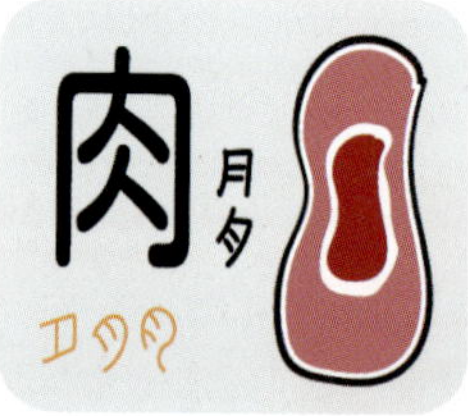

고기 육

고기 또는 신체 부위.

0320

살필 찰

察

JLPT N3 | 4학년 | 부수 宀

제사를 시작하기 전, 사찰(宀)의 제단에 올려져 있는 음식(祭)들을 자세히 살핌.

음독 さつ

N3 N4 警察 けいさつ 경찰

N1 N3 診察 しんさつ 진찰

N2 観察 かんさつ 관찰

0321

즈음 제

際

JLPT N3 | 5학년 | 부수 阜阝

언덕(阝) 위에서 제사(祭)를 끝마친 후, 옆 사람과 함께 축제를 즐김.

음독 さい

N3 N4 国際 こくさい 국제

N3 交際 こうさい 교제

N2 実際 じっさい 실제

훈독 きわ

N1 際 きわ 1. 가장자리 2. 바로 옆, 곁 3. 직전, 한계에 이른 때

0322

금할 금

禁

JLPT N3 | 5학년 | 부수 示礻

망루(示) 위에 올라가도 끝이 안 보이는 위험한 숲(林)을 나타냄. 함부로 들어가는 것을 금함.

음독 きん

N3 禁止 きんし 금지

N3 禁煙 きんえん 금연

N1 禁物 きんもつ 금물

0323

납 신

申

JLPT N3 | 3학년 | 부수 田

구름 위에서 번개를 내리는 신의 모습. 고대인은 번개를 신의 분노 또는 어떠한 계시로 해석하였음. 신에게 고하다.

음독 **しん**

- N1 N3 申請 しんせい 신청
- N2 申告 しんこく 신고

훈독 **もうす**

- N3 申す もうす (타) 말하다, 아뢰다

0324

귀신 신

神

JLPT N3 | 3학년 | 부수 示ネ

제단(示) 위에 올라가 신의 계시(申)를 받고 있는 제사장의 모습.

음독 **しん**

- N2 精神 せいしん 정신
- N2 神経 しんけい 신경

じん

- N3 N4 神社 じんじゃ 신사

훈독 **かみ**

- N3 神 かみ 신

かん

- 神主 かんぬし 신주, 신사의 신관 참고어휘

こう

- 神神しい こうごうしい 숭엄하다, 성스럽고 엄숙하다 참고어휘

UPGRADE!

01

확인문제

한자표기 다음 단어의 한자 표기로 적당한 것을 고르세요.

01	むし	① 無視	② 無見	③ 無市
02	しじん	① 寺人	② 持人	③ 詩人
03	しつれい	① 失礼	② 手礼	③ 失祝
04	こくさい	① 因際	② 国際	③ 国祭
05	きんし	① 示止	② 禁正	③ 禁止

한자읽기 다음 한자의 읽는 법을 고르고 빈칸에 뜻을 적으세요.

06	寺	① し	② いえ	③ てら	
07	祭	① まつる	② ますり	③ まつり	
08	申す	① もうす	② もおす	③ もやす	
09	示す	① します	② しめす	③ そめす	
10	祝う	① いわう	② ひわう	③ ゆわう	

정답 01 ① 무시 02 ③ 시인 03 ① 실례 04 ② 국제 05 ③ 금지 06 ③ 절 07 ③ 축제 08 ① 말하다, 아뢰다 09 ② 가리키다 10 ① 축하하다

02

인간의 발 유래 한자(10자)

0325

定

정할 정

定

JLPT N3 | 3학년 | 부수 宀

중요한 계약을 결정짓기 위해 거래하기로 한 사람의 집(宀)으로 선물을 들고 찾아감(疋).

음독 じょう

N2 定規 じょうぎ (길이를 재는 데 쓰는) 자

てい

N3 予定 よてい 예정

N3 決定 けってい 결정

N3 定期 ていき 정기

훈독 さだまる

N1 定まる さだまる (자) 정해지다

さだめる

N1 定める さだめる (타) 정하다

さだか

定か さだか 명확한 모양 참고어휘

0326

提

끌 제

提

JLPT N3 | 5학년 | 부수 手扌

도둑을 만날까 봐 걱정이 된 상인들이, 해가 지기 전 빨리 짐을 들고(扌) 성안으로 들어 가자고(是) 서로 제안함. 짐을 끌고 서둘러 달려감.

음독 てい

N3 提出 ていしゅつ 제출

N3 提案 ていあん 제안

N1 提供 ていきょう 제공

훈독 さげる

N1 提げる さげる (타) 손에 들다, 어깨나 허리 등에 뭔가를 매달다

짝 필

선물로 비단을 들고 어딘가에 찾아감(止).

비단 한 필(疋).

그칠 지

목적지에 도착해 발걸음을 멈춤.

원래는 나아가다는 뜻이었으나

현재는 '멈추다'라는 의미로 사용됨.

0327

회복할 복

復

JLPT N3 | 5학년 | 부수 彳

병이 완치(复)된 사람이 자신을 도와줬던 사람들을 찾아다니며(彳) 감사의 인사를 전함.

음독 ふく

N3/N4 復習 ふくしゅう 복습

N3 往復 おうふく 왕복

N2 回復 かいふく 회복

N1 復元 ふくげん 복원

0328

각각 각

各

JLPT N3 | 4학년 | 부수 口

각각 모두 다른 뜻(口)을 가진 사람들이 각자의 길을 감(夂).

음독 かく

N3 各 かく 각, 각각

N2 各自 かくじ 각자

N1 各種 かくしゅ 각종

훈독 おのおの

N2 各 おのおの 각각, 제각기

재미있는 한자 이야기

회복할 복

몸이 완치되어 이리저리 뛰어다니며(夂) 기뻐하는(日) 사람(人)의 모습. 집 밖을 맴돎.

뒤져올 치

늦어서 뛰어가는 사람의 모습. 원래는 사람의 발을 나타낸 한자였음.

0329

손 객

客

JLPT N3 | 3학년 | 부수 宀

손님이 오자, 집주인이 어서 오라고 소리치며 집안(宀)에서 뛰쳐 나옴(各).

음독 きゃく

- N3 N4 客 きゃく 손님
- N3 乗客 じょうきゃく 승객
- N2 客席 きゃくせき 객석

かく

- N1 旅客 りょかく 여객

0330

격식 격

格

JLPT N3 | 5학년 | 부수 木

여기저기 돌아다니며(各) 제멋대로 구는 사람을 나무(木)에 묶고 훈계함. 사회화시킴. 격식에 사람을 맞추다.

음독 かく

- N3 格 かく 격
- N3 性格 せいかく 성격
- N3 合格 ごうかく 합격
- N3 価格 かかく 가격
- N1 人格 じんかく 인격

こう

- 格子 こうし 격자, 나무 틀 참고어휘

0331

길 로

路

JLPT N3 | 3학년 | 부수 足

성문이 열리자 각자(各) 갈 길을 가는(足) 사람들의 모습.

음독 ろ

- N3 道路 どうろ 도로
- N3 線路 せんろ 선로
- N3 路面 ろめん 노면
- N2 迷路 めいろ 미로
- N2 路線 ろせん 노선
- N2 通路 つうろ 통로

훈독 じ

- 家路 いえじ 집으로 돌아가는 길 참고어휘

0332

이을 락

絡

JLPT N3 | 중, 고등 | 부수 糸

絡 絡

중요한 일을 보고하기 위해 왕에게 전령(各)을 보냄. 줄(糸)처럼 정보를 이어나감.

음독 らく

N3 連絡 N4 れんらく 연락

훈독 からむ

N1 絡む からむ (자) 휘감기다, 얽히다

からまる

N1 絡まる からまる (자) 복잡하게 뒤얽히다

からめる

N1 絡める からめる (타) 휘감다, 얽다, 관련시키다

0333

이마 액

額

JLPT N3 | 5학년 | 부수 頁

額 額

집(宀)에서 급하게 나오다가(夂) 문간에 이마를 박아 억하고 소리침(口). 옛 동양에선 노예의 이마에 바코드처럼 노예 인장을 찍고는 했음. 액면가(額面價)의 어원.

음독 がく

N3 額 がく 액, 금액 　 N3 金額 きんがく 금액 　 N2 半額 はんがく 반액

훈독 ひたい

N2 額 ひたい 이마

0334

증거 증

証

JLPT N3 | 5학년 | 부수 言

証 証

과거 전쟁터에 나가서 입은 상처를 보여주며 정직(正)한 자신의 말(言)을 믿으라 함.

음독 しょう

N3 証明 しょうめい 증명 　 N2 保証 ほしょう 보증 　 N1 証拠 しょうこ 증거

N1 証言 しょうげん 증언

UPGRADE! 02

확인문제

한자표기 **다음 단어의 한자 표기로 적당한 것을 고르세요.**

01	ていしゅつ	① 提出	② 是出	③ 題別
02	ふくしゅう	① 腹習	② 復習	③ 服習
03	ごうかく	① 会格	② 合各	③ 合格
04	どうろ	① 道路	② 首路	③ 道露
05	きんがく	① 鉄額	② 金額	③ 金各

한자읽기 **다음 한자의 읽는 법을 고르고 빈칸에 뜻을 적으세요.**

		①	②	③	뜻
06	証明	① しょうめい	② じょうめい	③ そうめい	
07	連絡	① はんがく	② れんらく	③ えんがく	
08	額	① いたい	② ひたい	③ けたい	
09	往復	① おうふく	② しゅうふく	③ かいふく	
10	定める	① きめる	② さめる	③ さだめる	

정 답 01 ① 제출 02 ② 복습 03 ③ 합격 04 ① 도로 05 ② 금액 06 ① 증명 07 ② 연락 08 ② 이마 09 ① 왕복 10 ③ 정하다

03 인간의 눈, 머리, 코 유래 한자(11자)

0335

곧을 직

直

JLPT N3 | 2학년 | 부수 目 罒

숨지(乚) 않고 올곧은 눈(目)으로 적을 바라보며 칼로 찌름(十). 원래 갑골문에선 부릅 뜬 눈을 나타낸 한자였음.

음독

じき	N3 正直 しょうじき 정직함	N3 直直 じきじき 직접	
ちょく	N3 直前 ちょくぜん 직전	N3 直接 ちょくせつ 직접	N1 直面 ちょくめん 직면

훈독

なおす	N3 直す	N4 なおす	(타) 고치다, 정정하다, 바로잡다
なおる	N3 直る	N4 なおる	(자) 고쳐지다, 바로잡히다, 치료되다
ただちに	N2 直ちに	ただちに	바로, 곧, 즉시, 직접

재미있는 한자 이야기

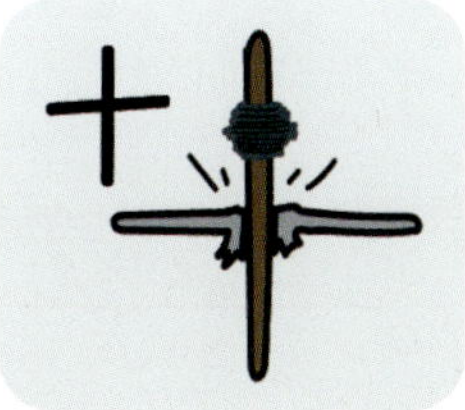

열 십

일의 자리를 초월한
십을 표기한 모습.
또는 뭔가를 찌름.

숨을 은

마치 숨어있는 것처럼
몸을 쭈그림.

0336

값 치

値

JLPT N3 | 6학년 | 부수 人亻

가치 있는 사람(亻)을 지키기 위해 앞으로 나선 강직(直)한 장수의 모습.

음독 ち

- N3 価値 かち 가치
- N1 数値 すうち 수치

훈독 ね

- N3 値段 N4 ねだん 가격
- N3 値上げ ねあげ 가격 인상
- N3 値下げ ねさげ 가격 인하

0337

서로 상

相

JLPT N3 | 3학년 | 부수 目 罒

나무(木) 위에서 현장을 보고(目) 있는 감독관과 그의 지시를 듣고 있는 인부의 모습.
나무 위에서 바라보는 풍경을 나타내기도 함.

음독 そう

- N3 相 そう 상, 생김새
- N3 相談 N4 そうだん 상담
- N2 相互 そうご 상호

しょう

- N2 首相 しゅしょう 수상 (일본 내각 총리대신)
- N1 外相 がいしょう 외무 장관

훈독 あい

- N3 相 あい 한 패, 동아리
- N3 相手 あいて 상대
- 相棒 あいぼう 짝, 동료 참고어휘

0338

생각 상

想

JLPT N3 | 3학년 | 부수 心 忄

나무 위에서 현장을 바라보며(相) 느낀 점(心)을 토대로 뭔가를 생각함.

음독 そう

- N3 発想 はっそう 발상
- N3 想像 そうぞう 상상
- N3 予想 よそう 예상

そ

- 愛想 あいそ 붙임성, 정나미 참고어휘

0339

상자 상

箱

JLPT N3 | 3학년 | 부수 竹

나무 위에서 하늘을 보니(相) 비가 올 것 같아, 인부들에게 간이로 만든 대나무(竹) 창고에 건축자재를 옮기라고 명령함. 현재는 단순히 상자를 나타냄.

훈독 **はこ**

N3 N4
箱 はこ 상자

대 죽

대나무를 그린 모습. 부수로 쓰일 땐 대나무로 만든 책인 '죽간'을 뜻할 때가 있음.

0340

낯 면

面

JLPT N3 | 3학년 | 부수 竹

사람의 얼굴(낯)을 그린 모습.

음독 **めん**

N3
面 めん 면, 얼굴

N2 N3
面倒 めんどう 번거로움

N3
場面 ばめん 장면

훈독 **おも**

N3 N5
面白い おもしろい 재밌다

💡 가부키 배우의 하얀 얼굴 분장을 보며 연극을 즐겼다고 해서 흰 백(白)이 들어갔다고 하는 설이 있습니다.

おもて

N3
面 おもて 얼굴, 가면

つら

面 つら (얼굴을 속되게 이르는 말) 낯짝, 상판 참고어휘

0341

무리 류

類

JLPT N3 | 4학년 | 부수 頁

마치 쌀알(米)처럼 얼굴(頁)이 비슷하게 생긴 사람(大)들끼리 무리를 이루고 있음.

음독 **るい**

N3
種類 しゅるい 종류

N3
親類 しんるい 친척

N3
書類 しょるい 서류

N2
人類 じんるい 인류

N2
分類 ぶんるい 분류

훈독 **たぐい**

N1
類い たぐい 같은 부류, 유례

0342

잘 면

眠

JLPT N3 | 중, 고등 | 부수 目 罒

일(民)을 열심히 했더니 피곤해서 눈(目)이 저절로 감김.

음독 みん

N3 睡眠	すいみん	수면	
N1 冬眠	とうみん	동면	

훈독 ねむい

N3 眠い N4 ねむい 졸리다

ねむる

N3 眠る N4 ねむる (자) 잠들다

0343

넉넉할 우, 뛰어날 우

優

JLPT N3 | 6학년 | 부수 人 亻

재산과 마음이 넉넉한 능력 있는 사람(亻)이 손님이 온다고 하자, 정성껏 상을 차려(憂) 접대 준비를 하고 있는 모습. 재산이 많으니 마음에 여유가 있음.

음독 ゆう

N3 女優 じょゆう 여배우

N2 俳優 はいゆう 배우

N2 優勝 ゆうしょう 우승

N2 優秀 ゆうしゅう 우수

훈독 すぐれる

N2 優れる すぐれる (자) 뛰어나다

やさしい

N3 優しい N4 やさしい 상냥하다, 부드럽다, 온순하다

근심 우

아픈 자식이 걱정(心)되어, 반상(冖)에 몸에 좋은 것을 한가득 담아 가져오고 있는(夊) 부모(頁)의 모습. 우려하다.

0344

쉴 식

息

JLPT N3 | 3학년 | 부수 心忄

옛 동양인들은 숨을 쉬는 것이, 영혼이 코(自)를 통해 심장(心) 안으로 들어 왔다가 나가는 것으로 생각했음.

음독 そく

- N2 休息 きゅうそく 휴식
- N1 消息 しょうそく 소식

훈독 いき

- N3 息 いき 숨, 목숨
- N1 一息 ひといき 단숨
- N1 鼻息 はないき 콧김

0345

코 비

鼻

JLPT N3 | 3학년 | 부수 鼻

음식의 냄새를 코로 맡음.

음독 び

- 鼻息 びそく 콧숨 참고어휘

훈독 はな

- N3 N5 鼻 はな 코
- N3 鼻水 はなみず 콧물
- N1 目鼻 めはな 눈과 코

UPGRADE!

03

확인문제

한자표기 **다음 단어의 한자 표기로 적당한 것을 고르세요.**

01	しょうじき	① 正直	② 止直	③ 正値
02	すうち	① 類値	② 数直	③ 数値
03	はっそう	① 発相	② 発象	③ 発想
04	ばめん	① 所面	② 場面	③ 長面
05	きゅうそく	① 休息	② 体息	③ 本息

한자읽기 **다음 한자의 읽는 법을 고르고 빈칸에 뜻을 적으세요.**

06	鼻	① ばな	② ひな	③ はな	
07	相手	① あいて	② どくべつ	③ とくへつ	
08	箱	① ばこ	② はこ	③ はっこ	
09	眠い	① ねむい	② れむい	③ ねもい	
10	優しい	① やさしい	② あさしい	③ わさしい	

정 답 01 ① 정직 02 ③ 수치 03 ③ 발상 04 ② 장면 05 ① 휴식 06 ③ 코 07 ① 상대 08 ② 상자 09 ① 졸리다 10 ① 친절하다

04 인간의 형상 유래 한자(46자)

0346

항구 항

港

JLPT N3 | 3학년 | 부수 氵

주인 어르신이 먼 항해길(水)에서 돌아온다고 하기에, 시종(己)이 항구에서 선물(共)을 들고 기다리고 있는 모습.

음독 こう

N3 N4
空港 くうこう 공항

入港 にゅうこう 입항 참고어휘

훈독 みなと

N3 N4
港 みなと 항구

0347

펼 전

展

JLPT N3 | 6학년 | 부수 尸

비싼 옷(衣)을 입고 있는, 신하가 가져온(廾) 도서들을 훑어보고 있는 권력자(尸)의 모습.

음독 てん

N2 N4
展覧会 てんらんかい 전람회

N3
展示 てんじ 전시

N3
発展 はってん 발전

N2
展開 てんかい 전개

N1
展望 てんぼう 전망

재미있는 한자 이야기

한가지 공

물그릇(廿)을 들어(廾) 나름.
한 사람 또는 공동의 목표를 위해 여러 명이 일함.

몸 기

사람의 몸을 그린 모습.

주검 시

주검처럼 몸을 약간 숙인 채 앉아있는 사람의 모습.

0348

이바지할 공

供

JLPT N3 | 6학년 | 부수 人 亻

목마른 사람(亻)에게 물이 담긴 그릇(共)을 제공(供)함.

음독 きょう
- N2 供給 きょうきゅう 공급
- N1 提供 ていきょう 제공

く
- 供具 くぐ 공물, 공물을 올려놓는 도구 참고어휘

훈독 とも
- N1 お供 おとも 모시고 따라감, 수행하는 사람

そなえる
- N3 供える そなえる (타) 바치다, 올리다

0349

가릴 선

選

JLPT N3 | 4학년 | 부수 辵 辶

시중(共)을 받고 있는 왕이 먼 길(辶)을 떠나기 전, 어떤 시종(己)을 데려갈까 고민하고 있는 모습.

음독 せん
- N1 N3 選択 せんたく 선택
- N3 N4 選手 せんしゅ 선수
- N3 選挙 せんきょ 선거

훈독 えらぶ
- N3 N4 選ぶ えらぶ (타) 고르다, 선택하다

0350

견줄 비

比

JLPT N3 | 5학년 | 부수 比

시종들이 나란히 서서 기다리고 있는 모습. 어떤 시종을 고용할지 비교(比)함.

음독 ひ
- N2 比較 ひかく 비교
- N1 対比 たいひ 대비

훈독 くらべる
- N3 N4 比べる くらべる (타) 비교하다

0351

섞을 혼

混

JLPT N3 | 5학년 | 부수 氵

混 混

외국인이 많이 드나드는 항구(氺)에 사람이 엄청 많음. 날도 더워서 벌레(昆)가 들끓음.

음독 **こん**

- 混乱 こんらん 혼란 (N2 N3)
- 混雑 こんざつ 혼잡 (N2 N3)
- 混合 こんごう 혼합 (N2)

훈독 **まざる**
- 混ざる まざる (자) 섞이다 (N3)

まぜる
- 混ぜる まぜる (타) 섞다 (N3)

まじる
- 混じる まじる (자) 섞이다, 사람들과 어울리다 (N2)

こむ
- 混む·込む こむ 붐비다 참고어휘

벌레 곤

무더운 날(日) 사람들이 밀집(比)해 있으니 곤충(昆)들이 들끓음.

0352

섬돌 계

階

JLPT N3 | 3학년 | 부수 阜阝

階 階

주인을 따라 촛불(白)을 들고 따라가는 시종(比)들의 모습. 높은(阝) 계단에서 다 같이 내려감.

음독 **かい**

- 階段 かいだん 계단 (N3 N5)
- 二階 にかい 2층 (N3)
- 段階 だんかい 단계 (N2)
- 階級 かいきゅう 계급 (N1)

0353

기록할 기

記

JLPT N3 | 2학년 | 부수 言

記 記

어르신이 하는 말(言)을 받아 적고 있는 서기(己)의 모습.

음독 **き**

- 日記 にっき 일기 (N3 N4)
- 記者 きしゃ 기자 (N3 N4)
- 記録 きろく 기록 (N3)

훈독 **しるす**

- 記す しるす (타) 적다, 새기다 (N3)

0354

몸 신

身

JLPT N3 | 3학년 | 부수 身

원래는 임산부를 나타내는 한자였으나 현재는 몸, 신체(身)라는 의미로 활용됨.

음독 しん

- N2 独身 N3 どくしん 독신
- N3 出身 しゅっしん 출신
- N3 身長 しんちょう 신장, 키

훈독 み

- N2 身分 みぶん 신분
- N2 身元 みもと 신원

0355

쏠 사

射

JLPT N3 | 6학년 | 부수 寸

활 시위를 몸(身)까지 당겨(寸) 화살을 쏨.

음독 しゃ

- N3 注射 ちゅうしゃ 주사
- N2 発射 はっしゃ 발사
- N1 反射 はんしゃ 반사

훈독 いる

- 射る いる (타) 활을 쏘다 참고어휘

0356

사례할 사

謝

JLPT N3 | 5학년 | 부수 言

활을 열심히 쏴(射) 승리에 공헌한 병사에게 미안한 마음을 가지고 감사를 표함(言).

음독 しゃ

- N3 感謝 かんしゃ 감사
- N1 謝罪 しゃざい 사죄

훈독 あやまる

- N3 謝る N4 あやまる (타) 사과하다, 사양하다

0357

자리 위

位 JLPT N3 | 4학년 | 부수 人亻

호위병(亻)이 있을 정도로 높은 지위를 가진 사람(立)을 나타냄.

음독 い

- N2 地位 ちい 지위
- N2 単位 たんい 단위
- N2 位置 いち 위치

훈독 くらい

- N3 N5 位 くらい 1. ~만큼, ~정도 2. 지위, 계급

0358

울 읍

泣 JLPT N3 | 4학년 | 부수 氵

전쟁에서 전사한 젊은 병사를 보며 눈물(氵)을 흘리고 있는 지휘관(立)의 모습.

음독 きゅう

- 号泣 ごうきゅう 소리 높혀 움 참고어휘

훈독 なく

- N3 N4 泣く なく (자) 울다

0359

이을 접

接 JLPT N3 | 5학년 | 부수 手扌

집주인이 손님(立)을 초대한 후, 아름다운 무희(女)들과 함께 정성껏 접대를 하고 있는 모습.

음독 せつ

- N3 直接 ちょくせつ 직접
- N3 面接 めんせつ 면접
- N3 間接 かんせつ 간접
- N2 N3 応接 おうせつ 응접
- N2 接続 せつぞく 접속
- N2 接待 せったい 접대

훈독 つぐ

- N1 接ぐ つぐ (타) 접목하다, 이어 붙이다

0360

곱 배

倍

JLPT N3 | 3학년 | 부수 人亻

倍 倍

여러 사람(亻)이 동시에 떠드니(咅) 그 소리가 배가 됨.

음독 **ばい**

N3 倍 ばい 배

N3 一倍 いちばい 1배

N1 倍率 ばいりつ 배율

0361

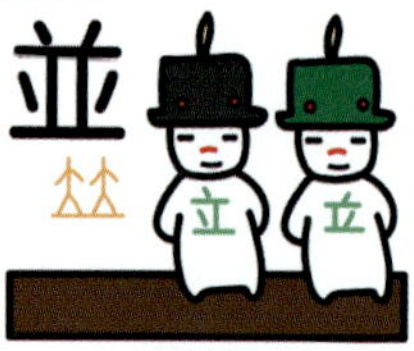

나란할 병

並

JLPT N3 | 6학년 | 부수 一

並 並

두 사람이 나란히 서(立) 있는 모습.

음독 **へい**

N3 並行 へいこう 병행

N1 並列 へいれつ 병렬

훈독 **ならぶ**

N3 並ぶ N4 ならぶ (자) 늘어서다, 나란히 서다

ならべる

N3 並べる N4 ならべる (타) 늘어놓다

ならびに

N1 並びに ならびに 및, 또

なみ

N1 並(み) なみ 보통, 평범함

0362

넓을 보

普

JLPT N3 | 중, 고등 | 부수 日

普 普

모든 사람(並)들에게 따뜻한 햇살(日)이 두루두루 미치고 있는 모습.

음독 **ふ**

N3 普通 N4 ふつう 보통

N3 普段 ふだん 항상, 평상시

N2 普及 ふきゅう 보급

N1 普遍 ふへん 보편

0363

지아비 부

夫

JLPT N3 | 4학년 | 부수 大

비녀를 한 성인 남성의 모습. 옛 중국 성인이 된 남성은 머리에 비녀를 꽂고 관을 썼음.

음독 ふ

N3 夫妻 ふさい 남편과 아내

N2 夫人 ふじん 부인

ふう

N3 夫婦 ふうふ 부부

N2 工夫 くふう 여러가지로 궁리함

훈독 おっと

N3 N4 夫 おっと 남편

0364

바꿀 체

替

JLPT N3 | 중, 고등 | 부수 曰

밤새 경계근무를 서던 남자 군인(夫)이 날이 밝자 동료(夫)와 자리를 교체함. 서로 고생을 많이 했다면서 격려(曰)함. 낡은 것을 새로운 것으로 바꿈.

음독 たい

N2 交替 こうたい 교체

N2 代替 だいたい 대체

훈독 かえる

N3 替える かえる (타) 바꾸다, 교체하다

かわる

N3 替る かわる (자) 바꾸다, 교체되다

잠길 잠

보초병들이 자리 교체(替)를 하고 있을 때 잠수(氵)해서 몰래 국경을 넘고 있는 간첩의 모습.

0365

인할 인

因

JLPT N3 | 5학년 | 부수 口

돗자리(口)를 깔고 대화를 나누며 인연을 쌓고 있는 어른(大)들의 모습.

음독 いん

N3 N4 原因 げんいん 원인

N1 要因 よういん 요인

N1 因果 いんが 인과

훈독 よる

N3 因る よる (자) 원인이 되다

0366

웃을 소

笑

JLPT N3 | 4학년 | 부수 竹

笑 笑

아이들(夭)이 죽마(竹)를 타며 천진난만하게 웃고 있는 모습.

음독 **しょう**

N1 微笑 びしょう 미소

훈독 **わらう**

N3 笑う わらう (자,타) 웃다

えむ

N3 笑む えむ (자) 미소짓다

0367

기를 육

育

JLPT N3 | 3학년 | 부수 肉 月

育 育

아이(亠)를 품(肉) 안에 안고 정성스레 돌봄.

음독 **いく**

N3 教育 N4 きょういく 교육　　N2 育児 N3 いくじ 육아

훈독 **そだつ**

N3 育つ そだつ (자) 자라다

そだてる

N3 育てる N4 そだてる (타) 키우다, 양육하다

はぐくむ

育む はぐくむ (타) 기르다 참고어휘

어릴 요

천진난만하게 웃으며 놀고 있는 아이의 모습.

기를 육 부수

'子'를 뒤집은 한자로 어린 아이를 뜻함.

0368

흐를 류

流

JLPT N3 | 3학년 | 부수 氵

流 流

하천(川)에서 물(氵)을 튀기며 물놀이를 즐기는 아이의 모습.

음독 **りゅう**

N3 流行 りゅうこう 유행　　N3 合流 ごうりゅう 합류　　N2 一流 いちりゅう 일류

る

流布 るふ 유포 참고어휘

훈독 **ながす**

N3 流す ながす (타) 흐르게 하다

ながれる

N3 流れる N4 ながれる (자) 흐르다

0369

지킬 보

保

JLPT N3 | 5학년 | 부수 人亻

保 保

머리 큰 아이(呆)를 품에 안아 정성껏 돌보고 있는 부모(亻)의 모습.

음독 **ほ**

N3 保存 ほぞん 보존　　N2 保証 ほしょう 보증　　N1 保護 ほご 보호

훈독 **たもつ**

N1 保つ たもつ (타) 유지하다, 지키다

0370

완전할 완

完

JLPT N3 | 4학년 | 부수 宀

完 完

벼슬(元)도 있고 좋은 집(宀)도 있는 완벽한 사람을 나타냄.

음독 **かん**

N3 完了 かんりょう 완료　　N3 完成 かんせい 완성　　N3 完全 かんぜん 완전

N1 完璧 かんぺき 완벽

0371

마칠 료

了

JLPT N3 | 중, 고등 | 부수 亅

출산을 무사히 끝마침. 세상 밖으로 나온 갓난아이의 모습.

음독 りょう

N3 完了 かんりょう 완료　　N2 終了 しゅうりょう 종료　　N1 了解 りょうかい 잘 이해함

0372

가로 횡

横

JLPT N3 | 3학년 | 부수 木

권력의 정점에 선 사나운 황제(黄)가 나무(木) 옆으로 병사들을 집합시킴.

음독 おう

N3 横断 おうだん 횡단　　横暴 おうぼう 횡포 참고어휘

N3 横断歩道 N4 おうだんほどう 횡단보도

훈독 よこ

N3 横 N5 よこ 옆, 가로, 측면　　N3 横切る よこぎる (타) 가로지르다

0373

효도 효

孝

JLPT N3 | 6학년 | 부수 子

아이(子)를 정성껏 돌보고 있는 부모(耂)의 모습. 효도를 받을 자격이 있음.

음독 こう

N3 孝行 こうこう 효행, 효도　　不孝 ふこう 불효 참고어휘

0374

경영할 영

営

JLPT N3 | 5학년 | 부수 ⺍

営 営

집주인의 곡욕물(呂) 온도를 적절하게 조절하고 있는 시종의 모습. 목욕탕에서 불빛과 증기가 흘러나옴.

음독 えい
- N3 営業 N4 えいぎょう 영업
- N3 経営 けいえい 경영
- N1 運営 うんえい 운영

훈독 いとなむ
- N1 営む いとなむ (타) 운영하다, 경영하다, 영위하다

0375

위태할 위

危

JLPT N3 | 6학년 | 부수 卩

危 危

높은 곳(厂)에서 떨어져 크게 다친 사람이 바닥에서 일어나질 못하자(卩) 걱정스럽게 바라봄(⺈).

음독 き
- N3 危険 N4 きけん 위험
- N2 危機 きき 위기

훈독
- あぶない — N3 危ない N5 あぶない 위험하다
- あやうい — N2 危うい あやうい 위태롭다
- あやぶむ — N1 危ぶむ あやぶむ (타) 위험스럽게 여기다

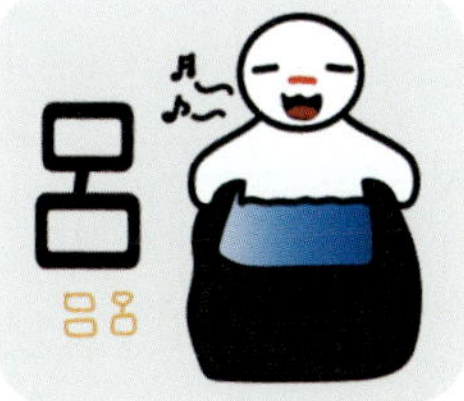

등뼈 려

돈이 많은 여씨 아저씨가 콧노래를 부르며 목욕을 즐기는 모습. 등뼈가 보임.

병부 절

무릎을 꿇고 앉아 있는 듯한 모습. 팔에 힘을 주고 뭔가를 누름

0376

집 궁

미리 알고 가면 편해요!

宮

JLPT N1 | 3학년 | 부수 宀

개인 전용 목욕탕(呂)이 있을 정도로 아주 부유한 집(宀)을 말함. 물이 귀했던 먼 옛날, 전용 목욕탕에서의 개인 목욕은 왕이나 귀족만이 할 수 있는 매우 비싼 행위였음.

음독 きゅう
N1 宮殿 きゅうでん 궁전

ぐう
中宮 ちゅうぐう 중궁 참고어휘

く
宮内庁 くないちょう 궁내청 (일본 왕실에 관한 사무를 담당하는 관청) 참고어휘

훈독 みや
N1 宮 みや 왕의 거처, 신사

0377

집 택

宅

JLPT N3 | 6학년 | 부수 宀

의지가 되는 사람의 집(宀)에 찾아가 뭔가를 부탁하고 있는 사람(乇)의 모습.

음독 たく
N3 宅 たく 집, 자택
N3 N4 お宅 おたく (상대방의) 댁, 남편분
N3 帰宅 きたく 귀가
N2 自宅 じたく 자택

0378

될 화

化

JLPT N3 | 3학년 | 부수 匕

어린아이(匕)도 언젠가는 늙은이(亻)가 됨.

음독 か
N3 N4 文化 ぶんか 문화
N3 消化 しょうか 소화
N3 変化 へんか 변화

け
N1 N3 化粧 けしょう 화장

훈독 ばける
N1 化ける ばける (자) 둔갑하다

ばかす
N1 化かす ばかす (타) 속이다

0379

험할 험

険

JLPT N3 | 5학년 | 부수 阜 阝

険 険

주요 군사 거점에(阝) 집결하기(㑒) 위해 험난한 산을 오르고 있는 병사들의 모습.

음독	けん	N3 危険 きけん 위험	N2 冒険 ぼうけん 모험	N1 保険 ほけん 보험
훈독	けわしい	N3 険しい けわしい 험하다, 가파르다		

0380

한할 한

限

JLPT N3 | 5학년 | 부수 阜 阝

限 限

높은 토산(阝)에 가로막혀 고개를 떨군(艮) 사람의 모습.

음독	げん	N3 限界 げんかい 한계	N3 限度 げんど 한도	N3 制限 せいげん 제한
훈독	かぎる	N2 限る かぎる (타) 경계나 범위를 짓다, 제한하다		

다 첨

어떤 일로 짐을 들고 모여든 사람들의 모습.

그칠 간

고개 들기를 그침. 아래를 내려다보고 있는 사람의 모습. 노예를 뜻하기도 함.

0381

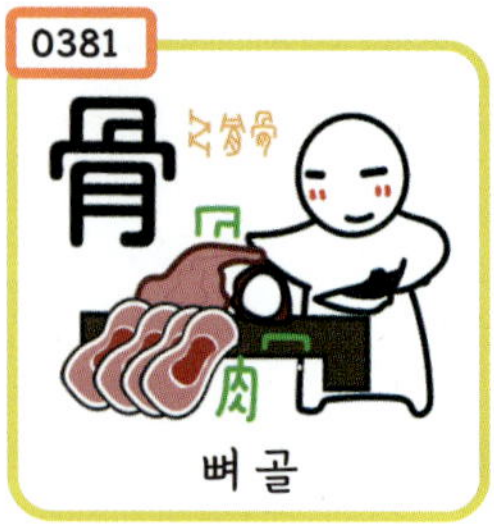

JLPT N3 | 6학년 | 부수 骨

고기(肉)의 뼈(冎)를 다 발라낸 모습.

		N1		
음독	こつ	露骨 ろこつ 노골	骨髄 こつずい 골수	참고어휘
훈독	ほね	N3 N4 骨 ほね 뼈, 가시		

0382

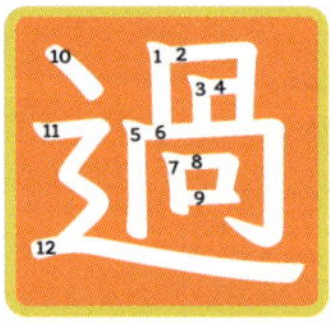

JLPT N3 | 5학년 | 부수 辵 辶

인생이라는 길(辶)을 걷다 보면 누구나 다 뼈(冎)가 됨.

음독	か	N3 通過 つうか 통과	N2 過程 かてい 과정	N2 過去 かこ 과거
훈독	すぎる	N3 過ぎる N4 すぎる (자) 지나가다		
	すごす	N3 過す すごす (타) 지내다		
	あやまち	N2 過ち あやまち 잘못, 실수		
	あやまつ	N2 過つ あやまつ (타) 잘못하다, 실수하다		

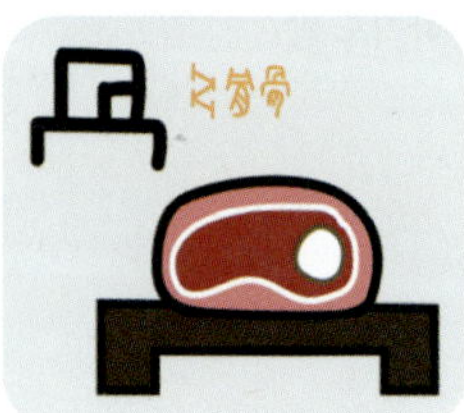

뼈 발라낼 과

뼈를 발라 내기 위해 탁자 위에 고깃덩어리를 올려놓은 모습.

가를 과

고기의 뼈를 해체하기 위해 숨을 헐떡이며 노력하고 있는 사람의 모습.

0383

사라질 소

消

JLPT N3 | 3학년 | 부수 氵

대홍수(氵)로 인해 반쪽과도 같은 자식(肖)을 잃음.

음독 しょう

- N3 消化 しょうか 소화
- N3 消費 しょうひ 소비
- N3 消防 しょうぼう 소방

훈독 きえる

- N3 消える N5 きえる (자) 꺼지다, 스러지다, 없어지다

けす

- N3 消す N5 けす (타) 불이나 전원 등을 끄다

0384

변할 변

変

JLPT N3 | 4학년 | 부수 夂

큰 변화를 만들기 위해 권력자(亦)가 계획을 세우고 노동자에게 일을 시킴(夂).

음독 へん

- N3 変化 へんか 변화
- N2 変更 N3 へんこう 변경
- N1 変革 へんかく 변혁

훈독 かえる

- N3 変える N4 かえる (타) 바꾸다

かわる

- N3 変わる N4 かわる (자) 변하다

닮을 초

고기(肉)를 반으로 쪼갬(小).
자신의 반쪽과 같은 존재이자,
얼굴마저 닮은 자식을 나타냄.
마치 초상화를 보는 느낌.

또 역

지위가 높은 사람이 겨드랑이를
벌린 채 앉아있는 모습.

0385

재주 술

術

JLPT N3 | 5학년 | 부수 行

길거리의 모든 행인들이(行) 쳐다볼 정도로 엄청난 기술을(朮) 선보이는 재주꾼의 모습.

음독 **じゅつ**

- N3 技術 ぎじゅつ 기술 (ぎ: N4)
- N2 芸術 げいじゅつ 예술 (げい: N3)
- N3 手術 しゅじゅつ 수술
- N3 美術 びじゅつ 미술
- N2 学術 がくじゅつ 학술

0386

바꿀 환

換

JLPT N3 | 중, 고등 | 부수 手 扌

추운 날 화덕(奐) 앞에서 물건을 교환(扌)하는 상인들의 모습.

음독 **かん**

- N2 交換 こうかん 교환
- N2 換気 かんき 환기

훈독 **かえる**

- N2 換える かえる (타) 교환하다, 비슷한 것을 가져오다

かわる

- N2 換わる かわる (자) 교환되다

재주 술

재주를 부리고
있는 사람의 모습.

빛날 환

추운 날 화덕(冖)에
불을 피워 몸을 녹이고 있는
사람들(儿)의 모습(大)

0387

사귈 교

交

JLPT N3 | 2학년 | 부수 亠

의자에 다리를 꼬고 앉아 느긋하게 대화를 나누고 있는 사람들의 모습.

음독	こう	N3 N4 交通 こうつう 교통	N3 交差点 こうさてん 교차점	N3 交際 こうさい 교제

훈독	まざる	N3 混ざる·交ざる	まざる	(자) 섞이다
	まじえる	N2 交える	まじえる	(타) 섞다, 교차시키다, 주고받다
	まじる	N2 混じる·交じる	まじる	(자) 섞이다, 사람들과 어울리다
	まぜる	N2 交ぜる	まぜる	(타) 섞다
	まじわる	N1 交わる	まじわる	(자) 교차하다, 섞이다, 교제하다, 어울리다
	かわす	N1 交わす	かわす	(타) 주고받다, 교환하다, 교차하다
	かう	交う	かう	(타) 서로 ~하다 참고어휘

0388

본받을 효

効

JLPT N3 | 5학년 | 부수 力

경험자(交)의 조언대로 농사를 짓자(力) 엄청난 효과(効)가 일어나고 있는 모습.

음독	こう	N3 効果 こうか 효과	N3 効力 こうりょく 효력	N2 有効 ゆうこう 유효
훈독	きく	N3 効く きく (자) 효과가 있다		

0389

건널 제

済

JLPT N3 | 6학년 | 부수 氵

미처 피난을 가지 못한 백성들을 데리고 함께 강(氵)을 건너는 병사(斉)들의 모습. 지휘관(文)의 적절한 조치로 피난을 무사히 끝냄. 마지막까지 일처리를 잘함.

음독 **さい**

N3 N4 経済 けいざい 경제　N1 救済 きゅうさい 구제　N1 返済 へんさい 변제

훈독 **すむ**

N3 済む すむ (자) 일이 잘 끝나다, 해결되다

すます

N1 済ます すます (타) 끝내다, 해결하다

0390

다칠 상

傷

JLPT N3 | 6학년 | 부수 人 亻

심각한 부상을 입어, 적진의 땡볕 아래에(旦) 엎드려 있는(勿) 전우를 지키기 위해 끝까지 자리를 지키고 있는 동료(人)들의 모습.

음독 **しょう**

N1 負傷 ふしょう 부상　重傷 じゅうしょう 중상 참고어휘

훈독 **きず**

N3 傷 きず 상처

いたむ

N3 傷む いたむ (자) 아프다

いためる

N3 傷める いためる (타) 아파 하다, 다치다

가지런할 제

줄을 서서 지휘관의 연설을 듣고 있는 병사들의 모습. 일제히 귀를 기울임.

아침 단

동이 틀 때 햇살이 환하게 비치는 그 한순간을 뜻함. 일단.

0391

법 법

法

JLPT N3 | 4학년 | 부수 氵

악을 증오하는 전설의 동물 해태(豸)가 범죄자를 모두 강물(氵)로 쫓아버리니(去) 세상이 평화로움.

음독 ほう	N3 法 ほう 법	N2 法律 N4 ほうりつ 법률	N3 方法 ほうほう 방법
はっ	法度 はっと 법도 참고어휘		
ほっ	法界 はっかい 법계 참고어휘		

💡 현재 이 한자엔 삼수변 수(氵)에 갈 거(去)만 있지만, 원래는 해태 태(豸)라는 한자도 같이 있었습니다. 획수가 너무 많아 축약된 사례입니다.

갈 거

어딘가에서 뛰쳐 나오는 사람의 모습. 이미 지난 시점을 말하기도 함.

해태 태

악을 증오해 악인을 보면 뿔로 들이박는다는 전설의 동물 해태(豸)를 말함.
부수로 사용될 때는 단순히 네발짐승을 나타낼 때도 있음.

천거할 천

악인을 발견하자 화가 난 해태(廌)가 풀숲(艹)에서 튀어나옴.
재야에서 숨어있는 우수한 인재를 추천함.

UPGRADE!

04

확인문제

한자표기 **다음 단어의 한자 표기로 적당한 것을 고르세요.**

01	くうこう	① 空港	② 空共	③ 穴港
02	てんじ	① 展示	② 港視	③ 展視
03	せんしゅ	① 選挙	② 選身	③ 選手
04	にっき	① 日階	② 日記	③ 日書
05	しゅっしん	① 出身	② 独身	③ 全身

한자읽기 **다음 한자의 읽는 법을 고르고 빈칸에 뜻을 적으세요.**

06	身長	① しんじょう	② しんちょう	③ じんちょう	
07	直接	① ちょうせつ	② ちょくせつ	③ ちょっせつ	
08	一倍	① いちはい	② いちぱい	③ いちばい	
09	並行	① へいこう	② べいこう	③ へいごう	
10	普通	① ふつう	② ぶつう	③ ぶとう	

정 답 01 ① 공항 02 ① 전시 03 ③ 선수 04 ② 일기 05 ① 출신 06 ② 신장, 키 07 ② 직접 08 ③ 1배 09 ① 병행 10 ① 보통

05

인간의 입과 말 관련 한자(26자)

0392

엿볼 사

伺

JLPT N3 | 중, 고등 | 부수 人亻

상사(司)에게 질문을 하려고 눈치를 살피고 있는 부하(亻)의 모습.

음독 **し**

伺候 しこう 신분이 높은 사람을 곁에서 모심 참고어휘

훈독 **うかがう**

N3 伺う N4 うかがう (타) 삼가 묻다 (자) 찾아 뵙다

0393

조사할 조

調

JLPT N3 | 3학년 | 부수 言

이른 아침, 본격적으로 농사를 시작하기 전에 사람들을 모아 놓고(周) 각자 뭘 잘하는지 물어봄(言). 함께 노래를 부르며 농사를 함.

음독 **ちょう**

N3 調査 ちょうさ 조사 N3 調整 ちょうせい 조정 N3 調子 ちょうし 상태, 컨디션

훈독 **しらべる**

N3 調べる N4 しらべる (타) 조사하다

ととのう

N2 整う·調う ととのう (자) 필요한 것이 갖추어지다

ととのえる

N2 整える·調える ととのえる (타) 갖추다

재미있는 한자 이야기

맡을 사

윗사람에게 명령을 받고 부하들에게 일을 시키고 있는 상사의 모습.

두루 주

농사(田)를 지으며 주변 동료들에게 뭐라 말하고(口) 있는 농부의 모습.

0394

믿을 신

信

JLPT N3 | 4학년 | 부수 人亻

믿을 수 있는 사람(人)의 말(言)을 나타냄.

음독 しん

N3 信号 しんごう 신호	N3 通信 つうしん 통신	N3 受信 じゅしん 수신
N3 自信 じしん 자신	N3 送信 そうしん 송신	N2 信頼 しんらい 신뢰

0395

말씀 담

談

JLPT N3 | 3학년 | 부수 言

뜨거운 불꽃(炎)처럼 열띠게 뭔가를 말함(言).

음독 だん

N3 相談 N4 そうだん 상담	N1 冗談 N3 じょうだん 농담	N2 雑談 ざつだん 잡담
N1 縁談 えんだん 혼담	N1 会談 かいだん 회담	N1 対談 たいだん 대담

0396

옳을 가

可

JLPT N3 | 5학년 | 부수 口

하하하 웃으며 두 팔을 벌리고 좋아하는 사람의 모습. 호감이 가서 수용이 가능함.
혹은 크게 말하며 하소연 함.

음독 か

N2 可愛い N5 かわいい 귀엽다, 사랑스럽다

N3 許可 きょか 허가	N2 可能 かのう 가능	N2 不可能 ふかのう 불가능

0397

멜 하

荷

JLPT N3 | 3학년 | 부수 艸 艹

조금만 쉬있다 가자고 하소연(何)하는 짐꾼(亻)을 가혹(苛)하게 부리고 있는 주인의 모습.

음독 か

- N2 入荷 にゅうか 입하
- N2 出荷 しゅっか 출하
- N1 荷重 かじゅう 하중

훈독 に

- N3 荷物 N4 にもつ 짐, 화물, 부담

어찌 하

어떤 사람(亻)이 뭐라고 하소연(可)하는데, 언어가 통하지 않아 어찌해야 할지 모르겠음.

가혹할 가

풀독이(艹) 잔뜩 오른 시종이 쉬고 가자고 하소연을(可) 해도 주인이 듣지를 않음.

0398

고할 고

告

JLPT N3 | 5학년 | 부수 口

소(牛)를 제물로 바치며 신에게 한해 있었던 일을 고함(口). 혹은 소가 깜짝 놀랄 정도로 크게 말함.

음독 こく

- N3 広告 こうこく 광고
- N3 報告 ほうこく 보고
- N2 申告 しんこく 신고

훈독 つげる

- N1 告げる つげる (타) 고하다, 알리다

0399

지을 조

造

JLPT N3 | 5학년 | 부수 辵 辶

造 造

현장 감독의 지시(告)에 따라 건축 자재를 옮김(辶). 소가 놀랄 정도로 소리를 크게 내며 지시함. 규모가 큰 뭔가를 제조함.

음독 **ぞう**

N2 構造 こうぞう 구조　N2 製造 せいぞう 제조　N2 改造 かいぞう 개조

훈독 **つくる**

N3 作る·造る N5 つくる (타) 만들다, 제조하다

0400

하품 흠

欠

JLPT N3 | 4학년 | 부수 欠

欠 欠

사람이 하품하자 피곤했던 영혼이 잠깐 바깥 공기를 쐬고 오는 모습. 결핍된 상태를 말함. 입을 크게 벌려 호흡함. 크게 말하거나 어딘가에 입김을 불어넣음.

음독 **けつ**

N1 欠乏 けつぼう 결핍　N1 欠如 けつじょ 결여　예외 欠·欠伸 あくび 하품

훈독 **かく**

N2 欠く かく (타) 빠뜨리다, 부족하다

かける

N2 欠ける かける (자) 빠지다, 결여되다

0401

불 취

吹

JLPT N3 | 중, 고등 | 부수 口

吹 吹

피리를 입에(口) 물고 바람을 힘껏 불어넣고 있는(欠) 사람의 모습.

음독 **すい**

N1 吹奏 すいそう 관악기를 불어서 연주함

훈독 **ふく**

N3 吹く ふく (자) 바람이 불다 (타) 입으로 불다

0402

하고자 할 욕

欲

JLPT N3 | 6학년 | 부수 欠

갈증에 고통받던 사람이 계곡(谷)을 발견하고 미친듯이 물을 들이킴(欠).

음독 **よく**

N3 食欲 しょくよく 식욕

N1 欲望 よくぼう 욕망

훈독 **ほしい**

N3 欲しい N4 ほしい 갖고 싶다, 탐나다

ほっする

N3 欲する ほっする (타) 바라다, 원하다

골 곡

골짜기 사이에 형성된

계곡을 나타낸 모습.

0403

버금 차

次

JLPT N3 | 3학년 | 부수 欠

자기 차례가 오자 침을 튀겨가며 아주 큰 목소리로 대답함.

음독 **じ**

N3 次回 じかい 다음 번

N3 次男 じなん 차남

N2 目次 もくじ 목차

し

N3 次第 しだい 순서, 차례

훈독 **つぎ**

N3 次 つぎ 다음

つぐ

N2 次ぐ つぐ 뒤를 잇다

0404

모양 자

姿

JLPT N3 | 6학년 | 부수 女

엄청나게 아름다운 여성(女)의 자태를 보며 탄성(次)을 내지르고 있는 사람의 모습.

음독 し

N2 姿勢 しせい 자세

姿態 したい 자태 참고어휘

훈독 すがた

N3 姿 すがた 모양, 모습, 상태

0405

지붕 일 자, 가시나무 자

茨

JLPT N3 | 4학년 | 부수 艸 艹

가시(艹)에 찔려 비명(次)을 지르는 사람의 모습.

훈독 いばら

N3 茨 いばら 가시나무, 찔레나무

0406

글귀 구

句

JLPT N3 | 5학년 | 부수 口

책에 둘러싸여(勹) 있는 사람이 글귀를 읽고(口) 있는 모습.

음독 く

N3 文句 もんく 불평, 불만

N2 語句 ごく 어구

N2 句読点 くとうてん 구두점

0407

깨우칠 경

警

JLPT N3 | 6학년 | 부수 言

존경(敬)하는 옛 현자의 말(言)을 인용하며 잘못을 저지른 사람들을 꾸짖음.

음독 けい

N3 N4 警察 けいさつ 경찰	N2 N3 警察署 けいさつしょ 경찰서	N2 警備 けいび 경비
N2 警告 けいこく 경고	N2 警戒 けいかい 경계	

0408

낱 개

個

JLPT N3 | 5학년 | 부수 人亻

성벽 위에서 적병(亻)들의 수를 세고 있는 노장(固)의 모습. 주로 깃발의 수를 세었음.

음독 こ

N3 N4 個 こ (물건을 세는 말) 개	N3 N5 何個 なんこ 몇 개	N3 N5 一個 いっこ 한 개
N3 N4 個人 こじん 개인	N1 個性 こせい 개성	

공경 경

잔디(艹) 위에서 존경하던 현자의 책를 읽고 있던 사람이, 엄청난 깨달음(句)을 얻어 허벅지를 탁 치고(攵) 일어선 모습.

굳을 고

노련한 노장(古)이 수비하는 견고한 성(口)을 나타냄.

0409

苦

JLPT N3 | 3학년 | 부수 艸 艹

쓰디쓴 약초(艹)를 씹으며 아픈 몸을 달래는 병약한 노인(古)의 모습.

음독 く

- N3 苦労 くろう 노고, 고생, 애씀
- N3 苦情 くじょう 불평, 불만
- N2 苦痛 くつう 고통

훈독

- **くるしい** N3 苦しい N4 くるしい 괴롭다
- **くるしむ** N3 苦しむ くるしむ (자) 괴로워하다
- **くるしめる** N2 苦しめる くるしめる (타) 괴롭히다
- **にがい** N3 苦い N4 にがい 쓰다
- **にがる** 苦る にがる (자) 찌푸린 얼굴을 하다 참고어휘

0410

辞

JLPT N3 | 4학년 | 부수 辛

매우 엄하거나(辛) 어려운 말(舌)을 뜻함. 못 버티면 퇴장, 받아들이면 약이 되는 말.

음독 じ

- N3 辞書 N5 じしょ 사전
- N2 辞典 N4 じてん 사전
- N1 辞退 じたい 사퇴

훈독 やめる

- N2 辞める やめる (타) 그만두다

매울 신

원래는 끌로 노예의 등에 표식을 새긴다는 뜻이었으나, 현재는 단순히 혀를 찌르는 듯한 감각인 매운 맛을 나타냄.

0411

살 활

活

JLPT N3 | 2학년 | 부수 氵

活 活

현장 감독(舌)이 열심히 지시를 내리며 업무를 조율하자 일 처리가 물(氵) 흐르듯이 됨.

음독 かつ

- N3 N4 生活 せいかつ 생활
- N3 活動 かつどう 활동
- N2 活用 かつよう 활용
- N2 活躍 かつやく 활약
- N2 活力 かつりょく 활력

0412

가장 최

最

JLPT N3 | 4학년 | 부수 日

最 最

가장 권력이 센 사람이 사람들을 불러(日, 耳) 모으는(又) 모습.

음독 さい

- N3 N4 最後 さいご 최후
- N3 N4 最近 さいきん 최근
- N3 最高 さいこう 최고

훈독 もっとも

- N3 最も もっとも 가장, 무엇보다

0413

쉬울 이

易

JLPT N3 | 5학년 | 부수 日

易 易

물을 바닥에 쏟아 엎드려 탄식함. 물을 쏟기는 쉽지만 다시 담기는 어려움.

음독 い

- N3 安易 あんい 안이함
- N2 容易 ようい 용이함
- N1 簡易 かんい 간이

えき

- N3 N4 貿易 ぼうえき 무역
- N1 交易 こうえき 교역

훈독 やさしい

- N3 易しい やさしい 쉽다

0414

끓일 탕

湯

JLPT N3 | 3학년 | 부수 氵

햇볕이 잘 드는 곳에(昜) 물(氵)을 두니(勿) 물이 아주 따뜻해짐. 혹은 불을 피워 물을 끓임.

음독 **とう**

N1 熱湯 ねっとう 열탕

훈독 **ゆ**

N3 N4 湯 ゆ 뜨거운 물

N2 湯気 ゆげ 김, 수증기

0415

가리킬 지

指

JLPT N3 | 3학년 | 부수 手扌

구미가 당기는 것(旨)을 손가락(扌)으로 가리킴. 어렸을 때 형성된 취향이 어른이 되어서도 나타남.

음독 **し**

N3 指示 しじ 지시

N2 N3 指導 しどう 지도

N3 指定 してい 지정

훈독 **ゆび**

N3 N4 指 ゆび 손가락

N3 小指 こゆび 새끼손가락

N3 中指 なかゆび 중지

さす

N2 指す さす (타) 가리키다

뜻 지

맛있는 걸 보고 입(曰)을 크게 벌리며 손을 뻗고(匕) 있는 아기의 모습.
본능의 수준에서 오는 생각이나 뜻, 취지(趣旨)를 말함.

0416

점 점

点

JLPT N3 | 2학년 | 부수 火 灬

点 点

거북이 등껍질을 태워(灬) 점(占)을 치는 점술사의 모습. 몸에 재가 묻어 점(点)이 생김.

음독 てん

N3 N4 点 てん 점	N3 N4 交差点 こうさてん 교차점	N3 欠点 けってん 결점
N3 終点 しゅうてん 종점	N3 満点 まんてん 만점	N2 N3 採点 さいてん 채점

0417

판 국

局

JLPT N3 | 3학년 | 부수 尸

局 局

먹물이 다 떨어질 때까지(尽) 붓으로 도안을 그리며 간부들끼리 중요한 회의(口)를 함.
그런 입장과 위치에 있는 사람들이나 부서를 말함.

음독 きょく

N3 局 きょく 국, 관청이나 회사 등의 사무를 분담하는 곳	局長 きょくちょう 국장 참고어휘
N3 N4 郵便局 ゆうびんきょく 우체국, 우편국	N3 結局 けっきょく 결국
N3 薬局 やっきょく 약국	N1 局面 きょくめん 국면

점칠 점

새로운 지역을 점령하고
앞으로의 운세를 점(卜)치는
모습. 점술, 점령.

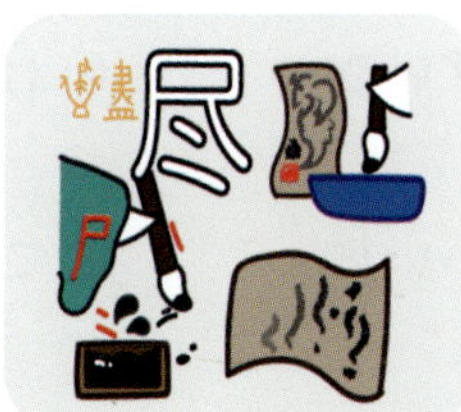

다할 진

붓으로 글씨를 너무 많이
쓰다 보니 먹물을 다 씀.

UPGRADE!

05

확인문제

한자표기 **다음 단어의 한자 표기로 적당한 것을 고르세요.**

01	つうしん	① 通言	② 通信	③ 通語
02	じしん	① 子信	② 子言	③ 自信
03	こうこく	① 広先	② 広告	③ 払告
04	しょくよく	① 食谷	② 食欲	③ 食沿
05	じかい	① 次回	② 欠回	③ 姿回

한자읽기 **다음 한자의 읽는 법을 고르고 빈칸에 뜻을 적으세요.**

06	文句	① もんぐ	② ぶんく	③ もんく	
07	警察	① げいさつ	② けいさつ	③ けいざつ	
08	個人	① かいにん	② こじん	③ かいじん	
09	辞書	① ししょ	② じてん	③ じしょ	
10	生活	① ぜいかつ	② せいはつ	③ せいかつ	

정 답 01 ② 통신 02 ③ 자신 03 ② 광고 04 ② 식욕 05 ① 다음번 06 ③ 불평 07 ② 경찰 08 ② 개인 09 ③ 사전, 사서 10 ③ 생활

06

인간의 손과 도구 유래 한자1(20자)

0418

던질 투

投

JLPT N3 | 3학년 | 부수 手扌

投 投

창을 잡고(殳) 멀리 던짐(扌).

음독 とう	N2 投票 とうひょう 투표	N1 投資 とうし 투자	N1 投入 とうにゅう 투입
훈독 なげる	N3 投げる N4 なげる (타) 던지다		

0419

층계 단

段

JLPT N3 | 6학년 | 부수 殳

段 段

암벽을 각종 도구(殳)로 깎아 층계를 만들고 있는 모습.

음독 だん	N3 階段 N5 かいだん 계단	N3 手段 しゅだん 수단	N2 段階 だんかい 단계

재미있는 한자 이야기

재방변 수

'손 수'의 축약형.

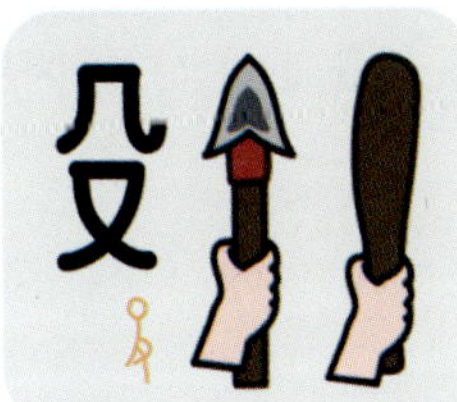

몽둥이 수

무시무시한 무기(几)를 손(又)으로 쥐고 있는 모습.

0420

부릴 역

役

JLPT N3 | 3학년 | 부수 彳

전쟁 포로들에게 고된 일을 시키는 모습. 탈출하지 못하게 창(殳)을 들고 감시(彳)함. 각자의 역할이 있음.

음독 やく

- N3 役 やく 직책, 역할
- N2 役割 やくわり 역할
- N2 重役 じゅうやく 중역

えき

- 現役 げんえき 현역 참고어휘

0421

일반 반

般

JLPT N3 | 중, 고등 | 부수 舟

물건을 실어 나르는 선원(舟)과 배를 지키는 보초병(殳)을 그린 모습. 자동차와 비행기가 없었던 시절, 해운은 동서고금 최고의 교통 및 운송 수단이었음. 일반적으로 사용하는 것.

음독 はん

- N3 一般 いっぱん 일반
- N3 全般 ぜんぱん 전반

0422

지탱할 지

支

JLPT N3 | 5학년 | 부수 支

막대기(十)를 들고(又) 떨어지는 뭔가를 지탱함.

음독 し

- N3 支店 してん 지점
- N3 支社 ししゃ 지사
- N1 支持 しじ 지지

훈독 ささえる

- N2 支える ささえる (타) 지탱하다

0423

재주 기

技

JLPT N3 | 5학년 | 부수 手 扌

技 技

그릇을 돌리는(支) 묘기를 자유자재(扌)로 하는 광대의 모습.

음독 ぎ

N3 N4 技術 ぎじゅつ 기술 | N2 演技 えんぎ 연기 | N1 特技 とくぎ 특기

훈독 わざ

N3 技·術 わざ 기술, 기법

0424

깨뜨릴 파

破

JLPT N3 | 5학년 | 부수 石

破 破

돌(石)이나 날카로운 칼로 가죽을 찢음(皮).

음독 は

N2 破片 はへん 파편 | N2 破産 はさん 파산

훈독 やぶる

N3 破る やぶる (타) 찢다, 부수다

やぶれる

N3 破れる やぶれる (자) 찢어지다, 부서지다

가죽 피

칼로 가죽을 벗김.

0425

물결 파

波

JLPT N3 | 3학년 | 부수 氵

波 波

칼로 가죽을 자르듯이(皮) 물(氵)에 길을 넣고 휘저음.

음독 は

N1 波及 はきゅう 파급 | N1 音波 おんぱ 음파 | 波乱 はらん 파란, 소동 참고어휘

훈독 なみ

N3 波 なみ 파도, 물결 | N1 津波 つなみ 쓰나미

0426

피곤할 피

疲

JLPT N3 | 중, 고등 | 부수 疒

병(疒)이 들어 피부(皮)가 가죽처럼 쭈글쭈글해짐.

음독 ひ

N3 疲労 ひろう 피로

훈독 つかれる

N3 N4 疲れる つかれる (자) 지치다

0427

저 피

彼

JLPT N3 | 중, 고등 | 부수 彳

낯선 가죽옷(皮)을 입고 돌아 다니는(彳) 사람의 모습. 복식을 보고 외지인임을 구분함.

음독 ひ

彼我 ひが 피아, 남과 자기 참고어휘

훈독 かれ

N3 N4 彼 かれ 그, 남자 친구

N3 N4 彼ら かれら 그들

かの

N3 N4 彼女 かのじょ 그녀, 여자 친구

0428

돌이킬 반

反

JLPT N3 | 3학년 | 부수 又

중요 인물을 암살하기 위해 정문으로 가지 않고, 뱅 돌아서 절벽(厂)을 오름(又).

음독 はん

N3 N4 反対 はんたい 반대

N3 違反 いはん 위반

N2 反抗 はんこう 반항

たん

反 たん 반 (의류의 길이를 나타내는 단위) 참고어휘

ほん

謀反 むほん 반역 참고어휘

훈독 そらす

N1 反らす そらす (타) 휘게 하다, 뒤로 젖히다

そる

N1 反る そる (자) (활 모양으로) 휘다, 젖혀지다

0429

돌이킬 반

返

JLPT N3 | 3학년 | 부수 辵⻌

암살자를 붙잡아 본국에 돌려(反)보내(⻌) 경고함. 대개 목을 잘라 보냈음.

反과 이름이 동일합니다.

음독 へん

N3 返品 へんぴん 반품

N3 N4 返事 へんじ 대답, 답장

훈독 かえす

N3 N5 返す かえす (타) 되돌리다

かえる

N3 返る かえる (자) 뒤바뀌다

0430

제방 판

阪

JLPT N3 | 4학년 | 부수 阜⻖

일본에선 웬만한 언덕(⻖)보다 가팔라 암살자가 침입하기 어려운(反) 오사카 성의 높은 제방을 나타내었음.

음독 はん

阪神 はんしん 한신, 오사카시와 고베시 사이의 지방 참고어휘

N3 예외 大阪 おおさか 오사카

0431

팔 판

販

JLPT N3 | 중, 고등 | 부수 貝

거금(貝)을 주고 자객을 고용함. 왕을 암살하기 위해 절벽을 오르는(反) 자객이 모습. 나라를 팔다. 현재는 단순히 주로 물건을 판매한다는 의미로 사용됨.

음독 はん

N3 販売 はんばい 판매

N2 通販 つうはん 통신판매, 인터넷 쇼핑

N3 自動販売機 じどうはんばいき 자동 판매기

0432

거둘 수

収

JLPT N3 | 6학년 | 부수 又

収 収

낫을 들어(又) 무성하게 자라 서로 얽혀(丩) 있는 작물들을 베어 냄.

음독 **しゅう**
- N3 収入 しゅうにゅう 수입
- N3 回収 かいしゅう 회수
- N1 収穫 N2 しゅうかく 수확

훈독 **おさめる**
- N3 収める おさめる (타) (일정 범위 · 장소 안에) 넣다

おさまる
- N3 収る おさまる (자) 수습되다

0433

받을 수

受

JLPT N3 | 3학년 | 부수 又

受 受

책상(冖) 너머로 건네 주는(爫) 선물을 받음(又).

음독 **じゅ**
- N3 受信 じゅしん 수신
- N3 受験 じゅけん 수험
- N2 受話器 N3 じゅわき 수화기

훈독 **うける**
- N3 受ける N4 うける (타) 받다

うかる
- N3 受かる うかる (자) (시험 등에) 붙다

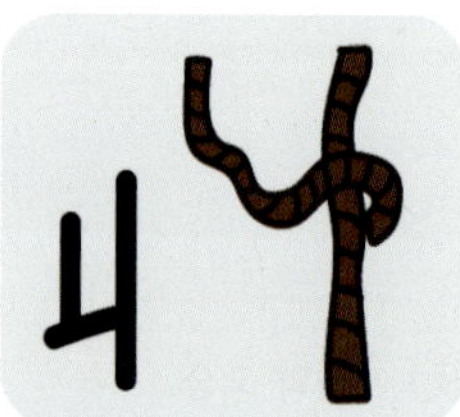

얽힐 구

기다란 것이 얽혀 있음

손톱 조

손톱, 손의 끝 부분을 말함.

0434

줄 수

授

JLPT N3 | 5학년 | 부수 手 扌

지팡이(扌)를 쥔, 지혜와 권력을 가진 사람이 뭔가 중요한 걸 건네 주는(受) 모습.

음독 じゅ

- N3 N4 授業 じゅぎょう 수업
- N3 教授 きょうじゅ 교수님

훈독 さずかる

- N1 授かる さずかる (자, 타) 내려 주시다

さずける

- N1 授ける さずける (타) 주다, 하사하다

0435

젖 유

乳

JLPT N3 | 6학년 | 부수 乙 乚

어머니의 품속에 숨어(乚) 옷자락을 잡고(爫) 젖을 빨고 있는 아이(子)의 모습.

음독 にゅう

- N3 N5 牛乳 ぎゅうにゅう 우유
- N1 乳児 にゅうじ 유아

훈독 ちち

- N1 乳 ちち 유방, 젖

ち

- N1 乳首 ちくび 젖꼭지

0436

자리 석

席

JLPT N3 | 4학년 | 부수 巾

귀빈을 맞이하기 위해 별장(广)에 융단(巾)을 깔고 맛있는 요리(廿)를 준비함.

음독 せき

- N3 N4 席 せき 자리, 좌석
- N3 N4 欠席 けっせき 결석
- N3 N4 出席 しゅっせき 출석
- N3 座席 ざせき 좌석

0437

건널 도

渡

JLPT N3 | 중, 고등 | 부수 氵

渡 渡

채비(度)한 물건들을 들고 강(氵)을 건넘.

음독 と

N1 譲渡 じょうと 양도

渡航 とこう 도항 참고어휘

훈독 わたす

N3 渡す N4 わたす (타) 건네주다, 내주다, 양도하다

わたる

N3 渡る N4 わたる (자) 건너다, 양도되다

헤아릴 탁, 법도 도, 살 택

집(广)주인이 먼 길을 떠나기 위해 짐(廿)을 챙기라고(又) 하인에게 지시를 내림.

어느 정도 짐을 쌀지 생각하고 준비함. 잘 살기 위해 환경을 잘 헤아린 후, 올바른 법도를 세움.

UPGRADE!

06

확인문제

한자표기 **다음 단어의 한자 표기로 적당한 것을 고르세요.**

01	しゅだん	① 手投	② 手段	③ 手技
02	いっぱん	① 一般	② 日般	③ 一役
03	してん	① 支店	② 技店	③ 破店
04	はんばい	① 阪売	② 反売	③ 販売
05	しゅうにゅう	① 叫入	② 収人	③ 収入

한자읽기 **다음 한자의 읽는 법을 고르고 빈칸에 뜻을 적으세요.**

06	彼	① がれ	② かれ	③ はれ	
07	欠席	① げっせき	② けっせき	③ けっせぎ	
08	牛乳	① ゆうにゅう	② うにゅう	③ ぎゅうにゅう	
09	授業	① しゅぎょう	② じゅぎょう	③ しゅきょう	
10	受信	① じゅしん	② しゅうしん	③ しゅしん	

정 답 01 ② 수단 02 ① 일반 03 ① 지점 04 ③ 판매 05 ③ 수입 06 ② 그 07 ② 결석 08 ③ 우유 09 ② 수업 10 ① 수신

07 인간의 손과 도구 유래 한자2(31자)

0438

굳셀 건

健

JLPT N3 | 4학년 | 부수 人亻

유명한 건축가가 설계한(聿) 견고한 성에 순찰을 도는 궁병(廴)이 많으니(亻) 나라가 건재함.

음독 けん
- N2 N3 健康 けんこう 건강
- N2 保健 ほけん 보건
- N1 健在 けんざい 건재

훈독 すこやか
- N1 健やか すこやか 튼튼함, 건강함

0439

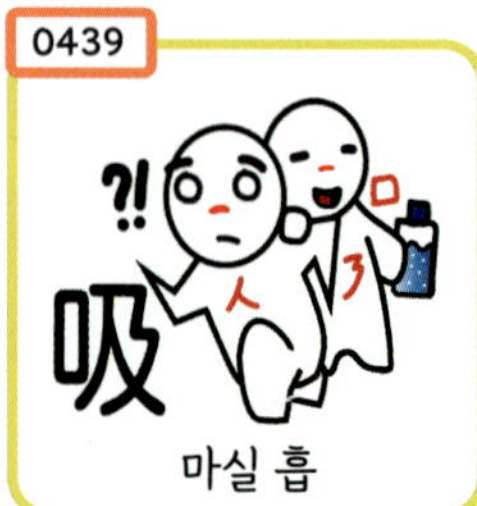

마실 흡

吸

JLPT N3 | 6학년 | 부수 口

먼 길 가기 전에 한숨(口) 좀 돌리고 가라고 손으로 붙잡음(及).

음독 きゅう
- N2 呼吸 こきゅう 호흡
- N2 吸収 きゅうしゅう 흡수

훈독 すう
- N3 吸う すう (타) 들이마시다

재미있는 한자 이야기

길게 걸을 인

활을 들고 순찰함.

미칠 급

달려나가는 사람을 손으로 잡아 끎. 영향을 미침.

0440

등급 급

級

JLPT N3 | 3학년 | 부수 糸

級 級

등급에 맞게 사람들을 붙잡아 당겨(及) 줄(糸)을 세움.

음독 **きゅう**

- N3 級 きゅう 급, 단계
- N3 高級 こうきゅう 고급
- N3 初級 しょきゅう 초급
- N3 中級 ちゅうきゅう 중급
- N1 階級 かいきゅう 계급

0441

마땅할 당

当

JLPT N3 | 2학년 | 부수 小

当 当

잠시 머무른다고 해도 왕이 있는 곳(尚)엔 당연(당)히 경비(ヨ)를 두어야 함.

음독 **とう**

- N2 担当 N3 たんとう 담당
- N3 適当 てきとう 적당
- N3 本当 N4 ほんとう 정말, 진짜
- N2 妥当 だとう 타당
- N2 当然 とうぜん 당연
- N2 当日 とうじつ 당일

훈독 **あたる**

- N2 当たる あたる (자) 맞다, 적중하다, 들어맞다

あてる

- N2 当てる あてる (타) 맞히다, 명중시키다, 옳게 판단하다

재미있는 한자 이야기!

오히려 상

고상한 사람이 사는, 멋진 기와와 큰 대문을 가진 집을 나타냄.

튼가로왈

부수로 사용될 때 주로 손을 나타냄.

0442

눈 설

雪

JLPT N3 | 2학년 | 부수 雨

雪 雪

손(ヨ)에 닿으면 비(雨)가 되는 것, 눈을 말함.

음독 せつ — 雪上 せつじょう 설상, 눈 위 참고어휘

훈독 ゆき — N3 N4 雪 ゆき 눈 / N3 N4 大雪 おおゆき 대설

0443

임금 군

君

JLPT N3 | 3학년 | 부수 口

君 君

지휘봉을 휘두르며(尹) 명령(口)을 내리고 있는 군주(君)의 모습.

음독 くん — N1 諸君 しょくん 제군, 여러분 / N1 君主 くんしゅ 군주

훈독 きみ — N3 N4 君 きみ 그대, 자네, 너

0444

아내 처

妻

JLPT N3 | 5학년 | 부수 女

妻 妻

비녀(十)를 꽂은(ヨ) 아내(女)의 모습. 결혼한 아내는 비녀를 꽂는 관습이 있었음.

음독 さい — N3 夫妻 ふさい 부부

훈독 つま — N3 N4 妻 つま 아내, 처, 마누라

0445

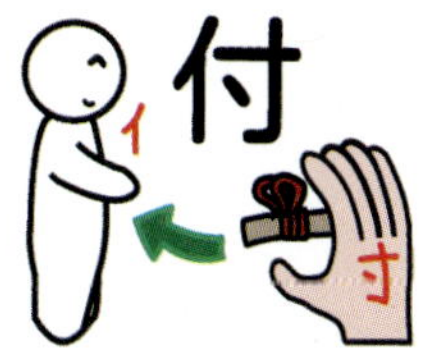

부칠 부

付

JLPT N3 | 4학년 | 부수 人 亻

뭔가를 사람(亻)에게 건네는(寸) 모습.

음독 ふ

N2 N3 寄付 きふ 기부

N2 納付 のうふ 납부

훈독 つく

N3 N4 付く つく (자) 붙다, 달라붙다, 매달리다

つける

N3 付ける つける (타) 붙이다, 대다, 부착시키다, 달다

0446

지킬 수

守

JLPT N3 | 3학년 | 부수 宀

국민의 세금이 든 창고(宀)를 창을 들고(寸) 지킴.

음독 しゅ

N1 保守 ほしゅ 보수

N1 守備 しゅび 수비

N1 守衛 しゅえい 수위

す

N3 N4 留守 るす 부재중

N3 留守番 るすばん 부재중인 집을 지키는 사람

훈독 まもる

N3 N4 守る まもる (타) 지키다

もり

N3 守(り) もり 지키는 일, 지키는 사람

子守 こもり 아이돌봄, 아이돌보미 참고어휘

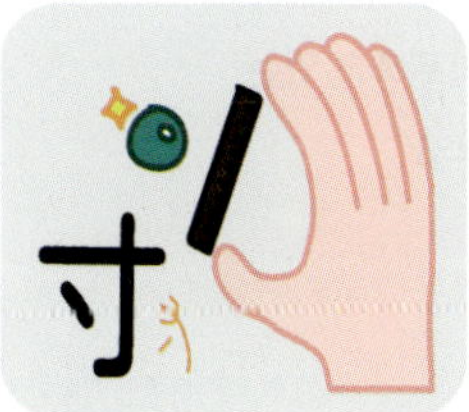

마디 촌

뭔가에 손을 뻗는 모습. 또는 어떤 일을 착수하기 위해 물건의 치수를 손으로 재봄.

0447

대할 대

対

JLPT N3 | 3학년 | 부수 寸

어두운 밤 문서(文)에 적혀 있는 손님이 오자 촛대를 들고(寸) 마중을 나감. 손님당 한 명씩 사람이 붙어 길 안내를 함.

음독 **たい**

N3 対策 たいさく 대책
N4 反対 はんたい 반대
N2 応対 おうたい 응대

つい

N3 対 つい 쌍, 짝
N3 一対 いっつい 한 쌍

0448

고칠 개

改

JLPT N3 | 4학년 | 부수 攵 攴

죄를 저지른 사람(己)을 매로 벌해(攵) 개심시킴.

음독 **かい**

N3 改札口 かいさつぐち 개찰구
N2 改善 かいぜん 개선
N2 改正 かいせい 개정

훈독 **あらためる**

N2 改める あらためる (타) 고치다, 변경하다, 개선하다

あらたまる

N1 改まる あらたまる (자) 새로워지다, 바뀌다, 개선되다

몸 기

사람의 몸을 그린 모습.

칠 복

뭔가를 휘두르고 있는 사람의 모습.

0449

낱 매

枚

JLPT N3 | 6학년 | 부수 木

枚 枚

나무껍질(木)을 한 장 한 장 벗겨 내어(攵) 종이를 만듦.

음독 まい

- N3 N5 枚 まい (종이나 평평한 것을 세는 말) 매, 장
- N3 N5 一枚 いちまい 한 장

0450

셀 수

数

JLPT N3 | 2학년 | 부수 攵 攴

数 数

썩지 않은 쌀알(米)의 수를 나뭇가지로 휘저으며(攵) 세어 보고 있는 주부(女)의 모습.

음독 すう

- N3 N4 数 すう 수
- N3 N4 算数 さんすう 산수
- N3 N4 数学 すうがく 수학

す

- 数寄 すき 풍류, 다도를 즐김 참고어휘

훈독 かず

- N2 数 かず 수, 갯수

かぞえる

- N3 数える かぞえる (타) 세다, 셈하다

0451

연고 고

故

JLPT N3 | 5학년 | 부수 攵 攴

故 故

강도의 습격(攵)에 죽음을 맞이한 어르신(古)의 모습.

음독 こ

- N3 N4 故障 こしょう 고장
- N3 N4 事故 じこ 사고
- N3 故郷 こきょう 고향
- N3 交通事故 こうつうじこ 교통사고

훈독 ゆえ

- N1 故 ゆえ 까닭, 이유, 사정

0452

정사 정

政 (획순 1–9)

JLPT N3 | 5학년 | 부수 攵 支

政 政

혼란한 상황의 정상화(正)를 위해 좋은 의견이 나올 때까지 나쁜 의견들을 쳐냄(攵).

음독 せい

N3 N4 政治 せいじ 정치　　N3 政治家 せいじか 정치가　　N2 政府 せいふ 정부

しょう

摂政 せっしょう 섭정 참고어휘

훈독 まつりごと

政 まつりごと 정사, 정치 참고어휘

0453

떨칠 불

払 (획순 1–5)

JLPT N3 | 중, 고등 | 부수 手 扌

払 払

작대기(扌)를 휘두르며(厶) 이불의 먼지를 털어냄.

음독 ふつ

拭払 しょくふつ 불식, 닦아냄 참고어휘

훈독 はらう

N3 N4 払う はらう (타) 없애다, 털다　　N3 支払う しはらう (타) 지불하다

0454

창 창

窓 (획순 1–11)

JLPT N3 | 6학년 | 부수 穴

窓 窓

창문을 열고(厶) 밖을 내다보며 마음의 평안(心)을 느낌. 창문을 만들기 위해 집안에 구멍(穴)을 냄.

음독 そう

車窓 しゃそう 차창 참고어휘

훈독 まど

N3 N5 窓 まど 창문

0455

다스릴 치

治

JLPT N3 | 4학년 | 부수 氵

治 治

일처리가 물(氵)처럼 흘러가게 만들기 위해 나무 위에서(厶) 현장을 보며 적절한 지시(口)를 내림.

음독 じ
- N3 政治 N4 せいじ 정치
- N1 政治家 せいじか 정치가
- N1 退治 たいじ 퇴치

ち
- N2 自治 じち 자치
- N2 治療 ちりょう 치료

훈독
- なおす — N3 治す N4 なおす (타) 고치다, 치료하다
- なおる — N3 治る N4 なおる (자) 치료되다
- おさめる — N2 治める おさめる (타) 다스리다
- おさまる — N2 治まる おさまる (자) 다스려지다, 수습되다

0456

참여할 참

参

JLPT N3 | 4학년 | 부수 厶

参 参

부정을 저지른 왕을 내몰기 위해 세 명의 정승이 힘을 합함. 또는 사람 모양의 별자리인 오리온 성좌를 나타낼 때도 있음.

음독 さん
- N3 参加 さんか 참가
- N2 参考 さんこう 참고
- N2 持参 じさん 지참

훈독 まいる
- N3 参る N4 まいる (자) (겸손한 어투의) 오다, 들다

대 대

구름이 손에 닿을 정도의 높은 전망대에 올라가 망을 봄.

숱 많고 검을 진

머릿결 관리가 잘 되어 있음. 물이 귀하던 옛날, 영양분을 잘 섭취하고 머리를 자주 감는 건 양반이 아니면 하기 어려웠음.

0457

전할 전

伝

JLPT N3 | 4학년 | 부수 人亻

伝 伝

근두운(云)을 타고 온 전령이 중요한 서신을 참모(亻)에게 빠르게 전달(伝)함.

음독 でん
- N3 宣伝 せんでん 선전
- N3 伝染 でんせん 전염
- N3 伝言 でんごん 전언

훈독 つたえる
- N3 伝える N4 つたえる (타) 전하다

つたわる
- N3 伝わる つたわる (자) 전해지다

つたう
- 伝う つたう (자) (어떤 것을 매개로 하여) 이동하다 참고어휘

0458

편할 편

便

JLPT N3 | 4학년 | 부수 人亻

便 便

가마솥(更)의 화력이 잘 유지되니 요리사(人)가 요리를 편하게 함.

음독 びん
- N3 郵便 ゆうびん 우편
- N3 船便 ふなびん 배편

べん
- N3 便利 N5 べんり 편리함
- N3 不便 N4 ふべん 불편함
- N2 小便 しょうべん 소변

훈독 たより
- N2 便り たより 소식, 편지

운 운

구름(云)을 보며 점을 침. 추상적인 말을 운운함

고칠 경, 다시 갱

화력을 높여 국을 끓이기 위해 부지깽이로 불씨에 덮인 재들을 털어냄.

0459

오로지 전

専

JLPT N3 | 6학년 | 부수 寸

매우 부드러운, 삶은 누에실이 감겨 있는 방추(叀)에서 아주 조심스럽게 실을 뽑음(寸). 비단 실을 만드는 섬세한 작업 과정을 말함.

음독 **せん**

N3 専門 せんもん 전문　　N3 専攻 せんこう 전공　　N3 専門家 せんもんか 전문가

훈독 **もっぱら**

N1 専ら もっぱら 오로지, 한결같이

0460

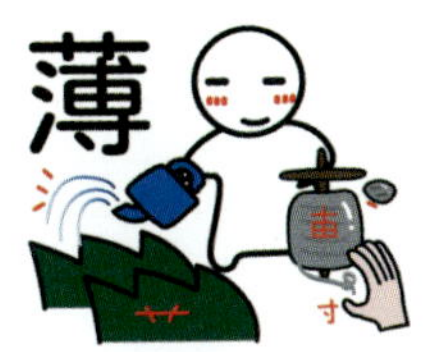

엷을 박

薄

JLPT N3 | 중, 고등 | 부수 艸 艹

마치 방추에서 실을 뽑아내는 것처럼(専), 물(氵)을 물뿌리개에 담아 화초(艹)들에게 엷게 뿌림.

음독 **はく**

N1 薄弱 はくじゃく 박약　　希薄 きはく 희박

훈독 **うすい**

N3 薄い　N5 うすい 얇다, 연하다

うすまる

N2 薄まる うすまる (자) 농도가 엷어지다

うすめる

N2 薄める うすめる (타) 농도를 엷게 하다

うすらぐ

N2 薄らぐ うすらぐ (자) 조금씩 엷어지다

うすれる

N2 薄れる うすれる (자) 엷어지다, 약해지다

0461

넓을 박

博

JLPT N3 | 4학년 | 부수 十

마치 방추(専)에서 실을 뽑는 것처럼, 열 개(十)는 족히 넘는 물건들을 바닥에 늘어놓음. 또는 도박장에서 패를 바닥에 넓게 늘어놓음.

음독 **はく**

N3 博物館 はくぶつかん 박물관　　博士 はくし 박사 참고어휘

ばく

賭博 とばく 도박 참고어휘

0462

문서 권

券

JLPT N3 | 6학년 | 부수 刀 刂

대출을 받은(龹) 사실을 문서로 기록해 놓음. 도망치지 못하게 규율(刀)로 감시함.
어떤 권리를 문서의 형태로 남김.

음독 **けん**

N3 定期券 ていきけん 정기권	N3 乗車券 じょうしゃけん 승차권	N1 旅券 りょけん 여권

0463

이길 승

勝

JLPT N3 | 3학년 | 부수 力

배(舟)를 타고 도망치려는 적병을 힘(力)으로 소탕하고 있는 기병(龹)들의 모습.

음독 **しょう**

N2 勝負 しょうぶ 승부	N2 優勝 ゆうしょう 우승	N2 勝敗 しょうはい 승패

훈독 **かつ**

N3 勝つ N4 かつ (자) 이기다

まさる

N1 勝る まさる (자) 뛰어나다, 우수하다

밥 뭉칠 권

주먹 밥을 만들기 위해
양손을 벋는 모습.

오를 등

적군이 땅에 상륙하기 전에
기병(馬)이 말 고삐(龹)를 잡고
적 배(舟)로 뛰어오르는 모습.
또는 적 기병이 땅에 상륙함.

0464

아뢸 주

미리 알고 가면 편해요!

奏

JLPT N2 | 6학년 | 부수 大

신의 아들인 천자(夭)에게 거문고 연주(𡗗)를 바치며 기분을 물음.

음독 **そう**

- N2 演奏 えんそう 연주
- N3 (演奏)
- N1 伴奏 ばんそう 반주
- N1 吹奏 すいそう 취주

훈독 **かなでる**

- 奏でる かなでる (주로 관현악) 악기를 연주하다, 춤추다 참고어휘

0465

들 거

挙

JLPT N3 | 4학년 | 부수 手 扌

무거운 짐을 들고 있는 사람들을 보고 자신도 돕겠다고 손(手)을 듦.

음독 **きょ**

- N3 選挙 せんきょ 선거
- N1 挙手 きょしゅ 거수

훈독 **あげる**

- N3 挙げる あげる (타) 손을 들다, 거행하다, 예로 들다

あがる

- N1 挙がる あがる (자) 올라가다, 오르다

어릴 요

천진난만하게 웃으며 놀고 있는 아이의 모습.

일 흥

노래를 부르며 무거운 짐을 들고 있는 사람들의 모습.

0466

기록할 록

録

JLPT N3 | 4학년 | 부수 金

손으로 짜낸(彐) 염료(氺)를 펜촉(金)에 묻혀 글자를 씀.

음독 ろく

N3 記録 きろく 기록

N3 録画 ろくが 녹화

N3 録音 ろくおん 녹음

0467

잃을 실

失

JLPT N3 | 4학년 | 부수 大

손(手)에서 뭔가를 떨어뜨림.

음독 しつ

N3 失礼 N4 しつれい 실례

N2 失恋 N3 しつれん 실연

N3 失業 しつぎょう 실업

훈독 うしなう

N3 失う うしなう (타) 잃다, 잃어버리다

0468

같을 약

若

JLPT N3 | 6학년 | 부수 艸 艹

점심시간 풀밭(艹)에 앉아 밥을 먹는(右) 사람의 모습. 간단하게 끼니를 해결함. 뭘 먹어도 괜찮을 나이인 젊은이들을 말함. 의료 기술이 미비했던 옛날엔 신체의 노화가 훨씬 빨랐음.

음독 じゃく

老若 ろうじゃく 노약 참고어휘

にゃく

老若 ろうにゃく 노약 참고어휘

훈독 わかい

N3 若い N4 わかい 젊다, 어리다

もしくは

N1 若しくは もしくは 또는, 혹은

UPGRADE!

07

확인문제

한자표기 **다음 단어의 한자 표기로 적당한 것을 고르세요.**

01	こうきゅう	① 高級	② 高及	③ 高急
02	おおゆき	① 大電	② 大雲	③ 大雪
03	はんたい	① 阪対	② 反対	③ 反台
04	いちまい	① 一枚	② 一米	③ 一格
05	すうがく	① 数学	② 米学	③ 数字

한자읽기 **다음 한자의 읽는 법을 고르고 빈칸에 뜻을 적으세요.**

		①	②	③	뜻
06	事故	① じこ	② さこ	③ じご	
07	政治	① せいち	② せいじ	③ せいし	
08	窓	① まどう	② まど	③ まと	
09	不便	① ふべん	② ふへん	③ ぶっぺん	
10	専門	① ぜんもん	② せんむん	③ せんもん	

정 답 01 ① 고급 02 ③ 대설 03 ② 반대 04 ① 한 장 05 ① 수학 06 ① 사고 07 ② 정치 08 ② 창문 09 ① 불편 10 ③ 전문

08

의류 유래 한자(11자)

0469

옷 의

미리 알고 가면 편해요!

JLPT N2 | 4학년 | 부수 衣 ネ

衣

소매가 펼쳐진 옷을 그린 모습.

음독 **い**

- N2 衣服 いふく 의복
- N2 衣食住 いしょくじゅう 의식주
- N1 衣装 いしょう 의상

훈독 **ころも**

- 衣 ころも 옷, 의복, 튀김옷 참고어휘

0470

자루 대

JLPT N3 | 중, 고등 | 부수 衣 ネ

袋

입고 온 옷(衣)을 자루에 담고, 갑옷으로 갈아입은 병사들이 활쏘기 훈련(代)을 함.

음독 **たい**

- 薬袋 やくたい 약을 넣은 봉지 참고어휘

훈독 **ふくろ**

- N3 袋 ふくろ 주머니, 봉지, 자루

재미있는 한자 이야기

대신할 대

위험한 화살 대신 주살(弋)로 자식에게 활쏘기 기술을 전해주는 아비(人)의 모습. 자신을 대신(代)할, 앞으로의 시대(代)를 개척해 나갈 인재를 육성함.

주살 익

화살촉에 구멍을 뚫은 연습용 화살인 주살을 말함.

0471

지을 제

製

JLPT N3 | 5학년 | 부수 衣 衤

製 製

나무의 일부를 잘라(制) 가구를 만듦. 또는 옷감(衣)을 칼로 잘라 새옷을 만듦.

음독 **せい**

N3 製品 せいひん 제품	N2 製作 せいさく 제작	N2 製造 せいぞう 제조

0472

겉 표

表

JLPT N3 | 3학년 | 부수 衣 衤

表 表

새로 장만한 비싼 모피옷(毛, 衣)을 입고 자랑하고 다님.

음독 **ひょう**

N3 表情 ひょうじょう 표정	N3 表現 ひょうげん 표현	N3 表面 ひょうめん 표면

훈독

あらわす	N3 表す	あらわす	(타) 나타내다, 표현하다
あらわれる	N3 表れる	あらわれる	(자) 나타나다, 드러나다
おもて	N3 表	N4 おもて	표면, 겉

절제할 제

분별없이 길어진 나뭇가지를 칼로 자름.

터럭 모

짐승의 꼬리털을 그린 모습.

0473

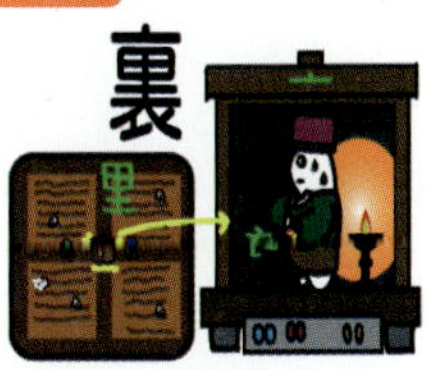

속 리

裏

JLPT N3 | 6학년 | 부수 衣 衤

裏 裏

아주 중요한 물건을 옷(衣) 속에 숨기고 집(宀) 안에 들어온 마을 이장(里)의 모습.

음독 **り**

裏面 りめん 이면 참고어휘	表裏 ひょうり 겉과 속 참고어휘

훈독 **うら**

N3 裏 N4 うら 뒤, 뒤쪽, 숨겨진 부분	N2 裏口 うらぐち 뒷문, 뒷구멍

0474

처음 초

初

JLPT N3 | 4학년 | 부수 刀 刂

初 初

옷감(衣)을 잘라(刀) 옷을 재단하려는 모습. 가장 먼저 해야 되는 기본적인 작업을 말함.

음독	しょ	最初(N3) さいしょ(N4) 최초	初級(N3) しょきゅう 초급	初歩(N2) しょほ 초보
훈독	はじめ	初め(N3)	はじめ(N4)	처음, 시작, 최초
	はじめて	初めて(N3)	はじめて(N4)	처음으로
	はつ	初耳(N1)	はつみみ	처음 들음
	そめる	見初める	みそめる	(타) 처음 보다, 첫눈에 반하다 참고어휘
	うい	初初しい(N1)	ういういしい	앳되다, 순진하다

0475

동산 원

園

JLPT N3 | 2학년 | 부수 囗

園 園

먼 길을 여행하던 옷을 많이 껴입은 나그네(袁)가 울타리(囗)가 쳐진 정원에서 잠깐 쉬려고 하는 모습.

음독	えん	公園(N3) こうえん(N5) 공원	動物園(N3) どうぶつえん(N4) 동물원	幼稚園(N2) ようちえん(N3) 유치원
훈독	その	園生 そのう 원예밭, 정원 참고어휘		

에워쌀 위

사방이 뭔가로 에워싸여 있음.

옷 길 원

먼 거리를 이동하기 위해 옷을 겹겹이 껴입음.

0476

구할 구

求

JLPT N3 | 4학년 | 부수 水 氺

털옷(求)을 그린 모습. 추운 겨울날 누구나 원하는 물건. 동북아시아 지방에선 털옷을 구하기가 어려워서 상대적으로 비싼 물건 중 하나였음.

음독 **きゅう**

- N3 要求 ようきゅう 요구
- N2 欲求 よっきゅう 욕구
- N1 請求書 せいきゅうしょ 청구서

훈독 **もとめる**

- N2 求める もとめる (타) 구하다, 바라다

0477

구원할 구

救

JLPT N3 | 5학년 | 부수 攵 攴

몰아치는 겨울바람으로(攵) 고통을 받고 있는 사람에게 털옷(求)을 줌.

음독 **きゅう**

- N2 救助 きゅうじょ 구조
- N1 救済 きゅうさい 구제
- N1 救援 きゅうえん 구원

훈독 **すくう**

- N3 救う すくう (타) 구하다

0478

공 구

球

JLPT N3 | 3학년 | 부수 玉 王

추운 날 모든 사람이 털옷(求)을 간절하게 원하는 것처럼, 모든 사람들이 보자마자 가지고 싶어 하는 아주 값비싼 옥구슬(玉)을 나타냄. 현재는 단순히 구체(球)를 뜻함.

음독 **きゅう**

- N3 球 きゅう 공, 구슬
- N3 野球 やきゅう 야구
- N3 地球 ちきゅう 지구

훈독 **たま**

- N2 球 たま 구체, 알

구슬 옥

아주 귀한 보석인 옥(玉)을 그린 모습.

0479

장막 장

帳

JLPT N3 | 3학년 | 부수 巾

帳 帳

장관(長)들이 회의를 시작하기 전, 기밀유지를 위해 장막(巾)이 드리워져 있는 막사로 들어가고 있는 모습. 은밀히 무언가를 함.

음독 **ちょう**

N3 通帳 つうちょう 통장

N2 手帳 てちょう 수첩

N1 帳簿 ちょうぼ 장부

開帳 かいちょう 개장, 장막을 엶 참고어휘

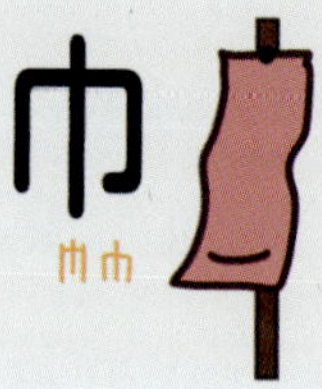

수건 건

막대기에 매달려 있는
수건(巾)을 그린 모습.

UPGRADE!

08

확인문제

한자표기 다음 단어의 한자 표기로 적당한 것을 고르세요.

01 ひょうめん ① 表面 ② 衣面 ③ 表目

02 さいしょ ① 最小 ② 最草 ③ 最初

03 こうえん ① 公園 ② 公遠 ③ 公袁

04 ちきゅう ① 土球 ② 地求 ③ 地球

05 つうちょう ① 通帳 ② 痛帳 ③ 痛長

한자읽기 다음 한자의 읽는 법을 고르고 빈칸에 뜻을 적으세요.

06 袋 ① ふくろ ② ふくる ③ ほくろ [ ]

07 表 ① あもて ② おもて ③ おもで [ ]

08 裏 ① いら ② うら ③ うろ [ ]

09 初め ① はしめ ② あじめ ③ はじめ [ ]

10 救う ① すくう ② すこう ③ そこう [ ]

정답 01 ① 표면 02 ③ 최초 03 ① 공원 04 ③ 지구 05 ① 통장 06 ① 주머니, 봉지 07 ② 표면, 겉 08 ② 뒤 09 ③ 처음 10 ① 구하다

09 무기, 기계, 날카로운 도구 유래 한자(39자)

0480

느낄 감

感

JLPT N3 | 3학년 | 부수 心 忄

매우 강력한 도끼창(戊)으로 성(口)에 쳐들어오는 적군들을 죽임. 자칫하면 죽을 수도 있어 온몸의 감각(心)이 극대화됨.

음독 かん

N3 感 かん 감, 느낌	N3 感情 かんじょう 감정	N2 感覚 N3 かんかく 감각

0481

덜 감

減

JLPT N3 | 5학년 | 부수 氵

적이 너무 많아 강력한 도끼창(戊)만으론 부족함. 성(口)으로 오는 적군의 수를 줄이기 위해 기름(氵)을 붓고 불을 붙임.

음독 げん

N2 増減 ぞうげん 증감	N3 いい加減 いいかげん 적당함, 알맞음

훈독 へる

N3 減る へる (자) 줄다

へらす

N3 減らす へらす (타) 줄이다

재미있는 한자 이야기

개 술

매우 강력한 도끼형 창(戊)을 나타냄. 현재는 주로 십이지의 개를 뜻하는 말로 사용됨.

천간 무

적병을 끌어내리기 좋은 반달형 모양의 날을 가진 창(戊)을 그린 모습.

0482

해 세

歲

JLPT N3 | 중, 고등 | 부수 止

歲 歲

무시무시한 병기(戊)로 거의 한 해(歲)에 걸쳐 조금씩(小) 성문을 부숨. 결국 성문을 뚫고 들어감(止).

음독 さい
- N3 歲 さい 세, 살
- N3 一歲 いっさい 한 살
- N1 歲月 さいげつ 세월

せい
- 歲暮 せいぼ 연말, 신세 진 사람에게 보내는 연말 선물 참고어휘

0483

감출 장

蔵

JLPT N3 | 6학년 | 부수 艸 艹

蔵 蔵

풀숲에 감춰 놓은 무기고의 상태(戊)를 확인하고 있는 신하(臣)의 모습.

음독 ぞう
- N3 N4 冷蔵庫 れいぞうこ 냉장고
- N2 貯蔵 ちょぞう 저장
- N1 内蔵 ないぞう 내장

훈독 くら
- N3 蔵·倉·庫 くら 곳간, 창고

신하 신

일반인보다 넓은 시야와 관록을 가진, 경험과 지식이 풍부한 신하(臣)를 의미함.

0484

이룰 성

成

JLPT N3 | 4학년 | 부수 戈

成 成

창(戊)으로 말을 탄 장수를 끌어내리는 데 성공(成)함.

음독 せい
- N2 N4 賛成 さんせい 찬성
- N2 N3 成績 せいせき 성적
- N3 成功 せいこう 성공

じょう
- N1 成就 じょうじゅ 성취

훈독 なる
- N2 成る なる (자) 되다, 이루어지다, 완성되다

なす
- 成す なす (타) 이루다, 달성하다 참고어휘

0485

홑 단

単

JLPT N3 | 4학년 | 부수 ⺍

단 하나로도 매우 치명적인 위력을 가진 투석기를 그린 모습.

음독 たん

- N3 N4 簡単 かんたん 간단
- N3 単語 たんご 단어
- N2 単純 たんじゅん 단순

0486

싸울 전

戦

JLPT N3 | 4학년 | 부수 戈

투석기(単)를 쏘고 창(戈)을 휘두르며 전쟁(戦)을 하고 있는 병사들의 모습.

음독 せん

- N3 戦争 せんそう 전쟁
- N2 戦後 せんご 전후
- N2 対戦 たいせん 대전

훈독 たたかう

- N2 戦う たたかう (자, 타) 싸우다, 전투하다

いくさ

- 戦 いくさ 전쟁, 싸움 참고어휘

창 과

낫처럼 생긴 창인 '과'를 말함.

0487

직분 직

職

JLPT N3 | 5학년 | 부수 耳

작전을 설명하는 지휘관과(音) 그것을 귀담아 듣고(耳) 있는 병사(戈)들의 모습. 각자의 역할과 직분을 말함.

음독 しょく

- N3 就職 しゅうしょく 취직
- N3 職場 しょくば 직장
- N3 職業 しょくぎょう 직업
- N2 N3 退職 たいしょく 퇴직
- N1 職員 しょくいん 직원

0488

해칠 잔

残

JLPT N3 | 4학년 | 부수 歹 歺

격렬한 전투(戔)가 일어나고 있는 전쟁터의 모습. 시신(歹)들만이 남음.

음독 ざん

N3 残念 ざんねん 유감임, 아쉬움

N3 残業 ざんぎょう 잔업

N1 残酷 ざんこく 잔혹

훈독 のこす

N3 残す のこす (타) 남기다, 그대로 두다

のこる

N3 N4 残る のこる (자) 남다, 머무르다

0489

법식 례

例

JLPT N3 | 4학년 | 부수 人 亻

나라를 지키려다가 순국한 사람들을 애도하며 일렬(列)로 서 경의를 표함. 본보기가 되는 사람(亻)들이 숭고한 선례를 남김.

음독 れい

N3 例 れい 예, 예시

N3 例外 れいがい 예외

N2 実例 じつれい 실례

훈독 たとえる

N2 例える たとえる (타) 예를 들다, 비유하다

살 바른 뼈 알

부러진 뼈들이 땅 아래 묻혀있음.
또는 시신(歹)이 땅 아래 묻혀있음.

나머지 잔

무수히 많은 창들이 서로 부대끼고
있는 모습. 격렬한 전투를 하니
잔해물들이 잔뜩 남아있음.

벌릴 열

나라를 지키려다 순국한, 나열된
병사들의 시신(歹)을 보며 예를
표하고 있는 장수(刂)의 모습.

0490

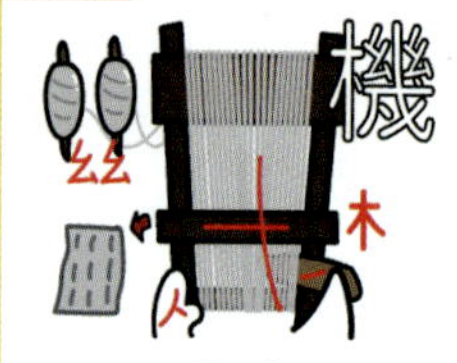

틀 기

機

JLPT N3 | 4학년 | 부수 木

실을 천으로 만드는 나무(木) 베틀(幾)을 나타낸 모습. 매우 복잡하고 정교한 구조를 가진 기계들을 말함.

음독 き

N3 N5 飛行機 ひこうき 비행기　N2 N4 機械 きかい 기계　N3 機会 きかい 기회

훈독 はた

機 はた 베틀 참고어휘

0491

옳을 의

義

JLPT N3 | 5학년 | 부수 羊

원하는 목표를 달성하기 위해, 양(羊)처럼 선(善)한 마음으로 창을 맞대고 서로(我)를 배신하지 않기로 약속함.

음독 ぎ

N2 N4 講義 こうぎ 강의　N3 意義 いぎ 의의　N2 義務 ぎむ 의무

N1 正義 せいぎ 정의　N1 義理 ぎり 의리

몇 기

베틀로 천을 짜는 사람의 모습. 실(糸)을 엮어 천으로 만들어주는 기구인 베틀을 나타냄.
그 과정이 너무나도 복잡하고 오래 걸려 어느 정도(幾) 걸리냐는 의미가 붙음.
끝날 기미(幾)가 보이지 않음.

나 아

서로 무기(戈)를 들며 함께 싸우자고 말함.
공동체 안에서의 자신의 정체성인 자아를 말함.

0492

의논할 의

議

JLPT N3 | 4학년 | 부수 言

목표를 이루기 위해 함께 맹세(義)한 사람들이 일을 어떻게 성공시킬지 의논함(言).

음독 ぎ

- N3 N4 会議 かいぎ 회의
- N2 議論 ぎろん 의논
- N2 議会 ぎかい 의회

0493

두 량

両

JLPT N3 | 3학년 | 부수 一

말 두 마리가 끄는 마차를 정면에서 그린 모습.

음독 りょう

- N3 両 りょう 양, 한 쌍
- N3 N4 両方 りょうほう 양방
- N3 N4 両親 りょうしん 양친, 부모
- N3 両替 りょうがえ 환전
- N3 両側 りょうがわ 양측

0494

찰 만

満

JLPT N3 | 4학년 | 부수 氵

물품을 마차(両)에 싣고(廾), 썰물 때를 노려 바닷가를 건너려고 했는데 금세 밀물(氵)이 들어와 가질 못함.

음독 まん

- N3 満足 まんぞく 만족
- N3 不満 ふまん 불만
- N3 満員 まんいん 만원

훈독 みたす

- N1 満たす みたす (타) 채우다, 만족시키다

みちる

- N2 満ちる みちる (자) 차다

0495

땀 한

汗

JLPT N3 | 중, 고등 | 부수 氵

무거운 방패(干)를 오랫동안 들고 있으니 몸에서 땀(氵)이 나옴.

음독 **かん**

汗腺 かんせん 땀샘 참고어휘

훈독 **あせ**

N3 N4 汗 あせ 땀

0496

줄기 간

幹

JLPT N3 | 5학년 | 부수 干

방패(干)의 뼈대처럼 생긴 식물 줄기를 말함. 해(倝)가 떠오르는 것처럼 식물의 줄기가 나뭇가지를 휘감으며 올라옴. 식물의 줄기처럼 조직에서 매우 중요한 사람을 말하기도 함.

음독 **かん**

N3 新幹線 しんかんせん 신칸센   N1 幹部 かんぶ 간부

훈독 **みき**

N1 幹 みき 줄기, 근간

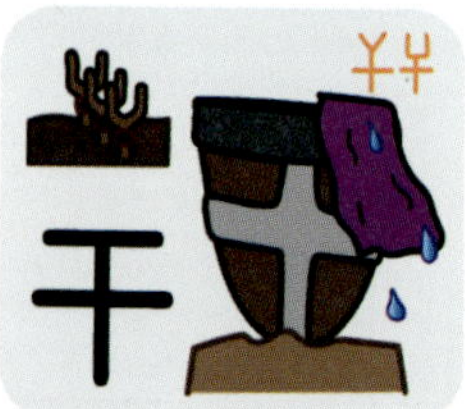

방패 간

방패(干) 위에 빨래를 널어 말림. 원래는 적병의 진입을 막기 위한 성 앞의 목책을 나타내었음.

햇빛 간

햇빛(日)이 초목(艹)을 비추고 있는 모습.

0497

미리 예

予

JLPT N3 | 3학년 | 부수 亅

벌레가 곡식을 먹기 전에 미리미리 수확해두는 모습. 원래는 직기를 나타낸 한자였음.

음독 **よ**

N3 N4 予約 よやく 예약   N3 N4 予定 よてい 예정   N3 N4 予習 よしゅう 예습

미리 알고 가면 편해요!

0498

차례 서

序

JLPT N2 | 5학년 | 부수 广

미리 수확한 곡식을(予) 차례차례 창고(广)에 쌓아 놓는 사람들의 모습.

음독 じょ

N2 順序 じゅんじょ 순서　　N1 秩序 ちつじょ 질서

0499

맡길 예

預

JLPT N3 | 6학년 | 부수 頁

폭풍이 분다는 소식에 수확한 작물(予)을 전문 창고지기에게(頁) 맡김.

음독 よ

N1 預金 よきん 예금　　預言 よげん 예언 참고어휘

훈독 あずける

N3 預ける あずける (타) 맡기다

あずかる

N3 預かる あずかる (타) 맡다, 보관하다

0500

힘쓸 무

務

JLPT N3 | 5학년 | 부수 力

창(矛)을 휘두르며(夂) 적을 무찌르기 위해 힘씀(力).

음독 む

N3 事務 じむ 사무　　N3 勤務 きんむ 근무　　N3 公務員 N4 こうむいん 공무원

훈독 つとめる

N2 務める つとめる (타) 역할을 맡다, 임무를 맡다

つとまる

N2 務まる つとまる (자) 잘 수행해 내다

창 모

찌르기도 좋고 베기에도
좋은 양날창, 모(矛)를 의미함.

0501

부를 소

召

JLPT N3 | 중, 고등 | 부수 口

召 召

칼(刀)을 든 장수가 병사들을 부르고 있는(口) 모습.

음독 しょう

- N1 召喚 しょうかん 소환
- N1 召集 しょうしゅう 소집

훈독 めす

- N1 召す めす (타) (음식, 나이 등을) 드시다, (옷을) 입으시다, 불러 가시다
- N3 召し上る N4 めしあがる (타) 먹다와 마시다의 높임말, 드시다

0502

미리 알고 가면 편해요!

밝을 소

昭

JLPT N1 | 3학년 | 부수 日

昭 昭

화창한 날(日) 사람들을 불러 모음(召). 날이 밝으니 사물이 명백히 보임.

음독 しょう

- 昭和 しょうわ 쇼와, 쇼와 시대, 일본의 연호 (1926년~1989년) 참고어휘
- 昭昭 しょうしょう 명백하거나 밝은 모양 참고어휘

JLPT에서는 잘 나오지 않는 한자지만, 일본에서는 쇼와라는 연호를 일상적으로 사용하기에 초등학교 3학년 난이도로 배정된 한자입니다. JLPT는 외국인의 입장에서 자주 보게 되는 한자들을 기준으로 난이도가 구성되어 있습니다.

0503

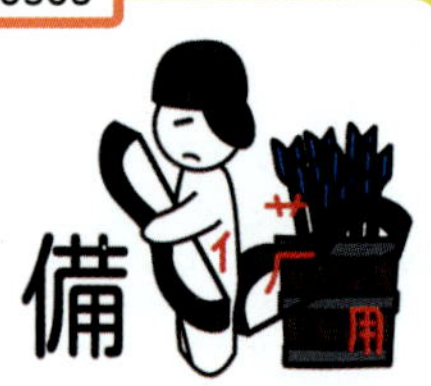

갖출 비

備

JLPT N3 | 5학년 | 부수 人 亻

備 備

전쟁을 대비해 활과 화살을 정비하고 있는 병사의 모습.

음독 び

- N3 準備 N4 じゅんび 준비
- N2 予備 よび 예비
- N2 整備 せいび 정비

훈독 そなえる / そなわる

- N2 備える そなえる (자, 타) 준비하다, 갖추다, 대비하다
- N1 備わる そなわる (자) 갖추어지다, 구비되다

0504

알 인

認

JLPT N3 | 6학년 | 부수 言

스승의 가르침(言) 대로 침착하게 참고(忍) 싸우니 승리함.

음독 にん	N3 確認 かくにん 확인	N2 承認 しょうにん 승인	N1 認知 にんち 인지
훈독 みとめる	N3 認める みとめる (타) 인정하다		

0505

다행 행

幸

JLPT N3 | 3학년 | 부수 干

흉악범을 잡는 데 성공해 수갑을 채우고 땅(土)에 앉힘. 행복의 조건 중 하나인 현재의 안전을 말함.

음독 こう	N2 N3 幸福 こうふく 행복	N3 幸運 こううん 행운	N2 不幸 ふこう 불행
훈독 しあわせ	N3 幸せ しあわせ 행복, 행운		
さいわい	N2 幸い さいわい 다행, 다행히		
さち	幸 さち 1. 행복 2. 산이나 바다에서 얻은 수확물 참고어휘		

칼날 인

칼의 날 부분을 말함.

참을 인

적의 칼날(刃)에 상처를 입어도 참고(心) 버팀.

찌를 임

사람의 팔에 수갑을 채운 모습. 수갑을 채운 범죄자를 쿡쿡 찌름.

0506

갚을 보

報

JLPT N3 | 5학년 | 부수 土

報 報

마을을 오랫동안 괴롭게 했던 흉악범을 붙잡아(幸) 벌(𠬝)을 내린 후, 상부에 보고함.

음독 **ほう**

N3 情報 じょうほう 정보
N3 予報 よほう 예보
N3 報告 ほうこく 보고

훈독 **むくいる**

N1 報いる むくいる (자, 타) 보답하다, 앙갚음하다

0507

터놓을 쾌

快

JLPT N3 | 5학년 | 부수 心忄

快 快

화살(夬)을 명중시켰을 때 느끼는 쾌감(忄)을 의미함.

음독 **かい**

N3 快楽 かいらく 쾌락
N2 快適 かいてき 쾌적
N2 愉快 ゆかい 유쾌

훈독 **こころよい**

N1 快い こころよい 기분이 좋다, 상쾌하다, 느낌이 좋다

다스릴 복

팔(卩)과 손(又)으로
뭔가를 다스림.

병부 절

무릎을 꿇고 앉아 있는 듯한 모습.
팔에 힘을 주고 뭔가를 누름.

터놓을 쾌 부수

화살을 발사함.

0508

결단할 결

決

JLPT N3 | 3학년 | 부수 氵

이미 강(氵)을 건넌 범죄자의 구속을 포기하는 대신 활로 쏴(夬) 죽이기로 함.

음독 **けつ**	N3 解決 かいけつ 해결	N1 決断 けつだん 결단	N1 決意 けつい 결의

훈독 **きまる**	N3 決まる	N4 きまる	(자) 정해지다
きめる	N3 決める	きめる	(타) 정하다

0509

법 식

式

JLPT N3 | 3학년 | 부수 弋

제삿날 장인(工)이 정성스럽게 만든 주살(弋)로 의식(式)을 치름.

음독 **しき**	N3 正式 せいしき 정식	N3 数式 すうしき 수식	N2 儀式 ぎしき 의식

0510

벨 할

割

JLPT N3 | 6학년 | 부수 刀 刂

집 안에 도적이 들어와(害) 칼(刂)을 들고 맞서 싸움.

음독 **かつ**	N1 分割	ぶんかつ	분할
훈독 **わり**	N3 割	わり	비율의 단위, 10분의 1
わる	N3 割る	N4 わる	(타) 나누다, 깨다
われる	N3 割れる	N4 われる	(자) 갈라지다, 깨지다
さく	N1 割く	さく	(타) 가르다

해할 해

가시(丰)처럼 날카로운 칼을 든 도둑이 집 안(宀)에 침입해 금품을 요구함(口).

0511

꺾을 절

折

JLPT N3 | 4학년 | 부수 手扌

折 折

도끼(斤)를 잡고(扌) 나무를 베어냄.

음독 **せつ**

N3 右折 うせつ 우회전

N2 骨折 こっせつ 골절

N1 屈折 くっせつ 굴절

훈독 **おる**

N3 折る おる (타) 접다, 꺾다

おれる

N3 折れる N4 おれる (자) 접히다, 꺾어지다

おり

N1 折(り) おり 1. 접음, 꺾음, 꺾은 것 2. 기회, 틈 3. 계절

0512

끊을 단

断

JLPT N3 | 5학년 | 부수 斤

断 断

쌀(米)을 숨기고 음식을 끊음(斤). 단식을 하며 명령을 거부함.

음독 **だん**

N3 断水 だんすい 단수

N3 横断 おうだん 횡단

N2 判断 N3 はんだん 판단

훈독 **ことわる**

N3 断る ことわる (타) 거절하다

たつ

N1 断つ たつ (타) 끊다, 자르다

0513

이을 련

連

JLPT N3 | 4학년 | 부수 辵辶

連 連

전선을 유지하기 위해 마차(車)와 병사를 이끌고 전쟁터로 향하는(辶) 장수의 모습.

음독 **れん**

N3 連絡 N4 れんらく 연락

N3 連休 れんきゅう 연휴

N2 連続 れんぞく 연속

훈독 **つれる**

N3 連れる N4 つれる (타) 데리고 오다, 거느리다, 동반하다

つらねる

N1 連ねる つらねる (타) 늘어세우다, 늘어놓다

つらなる

N1 連なる つらなる (자) 나란히 줄지어 있다, 참석하다, 일원이 되다

0514

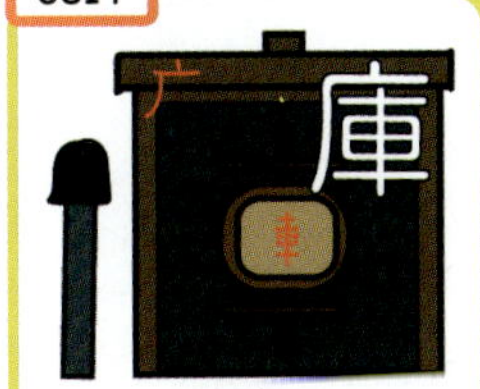

곳집 고

庫

JLPT N3 | 3학년 | 부수 广

수레(車)를 보관할 수 있을 정도의 크기를 가진 커다란 창고(广)를 나타냄.

음독 こ

N3 N4 冷蔵庫 れいぞうこ 냉장고 / N3 車庫 しゃこ 차고 / N2 金庫 きんこ 금고

く

庫裏 くり 절의 부엌 참고어휘

0515

보낼 수

輸

JLPT N3 | 5학년 | 부수 車

공장(亼)에서 만든 물건을 배(舟, 川)와 마차(車)로 수송함.

음독 ゆ

N3 N4 輸入 ゆにゅう 수입 / N3 N4 輸出 ゆしゅつ 수출 / N2 輸送 ゆそう 수송

대답할 유

공장(亼)에서 만든 물건을 배(舟)에 실어 물길(川)로 나가는 사람의 모습.

잘 갔다오라는 동료의 말에 응답함.

0516

줄 여

与

JLPT N3 | 중, 고등 | 부수 一

왕이 신하에게 아주 귀한 코끼리 상아를 선물로 줌. 시종들이 그걸 손으로 잡고 나름.

음독 よ

N3 給与 きゅうよ 급여 / N2 与党 よとう 여당 / N1 寄与 きよ 기여

훈독 あたえる

N3 与える あたえる (타) 주다, 수여하다, 제공하다

0517

더러울 오

汚

JLPT N3 | 중, 고등 | 부수 氵

조각(丂) 작업을 하고 나니 주변이 너무 더러워짐(汚). 나뭇조각과 오염수(氵)가 바닥에 즐비함.

음독	お	N2 汚染	おせん	오염
훈독	きたない	N3 汚い	N5 きたない	더럽다
	よごす	N3 汚す	N4 よごす	(타) (사물, 장소 등을) 더럽히다
	よごれる	N3 汚れる	N4 よごれる	(자) (사물, 장소 등이) 더러워지다
	けがす	N1 汚す	けがす	(타) (마음, 정신 등을) 더럽히다
	けがれる	N1 汚れる	けがれる	(자) (마음, 정신 등이) 더러워지다
	けがらわしい	N1 汚らわしい	けがらわしい	추잡하다, 역겹다, 더럽다

0518

부를 호

号

JLPT N3 | 3학년 | 부수 口

어떤 사람이 말하는 것(口)을 목판에 새기고 있는(丂)모습.

음독	ごう	N3 番号 N5 ばんごう 번호	N3 信号 しんごう 신호	N2 記号 きごう 기호

공교할 교 부수

어딘가에 글자나 문양을 공교하게 새김.
(丂,亏,亐)

공교할 교

장인(工)이 뭔가를 아주 정교하게 조각(丂)함.

UPGRADE!

09

확인문제

한자표기 **다음 단어의 한자 표기로 적당한 것을 고르세요.**

01	いっさい	① 一歳	② 一暦	③ 一祭
02	たんご	① 巣言	② 巣語	③ 単語
03	しょくぎょう	① 就業	② 職業	③ 就行
04	ざんぎょう	① 残業	② 浅業	③ 践業
05	れいがい	① 例外	② 列外	③ 別外

한자읽기 **다음 한자의 읽는 법을 고르고 빈칸에 뜻을 적으세요.**

06	意義	① いぎ	② いい	③ いみ	
07	会議	① かいぎ	② かいい	③ かいき	
08	両方	① ようほう	② りょうほう	③ りょうぼう	
09	不満	① ふばん	② ぶまん	③ ふまん	
10	予習	① よしゅ	② ようしゅう	③ よしゅう	

정 답 01 ① 한 살 02 ③ 단어 03 ② 직업 04 ① 잔업, 야근 05 ① 예외 06 ① 의의 07 ① 회의 08 ② 양방 09 ③ 불만 10 ③ 예습

10 건축, 조형 유래 한자(27자)

0519

어긋날 위

違

JLPT N3 | 중, 고등 | 부수 辵 辶

성문(韋)이 비슷하게 생겨 실수로 반대쪽으로 나감(辶).

음독 い	N3 違反 いはん 위반	N2 相違 そうい 상이, 서로 다름	N1 違和感 いわかん 위화감
훈독 ちがう	N3 違う N4 ちがう (자) 다르다		
ちがえる	N1 違える ちがえる (타) 다르게 하다, 틀리다		

0520

머무를 류

留

JLPT N3 | 5학년 | 부수 田

이국의 마을(田)에 입장하기 전, 보안을 위해 울타리(卯) 앞에서 보초를 서고 있는 경비병에게 칼(刀)을 맡기고 있는 모습.

음독 りゅう	N3 留学 りゅうがく 유학	N2 停留所 ていりゅうじょ 정류장
る	N3 留守 N4 るす 부재중임	N3 留守番 るすばん 부재중인 집을 지키는 사람
훈독 とめる	N2 留める とめる (타) 만류하다, 고정시키다	
とまる	N2 留まる とまる (자) 머물다, 고정되다	

가죽 위

성벽(口) 주변을 왔다 갔다(中) 하고 있는 가죽 상인들의 모습.

토끼 묘

토끼가 울타리 문을 뛰어넘고 있는 모습. 십이지의 토끼나 울타리의 뜻을 가짐.

0521

무역할 무

貿

JLPT N3 | 5학년 | 부수 貝

거래(貝)을 위해 시장에 들어가기 전에, 울타리(卯) 앞에 있는 병사에게 칼(刀)을 맡기고 있는 상인의 모습.

음독 **ぼう**

N3 N4 貿易 ぼうえき 무역

N1 保護貿易 ほごぼうえき 보호무역

0522

평평할 평

平

JLPT N3 | 3학년 | 부수 干

평평한 땅에 건물을 세우고 있는 모습.

음독 **びょう**

N2 平等 びょうどう 평등

N2 不平等 ふびょうどう 불평등

へい

N2 N3 平均 へいきん 평균

N3 平日 へいじつ 평일

N3 平和 へいわ 평화

훈독 **たいら**

N2 平ら たいら 평평함, 평탄함

ひら

N2 N4 平仮名 ひらがな 히라가나

0523

부를 호

呼

JLPT N3 | 6학년 | 부수 口

나무꾼(乎)의 이름을 부르며(口) 적설한 시시를 내리고 있는 현장 감독의 모습.

음독 **こ**

N2 呼吸 こきゅう 호흡

N1 呼応 こおう 호응

훈독 **よぶ**

N3 呼ぶ よぶ (타) 부르다

0524

집 호

戸

JLPT N3 | 2학년 | 부수 戸 戶

어떤 집의 여닫이 문을 그린 모습.

음독 こ

N2 N3
戸籍 こせき 호적

훈독 と

N3 N4
戸·門 と 문짝, 창문, 대문

N1 N2
戸棚 とだな 찬장

0525

반려할 려

戻

JLPT N3 | 중, 고등 | 부수 戸 戶

딸을 노리고 집(戸)에 억지로 들어오려는 악한을 아버지(大)가 돌려보냄.

음독 れい

返戻 へんれい 반려 참고어휘

훈독 もどる

N3 N4
戻る もどる (자) 되돌아가다, 되돌아오다

もどす

N3 N4
戻す もどす (타) 되돌리다

0526

눈물 루

涙

JLPT N3 | 중, 고등 | 부수 氵

집에 억지로 들어오려던 악한이 물러가자(戻) 울음(氵)을 터뜨리고 만 딸의 모습.

음독 るい

涙腺 るいせん 눈물샘 참고어휘

훈독 なみだ

N3
涙 なみだ 눈물

0527

도울 조

助

JLPT N3 | 3학년 | 부수 力

남편을 잃은(且) 아내를 도와줌(力).

음독 じょ

N2 助手 じょしゅ 조수
N2 援助 えんじょ 원조
N2 救助 きゅうじょ 구조

훈독 たすかる

N3 助かる たすかる (자) 살아나다, 구조되다, 도움이 되다

たすける

N3 助ける たすける (타) 살리다, 구조하다, 돕다

すけ

助 すけ 도움, 조력 참고어휘

또 차

조상님의 비석 앞에 차곡차곡 공물을 쌓아올림.

0528

조사할 사

査

JLPT N3 | 5학년 | 부수 木

나무(木) 앞에 있는, 조상님의 묫자리(且)로 쓸 땅을 아주 꼼꼼히 조사함.

음독 さ

N3 調査 ちょうさ 조사
N2 N3 検査 けんさ 검사
N2 捜査 そうさ 수사

0529

짤 조

組

JLPT N3 | 2학년 | 부수 糸

죽을(且) 때까지 함께 하기를 약속(糸)하며 강력한 조직을 만듦.

음독 そ

N2 組織 そしき 조직

훈독 くむ

N3 組む くむ (타) 엇걸다, 끼다 (자) 짝이 되다, 한 패가 되다

くみ

N3 組 くみ 조
N2 組合 くみあい 조합

0530

대쪽 간

簡

JLPT N3 | 6학년 | 부수 竹

간이로 문을 대나무(竹)로 만들었더니 틈 사이(間)로 빛이 다 새어나옴.

음독 かん

N3 簡単·簡短 N4 かんたん 간단함　N1 簡潔 かんけつ 간결

N1 簡易 かんい 간이

0531

빗장 관

関

JLPT N3 | 4학년 | 부수 門

문(門)에 빗장(关)을 걸고 껄껄껄 웃으며 담소를 나누는 사람들의 모습. 관문을 넘어 관계를 맺음.

음독 かん

N2 玄関 N4 げんかん 현관　N2 関係 N4 かんけい 관계　N3 関心 かんしん 관심

훈독 かかわる

N2 関わる かかわる (자) 관계되다, 관련되다

せき

関 せき 관문 참고어휘

0532

집 사

舎

미리 알고 가면 편해요!

JLPT N2 | 5학년 | 부수 舌

땅 위에 간단하게 지은 집에서 대화를 나누고 있는 병사들의 모습.

음독 しゃ

N2 校舎 こうしゃ 학교 건물　N1 宿舎 しゅくしゃ 숙사, 숙소

0533

버릴 사

捨

JLPT N3 | 6학년 | 부수 手 扌

엄청 많은 적군이 무시무시한 무기를 들고(扌) 쳐들어와 막사(舎)를 버리고 도망침.

음독 **しゃ**

N2 四捨五入 ししゃごにゅう 반올림

훈독 **すてる**

N3 捨てる N4 すてる (타) 버리다

0534

향할 향

向

JLPT N3 | 3학년 | 부수 口

추운 바람이 들어오는 북쪽은 창문으로 막고, 따뜻한 바람이 오는 남쪽으로는 문을 냄.

음독 **こう**

N2 傾向 けいこう 경향

N2 方向 ほうこう 방향

N2 向上 こうじょう 향상

훈독 **むこう**

N3 向こう N4 むこう 맞은편, 저쪽

むく

N3 向く むく (자, 타) 향하다, (성향, 적성에) 맞다

むける

N2 向ける むける (타) 향하게 하다, 겨누다

むかう

N3 向かう むかう (자) 향해 가다

0535

없을 무

無

JLPT N3 | 4학년 | 부수 火 灬

무대 위에서 춤추는 여성이 너무나도 아름다워, 말 한 마디 없이 집중하고 있는 관중들의 모습.

음독 **ぶ**

N2 無事 ぶじ 무사

N1 無難 ぶなん 무난

N1 無礼 ぶれい 무례

む

N3 無理 N4 むり 무리

N3 無視 むし 무시

N3 無線 むせん 무선

훈독 **ない**

N3 無い N5 ない 없다

0536

얼음 빙

氷

JLPT N3 | 3학년 | 부수 水 氺

氷 氷

강물에 얼음이 떠내려가고 있는 모습.

음독 **ひょう**

氷山 ひょうざん 빙산 참고어휘

훈독 **こおり**

N3 N4
氷 こおり 얼음

ひ

氷雨 ひさめ 우박, 진눈깨비 참고어휘

0537

찰 랭

冷

JLPT N3 | 4학년 | 부수 冫

冷 冷

냉혹한 왕이 눈보라(冫)가 몰아치는 추운 겨울 날에도 진격을 멈추지 말라고 명령(令)함.

음독 **れい**

N1 N4
冷房 れいぼう 냉방

N3 N4
冷蔵庫 れいぞうこ 냉장고

훈독 **つめたい**

N3 N4
冷たい つめたい 차갑다, 냉담하다

ひえる

N3 N4
冷える ひえる (자) 차가워지다, 식다

ひやす

N3
冷やす ひやす (타) 식히다, 차갑게 하다

さめる

N3
冷める さめる (자) 식다, 차가워지다

さます

N3
冷ます さます (타) 식히다, 열을 내리다

ひやかす

N1
冷かす ひやかす (타) 놀리다, 희롱하다, 식게 하다

ひや

冷や ひや 찬 것 참고어휘

하여금 령

작전실(亼)에서 명령(令)을
내리고 있는 사람(マ) 의 모습.

0538

이 치

歯

JLPT N3 | 3학년 | 부수 歯 齒

입안에(口) 쌀알처럼(米) 많은 이빨을 가진 노인이 헛기침을 하며 어디론가 나아가고 있는 모습(止). 옛날엔 주로 나이를 이빨의 수에 빗대곤 했음.

음독 し

N1 歯科 しか 치과

훈독 は

N3 N4 歯 は 이, 이빨

N3 N4 歯医者 はいしゃ 치과의사

N2 歯車 はぐるま 톱니바퀴

0539

나이 령

齢

JLPT N3 | 중, 고등 | 부수 歯 齒

나이 많은(歯) 노련한 지휘관이 부하들에게 명령을(令) 하고 있는 모습.

음독 れい

N3 年齢 ねんれい 연령

N2 学齢 がくれい 학령

0540

안 내

内

JLPT N3 | 2학년 | 부수 入

건물의 내부(内)를 그린 모습.

음독 ない

N3 N4 案内 あんない 안내

N3 N4 以内 いない 이내

N3 N4 内部 ないぶ 내부

だい

N1 境内 けいだい 경내, 신사나 사찰의 안

훈독 うち

N3 内 うち 안, 속, 내부

0541

담을 입

込

JLPT N3 | 중, 고등 | 부수 辵 辶

엄청 많은 사람들이 입구(入)를 드나들고 있는 모습(辶).

훈독 こむ

N3 込む　N4 こむ　(자) 붐비다, (상태나 정도가) 깊어지다

こめる

N3 込める　こめる　(타) (감정, 정성, 의미 등을) 담다

0542

다리 교

橋

JLPT N3 | 3학년 | 부수 木

하늘(天)에 닿을 듯이 아주 높은(高) 나무(木) 다리를 말함.

음독 きょう

N3 歩道橋　ほどうきょう　육교　　N2 鉄橋　てっきょう　철교

훈독 はし

N3 橋　N4 はし　다리, 교량

0543

머무를 정

停

JLPT N3 | 5학년 | 부수 人 亻

정신 없던 속세에서 벗어나 정자(亭)에서 느긋하게 쉬니(亻) 마치 시간이 멈춘 듯함.

음독 てい

N3 停電　ていでん　정전　　N3 停車　ていしゃ　정차　　N2 停止　ていし　정지

정자 정

못(丁)처럼 생긴, 땅으로부터 집을 높게 지은 양반들의 쉼터인 정자를 말함.

고무래 정

못(丁) 또는 고무래를 그린 모습.

0544

나아갈 취

就

JLPT N3 | 6학년 | 부수 尤 尣

능력이 뛰어난 인재가(尤) 수도(京)의 핵심 기관에 취직한 모습.

음독 **しゅう**

N3 就職 しゅうしょく 취직　　N2 就任 しゅうにん 취임

じゅ

N1 成就 じょうじゅ 성취

훈독 **つく**

N2 就く つく (타) (자리, 직위 등에) 앉다, 취임하다, 종사하다

つける

N3 就ける N4 つける (타) 자리에 앉히다, 취임시키다

더욱 우

팔다리가 긴 아름답고 능력이 뛰어난 사람을 말함.

귀신을 의미할 때가 있기도 함.

0545

잘 숙

宿

JLPT N3 | 3학년 | 부수 宀

숙소에서 이불을 깔고 누워 있는 사람의 모습.

음독 **しゅく**

N3 宿題 N5 しゅくだい 숙제　　N3 下宿 N4 げしゅく 하숙　　N3 宿泊 しゅくはく 숙박

훈독 **やど**

N2 宿・屋戸 やど 묵을 곳, 숙소, 여관

やどる

N2 宿る やどる (타) 머무르다

やどす

宿す やどす (타) 잉태하다 참고어휘

UPGRADE!

10

확인문제

한자표기 **다음 단어의 한자 표기로 적당한 것을 고르세요.**

01	いはん	① 韓反	② 違坂	③ 違反
02	りゅうがく	① 留字	② 留学	③ 仰学
03	へいじつ	① 呼日	② 平日	③ 番日
04	かんたん	① 間単	② 簡巣	③ 簡単
05	かんしん	① 関心	② 間心	③ 閉心

한자읽기 **다음 한자의 읽는 법을 고르고 빈칸에 뜻을 적으세요.**

06	捨てる	① はてる	② そてる	③ すてる	
07	向こう	① むこう	② いこう	③ もこう	
08	氷	① ほうり	② こおり	③ こうり	
09	歯	① ひ	② は	③ ほ	
10	内	① うち	② ないち	③ なち	

정 답 01 ③ 위반 02 ② 유학 03 ② 평일 04 ③ 간단함 05 ① 관심 06 ③ 버리다 07 ① 맞은편 08 ② 얼음 09 ② 이(빨) 10 ① 안쪽

11 유용한 도구 유래 한자(46자)

0546

기약할 기

期

JLPT N3 | 3학년 | 부수 月

바둑(其)에 열중하다 보니 어느새 달(月)이 뜸. 다음에 하자고 적당한 날을 기약(期)함.

음독 き
- N3 期間 きかん 기간
- N3 期待 きたい 기대
- N3 定期 ていき 정기

ご
- 一期 いちご 일생 참고어휘

0547

더할 증

增

JLPT N3 | 5학년 | 부수 土

시루(曽) 화덕의 입구를 흙(土)으로 좁게 만들어 불길이 빠져나가는 것을 막아 화력을 증강함.

음독 ぞう
- N3 增加 ぞうか 증가
- N2 增減 ぞうげん 증감
- N2 增大 ぞうだい 증대

훈독 ふやす
- N3 增やす ふやす (타) 늘리다

ふえる
- N3 增える ふえる (자) 늘다

ます
- N2 增す ます (자) 많아지다 (타) 많게 하다

재미있는 한자 이야기

그 기

바둑판과 바둑알 바구니인 키를 그린 모습.
"그 수가 있었구나!"

일찍 증

음식을 찔 때 사용하는 여러 층으로 된 시루의 모습. 화력이 훌륭해 일찍이 증기가 올라옴.

0548

임금 왕

王

JLPT N3 | 1학년 | 부수 玉 王

王 王

양날 도끼는 왕(王)의 권력을, 외날 도끼는 신하(士)의 권력을 상징했음

음독 **おう**

N3 王 おう 왕

N3 王様 おうさま 임금님

N3 王子 おうじ 왕자

0549

나타날 현

現

JLPT N3 | 5학년 | 부수 玉 王

現 現

현실 세계에 직접 본(見) 일을 궐 안에만 있는 왕(王)에게 가서 보고함.

음독 **げん**

N3 現在 げんざい 현재

N3 現代 げんだい 현대

N3 現実 げんじつ 현실

훈독 **あらわす**

N3 現す あらわす (타) 드러내다, 나타내다

あらわれる

N3 現れる あらわれる (자) 드러나다, 나타나다

0550

온전 전

全

JLPT N3 | 3학년 | 부수 入

全 全

궁 내에 현명한 왕이 있어 나라가 온전함.

음독 **ぜん**

N3 N4 全体 ぜんたい 전체

N3 N4 全部 ぜんぶ 전부

N3 N4 安全 あんぜん 안전

훈독 **すべて**

N2 全て すべて 모두, 전부, 일체

まったく

N2 全く まったく 1. (긍정일때) 완전히, 정말로 2. (부정일 때) 전혀, 하나도

0551

갈 왕

往

JLPT N3 | 5학년 | 부수 彳

往 往

밤에 촛불(主)을 들고 왔다 갔다(彳) 하는 사람의 모습.

음독 **おう**

N3 往復 おうふく 왕복

N2 往来 おうらい 왕래

N1 往診 おうしん 왕진

0552

머무를 주

駐

JLPT N3 | 중, 고등 | 부수 馬

駐 駐

밤이 깊어 말(馬)을 울타리에 묶어 놓고 촛불(主)을 킨 채 여관에서 쉬고 있는 사람의 모습.

음독 **ちゅう**

N3 N4 駐車 ちゅうしゃ 주차

N3 駐車場 ちゅうしゃじょう 주차장

0553

머무를 박

泊

JLPT N3 | 중, 고등 | 부수 氵

泊 泊

오랜 항해(水)에 지쳐 여관에서 하룻밤 머무르기 위해, 배에서 촛불(白)을 들고 내려옴.

음독 **はく**

N3 宿泊 しゅくはく 숙박

N3 一泊 いっぱく 1박

N1 停泊 ていはく 정박

훈독 **とめる**

N3 泊める N4 とめる (타) (상대를) 재우다, 머물게 하다

とまる

N3 泊まる N4 とまる (자) (자신이) 머물다, 숙박하다

0554

줄 선

線

JLPT N3 | 2학년 | 부수 糸

線 線

샘(泉)에서 흘러나오는 아주 미세한 물줄기(糸)를 나타냄.

음독 せん

- N3 線 せん 선
- N3 直線 ちょくせん 직선
- N3 線路 せんろ 선로
- N3 内線 ないせん 내선
- N3 無線 むせん 무선

0555

과녁 적

的

JLPT N3 | 4학년 | 부수 白

的 的

아주 밝은 빛(白)이 내리쬐는 화창한 날, 활쏘기 시합을 즐기며 술을 마시고(勺) 있는 모습.

음독 てき

- N3 目的 もくてき 목적
- N2 N3 消極的 しょうきょくてき 소극적

훈독 まと

- N1 的 まと 과녁, 목표, 핵심

구기 작

액체를 푸는 도구인 국자를 나타냄.

0556

맺을 약

約

JLPT N3 | 4학년 | 부수 糸

約 約

비싼 술을 국자(勺)로 따라주며 아주 중요한 인연(糸)을 맺고 있는 사람들의 모습.

음독 やく

- N3 N4 約束 やくそく 약속
- N3 N4 予約 よやく 예약
- N1 N3 契約 けいやく 계약
- N2 N3 節約 せつやく 절약
- N1 条約 じょうやく 조약

0557

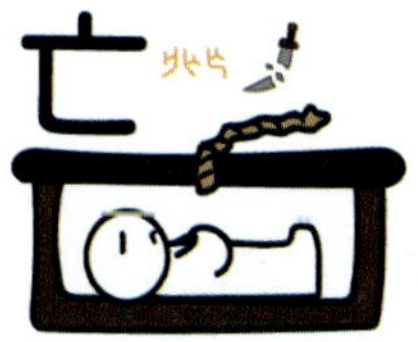

망할 망

亡

JLPT N3 I 6학년 I 부수 亠

죽은 자가 관 안에 안치되어 있는 모습. 원래는 부러진 칼을 나타낸 한자였음.

음독 **ぼう**
- N3 死亡 しぼう 사망
- N1 逃亡 とうぼう 도망
- N1 滅亡 めつぼう 멸망

もう
- N1 亡者 もうじゃ 망자

훈독 **ない**
- 亡い ない (사람이 사망한 상태) 죽었다, 돌아가셨다 참고어휘

0558

잊을 망

忘

JLPT N3 I 6학년 I 부수 心 忄

어떤 감정(心)과 기억이 죽음(亡).

음독 **ぼう**
- N3 忘年会 ぼうねんかい 망년회, 송년회
- N1 忘却 ぼうきゃく 망각

훈독 **わすれる**
- N3 忘れる N4 わすれる (타) 잊다, 까먹다

0559

바쁠 망

忙

JLPT N3 I 중, 고등 I 부수 心 忄

성급한 마음(心)에 급하게 달려가다가 미끄러져 죽을 뻔함(亡).

음독 **ぼう**
- N1 多忙 たぼう 매우 바쁨

훈독 **いそがしい**
- N3 忙しい N5 いそがしい 매우 바쁘다, 정신이 없다

0560

바랄 망

望

JLPT N3 | 4학년 | 부수 月

섬기던 왕(王)이 죽어(亡) 밤새(月) 눈물을 흘리며 슬퍼하고 있는 신하의 모습.

음독 ぼう

N3 希望 きぼう 희망　N1 展望 てんぼう 전망　N1 絶望 ぜつぼう 절망

ぼう

本望 ほんもう 소망, 염원 참고어휘

훈독 のぞむ

N2 望む のぞむ (타) 바라다, 원하다, 조망하다

0561

그릇 명

皿

JLPT N3 | 3학년 | 부수 皿

비싼 제기용 그릇을 그린 모습. 현대 일본에선 주로 접시를 의미함.

훈독 さら

N3 皿 さら 접시

0562

따뜻할 온

温

JLPT N3 | 3학년 | 부수 氵

햇빛(日) 때문에 그릇(皿) 속에 담아놓은 물(氵)이 따뜻해짐.

음독 おん

N3 温泉 おんせん 온천　N3 気温 きおん 기온　N3 温度 おんど 온도

훈독 あたたかい

N3 温かい あたたかい 따뜻하다

あたたまる

N3 温まる あたたまる (자) 따뜻해지다

あたためる

N3 温める あたためる (타) 따뜻하게 하다

あたたか

N3 温か あたたか 따뜻함

0563

소금 염

塩

JLPT N3 | 4학년 | 부수 土

바닷물을 그릇(皿)에 담아 말리면 짠맛(口)이 나는 하얀 모래(土)가 나옴.

음독 えん

N2 食塩 しょくえん 식염, 소금

훈독 しお

N3 塩 しお 소금

N3 塩辛い しおからい 짜다

0564

피 혈

血

JLPT N3 | 3학년 | 부수 血

양을 제물로 바치고, 그 피를 그릇에 담음.

음독 けつ

N3 血液 けつえき 혈액

N3 出血 しゅっけつ 출혈

N2 血圧 けつあつ 혈압

훈독 ち

N3 N4 血 ち 피

0565

책 책

冊

JLPT N3 | 6학년 | 부수 冂

대나무를 엮어 만든 책(冊)인 죽간을 그린 모습.

음독 さつ

N3 N4 冊 さつ 책의 권 수를 세는 단위

N3 N4 一冊 いっさつ 1권

훈독 さく

冊立 さくりつ (황태자, 황후 등을) 책봉 참고어휘

0566

굽을 곡

曲

JLPT N3 | 3학년 | 부수 曰

식물의 줄기를 굽혀 만든 기다란 바구니를 나타냄. 악보처럼 기다란 물건을 담기 좋았음.

음독 **きょく**

N3 曲 きょく 곡, 악곡

N3 作曲 さっきょく 작곡

N2 曲線 きょくせん 곡선

훈독 **まげる**

N3 曲げる まげる (타) 구부리다

まがる

N3 曲がる まがる (자) 구부러지다

0567

짙을 농

濃

JLPT N3 | 중, 고등 | 부수 氵

성공적인 수확(曲)을 위해 별의 거리를 계산해(辰) 날씨를 예측해야 하는데, 물안개(氵)가 짙게 껴 보이지가 않음.

음독 **のう**

N2 濃度 のうど 농도

N1 濃厚 のうこう 농후

훈독 **こい**

N3 濃い こい 짙다, 진하다

별 진

사다리를 타고 올라가 직각자로 별의 거리를 재며 날씨와 운세를 예측함.

주로 진성, 시간 측정의 기준으로 삼는 별을 말함.

"오늘은 일진(운세)이 좋군."

0568

価

JLPT N3 | 5학년 | 부수 人 亻

돈을 받은 상인(人)이 물건을 포장(襾)해서 줌.

음독 か

N3 価値 かち 가치

N3 価格 かかく 가격

N3 物価 ぶっか 물가

훈독 あたい

N2 価 あたい 값, 가격, 가치

0569

要

JLPT N3 | 4학년 | 부수 襾 西 覀

주부(女)가 필요한 물건을 사기 위해 돈을 천으로 감싼(襾) 후, 허리에 두르고 있는 모습.

음독 よう

N3 N4 必要 ひつよう 필요

N3 重要 じゅうよう 중요

N3 要求 ようきゅう 요구

훈독 かなめ

N3 要 かなめ 가장 중요한 점, 요점

いる

N3 要る いる (자) 필요하다, 들다

덮을 아

뭔가를 천으로 덮고 있는 사람의 모습.

허리 요

주로 주부(女)들이 장을 보러 갈 때 돈지갑을 두르는(襾) 신체 부위(肉), 허리를 말함.

0570

연기 연

煙

JLPT N3 | 중, 고등 | 부수 火 灬

화력(火)을 높이기 위해 흙(土)을 쌓아(覀) 화덕과 굴뚝을 만든 모습. 거기서 나오는 연기를 말함.

음독 **えん**

N3 禁煙 きんえん 금연

N2 煙突 えんとつ 굴뚝

훈독 **けむり**

N3 煙 けむり 연기

けむい

N2 煙い けむい (연기 등으로) 메케하다, 맵다

けむる

N1 煙る けむる (자) 연기가 나다

0571

나눌 배

配

JLPT N3 | 3학년 | 부수 酉

전쟁에 나가기 전 병사(己)들에게 술(酉)을 따라줌.

음독 **はい**

N3 配達 はいたつ 배달

N2 支配 しはい 지배

훈독 **くばる**

N3 配る くばる (타) 나누어 주다, 분배하다

0572

더할 가

加

JLPT N3 | 4학년 | 부수 力

응원(口)을 받으니 힘(力)이 더 솟아남.

음독 **か**

N3 参加 さんか 참가

N2 増加 ぞうか 증가

N2 追加 ついか 추가

훈독 **くわえる**

N3 加える くわえる (타) 가하다, 더하다

くわわる

N3 加わる くわわる (자) 가해지다, 늘다

0573

공 공

功

JLPT N3 | 4학년 | 부수 力

유용한 도구(工)로 좋은 것을 만듦(力).

음독 **こう**

N3 成功 せいこう 성공

N2 功績 こうせき 공적

く

N2 工夫·功夫 くふう 여러 가지로 궁리함, 깊이 생각함

0574

화합할 협

協

JLPT N3 | 4학년 | 부수 十

열(十) 명도 넘는 사람들이 서로 싸우지 않고 힘(力)을 합치니 아주 든든함.

음독 **きょう**

N3 協力 きょうりょく 협력

N2 協調 きょうちょう 협조

N1 妥協 だきょう 타협

0575

일할 로

労

JLPT N3 | 4학년 | 부수 力

밤새 불을 켜고 일을 함.

음독 **ろう**

N3 苦労 くろう 노고, 고생

N2 疲労 ひろう 피로

N2 労働 ろうどう 노동

0576

다를 타

他

JLPT N3 | 3학년 | 부수 人亻

他 他

주전자(也)로 손님(人)의 잔에 차를 따름.

음독 た

N3 他界 たかい 돌아가심　　N2 他人 たにん 타인

훈독 ほか

N3 外·他 N5 ほか 다른 것, 다른 사람, 그 밖에

0577

기름 유

油

JLPT N3 | 3학년 | 부수 氵

油 油

초(由)가 녹으면서 나오는 기름(氵) 같은 것을 말함.

음독 ゆ

N3 石油 せきゆ 석유　　N2 原油 げんゆ 원유

훈독 あぶら

N3 油 あぶら 기름

어조사 야

주전자(也)를 그린 모습,
"이야, 역시 친구와 함께
차를 마셔야 즐겁구나."

말미암을 유

촛불의 심지를 그린 모습.
모든 것의 유래가 되는
근본적인 것을 말함

0578

반드시 필

必

JLPT N3 | 4학년 | 부수 心 忄

우물에서 삶에 반드시 필요한 물을 박(必)으로 푸는 모습.

음독 ひつ

N3 必要 N4 ひつよう 필요　　N1 必需品 N2 ひつじゅひん 필수품

훈독 かならず

N3 必ず N4 かならず 반드시, 꼭

0579

물건 품

品

JLPT N3 | 3학년 | 부수 口

쌓인 물품들을 그린 모습.

음독 ひん

N3 作品 N4 さくひん 작품　　N3 食料品 N4 しょくりょうひん 식료품　　N3 商品 しょうひん 상품

훈독 しな

N3 品 しな 물건, 물품, 상품

0580

막을 방

防

JLPT N3 | 5학년 | 부수 阜 阝

높은 언덕(阝)으로 올라가 사방(方)을 주시하며 적이 오는지 관찰함.

음독 ぼう

N3 予防 よぼう 예방　　N3 消防 しょうぼう 소방　　N2 防止 ぼうし 방지

훈독 ふせぐ

N2 防ぐ ふせぐ (타) 막다

0581

놀 유

遊

JLPT N3 | 3학년 | 부수 辵 辶

길가(辶)에서 깃발(㫃)을 들고 전쟁놀이를 하는 아이들(子)의 모습.

음독	ゆう	[N2] 遊園地 ゆうえんち 유원지 　 [N1] 遊説 ゆうぜい 선거 유세
	ゆ	遊行 ゆぎょう 포교 활동 참고어휘
훈독	あそぶ	[N3] 遊ぶ [N5] あそぶ (자) 놀다

0582

콩 두

豆

JLPT N3 | 3학년 | 부수 豆

제사용 제기에 콩을 담은 모습. 콩은 척박한 땅에 심어도 잘 자라 신이 내린 선물이라 생각했었음. 악귀를 쫓을 때도 콩을 뿌림.

음독	ず	大豆 だいず 대두 참고어휘
	とう	豆乳 とうにゅう 두유 참고어휘
훈독	まめ	[N3] 豆 まめ 콩

0583

오를 등

登

JLPT N3 | 3학년 | 부수 癶

콩이 가득 담긴 제사용 제기(豆)를 들고 제단 위로 올라가는(癶) 신관의 모습.

음독	と	[N3] 登山 とざん 등산
	とう	[N3] 登場 とうじょう 등장
훈독	のぼる	[N3] 登る [N5] のぼる (자) 오르다

등질 발

앞으로 나아가니
뭔가를 등지게 됨.

미리 알고 가면 편해요!

0584

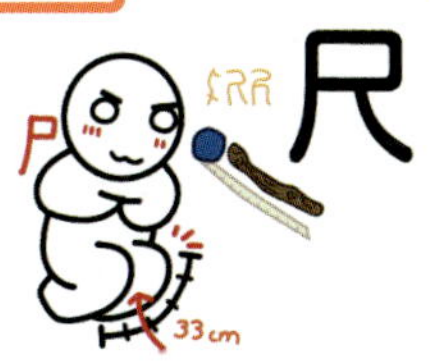

자 척

尺

JLPT N1 | 6학년 | 부수 尸

사람의 발목에서 무릎 정도 되는 길이인 척(尺)을 말함. 뭔가를 일정한 기준으로 측량함.

음독 しゃく

N1 尺 しゃく 길이, 기장, 자

N1 尺度 しゃくど 척도, 기준

0585

통변할 역

訳

JLPT N3 | 6학년 | 부수 言

적의 전령을 사로잡아 고문해 암호문을 빼앗은 후, 이런저런 기준(尺)으로 해석함(言).

음독 やく

N3 翻訳 ほんやく 번역

N3 通訳 つうやく 통역

훈독 わけ

N3 N4 訳 わけ 의미, 뜻, 이유

0586

허락할 허

許

JLPT N3 | 5학년 | 부수 言

정오(午)에 너무 더워 쉬어도 되냐고 묻는 일꾼에게 그래도 된다고 말하는(言) 주인의 모습.

음독 きょ

N3 許可 きょか 허가

N3 免許 めんきょ 면허

N1 許容 きょよう 허용

훈독 ゆるす

N3 許す ゆるす (타) 허락하다, 용서하다

낮 오

해가 가장 높게 뜬 시점인 정오를 말함.

너무 더워 절구공이를 내려놓음.

0587

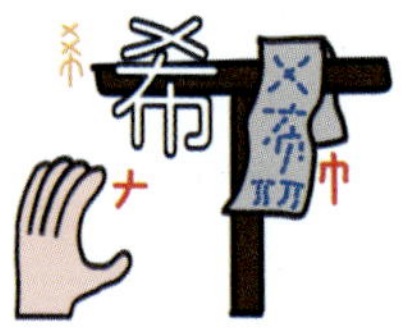

바랄 희

希

JLPT N3 | 4학년 | 부수 巾

전쟁터에서 남편이 무사히 돌아오길 기도하며, 정성스럽게 자수(㐅)한 부적을 나무에 검(布).

음독 き

N3 希望	きぼう	희망	
N1 希薄	きはく	희박	

0588

띠 대

帯

미리 알고 가면 편해요!

JLPT N2 | 4학년 | 부수 巾

왕의 옷에 둘려져(卌) 있는 복잡한 띠(巾)를 나타낸 모습.

음독 たい

N1 N3 携帯	けいたい	휴대, 휴대폰
N2 熱帯	ねったい	열대
N1 包帯	ほうたい	붕대

훈독 おび

N3 帯	おび	띠

おびる

N1 帯びる	おびる	(타) 1. (물건 등을) 몸에 차다 2. (색깔, 성질 등을) 띠다 3. (임무, 역할 등을) 맡다

0589

스승 사

師

JLPT N3 | 5학년 | 부수 巾

뛰어난 장수가 언덕(阜) 위에서 깃발(巾)을 든 병사를 기준으로 군대를 편성하고 있는 모습.

음독 し

N3 教師	きょうし	교사
N3 医師	いし	의사
N2 講師	こうし	강사

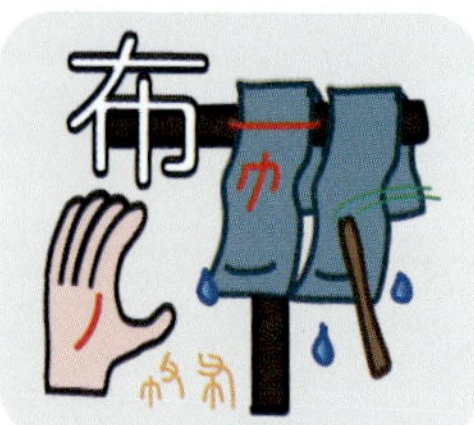

베 포

나무 막대기에 젖은 천을 걸어 말림. 또는 깃발을 걸어 뭔가를 알림.

언덕 부

암벽, 또는 언덕 위에서 나부끼고 있는 깃발을 그린 모습.

0590

떳떳할 상

常

JLPT N3 | 5학년 | 부수 巾

常 常

저택의 주인(尚)이 집에 돌아올 때마다, 항상 앞치마(巾)를 입고 마중을 나오는 시종들의 모습. 그것이 일상임.

음독	じょう	N3 日常 にちじょう 일상	N3 正常 せいじょう 정상	N2 常識 N3 じょうしき 상식
훈독	つね	N3 常々 つねづね 항상, 평소		
	とこ	常世 とこよ 영원 불멸함 참고어휘		

0591

아플 통

痛

JLPT N3 | 6학년 | 부수 疒

痛 痛

거대한 쇠종(甬)을 바로 옆에서 칠 때 머리가 울리는(疒)듯한 감각을 말함.

음독	つう	N2 頭痛 ずつう 두통	N2 苦痛 くつう 고통
훈독	いたい	N3 痛い N5 いたい 아프다, 고통스럽다	
	いたむ	N3 痛む いたむ (자) 아프다	
	いためる	N3 痛める いためる (타) 아프게 하다	

오히려 상

멋진 기와와 큰 대문을 가진 고상한 귀족의 집을 그린 모습.

길 용

엄청나게 큰 종을 나타낸 모습. 또는 뒤집은 통을 손으로 두드림.

UPGRADE! 11

확인문제

한자표기 **다음 단어의 한자 표기로 적당한 것을 고르세요.**

01	きかん	① 期間	② 碁間	③ 其間
02	ぜんたい	① 全本	② 全休	③ 全体
03	おうらい	① 注来	② 住来	③ 往来
04	いっぱく	① 一留	② 一泊	③ 一拍
05	ないせん	① 来線	② 内線	③ 内泉

한자읽기 **다음 한자의 읽는 법을 고르고 빈칸에 뜻을 적으세요.**

		①	②	③	뜻
06	目的	① めてき	② もくてき	③ ぼくてき	
07	死亡	① しぼう	② しもう	③ しほう	
08	気温	① ぎおん	② きほん	③ きおん	
09	血液	① へつえき	② けつえき	③ けつへき	
10	作曲	① さっこく	② さっきょく	③ ざっきょく	

정 답 01 ① 기간 02 ③ 전체 03 ③ 왕래 04 ② 1박 05 ② 내선 06 ② 목적 07 ① 사망 08 ③ 기온 09 ② 혈액 10 ② 작곡

12 식물 유래 한자(38자)

0592

다를 차

差

JLPT N3 | 4학년 | 부수 工

差 差

보리더미(麦)에서 썩은 보리를 빼낸 후, 물건을 만들기(工) 위한 땔감으로 사용함.

음독 さ

N3 交差点 こうさてん 교차점
N4
N2 差別 さべつ 차별
N2 差異 さい 차이

훈독 さす

N3 差す さす (타) 1. 손을 내밀어 가리다, (우산 같은 것을) 쓰다 2. 손을 앞으로 뻗다, 내밀다

(자) 빛이 비치다

0593

불사를 소

焼

JLPT N3 | 4학년 | 부수 火 灬

焼 焼

불(火)에 풀 더미(卉)를 던져 소각하는 사람(人)의 모습.

음독 しょう

N1 燃焼 ねんしょう 연소

훈독 やく

N3 焼く N4 やく (타) 태우다, 굽다

やける

N3 焼ける N4 やける (자) 타다

재미있는 한자 이야기

보리 맥

보리를 그린 모습.

풀 훼

무성히 자란 풀과 꽃들을 그린 모습.

0594

아닐 미

未

JLPT N3 | 4학년 | 부수 木

나무(木)의 줄기(一)가 뿌리보다 작음. 아직 미성숙함.

음독 み

N3 未来 みらい 미래	N2 未満 みまん 미만	N1 未練 みれん 미련

0595

끝 말

末

JLPT N3 | 4학년 | 부수 木

나무의 끝 부분을 지칭함.

음독 まつ

N3 週末 しゅうまつ 주말	N3 年末 ねんまつ 연말	N2 月末 げつまつ 월말

ばつ

末葉 ばつよう 말기, 자손 참고어휘

훈독 すえ

N2 末 すえ 끝, 마지막

0596

열매 실

実

JLPT N3 | 3학년 | 부수 宀

전문가의 집(宀)에서 키우는, 돈다발(貫)을 줘야할 정도로 엄청 비싼 열매를 말함. 그런 실질적인 가치를 가진 것들. ('열매 실'의 본자 = 實)

음독 じつ

N3 実力 じつりょく 실력	N3 現実 げんじつ 현실	N2 果実 かじつ 과실

훈독 み

N2 実 み 열매, 과실, 씨

みのる

N2 実る みのる (자) 열매를 맺다, 노력의 결실을 맺다

꿸 관

0597

묶을 속

束

JLPT N3 | 4학년 | 부수 木

장작더미를 줄로 묶어 놓은 모습. 또는 짐을 잔뜩 동여맨 사람의 모습.

음독 そく	N3 N4 約束 やくそく 약속	N1 結束 けっそく 결속	N1 束縛 そくばく 속박
훈독 たば	N2 束 たば 다발, 뭉치, 묶음		

0598

빠를 속

速

JLPT N3 | 3학년 | 부수 辵 辶

무거운 짐을 매고 있음(東)에도 매우 빠르게 길(辶)을 나아가고 있는 사람의 모습.

음독 そく	N3 速度 そくど 속도	N3 速達 そくたつ 속달, 빠른우편	N3 時速 じそく 시속
훈독 はやい	N3 N5 速い はやい 빠르다		
はやまる	N3 速まる はやまる (자) 빨라지다		
はやめる	N3 速める はやめる (타) 빠르게 하다		
すみやか	N1 速やか すみやか 빠름, 신속함		

0599

가지런할 정

整

JLPT N3 | 3학년 | 부수 攵 支

길목에 어질러져 있는 나무들을 베어(攵) 모아(東) 가지런히 함(正).

음독 せい	N3 整理 せいり 정리	N3 調整 ちょうせい 조정	N2 整備 せいび 정비
훈독 ととのう	N2 整う ととのう (자) 필요한 것이 갖추어지다		
ととのえる	N3 整える ととのえる (타) 정돈하다		

0600

과목 과

科

JLPT N3 | 2학년 | 부수 禾

科 科

세금으로 낸 곡식(禾)의 양을 바가지로 정확히 재봄(斗).

음독 か

- N3 N4 科学 かがく 과학
- N3 科目 かもく 과목
- N3 理科 りか 이과
- N3 内科 ないか 내과
- N3 教科書 きょうかしょ 교과서

0601

씨 종

種

JLPT N3 | 4학년 | 부수 禾

種 種

작물(禾)의 씨가 잔뜩 담긴 가방을 메고(重) 파종을 하고 있는 농부의 모습.

음독 しゅ

- N3 種類 しゅるい 종류
- N3 人種 じんしゅ 인종
- N1 各種 かくしゅ 각종

훈독 たね

- N3 種 たね 종자, 씨앗

0602

세금 세

税

JLPT N3 | 5학년 | 부수 禾

税 税

백성들이 세금(禾)을 제때 내자 호탕하게 웃으며 좋아하는 권력자(兌)의 모습.

음독 ぜい

- N3 税金 ぜいきん 세금
- N1 N3 免税 めんぜい 면세
- N2 納税 のうぜい 납세
- N2 課税 かぜい 과세
- N1 関税 かんぜい 관세

0603

옮길 이

移

JLPT N3 | 5학년 | 부수 禾

식량(禾)과 고기(多)를 잔뜩 가지고 이민(移)을 가는 사람들의 모습.

음독 い

N2 移転 いてん 이전　　N2 移動 いどう 이동　　N1 移民 いみん 이민

훈독 うつす

N3 移す うつす (타) (물건, 감정, 병 등을) 옮기다, 전염시키다

うつる

N3 移る うつる (자) (장소, 상태, 감정 등이) 옮겨지다, 옮겨가다

0604

헤아릴 량

量

JLPT N3 | 4학년 | 부수 里

깔때기에 곡물을 부어 양을 헤아리고 있는 모습.

음독 りょう

N3 量 りょう 양　　N3 大量 たいりょう 대량　　N2 N3 測量 そくりょう 측량

훈독 はかる

N3 量る はかる (타) (무게, 길이, 깊이 등을) 재다

0605

우편 우

郵

JLPT N3 | 6학년 | 부수 邑阝

마을의 언덕 위에 있는, 말을 타고 변경의 우체국(阝)에 도착한 우체부가 수양버들 나무(垂) 아래서 잠시 휴식을 취하고 있는 모습.

음독 ゆう

N3 郵便局 ゆうびんきょく 우체국, 우편국　　N3 郵送 ゆうそう 우송

0606

본디 소

素

JLPT N3 | 5학년 | 부수 糸

풀(丰)을 꼬아 줄(糸)을 만듦. 어떤 것의 원재료가 되는 것들을 말함.

음독 **そ**

N3 要素 ようそ 요소 / N1 元素 げんそ 원소 / N1 素材 そざい 소재

す

N3 素直 すなお 솔직함, 있는 그대로의 모습

N3 素晴らしい N4 すばらしい 훌륭하다, 대단하다

0607

뜻 정

情

JLPT N3 | 5학년 | 부수 心忄

새순(丰)처럼 싱싱하고 우물(井)의 달빛(月)처럼 맑은, 아량 넓은 마음(忄)으로 타인의 어려움을 헤아림.

음독 **じょう**

N3 感情 かんじょう 감정 / N3 情報 じょうほう 정보 / N3 表情 ひょうじょう 표정

せい

風情 ふぜい 정취, 운치 참고어휘

훈독 **なさけ**

N1 情け なさけ 정, 인정 / N1 情けない なさけない 정떨어지다, 한심하다

0608

재주 재

미리 알고 가면 편해요!

才

JLPT N2 | 2학년 | 부수 手扌

새싹이 고난을 이겨내고 피어 오르듯이, 자라오면서 길러진 어떤 사람의 재능(才)을 뜻함.

음독 **さい**

N2 才能 N3 さいのう 재능 / N1 天才 てんさい 천재

0609

있을 존

存

JLPT N3 | 6학년 | 부수 子

어렸을(子) 때부터 키웠던 재주(才)가 현실을 살아갈 수 있는 수단이 됨.

음독 そん	N2 存在 そんざい 존재	N1 存続 そんぞく 존속
훈독 ぞん	N3 保存 ほぞん 보존	

0610

있을 재

在

JLPT N3 | 5학년 | 부수 土

어렸을 때 키웠던 재주(才)가 현재 이 땅(土) 위에 서 있을 수 있게 해주는 수단이 됨.

음독 ざい	N3 現在 げんざい 현재	N2 滞在 たいざい 체재, 체류	N2 在学 ざいがく 재학
훈독 ある	N2 在る ある (자) 있다, 존재하다		

0611

재목 재

材

JLPT N3 | 4학년 | 부수 木

싹(才)이 자라 쓸만한 나무(木)가 됨.

음독 ざい	N3 材料 ざいりょう 재료	N2 取材 しゅざい 취재	N2 材木 ざいもく 재목

0612

실과 과

果

JLPT N3 | 4학년 | 부수 木

果 果

사계절을 이겨내고 열매를 맺는 데 성공한 과일나무를 말함. 모든 과정이 끝남.

음독 か

N3 結果 けっか 결과
N3 効果 こうか 효과
N2 果実 かじつ 과실

훈독 はて

N1 果て はて 끝, 마지막, 종말

はてる

N1 果てる はてる (자) 끝나다

はたす

N1 果す はたす (타) 완수하다, 달성하다, 이루다

0613

공부할 과

課

JLPT N3 | 4학년 | 부수 言

課 課

어떤 성과(果)을 내기 위해 밤새 책을 외우며(言) 공부하고 있는 사람의 모습.

음독 か

N3 N4 課長 かちょう 과장
N3 課題 かだい 과제
N2 課程 かてい 과정
N2 日課 にっか 일과

0614

새집 소

巣

JLPT N3 | 4학년 | 부수 ⺍

巣 巣

과일나무(果) 위에 있는 새집을 그린 모습. 주로 동물이나 곤충의 집을 말함.

음독 そう

卵巣 らんそう 난소 참고어휘

훈독 す

N3 巣 す 1. 새나 짐승 또는 곤충의 집, 둥지 2. 사람이 사는 보금자리 3. 소굴

0615

곤할 곤

困

JLPT N3 | 6학년 | 부수 口

틀(口) 때문에 가지를 뻗지 못하는 나무(木)의 모습.

음독 **こん**

- N2 困難 こんなん 곤란
- N2 貧困 ひんこん 빈곤

훈독 **こまる**

- N3 困る N5 こまる (자) 곤란하다, 난처해지다, 시달리다

0616

책상 안

案

JLPT N3 | 4학년 | 부수 木

가정적인 어머니(安)와 나무 책상(木)을 앞에 두고, 어떤 안건(案)에 대해 진지하게 토론하고 있는 사람들의 모습.

음독 **あん**

- N3 案 あん 안, 계획, 생각
- N3 案内 あんない 안내
- N3 提案 ていあん 제안
- N3 案外 あんがい 의외임
- N3 答案 とうあん 답안

0617

모양 형

形

JLPT N3 | 2학년 | 부수 彡

나무(开)와 지푸라기(彡)를 엮어 인형(形)을 만든 모습.

음독 **ぎょう**

- N3 人形 N4 にんぎょう 인형

けい

- N2 形式 けいしき 형식
- N2 図形 ずけい 도형

훈독 **かた**

- N3 形 N4 かた 모양

かたち

- N3 形 N4 かたち 모양, 형태

0618

모형 형

미리 알고 가면 편해요!

型

JLPT N2 | 5학년 | 부수 土

나무틀(开)과 진흙(土)을 칼(刂)로 잘라 모형을 만드는 모습.

음독 けい

N2 典型 てんけい 전형　　N1 模型 もけい 모형　　N1 原型 げんけい 원형

훈독 かた

N2 型 かた 형태, 형식

0619

모을 모

募

JLPT N3 | 중, 고등 | 부수 力

풀숲 너머(艹)로 해(日)가 지자, 지주(大)가 일꾼들을(力) 퇴근시키기 위해 불러 모음.

음독 ぼ

N2 N3 応募 おうぼ 응모　　N2 募集 ぼしゅう 모집　　N1 募金 ぼきん 모금

훈독 つのる

N1 募る つのる (자) 더해지다 (타) 모으다

저물 모

무성한 풀(艹) 너머로 해(日)가 지고 있는 것을
바라보고 있는 건장한 성인(大)의 모습.

0620

풀 초

草

JLPT N3 | 1학년 | 부수 艸 艹

아침 햇살(早)을 받으며 찬란하게 빛나고 있는 풀(艹)들의 모습.

음독 **そう**

[N1] 雑草 ざっそう 잡초

훈독 **くさ**

[N3] 草 くさ 풀　　[N3] 草木 くさき 초목　　[N3] 草花 くさばな 화초

0621

잎 엽

葉

JLPT N3 | 3학년 | 부수 艸 艹

봄이 되자 나무(木)의 나뭇가지(世)에서 잎사귀와 꽃(艹)이 피어남.

음독 **よう**

[N3] 紅葉 こうよう 단풍　　落葉 らくよう 낙엽 참고어휘

훈독 **は**

[N3] 葉 は 잎, 잎사귀　　[N3] 葉書 [N5] はがき 엽서

0622

성품 성

性

JLPT N3 | 5학년 | 부수 心 忄

자라오면서(生) 형성된 인간의 성격(心)을 말함.

음독 **せい**

[N3] 女性 [N4] じょせい 여성　　[N3] 男性 [N4] だんせい 남성　　[N3] 性格 せいかく 성격

훈독 **しょう**

[N1] 気性 きしょう 타고난 성질, 기질

0623

아닐 부

否

JLPT N3 | 6학년 | 부수 口

否 否

싹도 틔우지 못한 콩(不)을 그냥 먹어버리자고 하는 사람에게 아직 가능성이 있다고 반박함.

음독 ひ

N3 否定 ひてい 부정　　N1 拒否 きょひ 거부　　N1 否決 ひけつ 부결

훈독 いな

否 いな 아니, 아니오 참고어휘　무언가를 부정하거나 거절할 때 쓰는 예스러운 표현입니다.

0624

부지런할 근

勤

JLPT N3 | 6학년 | 부수 力

勤 勤

밭에 진흙(堇)이 너무 많아 밭 갈기(力)가 더 힘듦.

음독 きん

N3 通勤 つうきん 통근　　N3 勤務 きんむ 근무　　N3 出勤 しゅっきん 출근

ごん

勤行 ごんぎょう (불교 용어) 경전을 읽고 수행하는 행위 참고어휘

훈독 つとまる

N3 勤まる つとまる (자) (어떤 역할, 직무 등을) 잘 수행할 수 있다

つとめる

N3 勤める N4 つとめる (타) (회사, 조직 등에서) 근무하다

0625

어려울 난

難

JLPT N3 | 6학년 | 부수 隹

難 難

새(隹)들이 꽃밭(堇)을 헤집어 놓고 작물을 다 먹어치워 매우 곤란(難)함.

음독 なん

N2 困難 こんなん 곤란　　N2 盗難 とうなん 도난　　N2 災難 さいなん 재난

훈독 むずかしい

N3 難しい N5 むずかしい 어렵다, 힘들다

かたい

N2 有り難い ありがたい 감사하다, 고맙다

0626

얼 동

凍

JLPT N3 | 중, 고등 | 부수 冫

凍 凍

추운 겨울 해가 아직 나무에 걸쳐 있는 이른 아침(東), 아직 땅의 모든 것이 전부 얼어(冫) 있는 모습.

음독 とう

N3 冷凍 れいとう 냉동

훈독 こおる

N3 凍る こおる (자) 얼다

N3 氷・凍り N4 こおり 얼음

こごえる

N2 凍える こごえる (자) 얼다, 추워서 몸에 감각이 없어지다

0627

익힐 련

練

JLPT N3 | 3학년 | 부수 糸

練 練

누에고치(東)를 잿물에 삶은 후, 비단 실(糸)을 아주 조심스럽게 뽑아내고 있는 모습.
많은 연습이 필요한 아주 섬세한 기술이었음.

음독 れん

N3 練習 N4 れんしゅう 연습

N2 訓練 くんれん 훈련

N1 未練 みれん 미련

N1 熟練 じゅくれん 숙련

훈독 ねる

N1 練る ねる (타) 반죽하다, 연마하다, 생각을 다듬다

0628

소나무 송

松

JLPT N3 | 4학년 | 부수 木

松 松

솔방울, 원목, 솔잎 등 사람에게 유용한 것을 아낌없이 주는(八) 나무(木)인 소나무(松)를 말함. 얻을 것(厶)이 많은 나무.

음독 しょう

老松 ろうしょう 노송, 늙은 소나무 참고어휘

훈독 まつ

N3 松 まつ 소나무

0629

물들 염

染

JLPT N3 | 6학년 | 부수 木

染 染

나무(木)에서 색소(氵)가 있는 잎사귀를 딴(九) 후, 틀에 한데 모아 염료를 만듦.

음독 **せん**

N3 伝染 でんせん 전염

N2 汚染 おせん 오염

훈독 **そめる**

N1 染める そめる (타) 물들이다

そまる

N1 染まる そまる (자) 물들다

しみ

N1 染み しみ 얼룩짐

しみる

N1 染みる しみる (자) 스며들다, 번지다

N4에서 미리 외웠던 한자, 한번 더 복습해요!

복습

성씨 씨

氏

JLPT N3 | 4학년 | 부수 氏

氏 氏

절벽에 드러난 나무뿌리를 그린 모습. 같은 뿌리와 성씨를 가진 사람들을 말함.

음독 **し**

N3 氏名 しめい 성명

N3 彼氏 かれし 남자 친구

훈독 **うじ**

氏 うじ 가문, 문벌 참고어휘

UPGRADE! 12

확인문제

한자표기 **다음 단어의 한자 표기로 적당한 것을 고르세요.**

01	とうなん	① 盗難	② 困難	③ 災難
02	めんぜい	① 勉税	② 免税	③ 逸税
03	きょひ	① 往否	② 拒否	③ 臣否
04	ずけい	① 式形	② 容図	③ 図形
05	れいとう	① 冷凍	② 冷練	③ 冷東

한자읽기 **다음 한자의 읽는 법을 고르고 빈칸에 뜻을 적으세요.**

06	内科	① げか	② りか	③ ないか	
07	差異	① さべつ	② さい	③ さす	
08	種	① たね	② たば	③ かたち	
09	燃焼	① ねんしょう	② ねんそ	③ えんそ	
10	募る	① こおる	② つのる	③ しみる	

정답 01 ① 도난 02 ② 면세 03 ② 거부 04 ③ 도형 05 ① 냉동 06 ③ 내과 07 ② 차이 08 ① 씨, 씨앗 09 ① 연소 10 ② 더해지다, 모집하다

13
경제활동 관련 한자(7자)

0630

쓸 비

費

JLPT N3 | 5학년 | 부수 貝

費 費

장작더미(弗)에 불을 붙여 물을 끓임. 자원(貝)을 소비함.

음독 ひ
- N3 費用 ひよう 비용
- N3 消費 しょうひ 소비

훈독 ついやす
- N3 費やす ついやす (타) 쓰다, 써 없애다, 허비하다

ついえる
- 費える ついえる (자) 줄다, 허비되다 참고어휘

0631

곁 측

側

JLPT N3 | 4학년 | 부수 人亻

側 側

권력자의 신하(人)가 옆에서 규칙(則)을 읊으며 일을 도와주는 모습.

음독 そく
- N1 側面 そくめん 측면

훈독 がわ
- N3 N4 側 がわ 쪽, 측
- N3 N4 内側 うちがわ 안쪽
- N3 N4 外側 そとがわ 바깥쪽

재미있는 한자 이야기

弗

근심할 불

장작이 얼마 안 남아 근심에 빠짐. 줄로 묶은 장작더미(弗)를 그린 모습.

법칙 칙

돈(貝)을 사람들에게 배분할 땐 엄격한 규칙(刀) 하에 나눠줘야 함.

0632

장사 상

商

JLPT N3 | 3학년 | 부수 口

아주 비싼 도자기를 책상 위에 올려놓고 호객을 하고 있는 상인의 모습.

음독 **しょう**

N3 商売 しょうばい 장사

N3 商品 しょうひん 상품

N3 商店 しょうてん 상점

훈독 **あきなう**

N1 商う あきなう (타) 장사하다

0633

맞을 적

適

JLPT N3 | 5학년 | 부수 辵 辶

사람들이 자주 지나다니는 길목(辶)에 상품을 진열하는 상인(商)의 모습.

음독 **てき**

N3 適当 てきとう 적당함

N2 快適 かいてき 쾌적

N2 適切 てきせつ 적절

0634

대적할 적

敵

JLPT N3 | 6학년 | 부수 攵 攴

건달이 멋대로 싱찜(商)의 물건을 파괴하여(攵) 곤란해하고 있는 상인의 모습.

음독 **てき**

N2 敵 てき 적

N1 匹敵 ひってき 필적

N3 素敵 すてき 아주 멋짐, 근사함

훈독 **かたき**

N3 敵 かたき 적, 상대

0635

상줄 상

賞

JLPT N3 | 4학년 | 부수 貝

큰 일을 한 부하에게 상(貝)을 내리는 고상(尚)한 사람의 모습.

음독 しょう

- N3 賞品 しょうひん 상품
- N1 N2 鑑賞 かんしょう 감상
- N2 賞金 しょうきん 상금
- N1 入賞 にゅうしょう 입상

0636

질 부

負

JLPT N3 | 3학년 | 부수 貝

빚(貝)을 어마어마하게 짊어져 무릎을 꿇고(卩) 절망하고 있는 사람의 모습.

음독 ふ

- N2 負担 ふたん 부담
- N1 負債 ふさい 부채
- N1 負傷 ふしょう 부상

훈독

- **まける** N3 N4 負ける まける (자) 지다
- **まかす** N1 負かす まかす (타) 지게 하다
- **おう** N1 負う おう (타) 짊어지다

UPGRADE!

13

확인문제

한자표기 **다음 단어의 한자 표기로 적당한 것을 고르세요.**

01	ふたん	① 負担	② 側担	③ 賞担
02	しょうひ	① 賞費	② 商費	③ 消費
03	てきとう	① 摘当	② 適当	③ 敵当
04	そくめん	① 測面	② 促面	③ 側面
05	おう	① 負う	② 商う	③ 費う

한자읽기 **다음 한자의 읽는 법을 고르고 빈칸에 뜻을 적으세요.**

06	賞品	① しょぴん	② しょうひん	③ しょひん	
07	商店	① しょうてん	② しょてん	③ しょってん	
08	内側	① ないがわ	② うちがわ	③ うちかわ	
09	負ける	① あける	② まける	③ ふける	
10	費やす	① ひやす	② ふやす	③ ついやす	

정 답 01 ① 부담 02 ③ 소비 03 ② 적당 04 ③ 측면 05 ① 짊어지다 06 ② 상품 07 ① 상점 08 ② 안쪽 09 ② 지다 10 ③ 소비하다

14 줄 관련 한자(10자)

0637

실 사

糸 JLPT N3 | 1학년 | 부수 糸

실패와 실을 그린 모습.

음독 **し**

金糸 きんし 금실 참고어휘

훈독 **いと**

N3 N4 糸 いと 실, 줄

N3 毛糸 けいと 털실

0638

계속 속

続 JLPT N3 | 4학년 | 부수 糸

상인으로부터 매입한(売) 물건을 선물로 주며, 좋은 연(糸)을 이어나가려 하는 사관의 모습.

음독 **ぞく**

N3 続々 ぞくぞく 속속, 잇따라

N3 相続 そうぞく 상속

N2 接続 せつぞく 접속

훈독 **つづく**

N3 N4 続く つづく (자) 계속되다, 이어지다

つづける

N3 N4 続ける つづける (타) 계속하다

재미있는 한자 이야기

팔 매

상인(人)이 책상(冖) 위에 진열해 놓은 물건을 사가는 사관(士)의 모습.

살 매

구매하고 싶은 물건이 있어, 고대의 화폐였던 마노 조개(貝)를 그물(网)로 채취해 가져감.

0639

가늘 세

細

JLPT N3 | 2학년 | 부수 糸

細 細

밭(田)에 물을 주고 난 후 생긴 가느다란 물줄기(糸)들의 모습.

음독 さい

N1 細工 さいく 세공 / N1 詳細 しょうさい 상세 / N1 細菌 さいきん 세균

훈독 ほそい

N3 細い N4 ほそい 가늘다, 좁다

ほそる

細る ほそる (자) 가늘어지다 참고어휘

こまか

N3 細か こまか 자세한 모양

こまかい

N3 細かい こまかい 잘다, 작다

0640

그림 회

絵

JLPT N3 | 2학년 | 부수 糸

絵 絵

깃발에 문양을 새기는 중요한 작업을 하기 위해 다같이 모임(会). 실(糸)이 무성한 붓으로 뭔가를 칠함.

음독 え

N3 絵·N5 画 え 그림 / N2 絵本 えほん 그림책

かい

N3 絵画 かいが 회화, 그림

0641

붉을 홍

紅

JLPT N3 | 6학년 | 부수 糸

紅 紅

대장장이(工)가 열을 너무 과하게 가해 철이 실(糸)처럼 녹아 내림. 그럴 때의 철의 색깔, 주홍.

음독 こう

N3 紅茶 N5 こうちゃ 홍차 / N3 紅葉 こうよう 단풍

く

真紅 しんく 진홍색 참고어휘

훈독 べに

N3 口紅 くちべに 립스틱

くれない

紅 くれない 다홍, 주황색 참고어휘

0642

지날 경

経

JLPT N3 | 5학년 | 부수 糸

経 経

일꾼이 땅(土)에서 물건을 집어 들고(又) 길을 따라 이동하고 있는 모습. 길에 무수히 많은 상인들이 줄지어(糸) 나아감.

음독 けい
- N3 経済 N4 けいざい 경제
- N3 経験 N4 けいけん 경험
- N3 経営 けいえい 경영

きょう
- 経 きょう 불경 참고어휘

훈독 へる
- N1 経る へる (자) 지나다, 경과하다

0643

맺을 결

結

JLPT N3 | 4학년 | 부수 糸

結 結

이해관계가 일치하는 두 사관(吉)이 인연(糸)을 맺고 있는 모습.

음독 けつ
- N3 結論 けつろん 결론
- N1 結末 けつまつ 결말
- N1 結合 けつごう 결합

훈독 むすぶ
- N3 結ぶ むすぶ (타) 잇다, 연결하다

ゆう
- 結う ゆう (타) (주로 머리카락을) 매다, 묶다, 땋다 참고어휘

ゆわえる
- 結わえる ゆわえる (타) (전통적인 물건, 대상 등을) 매다, 묶다 참고어휘

0644

거느릴 통

統

JLPT N3 | 5학년 | 부수 糸

統 統

뚱뚱한 권력자(充)가 병사들을 소집해 줄줄이 줄(糸) 세우고 있는 모습.

음독 とう
- N3 系統 けいとう 계통
- N3 統計 とうけい 통계
- N3 大統領 だいとうりょう 대통령

훈독 すべる
- 統べる すべる (타) 총괄하다, 통솔하다 참고어휘

0645

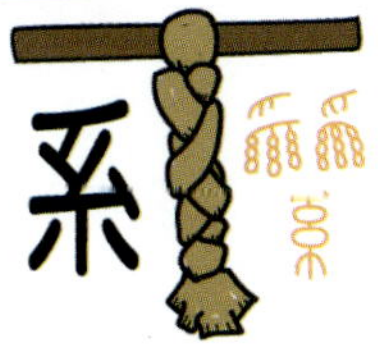

이어맬 계

系

JLPT N3 | 6학년 | 부수 糸

막대(一)에 줄(糸)을 매단 모습. 뭔가를 이어 나간다는 뜻을 가짐.

음독 **けい**

N3 系統 けいとう 계통

N2 体系 たいけい 체계

0646

맬 계

係

JLPT N3 | 3학년 | 부수 人亻

사람(亻)을 줄로 묶음(系). 어떤 사람의 영향력 안에 있음.

음독 **けい**

N3 N4 関係 かんけい 관계

N3 無関係 むかんけい 무관계

훈독 **かかり**

N3 係(り) かかり 관계, 관계자, 담당

かかる

N3 係る かかる (자) 관계되다, 관련되다

UPGRADE!

14

확인문제

한자표기 **다음 단어의 한자 표기로 적당한 것을 고르세요.**

01 かいが ① 絵画 ② 絵区 ③ 絵図

02 こうちゃ ① 紅余 ② 紅茶 ③ 赤茶

03 かんけい ① 閉係 ② 関系 ③ 関係

04 ほそい ① 詳い ② 細い ③ 糸い

05 こうよう ① 紅世 ② 紅葉 ③ 赤葉

한자읽기 **다음 한자의 읽는 법을 고르고 빈칸에 뜻을 적으세요.**

06 糸 ① いど ② いと ③ みと [ ]

07 続く ① すすく ② つづく ③ つずく [ ]

08 絵 ① え ② へ ③ わ [ ]

09 結ぶ ① むすぶ ② むそぶ ③ もすぶ [ ]

10 係る ① かける ② かきる ③ かかる [ ]

정답 01 ① 회화, 그림 02 ② 홍차 03 ③ 관계 04 ② 가늘다 05 ② 단풍 06 ② 실 07 ② 계속되다 08 ① 그림 09 ① 잇다 10 ③ 관계되다

15 자연물 유래 한자(12자)

0647

베풀 선

宣

JLPT N3 | 6학년 | 부수 宀

빛으로 세상에 영향력을 행사하는 해와 달처럼(亘), 사당이나 궐(宀)에서 뭐라뭐라 크게 선언(宣)하며 영향력을 행사하는 높은 사람의 모습.

음독 **せん**

N3 宣伝 せんでん 선전

N1 宣言 せんげん 선언

0648

더울 열

熱

JLPT N3 | 4학년 | 부수 火 灬

해가 너무 강렬해 땅(土)이 엄청 뜨거워짐(灬). 버섯(圥)을 따려고 바닥에 오래 엎드렸더니(丸) 무릎과 팔이 빨개짐.

음독 **ねつ**

N2 加熱 かねつ 가열

N1 熱意 ねつい 열의

훈독 **あつい**

N3 熱い N4 あつい 뜨겁다, 열렬하다

재미있는 한자 이야기!

버섯 륙

버섯이나 식물의 묘목을 나타냄.

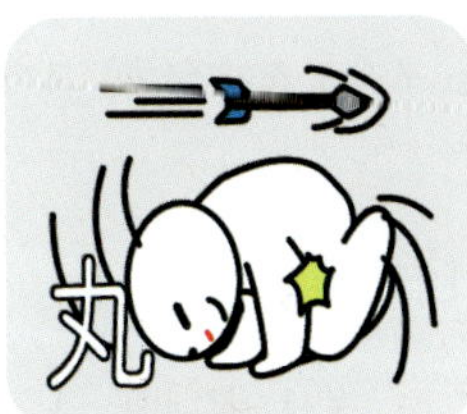

둥글 환

앞구르기를 하기 위해 팔꿈치를 땅에 대고 몸을 둥글게 만 사람의 모습.

0649

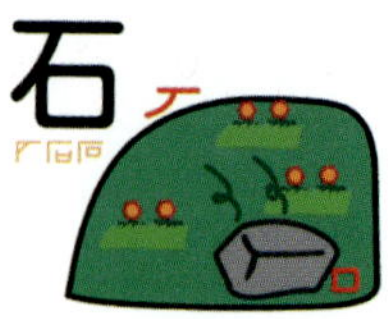

돌 석

石

JLPT N3 | 1학년 | 부수 石

언덕 아래로 굴러 떨어지고 있는 돌의 모습.

음독 しゃく　N2 磁石 じしゃく 자석

せき　N3 宝石 ほうせき 보석　N3 石油 せきゆ 석유　N2 石炭 せきたん 석탄

こく　石 こく 석, 섬 (옛 곡물이나 액체의 용량 단위) 참고어휘

훈독 いし　N3 N4 石 いし 돌, 석재

0650

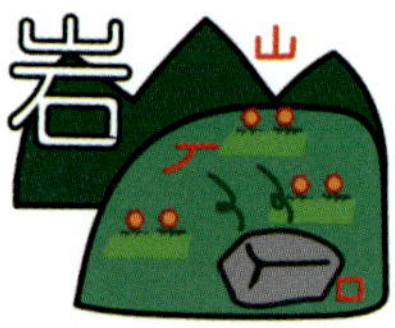

바위 암

岩

JLPT N3 | 2학년 | 부수 山

산(山)에 있는 매우 큰 돌(石)들을 말함.

음독 がん　N2 溶岩 ようがん 용암　N1 岩石 がんせき 암석

훈독 いわ　N3 岩 いわ 바위

0651

모래 사

砂

JLPT N3 | 6학년 | 부수 石

돌(石)을 쪼개고 쪼개면(少) 모래(砂)가 됨.

음독 さ　N2 N3 砂糖 さとう 사탕　N1 N2 砂漠 さばく 사막

しゃ　土砂 どしゃ 토사 참고어휘

훈독 すな　N3 N4 砂 すな 모래

0652

얼굴 용

容

JLPT N3 | 5학년 | 부수 宀

고향집(宀)에 도착하기 전에 계곡(谷)에서 얼굴을 씻으며 용모(容)를 단정히 하는 사람의 모습. 용모가 단정해야 뭘 하든 하기가 용이하고 수용되기 좋음.

음독 よう

N3 内容 ないよう 내용	N3 美容 びよう 미용	N2 容易 ようい 용이함
N2 容積 ようせき 용적	N1 容器 ようき 용기	N1 収容 しゅうよう 수용

0653

배 선

船

JLPT N3 | 2학년 | 부수 舟

배(舟)를 타고 연안(㕣)을 따라 계속 내려감. 원래는 강에서 탈만한 정도의 배를 가리켰으나 현재는 배 전반을 가리킴.

음독 せん

N2 風船 ふうせん 풍선	N2 造船 ぞうせん 조선	N2 汽船 きせん 기선

훈독 ふね

N3 船・N4 舟 ふね 배

ふな

N2 船便・舟便 ふなびん 선편, 배편

골 곡

골짜기 사이에 형성된 계곡의 모습.

산 웅덩이 연

빗물이 산을 타고 내려와 호수나 강, 바다로 흘러 들어감. 또는 산속의 늪이나 웅덩이를 말함.

0654

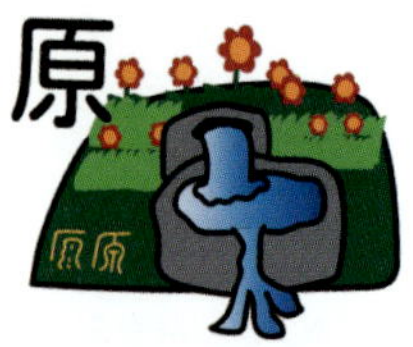

언덕 원, 근원 원

原

JLPT N3 | 2학년 | 부수 厂

原 原

언덕 위에 있는 샘에서 물이 나오고 있는 모습. 물이 충분히 공급되어 들판이 형성된 지역을 가리키기도 함. 어떤 현상의 원인이 됨.

음독 げん
- N3 N4 原因 げんいん 원인
- N2 原料 げんりょう 원료
- N2 原理 げんり 원리

훈독 はら
- N3 原 はら 들, 벌판

0655

원할 원

願

JLPT N3 | 4학년 | 부수 頁

願 願

갈증에 허덕이던 사람이 샘물(原)을 발견하자마자 허겁지겁 달려가 머리(頁)를 내밂.

음독 がん
- N3 願望 がんぼう 원하고 바람
- N1 悲願 ひがん 비장한 염원

훈독 ねがう
- N3 N4 願う ねがう (타) 원하다, 바라다
- N3 N4 願い ねがい 소원, 원함

0656

두터울 후

厚

JLPT N3 | 5학년 | 부수 厂

厚 厚

햇살(日)이 잘 드는, 언덕(厂) 위의 좋은 집에서 자란 살찐 아이(子)의 모습.

음독 こう
- N2 温厚 おんこう 온후함
- N2 厚生 こうせい 후생, 여생, 복지
- N2 濃厚 のうこう 농후함

훈독 あつい
- N3 N4 厚い あつい 두껍다, 두텁다

0657

생각 념

念

JLPT N3 | 4학년 | 부수 心 忄

절벽 위에서 설산을(今) 바라보며 깊은 생각에(心) 잠김.

음독 ねん

N3 念 ねん 주의함, 염원

N3 N4 残念 ざんねん 안타까움, 유감임

N3 記念 きねん 기념

N1 無念 むねん 무념

0658

예 석

昔

JLPT N3 | 3학년 | 부수 日

토목 기술이 발전하지 않았던 옛날, B.C 2000년부터 꾸준히 중국 황하강 유역엔 태양을 삼킬 정도의 홍수가 엄청 많이 일어났었는데, 그 시절을 지칭하는 말로 옛날이라는 의미가 붙었음.

음독 しゃく

今昔 こんじゃく 지금과 옛날 참고어휘

せき

昔時 せきじ 옛날, 왕년 참고어휘

훈독 むかし

N3 N4 昔 むかし 옛날, 예전

N2 大昔 おおむかし 아주 먼 옛날

UPGRADE!

15

확인문제

한자표기 **다음 단어의 한자 표기로 적당한 것을 고르세요.**

01 ないよう ① 内谷 ② 内欲 ③ 内容

02 びよう ① 羊容 ② 美容 ③ 美谷

03 げんいん ① 原因 ② 原人 ③ 原仁

04 きねん ① 記念 ② 記今 ③ 記恩

05 せんでん ① 先伝 ② 先云 ③ 宣伝

한자읽기 **다음 한자의 읽는 법을 고르고 빈칸에 뜻을 적으세요.**

06 熱い ① ねつい ② あたたかい ③ あつい (　　)

07 石 ① わし ② いし ③ ばし (　　)

08 岩 ① いわ ② ゆわ ③ やわ (　　)

09 砂 ① ずな ② つな ③ すな (　　)

10 船 ① ろね ② ぶね ③ ふね (　　)

정답 01 ③ 내용 02 ② 미용 03 ① 원인 04 ① 기념 05 ③ 선전 06 ③ 뜨겁다 07 ② 돌 08 ① 바위 09 ③ 모래 10 ③ 배

16

새, 동물, 곤충 유래 한자(21자)

0659

굳을 확

確

JLPT N3 | 5학년 | 부수 石

돌(石)처럼 변하지 않은 두루미(隺)의 사랑을 말함. 두루미는 평생 일부일처로 살기로 유명했음.

음독 かく
- N3 確認 かくにん 확인
- N3 正確 せいかく 정확함
- N3 明確 めいかく 명확함

훈독 たしか
- N3 確か N4 たしか 확실함, 분명함

たしかめる
- N3 確かめる たしかめる (타) 확실히 하다, 확인하다

0660

볼 관

観

JLPT N3 | 4학년 | 부수 見

둥지 위에 있는 고고한 황새(雚)처럼 세상을 넓게 바라보며(見) 관조함. 옛 시대에 관광은 원래 여유가 있는 지배계급만이 할 수 있는 행위였음.

음독 かん
- N3 観光 N4 かんこう 관광
- N2 観念 かんねん 관념
- N2 観察 かんさつ 관찰

재미있는 한자 이야기

두루미 학 (본자 : 靏)

동양에서 두루미는 평생을 일부일처로 살아 지조를 지키는 새라며 영물 취급을 했음. 주로 습지(雨)에서 서식함.

황새 관 (본자 : 雚)

주로 나무 꼭대기에 둥지를 짓는 황새(雚)를 그린 모습. 땅에 거의 내려오지 않는 습성을 가지고 있음.

0661

준할 준

準

JLPT N3 | 5학년 | 부수 氵

準 準

나무 위에서 날카로운 눈빛으로 물(氵) 속의 물고기를 노리는 매(隹)처럼, 매우 날카로운 기준으로 어떤 집단을 지켜보며 관리함.

음독 **じゅん**

N3 準備 じゅんび 준비	N2 水準 すいじゅん 수준	N2 基準 きじゅん 기준

0662

도울 호

護

JLPT N3 | 5학년 | 부수 言

護 護

동료의 사냥(蒦)을 돕기 위해 건너편에서 소리(言)치며 새를 몰아줌.

음독 **ご**

N3 保護 ほご 보호	N1 看護 かんご 간호	N2 弁護士 N3 べんごし 변호사

0663

울 명

鳴

JLPT N3 | 2학년 | 부수 鳥

鳴 鳴

새(鳥)처럼 맑은 소리를 냄(口). 공명이 담긴 소리를 냄.

음독 **めい**

N1 悲鳴 ひめい 비명	N1 共鳴 きょうめい 공명

훈독

なく	N3 鳴く	N4 なく	(새나 벌레 등이) 소리를 내다, 울다
ならす	N3 鳴らす	ならす	(타) 소리를 내다, 명성을 떨치다
なる	N3 鳴る	N4 なる	(자) 소리가 나다, 이름을 드날리다

0664

섬 도

島

JLPT N3 | 3학년 | 부수 山

섬 위(山)에 새(鳥)들이 많이 모여 있는 모습.

음독 とう

N2
列島 れっとう 열도

훈독 しま

N3 N4
島 しま 섬

0665

아닐 비

非

JLPT N3 | 5학년 | 부수 非

새의 두 날개(非)를 그린 모습. 새가 날아오르듯 동료를 순식간에 등지고 배신함.

음독 ひ

N3
是非 ぜひ 옳고 그름, 시비

N2
非難 ひなん 비난

N2
非行 ひこう 비행, 탈선

0666

날 비

飛

JLPT N3 | 4학년 | 부수 飛

쌀을 훔쳐먹던 새가 주인이 오자 급히 날아 오르는 모습.

음독 ひ

N3 N5
飛行機 ひこうき 비행기

N3
飛行場 ひこうじょう 비행장

훈독 とぶ

N3
飛ぶ とぶ (자) 날다

とばす

N3
飛ばす とばす (타) 날리다

0667

뿔 각

角

JLPT N3 | 2학년 | 부수 角

짐승의 뿔로 만든 뿔피리를 그린 모습.

음독 かく

- N3 N4 三角 さんかく 삼각
- N2 角度 かくど 각도
- N2 直角 ちょっかく 직각

훈독 かど

- N3 N5 角 かど 모서리, 구석

つの

- N1 角 つの 뿔

0668

풀 해

解

JLPT N3 | 5학년 | 부수 角

소(牛)의 뿔(角)과 뼈를 칼(刀)로 해체해 구조를 파악함.

음독 かい

- N3 理解 りかい 이해
- N3 解決 かいけつ 해결
- N3 解説 かいせつ 해설

げ

- 解脱 げだつ 해탈 참고어휘

훈독 とく

- N2 解く とく (타) 풀다

とける

- N2 解ける とける (자) 풀리다

とかす

- N1 解かす とかす (타) 엉클어진 머리를 빗다

0669

물건 건

件

JLPT N3 | 5학년 | 부수 人 亻

이런저런 조건을 내세우며 소(牛)를 팔고 있는 상인(亻)의 모습. 옛날 동양에서 소는 매우 비싼 가축이었으며 재산을 상징하기도 했음. 현대로 치면 자동차와 비슷한 위상이었음.

음독 けん

- N2 N3 条件 じょうけん 조건
- N3 事件 じけん 사건
- N3 用件 ようけん 용건

0670

양 양

羊

JLPT N3 | 3학년 | 부수 羊

양(羊)의 뿔과 머리를 그린 모습. 양은 말을 잘 듣고 매우 유용한 가축이라 아주 좋은 동물로 여겨졌음.

음독 よう

N2 羊毛 ようもう 양모

훈독 ひつじ

N3 羊 ひつじ 양

0671

아름다울 미

美

JLPT N3 | 3학년 | 부수 羊

양뿔(羊)처럼 생긴 가발을 쓴 옛 중국 궁녀(大)의 모습.

음독 び

N3 美容 びよう 미용

N3 美人 びじん 미인

N3 美術 びじゅつ 미술

훈독 うつくしい

N3 N4 美しい うつくしい 아름답다

0672

통달할 달

達

JLPT N3 | 4학년 | 부수 辵 辶

동산(土)에 있는 양(羊)들을 잘 인솔(辶)하고 있는 양치기의 모습. 수십 마리가 넘는 양들이 한 사람의 말을 잘 따르니 그 광경이 매우 신기함.

음독 たつ

N3 配達 はいたつ 배달

N3 発達 はったつ 발달

N3 速達 そくたつ 속달, 빠른우편

0673

모양 양

様

JLPT N3 | 3학년 | 부수 木

강가(水)에서 풀을 뜯고 있는 양(羊)들의 모습. 나무(木) 위에 올라가 그 광경을 그림. 흔히 강은 세상으로, 양들은 백성으로 빗댐. 멀리서 관찰하면서 기획하는 사람을 높게 부르는 말이기도 함. 누구누구님(さま).

음독 よう
- N2 N3 模様 もよう 모양
- N1 様式 ようしき 양식
- N1 様相 ようそう 양상

훈독 さま
- N3 様 さま 1. 모양, 상태 2. 방법, 수단 3. ~님
- N3 N4 奥様 おくさま 부인, 사모님

0674

기를 양

養

JLPT N3 | 4학년 | 부수 食 飠

유용한 가축인 양(羊)에게 먹이(食)를 줌.

음독 よう
- N3 休養 きゅうよう 휴양
- N2 N3 栄養 えいよう 영양
- N2 教養 きょうよう 교양

훈독 やしなう
- N1 養う やしなう (타) 기르다, 양육하다

0675

두 재

再

JLPT N3 | 5학년 | 부수 冂

강을 거슬러 올라가기 위해 계속해서 물 위로 뛰어오르는 물고기의 모습.

음독 さ
- N3 再来週 さらいしゅう 다다음주
- N3 再来年 さらいねん 다다음 해

さい
- N1 再生 さいせい 재생
- N1 再発 さいはつ 재발
- N1 再現 さいげん 재현

훈독 ふたたび
- N3 再び ふたたび 재차, 다시, 두 번째

0676

벌레 충

虫

JLPT N3 | 1학년 | 부수 虫

벌레를 그린 모습. 또는 애벌레처럼 몸을 웅크리고 있는 사람의 모습.

음독 **ちゅう**

N1 昆虫 こんちゅう 곤충　　N1 害虫 がいちゅう 해충

훈독 **むし**

N3 N4 虫 むし 벌레

0677

알 란

卵

JLPT N3 | 6학년 | 부수 卩

알을 잔뜩 밴 파충류의 모습.

음독 **らん**

産卵 さんらん 산란, 알을 낳음 참고어휘

훈독 **たまご**

N3 卵 たまご 1. 알 2. 달걀, 계란

0678

살찔 비

肥

JLPT N3 | 5학년 | 부수 肉 月

뱀(巴)의 곡선처럼 곡선 모양의 뚱뚱한 배(月)를 나타냄. 살이 찌다.

음독 **ひ**

N3 肥満 ひまん 비만　　N1 肥料 ひりょう 비료

훈독 **こえ**

肥 こえ 비료, 거름 참고어휘

こえる

N1 肥える こえる (자) 살찌다, 비옥해지다

こやし

N1 肥し こやし 거름, 비료

こやす

N1 肥す こやす (타) 살찌게 하다, 기름지게 하다

꼬리 파

소용돌이처럼 말려있는 뱀의 꼬리를 그린 모습.

0679

모습 태

態

JLPT N3 | 5학년 | 부수 心忄

곰처럼 재능(能)이 출중한 장수가 당당히(心) 서 있는 모습.

음독 たい

N3 態度 たいど 태도	N2 状態 N3 じょうたい 상태	N1 形態 けいたい 형태

능할 능

힘도 세고 달리기도 빠르고 수영도 잘하는 곰을 그린 모습.

총이 없던 시절, 재능이 많은 곰은 먼 옛날 공포의 대상 그 자체였음.

곰 웅

마을에 온 곰(能)을 쫓기 위해 주변에 불(灬)을 붙이는 사람의 모습.

그래야 할 정도로 강함.

마칠 파

마을에 들이닥친 곰(能) 때문에 난리가 남.

하던 일을 모두 파하고, 곰을 잡아서 그물(罒)에 가둠.

UPGRADE!

16

확인문제

한자표기 **다음 단어의 한자 표기로 적당한 것을 고르세요.**

01 せいかく ① 正確 ② 生確 ③ 正権

02 かんこう ① 権光 ② 感光 ③ 観光

03 ほご ① 保後 ② 保語 ③ 保護

04 じけん ① 事洗 ② 事件 ③ 事権

05 りかい ① 里角 ② 里解 ③ 理解

한자읽기 **다음 한자의 읽는 법을 고르고 빈칸에 뜻을 적으세요.**

06 羊 ① ひすし ② ひずじ ③ ひつじ [ ]

07 虫 ① むし ② もし ③ ぬし [ ]

08 卵 ① たまご ② たまこ ③ だまご [ ]

09 態度 ① たいと ② だいと ③ たいど [ ]

10 美人 ① ひじん ② みじん ③ びじん [ ]

정답 01 ① 정확 02 ③ 관광 03 ③ 보호 04 ② 사건 05 ③ 이해 06 ③ 양 07 ① 벌레 08 ① 알 09 ③ 태도 10 ③ 미인

한자, 이제는 실용을 넘어 '실전'입니다.

JLPT N2 레벨의 한자를 마스터하면 신문, 뉴스, 공공 문서,

비즈니스 이메일까지 일상과 업무 속 일본어가 막힘없이 이해되기 시작합니다.

중급을 넘어서 상급으로 가는 관문, 바로 N2 레벨 한자!

일본 현지 취업, 유학 준비생이라면 꼭 넘어야 할 기준점입니다.

제 4 장

JLPT N2 레벨
중고급 한자 503자

01 건축, 조형, 큰 도구 유래 한자1(30자)

0680

남을 여

余

JLPT N2 | 5학년 | 부수 人亻

余 余

건물의 기둥을 세우고도 아직 많이 남아있는 목재들의 모습.

음독 よ

N2 余裕 よゆう 여유　N2 余分 よぶん 여분　N2 余計 よけい 쓸데없음, 지나침

훈독 あます

N2 余す あます (타) 남기다

あまる

N2 余る あまる (자) 남다

0681

덜 제

除

JLPT N2 | 6학년 | 부수 阜阝

除 除

언덕 위(阝)에 집을 짓기가 너무 힘들어 건축 규모를 줄이고 재료를 남기기(余)로 함.

음독 じょ

N1 N2 削除 さくじょ 삭제　N1 解除 かいじょ 해제　N1 排除 はいじょ 배제

じ

N2 N4 掃除 そうじ 청소

훈독 のぞく

N2 除く のぞく (타) 제거하다, 빼다

0682

길 도

途

JLPT N2 | 중, 고등 | 부수 辵 辶

미리 깔아놓은 길(辶) 위에서 건축(余)에 필요한 자재를 옮기고 있는 모습.

음독 と

N2 途中 N4 とちゅう 도중 | N2 用途 N3 ようと 용도 | N2 中途 ちゅうと 중도

0683

칠할 도

塗

JLPT N2 | 중, 고등 | 부수 土

벽 틈을 메꾸기 위해 황토(土)에 물(氵)을 붓고 건물 외벽(余)에 흙칠을 함.

음독 と

塗布 とふ 도포 참고어휘

훈독 ぬる

N2 塗る ぬる (타) 바르다, 칠하다

0684

논할 론

論

JLPT N2 | 6학년 | 부수 言

도서관(亼) 앞에서 책을(冊) 읽으며 격렬한 토론을(言) 펼치는 사람들의 모습.

음독 ろん

N1 勿論 N4 もちろん 물론 | N2 結論 N3 けつろん 결론 | N2 討論 とうろん 토론

N2 本論 ほんろん 본론 | N2 議論 ぎろん 의론

재미있는 한자 이야기

생각할 륜

좋은 책들이(冊) 잔뜩 있는 도서관(亼)에서
책을 읽으며 생각에(侖) 잠김.

0685

바퀴 륜

輪

JLPT N2 | 4학년 | 부수 車

도서관(亼)에 돌돌 말려 있는 죽간(冊)처럼 마차(車)에 있는 둥근 바퀴들을 말함.

음독 りん

- N2 N3 車輪 しゃりん 차륜, 차바퀴
- N1 年輪 ねんりん 연륜
- N1 輪郭 りんかく 윤곽

훈독 わ

- N2 N3 輪 わ 고리, 바퀴

0686

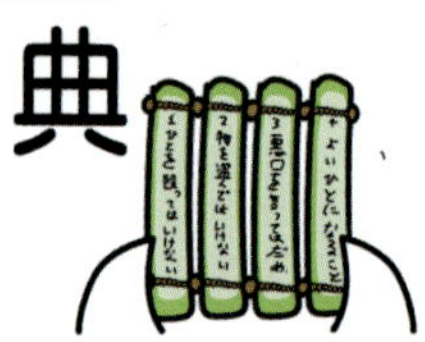

법 전

典

JLPT N2 | 4학년 | 부수 八

대나무로 엮은(冊) 법전(典)을 소중하게 들고(廾) 있는 모습. 매우 중요한 책을 말함.

음독 てん

- N2 N4 辞典 じてん 사전
- N2 典型 てんけい 전형
- N2 古典 こてん 고전

0687

하여금 령

令

JLPT N2 | 4학년 | 부수 人亻

작전실(亼)에서 명령(令)을 내리고 있는 사람(マ) 의 모습.

'하여금 령'의 한자 형태는 '令', '令' 총 두 가지로, 둘 중 사용하기 편하신 것을 고르시면 됩니다.

음독 れい

- N2 命令 めいれい 명령
- N1 指令 しれい 지령
- N1 辞令 じれい 사령

0688

거느릴 령

領

JLPT N2 | 5학년 | 부수 頁

자기 휘하의 병사들(頁)에게 명령(令)을 내리고 있는 사람의 모습.

음독 りょう

- N2 N3 大統領 だいとうりょう 대통령
- N2 要領 ようりょう 요령
- N1 領域 りょういき 영역
- N1 領地 りょうち 영지
- N1 占領 せんりょう 점령

0689

방패 간

干

JLPT N2 | 6학년 | 부수 干

방패(干) 위에 빨래를 널어 말림. 원래는 적병의 진입을 막기 위한 성 앞의 목책을 나타냈음.

음독 かん

- N1 干渉 かんしょう 간섭
- N1 若干 じゃっかん 약간

훈독 ほす

- N2 N3 干す ほす (타) 말리다

ひる

- N1 干る ひる (자) 마르다

0690

새길 간

刊

JLPT N2 | 5학년 | 부수 刀 刂

칼(刀)로 방패(干)에 문양을 새김. 목판에 글자를 새긴다는 뜻으로 발전함.

음독 かん

- N2 夕刊 ゆうかん 석간
- N2 朝刊 ちょうかん 조간
- N1 刊行 かんこう 간행, 출판

0691

언덕 안

岸

JLPT N2 | 3학년 | 부수 山

산(山) 또는 해안(厂)에서 방패(干)를 들고 보초를 서고 있는 병사의 모습.

음독 がん

N2 海岸 かいがん 해안 (N4)

N1 沿岸 えんがん 연안

훈독 きし

N2 岸 きし 물가, 벼랑

0692

집 헌

軒

JLPT N2 | 중, 고등 | 부수 車

수레(車)의 굴대처럼 단단한 나무로 받쳐지고 있는, 방패(干)처럼 넓게 생긴 어떤 집의 처마(軒)를 나타냄. 집을 세는 단위로도 사용됨.

음독 けん

N2 一軒 いっけん 집 한 채

훈독 のき

N2 軒 のき 처마

N1 軒並 のきなみ 집집마다, 일제히

0693

집 우

宇

JLPT N2 | 6학년 | 부수 宀

나무기둥(于)이 엄청나게 큰 집(宀)을 그린 모습. 우주처럼 매우 넓은 공간을 말함.

음독 う

N2 宇宙 うちゅう 우주

N2 宇宙船 うちゅうせん 우주선

어조사 우

엄청 큰 나무 기둥을 그린 모습.

0694

무리 등

等

JLPT N2 | 3학년 | 부수 竹

等 等

사원(寺)의 사제가 죽간(竹)으로 만든 경전에 등급을 매기고, 용도에 맞게 분류하고 있는 모습.

음독 **とう**

N2 上等 じょうとう 상등	N2 高等 こうとう 고등	N1 等級 とうきゅう 등급

훈독 **ひとしい**

N2 等しい ひとしい 같다, 동등하다

0695

평상 상

床

JLPT N2 | 중, 고등 | 부수 广

床 床

담장(广)과 평상이 있는 좋은 집을 그린 모습. 나무(木)로 만들어진 마루에서 느긋하게 쉼.

음독 **しょう**

N2 起床 きしょう 기상

훈독 **ゆか**

N2 N3 床 ゆか 바닥, 마루

とこ

N2 床 とこ 잠자리, 침상

0696

밑 저

底

JLPT N2 | 4학년 | 부수 广

底 底

담장이 있는, 높은 사람의 집(广) 아래에 뻗어 있는 나무 뿌리(氐)의 모습. 단단한 토대 및 근본을 가지고 있음. 명망 높은 가문의 사람이라 대체로 어딜 가도 인정받음.

음독 **てい**

N2 大底 たいてい 대체, 대부분	N1 N2 徹底 てってい 철저	N1 根底 こんてい 근본 토대

훈독 **そこ**

奥底 おくそこ 깊은 속, 속마음 참고어휘

0697

갈 마

磨

JLPT N2 | 중, 고등 | 부수 石

磨 磨

마(麻)의 껍질을 벗긴 후 하얀 살을 돌(石)로 으깨 얇은 실로 만듦. 옷의 재료로 사용함. 점점 얇아지며 마멸되다.

음독 **ま**

研磨 けんま 연마 참고어휘

훈독 **みがく**

N2 磨く·研く N5 みがく (타) 닦다, 윤내다, 연마하다

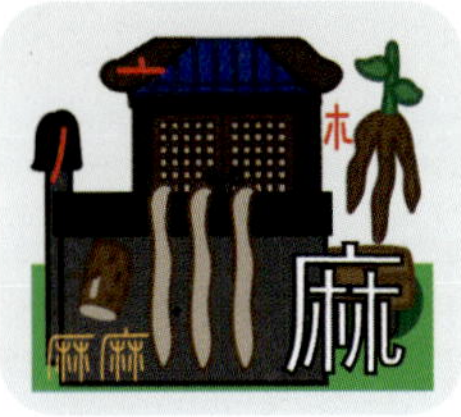

삼 마

마를 담장(广) 위에 널어 말리고 있는 모습. 껍질을 벗겨내고 물에 삶은 다음, 햇볕에 잘 말려 먹어야 마비독이 옮지 않았음.

0698

지낼 력

歴

JLPT N2 | 5학년 | 부수 止

歴 歴

속세에서 엄청난 경력과 이력을 쌓은 노인이 은퇴한 후, 수풀(林)이 울창한 산속(厂)의 별장으로 가서(止) 편하게 지내고 있는 모습.

음독 **れき**

N2 歴史 れきし 역사

履歴書 りれきしょ 이력서 N1

N1 学歴 がくれき 학력

N1 経歴 けいれき 경력

0699

서늘할 량

涼

JLPT N2 | 중, 고등 | 부수 氵

涼 涼

강(氵)의 시원한 바람이 수도(京) 쪽으로 불어오고 있는 모습.

음독 **りょう**　　清涼 せいりょう 청량 참고어휘

훈독 **すずしい**　　[N2] 涼しい [N4] すずしい 시원하다, 서늘하다

すずむ　　[N2] 涼む すずむ (자) 시원한 바람을 쐬다

0700

볕 경

景

JLPT N2 | 4학년 | 부수 日

景 景

태양빛(日)으로 찬란하게 빛나고 있는 수도(京)의 모습.

음독 **けい**　　[N2] 風景 [N3] ふうけい 풍경　　[N2] 景気 けいき 경기, 시장의 활기　　[N2] 光景 こうけい 광경

0701

그림자 영

影

JLPT N2 | 중, 고등 | 부수 彡

影 影

태양빛으로 환하게 빛나고 있는 수도(景)의 궁전과 털(彡)처럼 건물 아래에 붙어 있는 새까만 그림자의 모습.

음독 **えい**　　[N1] 影響 [N2] えいきょう 영향　　[N1] 撮影 [N2] さつえい 촬영

훈독 **かげ**　　[N2] 影 かげ 그림자　　[N1] 人影 ひとかげ 사람 그림자

0702

익을 숙

熟

JLPT N2 | 6학년 | 부수 火 灬

熟 熟

서당(享)에서 땅에 엎드려(丸) 오랫동안 서예 연습을 했더니 팔꿈치와 무릎이 익음(灬).

음독 じゅく

N2 熟語 じゅくご 숙어　　N1 未熟 みじゅく 미숙　　N1 成熟 せいじゅく 성숙

훈독 うれる

N1 熟れる うれる (자) (과일 따위가) 익다, 여물다

누릴 향

왕자가 태어나 궁궐에서 연회를 열고 있는 모습.

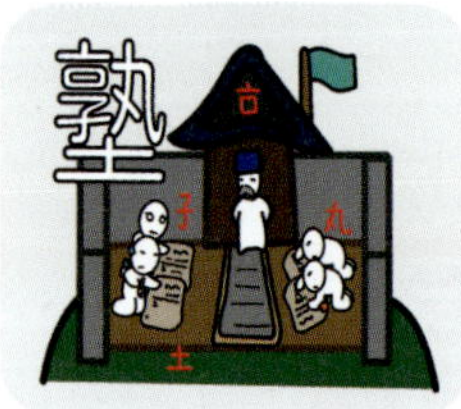

글방 숙

서당(享)에서 바닥(土)에 엎드려(丸) 글쓰기 연습을 하는 양반댁 아이들의 모습.

0703

품 팔 고

雇

JLPT N2 | 중, 고등 | 부수 隹

雇 雇

남의 집(戸)에 둥지를 트는 뻐꾸기(隹)처럼, 잡일을 해주는 대신 잘 곳을 제공해달라고 요구하는 머슴의 모습.

음독 こ

N1 解雇 かいこ 해고　　N1 雇用 こよう 고용

훈독 やとう

N2 雇う やとう (타) 고용하다

0704

어깨 견

肩

JLPT N2 | 중, 고등 | 부수 肉 月

肩 肩

좁은 문(戸)을 드나들 때 주로 부딪히는 신체 부위(肉)인 어깨(肩)를 말함.

음독 **けん**

双肩 そうけん 양어깨 참고어휘

훈독 **かた**

N2 肩 N4 かた 어깨

0705

엮을 편

編

JLPT N2 | 5학년 | 부수 糸

編 編

줄이 썩어 망가진 죽간(冊)을 집(戸) 밖으로 들고 나와 새 줄(糸)로 다시 엮음.

음독 **へん**

N2 編集 N3 へんしゅう 편집　　N1 長編 ちょうへん 장편

훈독 **あむ**

N2 編む あむ (타) 뜨다, 짜다, 엮다

0706

평할 평

評

JLPT N2 | 5학년 | 부수 言

評 評

건물(平)이 상태를 살피며 건축이 잘 진행 되고 있는 지 평가(言)하고 있는 감독의 모습.

음독 **ひょう**

N2 評判 ひょうばん 평판　　N2 評価 ひょうか 평가　　N2 批評 ひひょう 비평

N1 評論 ひょうろん 평론　　N1 好評 こうひょう 호평

0707

영화로울 영

栄

JLPT N2 | 4학년 | 부수 木

栄 栄

아름다운 꽃나무 아래서 밤새 불을 켜고 술을 마시며 연회를 즐김.

음독 **えい**

N2 N3 栄養 えいよう 영양　　N1 繁栄 はんえい 번영　　N1 栄光 えいこう 영광

훈독 **さかえる**

N1 栄える さかえる (자) 성해지다, 번영하다

はえ

N1 栄え はえ 영광, 명예, 번영

はえる

N1 栄える はえる (자) 돋보이다, 도드라져 보이다

0708

깨달을 각

覚

JLPT N2 | 4학년 | 부수 見

覚 覚

밤새 책을 읽으며 뭔가를 연구하던 학자(見)가 큰 깨달음을 얻은 모습. 큰 느낌을 받음.

음독 **かく**

N2 N3 覚悟 かくご 각오　　N2 N3 感覚 かんかく 감각　　N1 自覚 じかく 자각

훈독 **おぼえる**

N2 N5 覚える おぼえる (타) 외우다, 기억하다

さます

N2 N3 覚ます さます (타) 깨우다

さめる

N2 N3 覚める さめる (자) 잠이 깨다, 제정신이 들다

0709

무리 당

党

JLPT N2 | 6학년 | 부수 儿

党 党

우두머리의 집(尚) 앞에 모여 있는 당원(兄)들의 모습.

음독 **とう**

N2 党 とう 당, 무리　　N2 与党 よとう 여당　　N2 政党 せいとう 정당

N2 野党 やとう 야당

UPGRADE!

01

확인문제

한자표기 **다음 단어의 한자 표기로 적당한 것을 고르세요.**

01	よぶん	① 余分	② 途分	③ 塗分
02	とちゅう	① 余中	② 途中	③ 塗中
03	けつろん	① 縁論	② 結論	③ 結輪
04	しゃりん	① 車輪	② 車論	③ 車倫
05	じてん	① 辞典	② 辞殿	③ 辞展

한자읽기 **다음 한자의 읽는 법을 고르고 빈칸에 뜻을 적으세요.**

06	海岸	① はいがん	② かいがん	③ がいがん	
07	宇宙	① うじゅう	② うちゅう	③ うしゅう	
08	起床	① ぎしょう	② きじょう	③ きしょう	
09	上等	① じょうとう	② しょうとう	③ じょとう	
10	歴史	① れきじ	② えきし	③ れきし	

정 답 01 ① 여분 02 ② 도중 03 ② 결론 04 ① 차륜 05 ① 사전 06 ② 해안 07 ② 우주 08 ③ 기상 09 ① 상등 10 ③ 역사

02 건축, 조형, 큰 도구 유래 한자2(19자)

0710

두려울 공

恐

JLPT N2 | 중, 고등 | 부수 心 忄

달구(工)로 땅을 다지고 있는 업자가 지붕(凡) 작업을 하고 있는 인부 때문에, 건물이 무너지지 않을까 두려워(心)하고 있는 모습.

음독 **きょう**

N2 恐怖 きょうふ 공포

N2 恐縮 きょうしゅく 폐를 끼친 걸 죄송스럽게 여김

훈독 **おそれる**

N2 恐れる おそれる (자) 두려워하다

おそろしい

N2 恐ろしい N3 おそろしい 두렵다, 무섭다

0711

쌓을 축

築

JLPT N2 | 5학년 | 부수 竹

나무(木)와 대나무(竹), 질긴 천(凡)으로 집을 만드는 사람들의 모습. 달구(工)로 땅을 다지고 구조물을 쌓아 올림.

음독 **ちく**

N2 建築 けんちく 건축

N1 構築 こうちく 구축

훈독 **きずく**

N1 築く きずく (타) 쌓다, 구축하다

재미있는 한자 이야기

무릇 범

두루두루 쓰이는 돛 달린 배를 그린 모습.

돛 범

매우 두껍고 질긴 천(巾)으로 만든 범선의 돛(凡)을 말함.

0712

기둥 주

柱

JLPT N2 | 3학년 | 부수 木

柱 柱

나무(木) 기둥 옆에 촛불(主)이 있는 모습. 기둥과 촛불처럼 의지되는 사람을 말하기도 함.

음독 ちゅう

N2 N3 電柱 でんちゅう 전봇대

支柱 しちゅう 지주, 버팀목 참고어휘

훈독 はしら

N2 N3 柱 はしら 기둥

0713

할아비 조

祖

JLPT N2 | 5학년 | 부수 示 礻

祖 祖

할아버지의 묘소(且) 앞에 있는 제단(示)에서 제사를 지냄.

음독 そ

N2 N4 祖父 そふ 조부

N2 N4 祖母 そぼ 조모

N2 祖先 そせん 조상

0714

겹쳐질 첩

畳

JLPT N2 | 중, 고등 | 부수 田

畳 畳

조상님의 묘(且) 앞에 있는 제단(冖)에, 밭(田)에서 수확한 농작물을 차곡차곡 쌓아 올림.

음독 じょう

N2 畳 じょう (다다미를 세는 단위) 장

畳畳 じょうじょう 첩첩이 참고어휘

훈독 たたみ

N2 N4 畳 たたみ 다다미, 속에 짚을 넣은 일본식 돗자리

たたみ

N2 畳む たたむ (타) 접다, 개다

💡 보통 다다미를 보관할 땐 종이처럼 반으로 접은 후, 차곡차곡 창고에 쌓아 올립니다.

0715

춤출 무

舞

JLPT N2 | 중, 고등 | 부수 舛

무대 위에서 춤추는 아름다운 여성(無)과 즐겁게 춤추며 떠돌고 있는(舛) 관중들의 모습.

음독 **ぶ**

N2 N3
舞台 ぶたい 무대

훈독 **まい**

N1
舞 まい 춤, 무용

まう

N1
舞う まう (자) 춤추다

없을 무

무대 위에서 춤추는 여성이 너무나도 아름다워, 말 한 마디 없이 집중하고 있는 관중들의 모습.

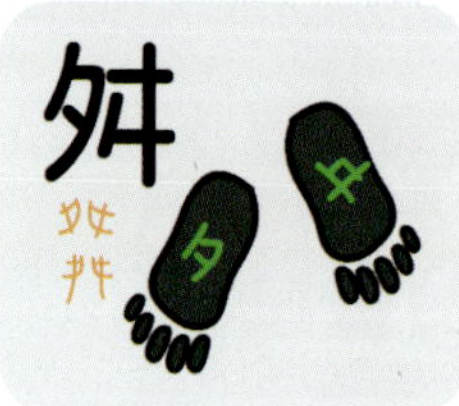

어그러질 천

사람들의 발자국이 이리저리 얽혀있는 모습.

0716

구멍 혈

穴

JLPT N2 | 6학년 | 부수 穴

넓은 동굴의 입구. 또는 지푸라기로 엮은 움집을 그린 모습.

음독 **けつ**

穴 けつ 엉덩이, 항문을 속되게 이르는 말 참고어휘

훈독 **あな**

N2
穴 あな 구멍, 구덩이

0717

갑자기 돌

突

JLPT N2 | 중, 고등 | 부수 穴

突 突

어두운 동굴(穴) 속에서 돌연 사람(大)이 튀어나옴. 동굴 속 숨어 있던 병사들이 기습 공격을 함.

음독 とつ

突然 とつぜん 돌연 (N2 / N3)

衝突 しょうとつ 충돌 (N2)

煙突 えんとつ 굴뚝 (N2)

훈독 つく

突く つく (타) (물리적, 감정적으로) 찌르다 (N2)

0718

찾을 탐

探

JLPT N2 | 6학년 | 부수 手扌

探 探

횃불(木)을 들고(扌) 동굴(穴) 안을 탐험함.

음독 たん

探検 たんけん 탐험 (N1)

훈독 さがす

探す さがす (타) 찾다 (N2 / N4)

さぐる

探る さぐる (타) 탐색하다 (N2)

0719

깊을 심

深

JLPT N2 | 3학년 | 부수 氵

深 深

물길(氵)이 있을 정도로 엄청 깊은 동굴(穴)을 탐구하기 위해 횃불(木)을 듦.

음독 しん

深夜 しんや 심야 (N2 / N3)

深刻 しんこく 심각함 (N2)

深層 しんそう 심층 (N1)

훈독 ふかい

深い ふかい 깊다 (N2 / N4)

ふかまる

深まる ふかまる (자) 깊어지다 (N2 / N3)

ふかめる

深める ふかめる (타) 깊게 하다 (N2 / N3)

0720

마루 종

宗

JLPT N2 | 6학년 | 부수 宀

웬만한 집(宀)보다 높은, 어떤 거대한 종교 집단의 제단(示)을 나타냄. 어떤 신이나 신념을 섬기는 무리를 뜻하기도 함.

음독 しゅう

N2 宗教 しゅうきょう 종교　　宗派 しゅうは 종파 참고어휘

そう

宗家 そうけ 종가, 큰집 참고어휘

0721

어찌 나

奈

JLPT N2 | 4학년 | 부수 大

마을에 큰 재해가 닥치자 어떤 종교의 제사장(大)이 제단(示) 위로 올라가, 신의 고귀한 나무인 능금나무를 제물로 바치며 자신들을 구해달라고 빔. 불교의 지옥, 나락(奈落)을 말하기도 함. "신이시여, 어찌하여 저희를 나락으로..."

음독 な

奈良 なら 1. (일본의 현) 나라 2. 일본의 나라 시대 (710년 ~ 794년) 참고어휘

奈落 ならく 나락 참고어휘

0722

표 표

票

JLPT N2 | 4학년 | 부수 示 礻

망루(示) 위로 올라가 현수막을 걸며(覀) 자신에게 표를 달라고 말하는 정치인의 모습. 혹은 당선이 되어 연설을 함.

음독 ひょう

N2 票 ひょう 표　　N2 投票 とうひょう 투표

0723

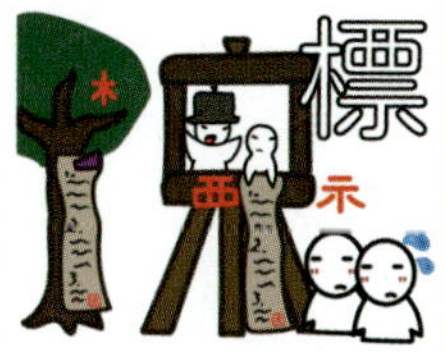

표할 표

標

JLPT N2 | 4학년 | 부수 木

정치인이 어떤 중요한 내용을 공지하기 위해 나무(木)와 망루(示)에 현수막(覀)을 검.

음독 ひょう

- N2 N3 目標 もくひょう 목표
- N2 標本 ひょうほん 표본
- N2 標識 ひょうしき 표식
- N2 標準 ひょうじゅん 표준
- N1 標語 ひょうご 표어

0724

지킬 위

衛

JLPT N2 | 5학년 | 부수 行

성벽 주변(韋)을 순찰(行)하며 성안에 들어오는 사람들을 감시하거나 검문함

음독 えい

- N2 衛生 えいせい 위생
- N2 自衛 じえい 자위, 방위
- N2 衛星 えいせい 위성

가죽 위

성벽(口) 주변을 왔다
갔다(中) 하고 있는 가죽
상인들의 모습.

0725

곳집 창

倉

JLPT N2 | 4학년 | 부수 人亻

단단한 지붕과 문, 커다란 입구가 있는 튼튼한 창고를 그린 모습.

음독 そう

- N2 倉庫 そうこ 창고

훈독 くら

- N1 蔵·倉·庫 くら 곳간, 창고

0726

비롯할 창

創

JLPT N2 | 6학년 | 부수 刀 刂

창고(倉)에서 꺼낸 목재를 톱으로 잘라(刂) 뭔가를 창조함.

음독 そう

- N2 創作 そうさく 창작
- N1 創造 そうぞう 창조
- N1 独創 どくそう 독창

훈독 つくる

- N2 作る·造る·創る N5 つくる (타) 만들다

0727

줄일 축

縮

JLPT N2 | 6학년 | 부수 糸

숙소(宿)가 마치 줄(糸)로 옥죈 듯이 좁음.

음독 しゅく

- N2 縮小 N3 しゅくしょう 축소
- N2 圧縮 あっしゅく 압축
- N1 短縮 たんしゅく 단축

훈독

- ちぢむ — N2 縮む ちぢむ (자) 줄어들다, 오그라들다
- ちぢめる — N2 縮める ちぢめる (타) 줄이다, 축소하다
- ちぢれる — N2 縮れる ちぢれる (자) (실, 머리카락 등이) 꼬이다, 곱슬거리다
- ちぢらす — N2 縮らす ちぢらす (타) (머리카락 등을) 곱슬하게 하다
- ちぢまる — N1 縮まる ちぢまる (자) (거리, 길이, 간격이) 가까워지다

잘 숙

숙소(宀)에서 이불(百)을 깔고
누워 있는 사람(亻)의 모습.

0728

들일 납

納

JLPT N2 | 6학년 | 부수 糸

納 納

수확한 작물을 줄(糸)로 묶어 관청(内)에 납부함.

음독

のう 納税 のうぜい 납세 (N2) / 納付 のうふ 납부 (N2) / 納入 のうにゅう 납입 (N1)

なっ 納得 なっとく 납득 (N2)

とう 出納 すいとう 출납 참고어휘

な 納屋 なや (주로 농촌 지역의) 헛간, 저장 창고 참고어휘

なん 納戸 なんど (주로 전통 일본 가옥의) 옷방, 가구방 참고어휘

훈독

おさまる 納まる おさまる (자) (돈, 물품 등이) 납입되다, 걷히다 (N1)

おさめる 納める おさめる (타) (돈, 물품 등을) 납입하다, 거두다, 넣다 (N2)

UPGRADE!

02

확인문제

한자표기 **다음 단어의 한자 표기로 적당한 것을 고르세요.**

01	けんちく	① 健築	② 建築	③ 健竹
02	しんや	① 心夜	② 探夜	③ 深夜
03	そふ	① 祖父	② 粗父	③ 且父
04	ぶたい	① 無台	② 舞台	③ 舞治
05	もくひょう	① 木票	② 目票	③ 目標

한자읽기 **다음 한자의 읽는 법을 고르고 빈칸에 뜻을 적으세요.**

06	納税	① のうせい	② おうぜい	③ のうぜい	
07	縮小	① ちゅきしょう	② しゅくしょう	③ しゅくしょ	
08	創作	① ぞうさく	② そうざく	③ そうさく	
09	衛生	① えいせい	② いせい	③ えいせ	
10	標本	① ぴょうほん	② ひょうほん	③ ひょうぼん	

정 답 01 ② 건축 02 ③ 심야 03 ① 조부 04 ② 무대 05 ③ 목표 06 ③ 납세 07 ② 축소 08 ③ 창작 09 ① 위생 10 ② 표본

03

인간의 형상, 신체 유래 한자1(29자)

0729

늙을 로

老

JLPT N2 | 4학년 | 부수 老 耂

지팡이를 짚고 있는 노인을 그린 모습.

음독 ろう

- N2 N4 老人 ろうじん 노인
- N1 老衰 ろうすい 노쇠

훈독 おいる

- N1 老いる おいる (자) (생물학적, 자연적으로) 나이를 먹다, 쇠하다

ふける

- N1 老ける ふける (자) (겉모습, 분위기 등이) 늙어 보이다

0730

실마리 서

緒

JLPT N2 | 중, 고등 | 부수 糸

경험이 풍부한 탐정(者)과 경찰들이 단서를 찾으며 범행의 실마리(糸)를 풀고 있는 모습.

음독 しょ

- N2 N4 一緒 いっしょ 함께, 같이
- N1 内緒 ないしょ 비밀
- 端緒 たんしょ 단서 참고어휘

ちょ

- N1 情緒 じょうちょ 정서

훈독 お

- 緒 お 가는 끈, 실 참고어휘
- 革緒 かわお 가죽 끈 참고어휘

0731

모두 제

諸

JLPT N2 | 6학년 | 부수 言

작전 참모(者)가 작전을 수행하기 전, 병사들을 불러모아 연설(言)을 하고 있는 모습.

음독 しょ

N2 諸君 しょくん 제군, 여러분

諸国 しょこく 여러 나라 참고어휘

0732

마을 서, 부서 서

署

JLPT N2 | 6학년 | 부수 网 罒 㓁

한 부서를 책임지고 있는 노인(者)이 직원들이 일을 잘 하고 있는지 매의 눈으로 감시하고 있는 모습. 마치 그물(网) 안에 갇힌 물고기 같음.

음독 しょ

N2 部署 ぶしょ 부서

N2 署名 しょめい 서명

N2 警察署 N3 けいさつしょ 경찰서

N2 消防署 N3 しょうぼうしょ 소방서

0733

나타날 저

著

JLPT N2 | 6학년 | 부수 艸 艹

늘 일정한 시간에 뜰(艹)에 나와 경구를 읊으며 공부와 창작을 게을리하지 않는 저명한 현자(者)의 모습.

음독 ちょ

N2 著者 ちょしゃ 저자

N2 著書 ちょしょ 저서

N1 著名 ちょめい 저명, 유명

훈독 あらわす

N2 著す あらわす (타) 쓰다, 저술하다

いちじるしい

N1 著しい いちじるしい 현저하다, 두드러지다

0734

비평할 비

批

JLPT N2 | 6학년 | 부수 手 扌

어떤 시종이 더 우수하고 열등한지 콕 집어(扌) 비교(比)함.

음독 ひ

N2 批判 ひはん 비판

N2 批評 ひひょう 비평

0735

다 개

皆

JLPT N2 | 중, 고등 | 부수 白

밤에 촛불(白)을 든 시종(比)들이 한데 모여있는 모습.

음독 かい

皆勤 かいきん 개근 참고어휘

훈독 みな

N2 皆 みな 모두, 전부, 전원 (= みんな)

0736

대궐 섬돌 폐

陛

JLPT N2 | 6학년 | 부수 阜 阝

높은 계단(阝) 위에 있는 황제와 그 아래(土)에 있는 신하(比)들의 모습.

음독 へい

陛下 へいか 폐하 참고어휘

0737

감쌀 포

包

JLPT N2 | 4학년 | 부수 勹

아이의 몸(己)을 감싸고(勹) 있는 어머니의 모습.

음독 ほう

N2 包装	ほうそう	포장	N2 包丁	N3 ほうちょう	식칼	N2 包帯	ほうたい	붕대

훈독 つつむ

N2 包む	N4 つつむ	(타) 싸다, 포장하다

왜 일본에선 식칼을 '포정'이라고 하나요?

- 옛 일본에선 칼을 만들 때 산마이(三枚) 기법, 못(丁)을 녹여 만든 단단한 강철을 부드러운 연철로 감싸서 만들었는데, 거기서 포정(包丁), 식칼이라는 단어가 유래되었습니다.

0738

안을 포

抱

JLPT N2 | 중, 고등 | 부수 手 扌

어머니가 아이의 몸 위에 담요를 덮어(包) 주며(扌) 위로의 말을 건넴.

음독 ほう

N1 介抱	かいほう	간호, 돌봄

훈독 だく / かかえる / いだく

だく	N2 抱く	N3 だく	(타) (사람, 물건 등을) 안다
かかえる	N2 抱える	かかえる	(타) 안다, (문제, 짐 등을) 짊어지다
いだく	N2 抱く	いだく	(타) (감정, 생각 등을) 품다

0739

가슴 흉

胸

JLPT N2 | 6학년 | 부수 肉 月

함정(凶)에서 빠져나오기 위해 가슴(肉)을 땅과 밀착(勹)한 채 기어 올라옴.

음독 きょう

N1 度胸	どきょう	배짱	胸部	きょうぶ	흉부	참고어휘

훈독 むね / むな

むね	N2 胸	N3 むね	가슴	
むな	胸毛	むなげ	가슴털	참고어휘

0740

물러날 퇴

退

JLPT N2 | 6학년 | 부수 辵 辶

전쟁에서 패한 병사들이 고개를 떨군(艮) 채 후퇴(辶)하고 있는 모습.

음독 **たい**

- N2 退院 N4 たいいん 퇴원
- N2 早退 N4 そうたい 조퇴
- N1 後退 こうたい 후퇴

훈독 **しりぞく**

- N1 退く しりぞく (자) 물러나다, 후퇴하다

しりぞける

- N2 退ける しりぞける (타) 물리치다, 격퇴하다

0741

뿌리 근

根

JLPT N2 | 3학년 | 부수 木

나무(木)의 뿌리를 내려다 보고 있는 사람(艮)의 모습.

음독 **こん**

- N1 根性 こんじょう 근성
- N1 根本 こんぽん 근본
- N1 根拠 こんきょ 근거

훈독 **ね**

- N2 根 ね 뿌리
- N1 垣根 N2 かきね 울타리

0742

어질 량

良

JLPT N2 | 4학년 | 부수 艮

궐 내에 있는 고급진 회랑과 가난한 사람들의 손길을 외면하지 않는 어진 임금의 모습.

음독 **りょう**

- N2 優良 ゆうりょう 우량
- N1 不良 ふりょう 불량
- N1 改良 かいりょう 개량

훈독 **よい**

- N2 良い N5 よい 좋다 (いい의 문어체)

0743

밝을 랑

朗

JLPT N2 | 6학년 | 부수 月

아름다운 달빛(月)을 벗 삼아 책을 낭독하고 있는 어진 왕(良)의 모습.

음독 ろう

N1 明朗 めいろう 명랑함

N1 朗報 ろうほう 낭보, 기쁜 소식

훈독 ほがらか

N2 朗らか ほがらか 쾌활한 모양

0744

벼슬 관

官

JLPT N2 | 4학년 | 부수 宀

관청(宀)에서 근무하고 있는 벼슬아치(㠯)를 나타낸 모습.

음독 かん

N2 N5 警官 けいかん 경관

N2 官庁 かんちょう 관청

N2 長官 ちょうかん 장관

0745

대롱 관, 주관할 관

管

JLPT N2 | 4학년 | 부수 竹

지역을 관리하는 높으신 분(官)이 오신다기에, 대나무(竹) 피리를 연주하며 환영회를 개최함.

음독 かん

N2 管理 かんり 관리

N1 保管 ほかん 보관

N1 血管 けっかん 혈관

N1 管轄 かんかつ 관할

管弦 かんげん 관악기와 현악기 참고어휘

훈독 くだ

管 くだ 관, 대롱 참고어휘

0746

견줄 교

較

JLPT N2 | 중, 고등 | 부수 車

較 較

느긋하게 다리를 꼬고 앉아(交) 어떤 수레(車)가 더 빠른지 비교함.

음독 かく

N2 比較 ひかく 비교

N2 比較的 ひかくてき 비교적

0747

들 교

郊

JLPT N2 | 중, 고등 | 부수 邑 阝

郊 郊

높은 언덕(阝) 위에 있는 의자에 다리를 꼬고 앉아(交), 교외의 풍경을 느긋하게 감상함.

음독 こう

N2 N4 郊外 こうがい 교외

N1 近郊 きんこう 근교

0748

도장 인

印

JLPT N2 | 4학년 | 부수 卩

印 印

노예를 무릎 꿇린 후(卩) 도장을 가져와(ㅋ) 몸에 인장을 새기는 모습.

음독 いんしょう

N2 N3 印象 いんしょう 인상

N2 印刷 いんさつ 인쇄

N1 印鑑 いんかん 인감

훈독 しるし

N2 N3 矢印 やじるし 화살표

병부 절

무릎을 꿇고 앉아 있는 듯한 모습.

또는 팔에 힘을 주고 뭔가를 누름.

0749

맞을 영

迎

JLPT N2 | 중, 고등 | 부수 辵 辶

迎 迎

왕이 직접 현장에 시찰을 나오자(辶) 부하들이 절(卬)을 하며 환영(迎)함.

음독 げい　　N2 歓迎 かんげい 환영　　送迎 そうげい 보내고 맞이함 참고어휘

훈독 むかえる　　N2 迎える N4 むかえる (타) 맞이하다, 마중하다

나 앙

상관 앞에서 무릎 꿇고
앉아 있는 부하들의 모습.

0750

팔뚝 완

腕

JLPT N2 | 중, 고등 | 부수 肉 月

腕 腕

억울한 일을 당해 상소문(宛)을 아주 강하게 끌어안고 있는 사람의 모습. 뭔가를 끌어안을 때 사용하는 신체 부위(肉)인 팔을 말함.

음독 わん　　N1 手腕 しゅわん 수완　　腕力 わんりょく 완력 참고어휘

훈독 うで　　N2 腕 N4 うで 팔　　N1 腕前 うでまえ 솜씨, 역량

완연할 완

억울한 일을 당해 서러운 마음을 잊지 못한 사람이, 밤잠(夕)을 이루지 못하며 집(宀)에서 탄원문을 끌어 안고(㔾) 있는 모습. 그 의지가 아주 완연함.

0751

목숨 명

命

JLPT N2 | 3학년 | 부수 口

국가의 명운을 좌우하는 중요한 일을 해내기 위해, 부하(卩)를 궁(亼) 안으로 직접 불러 임무를 전달함(口).

음독 めい

- N2 生命 せいめい 생명
- N2 命令 めいれい 명령
- N2 人命 じんめい 인명

みょう

- N1 N3 寿命 じゅみょう 수명

훈독 いのち

- N2 N4 命 いのち 목숨, 생명

0752

범할 범

犯

JLPT N2 | 5학년 | 부수 犬 犭

쭈그려 앉아(卩) 약초를 캐고 있다가 짐승(犭)의 습격을 받음.

음독 はん

- N2 犯人 はんにん 범인
- N2 犯罪 はんざい 범죄
- N2 犯行 はんこう 범행

훈독 おかす

- N1 犯す おかす (타) 범하다, 저지르다

큰 개 견

개뿐만이 아니라
네발짐승 전반을 나타냄.

0753

홀로 독

独

JLPT N2 | 5학년 | 부수 犬 犭

의지할 사람이 없어 애벌레처럼 엎드려 우는 사람(虫)과 주인을 달래 주려는 개(犭)의 모습.

음독 どく

- N2 N3 独立 どくりつ 독립
- N2 N3 独身 どくしん 독신
- N1 孤独 こどく 고독

훈독 ひとり

- N2 独り ひとり 혼자, 외톨이

0754

마디 절

節

JLPT N2 | 4학년 | 부수 竹

취사가 완료되어도 급하게 손을 뻗지 않고(即), 대나무(竹)처럼 절도(節) 있게 자신의 차례를 기다림. 차례와 규칙이 있음.

음독 **せつ**

- 季節 きせつ 계절 (N2 N3)
- 節約 せつやく 절약 (N2 N3)
- 調節 ちょうせつ 조절 (N2)

せち

- お節 おせち 오세치 (새해의 복, 건강을 기원하며 먹는 정월 음식) 참고어휘

훈독 **ふし**

- 節 ふし 마디, 관절 (N2)

0755

시골 향

郷

JLPT N2 | 6학년 | 부수 邑阝

제비(乡)와 맛있는 밥(皀)이 있는 고향의 언덕(阝) 위에서 회식을 하고 있는 사람들의 모습.

음독 **きょう**

- 故郷 こきょう 고향 (N2 N3)
- 郷土 きょうど 향토 (N1)
- 郷愁 きょうしゅう 향수, 그리움 (N1)

ごう

- 本郷 ほんごう 본고향 참고어휘

향기로울 급

향기로운 흰 쌀밥 냄새(白)를 맡고 밥솥에 손(匕)을 뻗음.

곧 즉

취사가 완료되자(皀)마자 자리에서 벌떡 일어나 솥뚜껑을 염(卩). 즉시 뭔가를 함.

시골 향

고향의 오래된 집에 살고 있는 제비의 모습.

0756

부끄러울 치

恥

JLPT N2 | 중, 고등 | 부수 心忄

귀(耳)가 빨개질 정도로 부끄러워 함(心).

음독 **ち**

無恥 むち 염치를 모름 참고어휘

훈독 **はずかしい**

N2 恥ずかしい N4 はずかしい 부끄럽다, 창피하다

はじ

N1 恥 はじ 창피, 수치

はじらう

N1 恥じらう はじらう (자) 부끄러워하다, 수줍어하다

はじる

N1 恥じる はじる (자) 부끄러이 여기다

0757

거느릴 총

総

JLPT N2 | 5학년 | 부수 糸

병사들을 줄 세워놓고(糸) 공평하게(公) 전리품을 배분하는 상관의 모습. 인품이 훌륭해 부하들이 자발적(心)으로 모임.

음독 **そう**

N2 総合 そうごう 종합

N1 総額 そうがく 총액

N1 総会 そうかい 총회

N1 総理 そうり 총리

공평할 공

공평하게 재산을 분배(八)하는 관리와

그걸 취하는(厶) 사람들의 모습.

UPGRADE!

03

확인문제

한자표기 다음 단어의 한자 표기로 적당한 것을 고르세요.

01 ろうじん　① 老人　② 者人　③ 考人

02 こんじょう　① 限性　② 銀性　③ 根性

03 ぶしょ　① 倍署　② 部署　③ 部渚

04 かかえる　① 包える　② 抱える　③ 胸える

05 たいいん　① 退院　② 限院　③ 銀院

한자읽기 다음 한자의 읽는 법을 고르고 빈칸에 뜻을 적으세요.

06 警官　① けいがん　② げいかん　③ けいかん　[　　]

07 管理　① がんり　② かんり　③ かんい　[　　]

08 比較　① びかく　② ひがく　③ ひかく　[　　]

09 郊外　① こうかい　② こうがい　③ ごうがい　[　　]

10 手腕　① しゅわん　② しゅあん　③ しゅなん　[　　]

정답 01 ① 노인　02 ③ 근성　03 ② 부서　04 ② 껴안다　05 ① 퇴원　06 ③ 경관　07 ② 관리　08 ③ 비교　09 ② 교외　10 ① 수완

04

인간의 형상, 신체 유래 한자2(28자)

0758

부칠 기

寄

JLPT N2 | 5학년 | 부수 宀

침략당한 마을(宀)을 구하기 위해 수도에서 원군(奇)을 보냄.

음독 き

N2 寄付 きふ 기부 / N1 寄与 きよ 기여 / N1 寄贈 きぞう 기증

훈독 よる

N2 寄る よる (자) 접근하다, 다가가다

よせる

N2 寄せる よせる (타) 가까이 하다, 모으다

0759

갑 기

埼

상급한자 | 4학년 | 부수 土

육지(土)에 상륙하려는 적 해군을 견제(奇)하기 좋은 지형인 갑(곶)을 나타냄. 바다로 튀어나와 있는 지형을 말함. 현재 일본에서 이 한자는 주로 지명으로 활용되고 있음.

훈독 さい

埼玉 さいたま 사이타마 현 참고어휘

예외 崎·埼 さき 곶, 갑, 산부리

도쿄도 근처에 있는 큰 현 중 하나입니다.

재미있는 한자 이야기

기특할 기, 의지할 의

성난 말 위에서도 균형을 잘 유지하는 기묘한 사람의 모습.

말탈 기

타던 말(馬)에서 다른 말로 갈아타는 뛰어난 기수(奇)의 모습.

0760

험할 기

崎

상급한자 | 4학년 | 부수 山

崎 崎

바다에 산(山)처럼 튀어나와 있는, 말을 타고 가다가(奇) 절벽 아래로 떨어질 위험이 있는 갑(곶)을 말함.

훈독 さき

崎·埼 さき 곶, 갑, 산부리 참고어휘

곶과 갑은 모두 바다를 향해 튀어나온 육지를 뜻합니다.
여기서 곶은 과거에 산줄기를 동시에 나타내기도 했습니다.

0761

버금 중

仲

JLPT N2 | 4학년 | 부수 人亻

仲 仲

중재자(亻)가 사람들 사이(中)에 끼어 의견을 조율하고 있는 모습

음독 ちゅう

N1 仲裁 ちゅうさい 중재
N1 仲介 ちゅうかい 중개

훈독 なか

N2 仲 なか 사이, 관계
N2 仲直り なかなおり 화해
N2 仲良し なかよし 사이가 좋음

0762

충성 충

忠

JLPT N2 | 6학년 | 부수 心忄

忠 忠

마음속 가장 깊은 곳(中)에서 우러나온 거짓 없는 감정(心)을 말함.

음독 ちゅう

N2 忠告 ちゅうこく 충고
N1 忠実 ちゅうじつ 충실

0763

가운데 앙

央

JLPT N2 | 3학년 | 부수 大

央 央

베개 중앙에 머리를 두고 누워있는 사람의 모습.

음독 おう

N2 N3
中央 ちゅうおう 중앙

0764

검사할 검

検

JLPT N2 | 5학년 | 부수 木

検 検

흉기를 숨겨 놨을까봐 나뭇가지로(木) 짐을 푹푹 찔러보며, 시설 안으로 들어오는 사람들(佥)의 소지품을 검사함.

음독 けん

N2 N3
検査 けんさ 검사

N2
検討 けんとう 검토

N1
点検 てんけん 점검

0765

임금 후, 왕후 후

后

상급한자 | 6학년 | 부수 口

后 后

왕의 아이를 낳은, 왕에 버금가는 발언권(口)을 가진 왕후(尸)를 그린 모습.

음독 こう

皇后 こうごう 황후 참고어휘

王后 おうごう 황후 참고어휘

JLPT에선 드물게 나오는 한자이지만, 일본 교과서에서는 자주 볼 수 있는 한자 중 하나입니다.

다 첨

어떤 일로 짐을 들고 모여든 사람들의 모습.

주검 시

주검처럼 몸을 약간 숙인 채 앉아 있는 사람의 모습.

0766

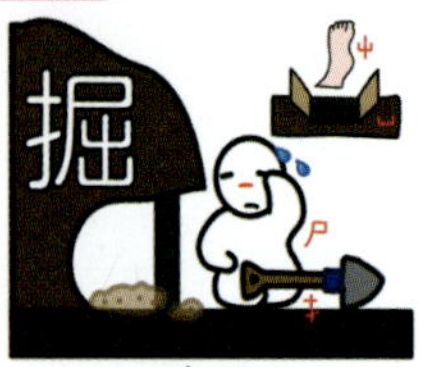

팔 굴

掘

JLPT N2 | 중, 고등 | 부수 手扌

자세를 웅크리고(屈) 삽을 들어(扌) 땅을 파냄.

음독 くつ

N2 発掘 はっくつ 발굴

N1 採掘 さいくつ 채굴

훈독 ほる

N2 掘る ほる (타) 파다, 뚫다

0767

엮을 속

属

JLPT N2 | 5학년 | 부수 尸

속국의 신하가 지배국의 왕(尸) 앞에서 애벌레처럼 몸을 숙이고(虫), 책상(冖) 위에 있는 종이에 충성의 서약을 하고 있는 모습.

음독 ぞく

N2 付属 ふぞく 부속

N2 金属 きんぞく 금속

N1 所属 しょぞく 소속

0768

진흙 니

泥

JLPT N2 | 중, 고등 | 부수 氵

진흙탕처럼 어지럽고 탁한 세상에, 강가(氵)에 버려져 있는 아기를 발견하고 슬피 우는 여승(尼)의 모습.

음독 でい

泥土 でいど 진흙 참고어휘

훈독 どろ

N2 泥 どろ 진흙

N2 泥棒 どろぼう 도둑

N2 泥水 どろみず 흙탕물

여승 니

버려져 있는 아기(匕)를 안고

슬퍼하고 있는 비구니(尸)의 모습.

0769

사모할 련

恋

JLPT N2 | 중, 고등 | 부수 心 忄

아무리 높은 권력을 가진 사람(亦)이라 해도 사람을 그리워하는 마음(心)은 똑같음.

음독 れん

- N2 失恋 しつれん 실연
- N1 恋愛 れんあい 연애

훈독 こい

- N2 恋 N3 こい 사랑, 연애
- N2 恋人 N3 こいびと 연인, 애인

こいしい

- N2 恋しい こいしい 그립다

こう

- 恋う こう (타) 그리워하다, 연모하다 참고어휘

0770

발자취 적

跡

JLPT N2 | 중, 고등 | 부수 足

자리를 떠나도(足) 냄새(亦)가 남아있음.

음독 せき

- N1 追跡 ついせき 추적
- N1 遺跡 いせき 유적

훈독 あと

- N2 跡 あと 자국, 자취
- N2 足跡 N3 あしあと 발자취

또 역

지위가 높은 사람이 겨드랑이를 벌린 채 앉아있는 모습.

0771

물굽이 만

湾

JLPT N2 | 중, 고등 | 부수 氵

아름다운 해안(氵)과 굽이치는(弓) 강을 보며 휴식을 즐기고 있는 권력자(亦)의 모습.

음독 わん

- N2 湾 わん 만
- N1 港湾 こうわん 항만
- 台湾 たいわん 대만, 타이완 참고어휘

0772

밥통 위

胃

JLPT N2 | 6학년 | 부수 肉 月

胃 胃

밭(田)에서 난 작물을 먹었을 때 그걸 소화하는 신체 기관(肉)인 위장을 말함.

음독 い

N2 胃 い 위

N1 胃腸 いちょう 위장

N1 胃がん いがん 위암

0773

살갗 부

膚

JLPT N2 | 중, 고등 | 부수 肉 月

膚 膚

호랑이(虎) 가죽으로 만든 옷으로 몸을 따뜻하게 하니 소화(胃)가 잘됨. 살갗이 따뜻함.

음독 ふ

N2 皮膚 ひふ 피부

범 호

호랑이를 그린 모습.

0774

허파 폐

肺

JLPT N2 | 6학년 | 부수 肉 月

肺 肺

복잡한 시내(市)로 들어설 때 숨이 턱 막혀오는 부위(肉), 폐를 말함.

음독 はい

N2 肺 はい 폐

0775

背

JLPT N2 | 6학년 | 부수 肉 月

背 背

사람을 등질(北) 때 보이는 신체 부위(肉), 등을 말함. 뭔가를 등지다.

음독 はい

- N1 背後 はいご 배후
- N1 背景 はいけい 배경

훈독 せ

- N2 背 N5 せ 높이, 키
- N2 背中 N4 せなか 등

せい

- 上背 うわぜい 키, 신장 참고어휘

そむく

- N1 背く そむく (자) 등지다

そむける

- N1 背ける そむける (타) 등을 돌리다, 외면하다

0776

腰

JLPT N2 | 중, 고등 | 부수 肉 月

腰 腰

주로 주부(女)들이 장을 보러 갈 때 돈지갑을 두르는(覀) 신체 부위(肉)인 허리를 말함.

음독 よう

- N1 腰痛 ようつう 요통

훈독 こし

- N2 腰 N3 こし 허리
- N2 腰かける こしかける (자) 걸터앉다

북녘 북

예로부터 북쪽은 기후가 춥고 험해 사나운 유목민들이 많았고, 남쪽은 따뜻하여 농경인이 많았는데, 원래는 북쪽 사람을 등진다는 말이었으나 현재는 북쪽이라는 의미로만 사용됨.
(옛 중국과 몽골, 고구려의 전쟁사)

요긴할 요

주부(女)가 시장으로 물건을 사러 가기 위해 돈을 천으로 감싼(覀) 후,
허리에 그것을 두르고 있는 모습.

0777

힘줄 근

筋

JLPT N2 | 6학년 | 부수 竹

筋 筋

대나무(竹)처럼 마디가 있는 근육(筋)을 말함. 우리 몸에서 힘(力)을 내는 신체 부위(肉).

음독 きん

N2 筋肉 きんにく 근육

N1 鉄筋 てっきん 철근

훈독 すじ

N2 筋 すじ 줄기, 가닥

N1 大筋 おおすじ 대강의 줄거리, 요점

0778

펼 술

述

JLPT N2 | 5학년 | 부수 辵 辶

述 述

의뢰를 받고 길거리에서(辶) 재주를 부리고 있는 재주꾼(朮)의 모습. 공연을 하며 의뢰인의 제품을 홍보함.

음독 じゅつ

N2 述語 じゅつご 술어

N1 記述 きじゅつ 기술

N1 口述 こうじゅつ 구술

훈독 のべる

N2 述べる のべる (타) 말하다, 진술하다

0779

오랠 구

久

JLPT N2 | 5학년 | 부수 丿

久 久

정말 오랜 친구의 어깨에 팔을 걸치고 있는 사람의 모습.

음독 きゅう

N2 永久 えいきゅう 영구

N1 耐久 たいきゅう 내구

く

久遠 くおん 구원, 영원 참고어휘

훈독 ひさしい

N1 久しい ひさしい 오래다, 오래되다

0780

배 항

航

JLPT N2 | 5학년 | 부수 舟

출항하기 전에 배의(舟) 닻을 내리려고 기둥 위로 올라가는(亢) 사람들의 모습.

음독 **こう**

N2 航空 こうくう 항공

N1 航海 こうかい 항해

0781

잠길 침

沈

JLPT N2 | 중, 고등 | 부수 氵

홍수(氵)가 나 황급히 지붕(冖) 위로 올라가는 사람(人)의 모습.

음독 **ちん**

N1 沈黙 ちんもく 침묵

N1 沈没 ちんぼつ 침몰

훈독 **しずむ**

N2 沈む　N3 しずむ　(자) 가라앉다

しずめる

N1 沈める　しずめる　(타) 가라앉히다

높을 항

자신의 키보다 높은 곳으로 올라가는 사람의 모습.

망설일 유

일하라는 잔소리를 피해 지붕(冖) 위에 숨을까 말까 망설이는 사람(人)의 모습.

베개 침

날씨 좋은 날 목침(木)을 가지고 지붕 위로 올라가(冘) 낮잠을 자려는 사람의 모습.

0782

닮을 사

似

JLPT N2 | 5학년 | 부수 人亻

似 似

멀리서 보니 사람들이(亻) 다 똑같이 생겨 보여서(以) 몇 명인지 세기 어려움.

음독 じ

N1
類似 るいじ 유사

훈독 にる

N2 N4
似る にる (자) 닮다, 비슷하다

써 이

밭일을 하는 사람들의
수를 세고 있는 모습.

0783

은혜 은

恩

JLPT N2 | 6학년 | 부수 心忄

恩 恩

과거 인연(因)을 생각해서 은혜(心)를 베풂.

음독 おん

N2
恩 おん 은, 은혜

N2
恩人 おんじん 은인

N1 N2
恩恵 おんけい 은혜

인할 인

돗자리(口)를 깔고
대화를 나누며 인연을
쌓는 어른(大)들의 모습.

0784

어질 인

仁

JLPT N2 | 6학년 | 부수 人亻

仁 仁

두 명(二) 이상의 사람(亻)이 모였을 때 필요한, 인간이 공존하는 데 필요한 따스한 마음을 말함.

음독 じん

仁者 じんしゃ 어진 사람 참고어휘

仁義 じんぎ 인의 참고어휘

훈독 に

仁王 におう 인왕 (불교의 금강신) 참고어휘

0785

무리 중

衆

JLPT N2 | 6학년 | 부수 血

衆 衆

중요한 제삿날에 제물(血)로 양을 신에게 바침. 많은 사람들이(㐺) 제단 앞에 모여 기도를 하고 있음.

음독 しゅう

N2 公衆 こうしゅう 공중, 대중

N1 群衆 ぐんしゅう 군중

N1 大衆 たいしゅう 대중

훈독 しゅ

衆生 しゅじょう 중생 참고어휘

나란히 설 윤

많은 사람들이 모여 있는 모습.

UPGRADE! 04

확인문제

한자표기 **다음 단어의 한자 표기로 적당한 것을 고르세요.**

01	ちゅうこく	① 忠告	② 中告	③ 忠国
02	ちゅうおう	① 中映	② 忠央	③ 中央
03	はっくつ	① 発掘	② 発屈	③ 発窟
04	きんぞく	① 無台	② 金属	③ 舞治
05	しつれん	① 失変	② 失弯	③ 失恋

한자읽기 **다음 한자의 읽는 법을 고르고 빈칸에 뜻을 적으세요.**

06	胃	① い	② り	③ わ	
07	皮膚	① ぴふ	② ぴぶ	③ ひふ	
08	肺	① へい	② ぺい	③ はい	
09	背	① ぜ	② ね	③ せ	
10	腰	① こし	② ごし	③ こじ	

정답 01 ① 충고 02 ③ 중앙 03 ① 발굴 04 ② 금속 05 ③ 실연 06 ① 위 07 ③ 피부 08 ③ 폐 09 ③ 등, 키 10 ① 허리

05

인간의 눈 유래 한자(19자)

0786

신하 신

臣

JLPT N2 | 4학년 | 부수 臣

누구보다 넓은 시야와 관록을 가진, 경험과 지식이 풍부한 신하를 의미함.

음독 しん　　N2 忠臣　ちゅうしん 충신　　N2 臣下　しんか 신하

훈독 じん　　N2 大臣　だいじん 장관

0787

오장 장

臓

JLPT N2 | 6학년 | 부수 肉 月

군수품으로 빽빽하게 채워져 있는 무기고(茂)처럼, 사람 몸(月) 안에 빽빽히 채워져 있는 장기(臓)들을 말함. 사람의 장기를 볼 일이 많은 건 주로 병사들이었음.

음독 ぞう　　N2 心臓　しんぞう 심장　　N2 内臓　ないぞう 내장

재미있는 한자 이야기

감출 장

풀숲에 감춰 놓은 무기 저장고의 상태(茂)를 확인하고 있는 신하(臣)의 모습.

무성할 무

풀숲(艹)으로 감춰 놓은 무기고(戊)에 병기들이 빽빽하게 들어차 있는 모습.

천간 무

적병을 끌어내리기 좋은 반달형 모양의 날을 가진 창을 나타냄.

0788

어질 현

賢

JLPT N2 | 중, 고등 | 부수 貝

빈자에게 돈(貝)을 나눠 주고(又) 있는 어진 신하(臣)를 그린 모습.

음독 けん

- N2 賢明 けんめい 현명함
- N1 賢者 けんじゃ 현자

훈독 かしこい

- N2 N3 賢い かしこい 현명하다, 영리하다

0789

볼 람

覧

JLPT N2 | 6학년 | 부수 見

물그릇으로 점을 칠 때처럼(監) 어떤 무언가를 유심히 살펴봄(見).

음독 らん

- N2 N4 展覧会 てんらんかい 전람회
- N2 御覧 ごらん 보심, 봐주심
- N1 閲覧 えつらん 열람
- N1 観覧 かんらん 관람
- N1 一覧 いちらん 일람

볼 감

전쟁을 치르기 전, 신하(臣)와 제사장(人)이 그릇(皿)에 물을 떠 놓고 점을 치고 있는 모습. 감찰하다. 감독하다.

0790

임할 림

臨

JLPT N2 | 6학년 | 부수 臣

상인(人)들이 궁궐에 납품하고 있는 물건(品)들을 아주 엄하게 검사하고 있는 신하(臣)의 모습.

음독 りん

- N2 臨時 りんじ 임시
- N1 君臨 くんりん 군림

훈독 のぞむ

- N2 臨む のぞむ (자) 임하다, 면하다

0791

클 거

巨

JLPT N2 | 중, 고등 | 부수 工

巨 巨

너무 커서 자로 측정하기 어려움.

음독 きょ

N2 巨大 きょだい 거대

N2 巨人 きょじん 거인

0792

눈 안

眼

JLPT N2 | 5학년 | 부수 目 罒

眼 眼

유심히 물건들의 내려다(艮) 보며(目) 품질을 따져 봄.

음독 がん

N1 近眼 きんがん 근시안

N1 眼球 がんきゅう 안구

N2 眼科 がんか 안과

がん

開眼 かいげん 개안 참고어휘

훈독 まなこ

眼 まなこ 눈알, 눈, 통찰력 참고어휘

0793

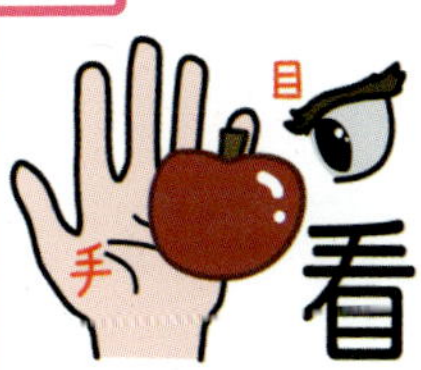

볼 간

看

JLPT N2 | 6학년 | 부수 目 罒

看 看

어떤 물건을 손(手)으로 들어 올려 유심히 봄(目).

음독 かん

N2 看板 かんばん 간판

N1 看護 かんご 간호

N2 看病 かんびょう 간병

0794

법 규

規

JLPT N2 | 5학년 | 부수 見

날뛰는 아이들을 바라보며(見) 뛰지 말라고 하는 어른(夫)의 모습.

음독 き

- N2 規則 きそく 규칙
- N2 規模 きぼ 규모
- N2 規準 きじゅん 기준, 잣대
- N2 規制 きせい 규제
- N2 規律 きりつ 규율

0795

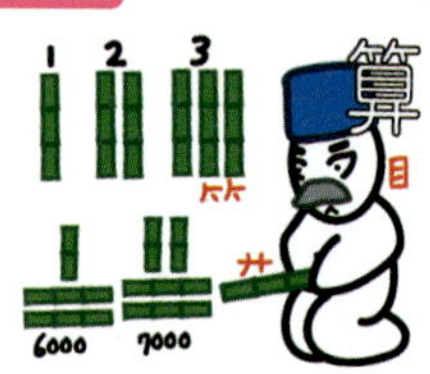

셈 산

算

JLPT N2 | 2학년 | 부수 竹

대나무(竹) 막대기의 특수한 배열로 거대한 수를 쉽게 계산함. 옛 동양의 산가지 계산법을 말함. 대나무 막대기를 가지고(廾) 특수한 배열을 만들어 봄(目).

음독 さん

- N2 算数 N4 さんすう 산수
- N2 計算 N3 けいさん 계산
- N2 予算 N3 よさん 예산

0796

인도할 도

導

JLPT N2 | 5학년 | 부수 寸

곤경에 빠진 사람이 도움을 요청하자, 이를 외면하지 않고 도와주려(寸) 하는 현자의 모습.

음독 どう

- N2 指導 しどう 지도
- N1 誘導 ゆうどう 유도

훈독 みちびく

- N1 導く みちびく (타) 인도하다, 안내하다

0797

기울 경

傾

JLPT N2 | 중, 고등 | 부수 人亻

어머니(亻)가 아이(匕)를 조심히 기울여 아버지(頁)에게 건네는 모습.

음독 **けい**

N2 傾向 けいこう 경향

N1 傾斜 けいしゃ 경사

훈독 **かたむく**

N2 傾く かたむく (자) 기울다, 비스듬해지다

かたむける

N2 傾ける かたむける (타) 기울이다, 비스듬히 하다

0798

순할 순

順

JLPT N2 | 4학년 | 부수 頁

하천(川)이 시원하게 흐르듯이, 고분고분 머리(頁)를 조아리며 맡은 바를 잘 해냄.
일이 일사천리로 진행됨.

음독 **じゅん**

N2 順序 じゅんじょ 순서

N2 N3 順番 じゅんばん 순번

N2 順調 じゅんちょう 순조로움

0799

둘 치

置

JLPT N2 | 4학년 | 부수 网 罒 ⺲

높은 통찰력(罒)을 가진 작전 참모가 강직한 병사(直)들을 적절한 장소에 배치(置)하고 있는 모습.

음독 **ち**

N2 位置 いち 위치

N2 装置 そうち 장치

N1 処置 しょち 처치

훈독 **おく**

N2 置く おく 두다, 놓다

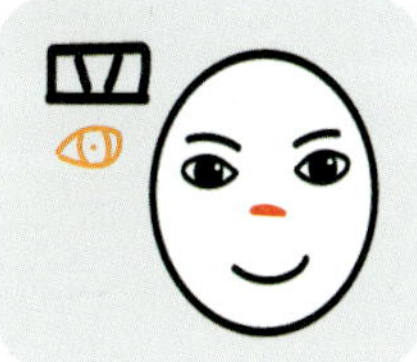

눈 목 부수

큰 눈을 그린 모습

곧을 직

숨지(乚) 않고 올곧은 눈(目)으로 적을 보며 칼로 찌름(十).

0800

심을 식

植

JLPT N2 | 3학년 | 부수 木

植 植

가뭄이 오든 신경 쓰지 않고 우직(直)하게 나무(木)를 심고 있는 사람의 모습.

음독 **しょく**

N2 植物 しょくぶつ 식물　　N1 植民地 しょくみんち 식민지

훈독 **うえる**

N2 植える　N4 うえる　(타) 심다

うわる

N1 植わる　うわる　(자) 심어지다

0801

모자 모

帽

JLPT N2 | 중, 고등 | 부수 巾

帽 帽

모험(冒)을 떠나기 전에 결연한 눈빛으로 두건(巾)을 동여매고, 그 위에 모자(帽)를 씀.

음독 **ぼう**

N2 帽子　N4 ぼうし　모자

무릅쓸 모

모험(冒)을 하기 전에 결연한 눈빛(目)으로 두건을 꽉 동여매고 있는 사람의 모습.

0802

살필 성, 덜 생

省

JLPT N2 | 4학년 | 부수 目 罒

省 省

작은 부분(少)까지 세세히 살피며(目) 필요 없는 부분은 버림. 과거를 상세히 성찰함.

음독 **しょう**

N2 省略 しょうりゃく 생략　　N1 厚生省 こうせいしょう 후생성 (한국의 보건복지부)

せい

N2 反省　N3 はんせい　반성　　N2 帰省 きせい 귀성, 고향으로 돌아감

훈독 **はぶく**

N2 省く　はぶく　(타) 없애다, 덜다

かえりみる

N2 省みる　かえりみる　(타) 돌이켜 보다, 반성하다

0803

徳

JLPT N2 | 4학년 | 부수 彳

통찰력(罒)과 따뜻한 마음을(心) 가진 국가 최고의(十) 현자가, 여기저기 돌아다니며(彳) 덕을 베풀고 있는 모습.

음독 **とく**

N2 道徳　どうとく　도덕

徳義　とくぎ　도덕상의 의무　참고어휘

0804

憲

JLPT N2 | 6학년 | 부수 心 忄

법정(宀)에서 가시 돋친 말(丰)로 죄인을 노려보며(罒) 혼냄(心).

음독 **けん**

N2 憲法　けんぽう　헌법

N1 違憲　いけん　위헌

UPGRADE!

05

확인문제

한자표기 **다음 단어의 한자 표기로 적당한 것을 고르세요.**

01	かしこい	① 覧い	② 導い	③ 賢い
02	しんぞう	① 心臓	② 心蔵	③ 心増
03	きょだい	① 巨大	② 臣大	③ 臣太
04	がんか	① 銀科	② 限科	③ 眼科
05	さんすう	① 三数	② 算数	③ 産数

한자읽기 **다음 한자의 읽는 법을 고르고 빈칸에 뜻을 적으세요.**

06	傾向	① げいこう	② けいこう	③ けいごう	
07	順調	① じゅんちょう	② しゅんしょう	③ じゅんじょう	
08	位置	① いじ	② いし	③ いち	
09	植物	① しょくぶつ	② しょくふつ	③ しきぶつ	
10	帽子	① ほうし	② もうし	③ ぼうし	

정답 01 ③ 현명하다 02 ① 심장 03 ① 거대 04 ③ 안과 05 ② 산수 06 ② 경향 07 ① 순조 08 ③ 위치 09 ① 식물 10 ③ 모자

06 인간의 발 유래 한자(11자)

0805

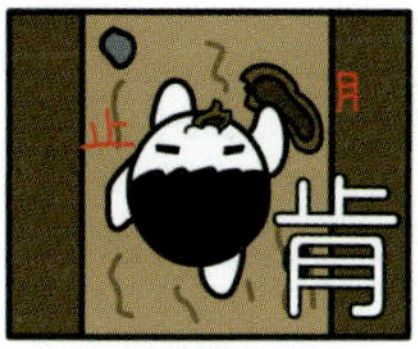

즐길 긍

肯

JLPT N2 ㅣ 중, 고등 ㅣ 부수 肉 月

느긋하게 육포(肉)를 씹으며 목적지를 향해 나아감(止).

음독 こう

N2 肯定 こうてい 긍정

N2 肯定的 こうていてき 긍정적

0806

늘일 연

延

JLPT N2 ㅣ 6학년 ㅣ 부수 廴

선물을 들고 온(疋) 타국의 신하와 왕을 보호하기 위해 나란히 배치된 궁병(廴)들의 모습.

음독 えん

N2 延長 えんちょう 연장

N2 延期 えんき 연기

N1 延滞 えんたい 연대

훈독 のばす

N2 延ばす N3 のばす (타) 연장시키다, 연기하다

のびる

N2 延びる N3 のびる (자) 길어지다, 연장되다

のべる

N2 延べる のべる (타) 펴다, 늘이다

재미있는 한자 이야기

그칠 지

목적지에 도착해 발걸음을 멈춤.
원래는 앞으로 나아가는 걸
나타낸 한자였으나 현재는
멈춘다라는 의미로 사용됨.

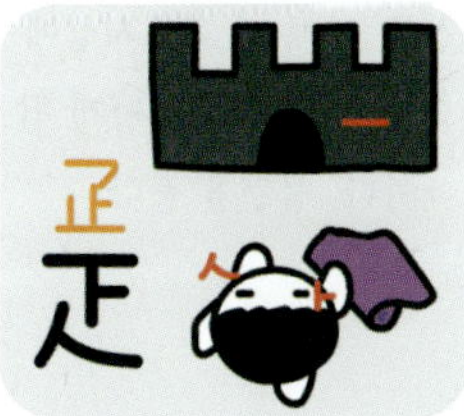

짝 필

선물로 비단을 들고
어디론가 찾아감.

0807

거느릴 어

御

JLPT N2 | 중, 고등 | 부수 彳

무수히 많은 도매상인(卸)들을 데리고 다니는(彳) 큰 어르신의 모습.

음독 **ぎょ**

N1
制御　せいぎょ　제어

ご

N2
御　ご　체언을 높히는 접두어, 상대의 행위나 물건을 높임

N2
御連絡　ごれんらく　연락

N2 N5
御飯　ごはん　식사

N2
御座る　ござる　(자) 계시다

훈독 **おん**

N2
御中　おんちゅう　귀중, 우편물을 받을 단체의 이름 아래에 붙이는 말

0808

의심할 의

疑

JLPT N2 | 6학년 | 부수 疋

갑옷에 비수(匕)와 화살(矢)이 꽂힌 채 귀환하고(疋) 있는 병사들을 보며, 아군이 전쟁에서 패배한 건지 의심하고 있는 사람(マ)들의 모습.

음독 **ぎ**

N2 N3
疑問　ぎもん　의문

N1
疑惑　ぎわく　의혹

N1
質疑　しつぎ　질의

훈독 **うたがう**

N2
疑う　うたがう　(타) 의심하다

재미있는 한자 이야기!

풀 사

공장 주인(人)에게 가서(止) 물건을 싸게 산 후, 시장에 쭈그려 앉아(卩) 비싸게 팜. 도매하다. 물건을 풀다.

비수 비

숟가락을 향해 손을 뻗는 아이의 모습. 아이에겐 숟가락도 비수가 될 수 있으니 조심해야 함. 옛 숟가락은 마감이 안 좋았음.

0809

좇을 종

従

JLPT N2 | 6학년 | 부수 彳

주인이 이리저리 이동(彳)할 때마다 일제히 쫓아 다니는 시종들의 모습.

음독 じゅう
- N2 服従 ふくじゅう 복종
- N1 従来 じゅうらい 종래

じゅ
- 従 じゅ- 종, 옛 계급 (종 3품 등) 참고어휘

しょう
- 追従 ついしょう 추종 참고어휘

훈독 したがう
- N2 従う N3 したがう (자) 따르다, 좇다

したがえる
- N2 従える N3 したがえる (타) 따르게 하다, 복종시키다

0810

세로 종

縦

JLPT N2 | 6학년 | 부수 糸

주인이 가는 길을 따라 줄줄이(糸) 따라가는 시종(従)들의 모습.

음독 じゅう
- N2 操縦 そうじゅう 조종
- N1 縦横 じゅうおう 종횡

훈독 たて
- N2 縦 たて 세로, 상하 관계
- N2 縦書き たてがき 세로 쓰기

0811

조목 조

条

JLPT N2 | 5학년 | 부수 木

목판(木)에 뛰지(夂) 말라는 조항이 쓰여 있어 걸어가기로 함.

음독 じょう
- N2 条件 じょうけん 조건
- N2 条約 じょうやく 조약
- N1 条項 じょうこう 조항

0812

떨어질 락

落

JLPT N2 | 3학년 | 부수 艸 艹

비(氵)처럼 쏟아져 내리는 꽃잎(艹)들 사이로 환호성을 지르며 돌아다님(各).

음독 らく

N2 落第 らくだい 낙제

N2 落選 らくせん 낙선

훈독 おちる

N2 落ちる N4 おちる (자) 떨어지다

おとす

N2 落す N4 おとす (타) 떨어뜨리다

0813

간략할 략

略

JLPT N2 | 5학년 | 부수 田

도적들이 각각(各) 마을(田) 주변을 둘러보며 간략하게 침략 계획을 세움.

음독 りゃく

N2 省略 しょうりゃく 생략

N2 概略 がいりゃく 개략

N1 侵略 しんりゃく 침략

0814

집 각

閣

JLPT N2 | 6학년 | 부수 門

높으신 분이 온다고 하기에 급히 문(門)을 열고 뛰쳐나감(各). 그런 사람들이 모이는 곳인 내각을 말함.

음독 かく

N2 内閣 ないかく 내각

N1 内閣総理大臣 ないかくそうりだいじん (일본의 수상) 내각 총리대신

0815

실 산

酸

JLPT N2 | 5학년 | 부수 酉

酸 酸

과일을 발효(酉)해 식초를 만듦. 맛이 매우 시어 입대면 팔(厶)이 움츠러들고 몸(儿)이 뛰쳐(夊) 나가게 됨.

음독 さん

- N2 酸素 さんそ 산소
- N2 酸性 さんせい 산성
- N1 酸味 さんみ 산미

훈독 すい

- N1 酸い すい 시다, 산미가 있다 (문어체)
- N2 酸っぱい すっぱい 시다, 시큼하다

UPGRADE!

06

확인문제

한자표기 **다음 단어의 한자 표기로 적당한 것을 고르세요.**

01	こうてい	① 工定	② 肯定	③ 肯正
02	えんちょう	① 縁長	② 誕長	③ 延長
03	ぎもん	① 疑問	② 義問	③ 議問
04	ないかく	① 内格	② 内閣	③ 内各
05	さんそ	① 酸素	② 酒素	③ 産素

한자읽기 **다음 한자의 읽는 법을 고르고 빈칸에 뜻을 적으세요.**

06	延期	① ねんき	② えんき	③ えんぎ	
07	疑う	① うたがう	② うたかう	③ うだがう	
08	条件	① ぞうけん	② じょうげん	③ じょうけん	
09	落ちる	① おちる	② のちる	③ あちる	
10	落選	① だくせん	② らくぜん	③ らくせん	

정답 01 ② 긍정 02 ③ 연장 03 ① 의문 04 ② 내각 05 ① 산소 06 ② 연기 07 ① 의심하다 08 ③ 조건 09 ① 떨어지다 10 ③ 낙선

07

인간의 입 유래 한자(28자)

0816

굳을 고

固

JLPT N2 | 4학년 | 부수 口

노련한 노장(古)이 수비하는 견고한 성(口)을 나타냄.

음독 こ

N2 固体 こたい 고체

N2 頑固 がんこ 완고함

훈독 かたい

N2 固い かたい 딱딱하다, 단단하다

かたまる

N2 固まる かたまる (자) 딱딱해지다

かたまる

N2 固める かためる (타) 굳히다

0817

호수 호

湖

JLPT N2 | 3학년 | 부수 氵

턱살(肉)이 튀어나올 정도로 뚱뚱하고 돈 많은 노인(古)이 호수(氵)에서 뱃놀이를 즐김.

음독 こ

N1 湖水 こすい 호수

훈독 みずうみ

N2 N3 湖 みずうみ 호수

재미있는 한자 이야기

되 호

턱살(肉)이 튀어나올 정도로 뚱뚱한 노인(古)을 나타냄.

0818

마를 고

枯

JLPT N2 | 중, 고등 | 부수 木

시들어 있는 늙은(古) 나무(木)의 모습.

음독 こ

枯木 こぼく 고목 참고어휘

훈독 からす

N2 枯らす からす (타) 말리다, 시들게 하다

かれる

N2 枯れる N3 かれる (자) 마르다, 시들다

0819

살 거

居

JLPT N2 | 5학년 | 부수 尸

죽을 때(古)까지 안전하게 살 수 있는 집(尸)을 나타냄.

음독 きょ

N2 住居 N3 じゅうきょ 주거　　N1 隠居 いんきょ 은거　　N1 同居 どうきょ 동거

훈독 いる

N2 居る N5 いる (자) 있다, 살다

0820

부를 창

唱

JLPT N2 | 중, 고등 | 부수 口

해(日)가 뜬 창성한 날에 다 같이 밖으로 나와 입(口) 벌려 노래를 부름(曰).

음독 しょう

N2 合唱 がっしょう 합창

훈독 となえる

N2 唱える となえる (타) 소리 내어 읽다, 큰 소리로 외치다

0821

기름 지

脂

JLPT N2 | 중, 고등 | 부수 肉 月

기름이 잘잘 흐르는 맛있는 고기(月)를 보며 손을 뻗고 있는 아이(旨)의 모습. 주로 동물성 기름을 말함.

음독 し

N1
脂肪 しぼう 지방

훈독 あぶら

N2
脂 あぶら 기름

가로 왈

뭔가를 열심히 말하고 있는 사람의 모습.

0822

억 억

億

JLPT N2 | 4학년 | 부수 人 亻

나라의 미래를 위해 왕에게 아첨하지 않고 진심 어린 첨언(意)을 함. 그런 신하(亻)는 억(億)의 가치를 가진 인재임.

음독 おく

N2 N4
億 おく 억

N2
千億 せんおく 천억

0823

지경 경

境

JLPT N2 | 5학년 | 부수 土

국경(土)을 넘으려는 불법 침입자에게 강력한 경고(音)를 하고 있는 수비 대장(人)의 모습.

음독 きょう

N2
環境 かんきょう 환경

N2
国境 こっきょう 국경

N2
境界 きょうかい 경계

けい

N1
境内 けいだい 경내, 신사나 사찰의 안

훈독 けい

N2
境 さかい 경계, 갈림길

0824

거울 경

鏡

JLPT N2 | 4학년 | 부수 金

鏡 鏡

인계와 신계와의 통로인 청동(金) 거울을 앞에 두고 복을 빌고(音) 있는 제사장(人)의 모습.

음독 **きょう**
- 望遠鏡 ぼうえんきょう 망원경 (N2)
- 顕微鏡 けんびきょう 현미경 (N1 N2)

훈독 **かがみ**
- 鏡 かがみ 거울 (N2 N4)

0825

다툴 경

競

JLPT N2 | 4학년 | 부수 立

競 競

실력이 뛰어난 각 집단의 우두머리(兄)가 서로 대립(立)하고 있는 모습.

음독 **きょう**
- 競争 きょうそう 경쟁 (N2 N3)
- 競技 きょうぎ 경기 (N2)

けい
- 競馬 けいば 경마 (N2)

훈독 **きそう**
- 競う きそう (자, 타) 다투다, 경쟁하다 (N2)

せる
- 競る せる (타) 다투다, 경쟁하다 참고어휘

0826

상황 황

況

JLPT N2 | 중, 고등 | 부수 氵

況 況

가장 권위있고 학식이 뛰어난 사람(兄)이 강가(氵)를 살피며 사람이 살만한지 확인함.

음독 **きょう**
- 状況 じょうきょう 상황 (N2)
- 不況 ふきょう 불황 (N1)
- 好況 こうきょう 호황 (N1)

0827

날카로울 예

鋭

JLPT N2 | 중, 고등 | 부수 金

예리한 명검(金)을 만들었다고 호탕하게 웃으며 대장장이를 칭찬하는 영웅(兌)의 모습.

음독 えい

N1 精鋭 せいえい 정예
N1 鋭敏 えいびん 예민
N1 鋭利 えいり 예리

훈독 するどい

N2 N3 鋭い するどい 날카롭다, 예리하다

0828

물 하

河

JLPT N2 | 5학년 | 부수 氵

농사 짓기 좋은 물가(氵)를 발견하고 좋아함(可).

음독 か

N2 N3 河川 かせん 하천
N2 運河 うんが 운하

훈독 かわ

N2 河 かわ 강, 시내, 하천
N2 河岸 かわぎし 강가, 강기슭

0829

어지러울 난

乱

JLPT N2 | 6학년 | 부수 乙 乚

직원이 큰 사고를 쳐 열 받은 감독관(舌)의 모습. 혼날까봐 무서워 숨어(乚) 있음.

음독 らん

N2 N3 混乱 こんらん 혼란
N2 乱暴 らんぼう 난폭
N1 内乱 ないらん 내란

훈독 みだす

N2 乱す みだす (타) 어지럽히다, 흩뜨리다

みだれる

N2 乱れる みだれる (자) 어지러워지다, 흐트러지다

0830

甘

JLPT N2 | 중, 고등 | 부수 甘

달콤한 감초 과자를 먹으며 행복해 하는 사람의 모습. 단 것만 추구하며 어리광부림.

음독 かん

N2 甘味料 かんみりょう 감미료　　甘草 かんぞう 감초 참고어휘

훈독 あまい

N2 甘い あまい N5 달다

あまえる

N1 甘える あまえる (자) 응석 부리다, 어리광 부리다

あまやかす

N1 甘やかす あまやかす (타) 응석을 받아 주다

0831

司

JLPT N2 | 4학년 | 부수 口

윗사람에게 명령을 받고 일을 시키고 있는 직장 상사의 모습.

음독 し

N2 N3 上司 じょうし 상사　　N2 N3 司会 しかい 사회　　N1 司法 しほう 사법

0832

詞

JLPT N2 | 6학년 | 부수 言

상사(司)가 조리 있게 부하에게 일을 지시(言)하고 있는 모습.

음독 し

N2 動詞 どうし 동사　　N2 副詞 ふくし 부사　　N2 名詞 めいし 명사

0833

기를 사

飼

JLPT N2 | 5학년 | 부수 食 飠

주인(司)이 밥 먹을 시간이라며 개들을 불러모아 사료(食)를 주고 있는 모습.

음독 し

N1 飼育 しいく 사육

N1 飼料 しりょう 사료

훈독 かう

N2 飼う N4 かう (타) 기르다, 사육하다

0834

부르짖을 규

叫

JLPT N2 | 중, 고등 | 부수 口

기둥에 묶여(丩) 취조당하고 있던 사람이 자신은 범인이 아니라고 크게 소리침(口).

음독 きょう

N1 叫喚 きょうかん 규환

N1 絶叫 ぜっきょう 절규

훈독 さけぶ

N2 叫ぶ さけぶ (자, 타) 외치다, 강하게 주장하다

0835

그르칠 오

誤

JLPT N2 | 6학년 | 부수 言

목소리만 큰 어떤 허풍쟁이가(呉) 말실수(言)를 한 모습.

음독 ご

N2 誤解 N3 ごかい 오해

N1 誤差 ごさ 오차

N2 錯誤 さくご 착오

훈독 あやまる

N2 誤る あやまる (자, 타) 실패하다, 실수하다, 잘못되다

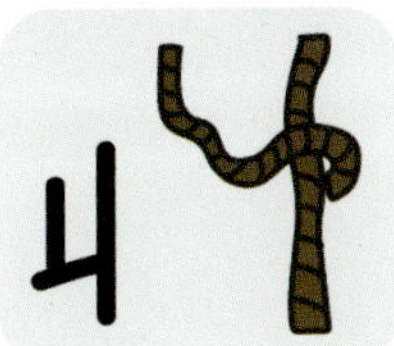

얽힐 구

기다란 것이 얽혀 있음.

나라 이름 오, 큰 소리 칠 화

목소리가 큰 대장부의 모습,
중국의 항구도시 오군(呉郡) 일대
사람들은 목청이 크기로 유명했음.

0836

훔칠 도

盗

JLPT N2 | 중, 고등 | 부수 皿

밥 그릇(皿)을 훔쳐가자 돌려(次) 달라고 소리치는 사람의 모습.

음독 とう

N2
強盗　ごうとう　강도

N2
盗難　とうなん　도난

훈독 ぬすむ

N2
盗む　ぬすむ　(타) 훔치다

0837

연할 연

軟

JLPT N2 | 중, 고등 | 부수 車

입김만 불어도(欠) 잘 굴러가는, 아주 부드러운 바퀴를 가진 마차(車)를 나타냄.

음독 じゅう

N2
柔軟　じゅうなん　유연함

훈독 やわらかい

N2
軟らかい　やわらかい　부드럽다, 말랑하다, 유연하다

やわらか

N2
軟らか　やわらか　부드러운 모양, 폭신한 모양

0838

구라파 구

欧

JLPT N2 | 중, 고등 | 부수 欠

서구에서 온 침입자들을 무찌르기 위해 병사들에게 명령(欠)을 내리고 있는 왕의 모습.
중요 구역(区)을 방어함. 주로 유럽(구라파,Europa)을 지칭하는 한자로 사용하였음.

음독 おう

N2
欧米　おうべい　구미, 유럽과 미국

N2
西欧　せいおう　서구

0839

재물 자

資

JLPT N2 | 5학년 | 부수 貝

엄청나게 비싼 보물(貝)을 보고 탄성(次)을 내지르고 있는 사람의 모습.

음독 し

N2 N3 資料 しりょう 자료
N2 資源 しげん 자원
N2 資本 しほん 자본
N1 資金 しきん 자금
N1 投資 とうし 투자

0840

기쁠 희

喜

JLPT N2 | 5학년 | 부수 口

기쁜 일이 있어 북(壴) 치는 사람과 노래를 부르는(口) 사람의 모습.

음독 き

N1 喜悦 きえつ 희열
N1 喜劇 きげき 희극

훈독 よろこぶ

N2 N4 喜ぶ よろこぶ (타) 즐거워하다, 기뻐하다

0841

나무 수

樹

JLPT N2 | 6학년 | 부수 木

어린 나무(土)를 긴 화분(豆)에 심어 어느 정도 기른 다음, 땅에 다시 옮겨와(寸) 심음(木).

음독 じゅ

N2 樹木 じゅもく 수목
N2 樹立 じゅりつ 수립

0842

머금을 함

含

JLPT N2 | 중, 고등 | 부수 口

설산의 기운를 들이 마쉬며(今) 산공기를 입에 머금음(口). 뭔가를 받아들여 하나됨.

음독 **がん**

- N2 包含 ほうがん 포함
- N2 含有 がんゆう 함유
- N1 含蓄 がんちく 함축

훈독 **ふくむ**

- N2 含む ふくむ (타) 포함하다, 함유하다, 머금다

ふくめる

- N2 含める ふくめる (타) (의도적으로) 포함시키다, 담다

0843

공경 경

敬

JLPT N2 | 6학년 | 부수 攵 支

잔디(艹) 위에서 현자의 책를 읽고 있던 사람이, 엄청난 깨달음(句)을 얻어 허벅지를 탁 치고(攵) 일어난 모습.

음독 **けい**

- N2 尊敬 そんけい 존경
- N2 敬語 けいご 경어
- N1 敬意 けいい 경의

훈독 **うやまう**

- N2 敬う うやまう (타) 존경하다, 공경하다, 숭상하다

진실로 구

풀밭(艹)에서 책을 읽고 있던
사람이 어떤 경구(句)를 읽고
진실로 감탄함.

UPGRADE!

07

확인문제

한자표기 **다음 단어의 한자 표기로 적당한 것을 고르세요.**

01	こたい	① 個台	② 液体	③ 固体
02	じゅうきょ	① 住居	② 往屋	③ 往居
03	がっしょう	① 会唱	② 合調	③ 合唱
04	こっきょう	① 国境	② 国暗	③ 国経
05	かせん	① 可川	② 河線	③ 河川

한자읽기 **다음 한자의 읽는 법을 고르고 빈칸에 뜻을 적으세요.**

06	混乱	① ほんらん	② くんらん	③ こんらん	
07	上司	① じょうし	② しょうし	③ じょうじ	
08	動詞	① とうし	② どうし	③ どうさ	
09	誤解	① ごかい	② おかい	③ こかい	
10	柔軟	① ゆうなん	② ゆうぜん	③ じゅうなん	

정답 01 ③ 고체 02 ① 주거 03 ③ 합창 04 ① 국경 05 ③ 하천 06 ③ 혼란 07 ① 상사 08 ② 동사 09 ① 오해 10 ③ 유연

08 인간의 손과 도구 유래 한자1(26자)

0844

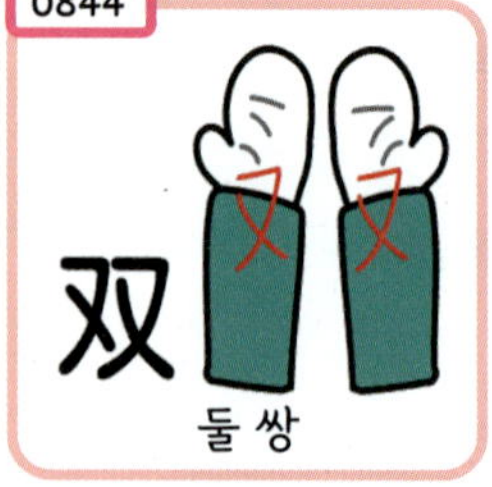

双

JLPT N2 | 중, 고등 | 부수 又

한 쌍의 손(又)을 그린 모습.

음독 そう

N1
双方 そうほう 쌍방

훈독 ふた

N2
双子 ふたご 쌍둥이

0845

努

JLPT N2 | 4학년 | 부수 力

농사와 빨래를 열심히(力) 하고 있는 시종(奴)들의 모습.

음독 ど

N2
努力 どりょく 노력

훈독 つとめる

N2
努める つとめる (자) 힘쓰다, 노력하다, 애쓰다

재미있는 한자 이야기

종 노

쭈그려 앉아(女) 손 빨래(又)를 하고 있는 노비(奴)들의 모습. 여기서의 女는 성별의 구분 없이 앉아있는 사람 전체를 지칭함.

여자 여

앉아있는 사람의 모습. 원래는 집에 앉아 있는 사람을 뜻하는 단어였으나, 고대엔 그게 주로 어머니였기에 여자라는 의미가 붙음.

0846

가질 취

取

JLPT N2 | 3학년 | 부수 又

取 取

원하는 것이 있다는 소식(耳)을 듣고 찾아가 손(又)을 뻗음.

음독 **しゅ**

N2 取材 しゅざい 취재	N1 搾取 さくしゅ 착취

훈독 **とる**

N3 取る N4 とる (타) 잡다, 쥐다, 취하다

0847

다할 극

極

JLPT N2 | 4학년 | 부수 木

極 極

나무(木)를 넘어 하늘에 닿을 정도로 키가 엄청나게 큼(亟). 사람들의 목소리(口)가 들리지 않고 손(又)이 닿지 않음. 극단에 이른 범접하기 어려운 존재를 말하기도 함.

음독 **きょく**

N2 北極 N3 ほっきょく 북극	N2 積極 せっきょく 적극	N1 極端 N2 きょくたん 극단

ごく

N2 極 ごく 극히, 대단히	N1 極秘 ごくひ 극비	N1 極楽 ごくらく 극락

훈독 **きわみ**

N2 極み きわみ 끝, 극도, 극점

きわまる

N2 極める きわめる (타) 극하다, 끝까지 가다

きわめる

N2 極まる きわまる (자) 극한에 달하다

0848

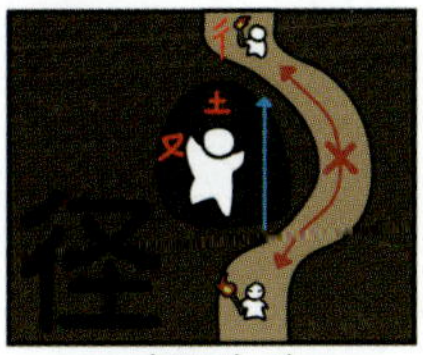

지름길 경

径

JLPT N2 | 4학년 | 부수 彳

径 径

먼 길을 돌지 않고(彳) 바로 언덕(土) 위 지름길로 기어 올라감(又).

음독 **けい**

N2 直径 ちょっけい 지름	N2 半径 はんけい 반지름	N2 径路 けいろ 경로

0849

전각 전

殿

JLPT N2 | 중, 고등 | 부수 殳

殿 殿

지위가 매우 높은 사람이 시종의 시중(共)을 받으며 느긋하게 쉬고(尸) 있는 모습. 병사들이 눈에 불을 켜고 호위함(殳). 귀인의 저택인 전각, 궁전 등을 말함.

음독 てん

御殿 ごてん 저택, 대궐 참고어휘

でん

N2 宮殿 きゅうでん 궁전

N2 神殿 しんでん 신전

훈독 との

N1 殿様 とのさま 영주님, 주인님

どの

N1 ~殿 ~どの (인명, 신분을 나타내는 말에 붙어서) ~님, ~나으리, ~씨

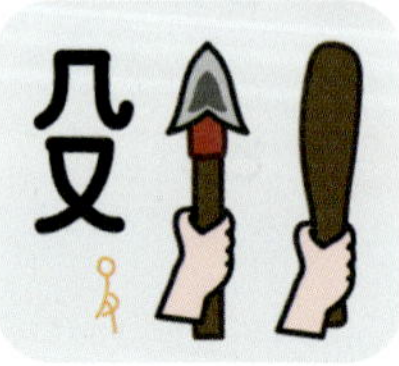

몽둥이 수

0850

곡식 곡

穀

JLPT N2 | 6학년 | 부수 禾

穀 穀

병사들의 철통 감시(殳) 아래, 사람들에게 곡식(禾)을 책상(冖)에 앉은 채 상대의 이름을 부르며 분배하고 있는 사관(士)의 모습.

음독 こく

N2 穀物 こくもつ 곡물

N1 穀類 こくるい 곡류

0851

죽일 살, 빠를 쇄

殺

JLPT N2 | 5학년 | 부수 殳

殺 殺

무시무시한 짐승을 무기(殳)로 죽임.

음독 さつ

N2 自殺 じさつ 자살

N1 殺人 さつじん 살인

N1 殺害 さつがい 살해

さい

相殺 そうさい 상쇄 참고어휘

せつ

殺害 せつがい 살해 참고어휘

훈독 ころす

N2 N3 殺す ころす (타) 죽이다

0852

베풀 설

設

JLPT N2 | 5학년 | 부수 言

設 設

귀빈이 온다고 하기에 호위병(殳)을 세워놓고, 최고의 자리를 마련해 접대함(言).

음독 せつ

N2 N3 建設 けんせつ 건설

N2 設備 せつび 설비

N1 施設 しせつ 시설

훈독 もうける

N1 設ける もうける (타) 마련하다, 베풀다

0853

고개 판

坂

JLPT N2 | 3학년 | 부수 土

坂 坂

높은 언덕 위에 토산(土)을 쌓아올려 암살자가 못 올라오게 함(反).

음독 はん

N2 登坂 とはん 등판

훈독 さか

N2 坂 さか 언덕

N2 坂道 さかみち 언덕길, 비탈길

0854

거짓 가

仮

JLPT N2 | 5학년 | 부수 人亻

仮 仮

금방 계단(段)을 만들어서 절벽을 올라갈(反) 수 있다고, 부하를 속이고 있는 상관(亻)의 모습. 바로 작업에 착수하게 함.

음독 か

N2 仮面 かめん 가면

N2 仮定 かてい 가정

け

N2 仮病 けびょう 꾀병

훈독 かり

N2 仮 かり 임시, 일시적, 가짜

N1 仮に かりに 만일, 만약, 임시로

0855

널 판

板

JLPT N2 | 3학년 | 부수 木

板 板

쉽게 언덕을 올라가기(反) 위해 나무(木) 널빤지를 깜.

음독 はん

N1 鉄板 てっぱん 철판

ばん

N2 黒板 こくばん 칠판　N3 看板 かんばん 간판

훈독 いた

N2 まな板 まないた (주방용품) 도마

0856

조각 편

片

JLPT N2 | 6학년 | 부수 片

片 片

벌목으로 땅에 쓰러진 나무의 모습. 나뭇가지가 산산조각남. 파편(片)을 모아 한쪽으로 치움.

음독 へん

N2 破片 はへん 파편

훈독 かた

N2 片 かた 둘 중의 한쪽　N2 片付ける かたづける (타) 치우다, 정돈하다, 끝내다

0857

판목 판

版

JLPT N2 | 5학년 | 부수 片

版 版

나무 조각(片)들을 분쇄해 가루로 만든 다음, 직사각형 모양으로 다시 합쳐 합판을 만듦. 언덕 위를 올라갈(反) 때 유용했음. 종이를 제작하는 과정도 이와 비슷해, 시간이 흘러 이 한자는 출판 쪽 용어로 더 많이 활용됐음.

음독 はん

N2 版 はん 판목, 인쇄판　N2 出版 しゅっぱん 출판　N3 版画 はんが 판화

0858

가지 지

枝

JLPT N2 | 5학년 | 부수 木

나뭇가지(木)를 꺾어 유용하게 사용함(支).

음독 し

枝葉 しよう 식물의 가지와 잎 참고어휘

훈독 えだ

N2 N4
枝 えだ 가지, 줄기

0859

갈림길 기

岐

JLPT N2 | 4학년 | 부수 山

산(山)을 오르다 갈림길과 마주침. 어느 곳으로 갈지 나뭇가지(支)로 가리킴.

음독 き

N2
岐路 きろ 기로

N1
分岐 ぶんき 분기

0860

가죽 피

皮

JLPT N2 | 3학년 | 부수 皮

칼로 가죽을 벗김.

음독 ひ

N2
皮肉 ひにく 1. 가죽과 살 2. 비꼼, 빈정거림

N2
皮膚 ひふ 피부

훈독 かわ

N2
皮 かわ 가죽, 껍질, 겉면

0861

입을 피

被

JLPT N2 | 중, 고등 | 부수 衣衤

수감복, 관복 등 피륙(皮)으로 만든 옷(衤)을 입힘. 어떤 사람에게 영향을 가함.

음독 ひ

N2 被害 ひがい 피해　N1 被告 ひこく 피고

훈독 こうむる

N1 被る こうむる (타) 영향을 받다, 피해를 당하다

0862

뺄 발

抜

JLPT N2 | 중, 고등 | 부수 手扌

친구(友)를 지키기 위해 칼을 뽑음(扌).

음독 ばつ

N2 抜群 ばつぐん 발군, 뛰어남　N1 海抜 かいばつ 해발　N1 選抜 せんばつ 선발

훈독 ぬく

N2 抜く　N3 ぬく (타) 뽑다, 빼내다

ぬける

N2 抜ける　N3 ぬける (자) 빠지다, 없어지다

ぬかす

N2 抜かす ぬかす (타) 빠뜨리다, 빼다

ぬかる

N2 抜かる ぬかる (자) 실수하다, 시기를 놓치다

0863

여자 원

媛

JLPT N2 | 4학년 | 부수 女

모든 사람들이 친구(友)로 삼고 싶어 손(爫)을 뻗게 만들 정도로 매력적인 여성(女)의 모습.

음독 えん

N2 才媛 さいえん 재원 (재주가 뛰어난 여성)

손톱 조

손톱으로 뭔가를 긁음. 손의 끝부분.

0864

따뜻할 난

暖

JLPT N2 | 6학년 | 부수 日

따스한 햇살(日)처럼 아주 따뜻한 친구(友)의 손(爫)을 말함.

음독 だん

N1 暖房 N3 だんぼう 난방 / N2 温暖 おんだん 온난

훈독 あたたか

N2 暖か あたたか 따뜻함, 다정함

あたたかい

N2 暖かい あたたかい 따뜻하다, 다정하다

あたたまる

N2 暖まる あたたまる (자) 따뜻해지다, 훈훈해지다

あたためる

N2 暖める あたためる (타) 따뜻하게 하다

0865

사랑 애

愛

JLPT N2 | 4학년 | 부수 心 忄

아내가 상(冖)을 차리다가(爫) 손을 다치자 헐레벌떡 뛰어오는(夂) 남편의 모습. 타인을 자신보다 아끼는 마음(心)인 사랑을 말함.

음독 あい

N2 愛 あい 사랑 / N2 愛情 あいじょう 애정 / N1 恋愛 れんあい 연애

0866

뜰 부

浮

JLPT N2 | 중, 고등 | 부수 氵

부모의 손(爫)을 잡고 수영(氵)을 배우고 있는 아이(子)의 모습.

음독 ふ

N1 浮力 ふりょく 부력 / N1 浮上 ふじょう 부상

훈독 うく

N2 浮く N3 うく (자) 위로 뜨다, 마음이 뒤숭숭하다

うかぶ

N2 浮ぶ N3 うかぶ (자) 뜨다, (아이디어 등이) 떠오르다

うかべる

N2 浮べる N3 うかべる (타) 띄우다, 생각해 내다

うかれる

N2 浮れる うかれる (자) (지나치게 기분이) 들뜨다, 신이 나다

0867

캘 채

採

JLPT N2 | 5학년 | 부수 手扌

나무(木) 위에 있는 열매를 손(爪)으로 따고(扌) 있는 모습.

음독 **さい**

N2 採点 さいてん 채점

N1 採用 さいよう 채용

N1 採集 さいしゅう 채집

훈독 **とる**

N2 採る とる (타) 뽑다, 채집하다

0868

번뇌할 뇌

悩

JLPT N2 | 중, 고등 | 부수 心忄

함정(凶)에 빠진 사람이 손(⺍)을 내밀어 밖으로 나오려 함. 함정에 빠진 사람의 마음(心)인 번뇌를 말함.

음독 **のう**

N1 煩悩 ぼんのう 번뇌

N1 苦悩 くのう 고뇌

훈독 **なやむ**

N2 悩む N3 なやむ (자) 괴로워하다, 고민하다

なやます

N2 悩ます N3 なやます (타) 괴롭히다, 시달리게 하다

흉할 흉

함정에 빠짐.

0869

머리 뇌

脳

JLPT N2 | 6학년 | 부수 肉月

손(⺍)으로는 함정(凶)을 빠져나올 수 없을 것 같음. 어떻게 하면 나갈 수 있을 지 고민함. 그런 생각을 하게 해주는 신체부위(肉)인 뇌를 말함.

음독 **のう**

N2 脳 のう 뇌

N2 頭脳 ずのう 두뇌

N1 首脳 しゅのう 수뇌

UPGRADE!

08

확인문제

한자표기 **다음 단어의 한자 표기로 적당한 것을 고르세요.**

01	どりょく	① 奴力	② 能力	③ 努力
02	ほっきょく	① 北極	② 比極	③ 北局
03	ちょっけい	① 直径	② 粗父	③ 且父
04	きゅうでん	① 呂殿	② 宮殿	③ 宮展
05	けんせつ	① 健説	② 健設	③ 建設

한자읽기 **다음 한자의 읽는 법을 고르고 빈칸에 뜻을 적으세요.**

		①	②	③	뜻
06	黒板	① ごくばん	② ごくはん	③ こくばん	
07	破片	① ぱへん	② はぺん	③ はへん	
08	出版	① しゅっぱん	② じゅっぱん	③ しゅうはん	
09	愛情	① あいしょう	② あいじょう	③ あいちょう	
10	採点	① さいてん	② さいでん	③ ざいてん	

정답 01 ③ 노력 02 ① 북극 03 ① 직경 04 ② 궁전 05 ③ 건설 06 ③ 칠판, 흑판 07 ③ 파편 08 ① 출판 09 ② 애정 10 ① 채점

09

인간의 손과 도구 유래 한자2(24자)

0870

마디 촌

寸

JLPT N2 | 6학년 | 부수 寸

寸 寸

뭔가에 손을 뻗는 모습. 또는 어떤 일을 착수하기 위해 물건의 치수를 손으로 재봄.

음독 すん

N2
寸 すん 길이, 치수

N2
寸法 すんぽう 1. 치수 2. 계획 3. 방법

N1
寸前 すんぜん 직전, 바로 앞

N1
一寸 いっすん 한 치, 짧은 거리

0871

칠 토

討

JLPT N2 | 6학년 | 부수 言

討 討

사로잡은 포로를 데려와(寸) 심문(言)을 함.

음독 とう

N2
検討 けんとう 검토

N2
討論 とうろん 토론

N1
討議 とうぎ 토의

훈독 うつ

N2
討つ うつ (타) 치다, 공격하다, 토벌하다

0872

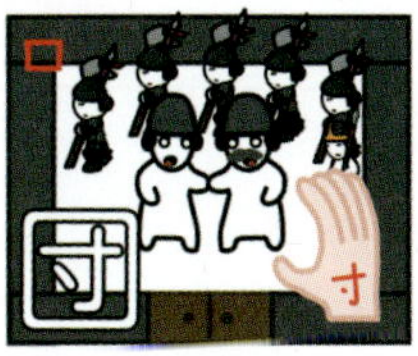

둥글 단

団

JLPT N2 | 5학년 | 부수 口

어떤 단체가 한데 모여(口) 손(寸)을 맞잡고 뜻을 나누고 있는 모습.

음독 **だん**

N2 団体 N3 だんたい 단체
N2 団地 だんち 단지
N2 集団 しゅうだん 집단

とん

N2 布団 N4 ふとん 이불, 요, 포단
N2 座布団 ざぶとん 방석

0873

높을 존

尊

JLPT N2 | 6학년 | 부수 寸

존경(尊)하는 사람에게 좋은 술(酋)을 가져다 바침(寸).

음독 **そん**

N2 尊敬 そんけい 존경
N2 尊重 そんちょう 존중

훈독 **とうとい**

N1 尊い とうとい 소중하다, 고귀하다

とうとぶ

N1 尊ぶ とうとぶ (타) 공경하다, 중요시하다

たっとい

尊い たっとい 소중하다, 고귀하다 참고어휘

たっとぶ

尊ぶ たっとぶ (타) 공경하다, 중요시하다 참고어휘

0874

부호 부

符

JLPT N2 | 중, 고등 | 부수 竹

사람(亻)들이 납부(寸)한 세금의 양을 죽간(竹)에 부호로 표기함.

음독 **ふ**

N2 符号 ふごう 부호
N1 符合 ふごう 부합, 일치함

0875

봉할 봉

封

JLPT N2 | 중, 고등 | 부수 寸

황제가 규장(圭)을 주며(寸) 토지를 관리할 제후를 봉함. 중요한 문서를 봉투에 넣어 건넴.

음독 **ふう**

N2 封 ふう 봉함, 밀봉

N2 封筒 ふうとう 봉투

N1 封鎖 ふうさ 봉쇄

ほう

N1 封建 ほうけん 봉건

0876

넓일 확

拡

JLPT N2 | 6학년 | 부수 手扌

가구를 밀어내(扌) 공간을 넓힘(広).

음독 **かく**

N2 拡大 かくだい 확대

N2 拡充 かくじゅう 확충

N2 拡張 かくちょう 확장

N1 拡散 かくさん 확산

서옥 규

제후를 봉할 때 주는, 옥으로 만든 증표인 규장(圭)을 나타냄.

넓을 광

황제(黄)가 살고 있는, 팔 안(厶)에 담지 못할 정도의 아주 넓고 좋은 집(广)을 말함.

누를 황

온 몸에 황금을 두르고 있는 황제를 그린 모습.

0877

쇳돌 광

鉱

JLPT N2 | 5학년 | 부수 金

석탄재를 막기 위해 광산(金) 방향으로 담을 친 높으신 분의 집(広)을 나타냄. 현재는 단순히 광업 전반을 가리킴

음독 こう

- N2 鉱物 こうぶつ 광물
- N2 炭鉱 たんこう 탄광
- N2 鉱山 こうざん 광산
- N2 鉱業 こうぎょう 광업

0878

부처 불

仏

JLPT N2 | 5학년 | 부수 人亻

사람(亻)을 끌어안는(厶) 자인, 아프고 소외된 자들의 친구인 부처님을 말함.

음독 ぶつ

- N1 仏像 ぶつぞう 불상

훈독 ほとけ

- N2 仏 ほとけ 부처, 붓다

0879

다툴 쟁

争

JLPT N2 | 4학년 | 부수 亅

소의 뿔, 또는 비싼 무언가를 두고 누가 가질 지 서로 싸우고 있는 모습.

음독 そう

- N2 N4 戦争 せんそう 전쟁
- N2 N3 競争 きょうそう 경쟁
- N2 論争 ろんそう 논쟁

훈독 あらそう

- N2 争う あらそう (타) 다투다, 싸우다, 경쟁하다

0880

고요할 정

静

JLPT N2 | 4학년 | 부수 青 靑

싸움과 다툼(争)이 잦은 속세와 달리 우물 안은 매우 맑고(青) 고요함.

음독 **せい**

N2 N3 冷静 れいせい 냉정

N1 静止 せいし 정지

N1 静的 せいてき 정적

じょう

N1 静脈 じょうみゃく 정맥

훈독 **しず**

N2 静々と しずしずと 사뿐사뿐, 조용히 (걷다)

しずか

N2 N5 静か しずか 조용함, 고요함

しずまる

N2 静まる しずまる (자) 가라앉다, 안정되다

しずめる

N2 静める しずめる (타) 가라앉히다, 진정시키다

0881

붓 필

筆

JLPT N2 | 3학년 | 부수 竹

대나무(竹)로 만든 붓(聿)으로 글을 쓰고 있는 모습.

음독 **ひつ**

N2 N4 万年筆 まんねんひつ 만년필

N1 N2 随筆 ずいひつ 수필

N1 N5 鉛筆 えんぴつ 연필

훈독 **ふで**

N2 N3 筆 ふで 붓, 필기구

0882

법칙 률

律

JLPT N2 | 6학년 | 부수 彳

법전에 쓰여 있는 법률(聿)에 근거해 규율을 어긴 사람을 단속하러 다님(彳).

음독 **りつ**

N2 N4 法律 ほうりつ 법률

N2 規律 きりつ 규율

N1 一律 いちりつ 일률

りち

律儀 りちぎ 의리가 두터움 참고어휘

0883

편안 강

康

JLPT N2 | 4학년 | 부수 广

康 康

방앗간에서 벼를 탈곡기에 딜사(庚) 물(水)처럼 쌀이 쏟아져 내림. 올해는 풍작이라 먹을 게 많음.

음독 **こう**

N2
健康 けんこう 건강

별 경

방앗간(广)에서
탈곡기에 벼를 털고(ヨ)
있는 농부의 모습.

0884

고을 군

郡

JLPT N2 | 4학년 | 부수 邑 阝

郡 郡

언덕 위(阝)에서 지휘봉을 휘두르며(尹) 사람들에게 명령(口)을 내리고 있는 군수의 모습. 그 정도의 규모와 체계를 가진 고을을 말함.

음독 **ぐん**

N2
郡 ぐん 군 (소규모 행정 단위)

N1
郡部 ぐんぶ 군지역, 농촌부

0885

무리 군

群

JLPT N2 | 4학년 | 부수 羊

群 群

양치기가 양 떼(羊)를 통제(君)하고 있는 모습. 통제 당하는 무리, 군중.

음독 **ぐん**

N1
群集 ぐんしゅう 군집

N1
群衆 ぐんしゅう 군중

N1
抜群 ばつぐん 발군

훈독 **むれ**

N2
群れ むれ 떼, 무리, 집단

むれる

N2
群れる むれる (자) 떼를 짓다, 군집하다

むら

N1
群 むら 무리, 떼

N3에서 미리 외웠던 한자, 한번 더 복습해요!

복습

아뢸 주

奏

JLPT N2 | 6학년 | 부수 大

신의 아들인 천자(夭)에게 거문고 연주(龹)를 바치며 기분을 물음.

음독 そう

- N2 演奏 えんそう 연주
- N1 伴奏 ばんそう 반주
- N1 合奏 がっそう 합주

훈독 かなでる

- 奏でる かなでる (주로 관현악) 악기를 연주하다 참고어휘

0886

막대 봉

棒

JLPT N2 | 6학년 | 부수 木

임금에게 받은 선물(奉)을 도둑맞아 나무 몽둥이(木)를 들고 쫓아감.

음독 ぼう

- N2 棒 ぼう 봉, 몽둥이, 막대
- N2 泥棒 どろぼう 도둑
- N1 鉄棒 てつぼう 철봉

받들 봉

임금에게 굉장히 귀한 약재를 선물로 주는(龹) 모습. 또는 받음.

밥 뭉칠 권

주먹밥을 만들기 위해 양손을 벋음.

0887

책 권

巻

JLPT N2 | 6학년 | 부수 木

책상 위에 널브러져 있는 죽간(龹)을 돌돌 말아 정리하고 있는 사서(㔾)의 모습.

음독 かん

- N2 巻 かん 책, 두루마리, 권
- N2 一巻 いっかん 한 권, 맨 첫 권

훈독 まき

- N2 巻 まき 돌돌 말려 있는 형태, 말아서 만든 음식

まく

- N2 巻く まく (타) 감다, 말다

0888

이을 승

承

JLPT N2 | 6학년 | 부수 手 扌

承 承

중요한 내용이 담긴 죽간을 넘기는 모습. 자식에게 집문서를 넘김.

음독 **しょう**

N2 承認 しょうにん 승인

N2 承知 しょうち 앎, 승낙, 용서

N1 継承 けいしょう 계승

훈독 **うけたまわる**

N2 承る うけたまわる (타) 삼가 듣다, 삼가 받다

0889

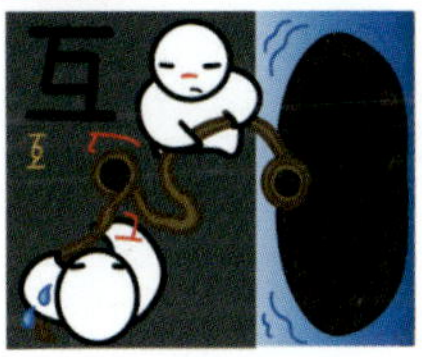

서로 호

互

JLPT N2 | 중, 고등 | 부수 二

互 互

배를 정박시키기 위해 선원 두 명이 힘을 합쳐, 배의 뱃줄을 항구의 말뚝에 묶고 있는 모습.

음독 **ご**

N2 相互 そうご 상호

N1 交互 こうご 번갈아 함, 교대로 함

훈독 **たがい**

N2 互い たがい 서로, 쌍방

0890

고를 균

均

JLPT N2 | 5학년 | 부수 土

均 均

손바닥으로 흙을 다져(匀) 땅(土)을 평평하게 만듦.

음독 **きん**

N2 N3 平均 へいきん 평균

N2 均等 きんとう 균등

N1 均衡 きんこう 균형

N1 均一 きんいつ 균일

0891

도울 좌

佐

JLPT N2 | 4학년 | 부수 人亻

한창 작업(左) 중인 장인을 옆에서 보좌하고 있는 조수(亻)의 모습.

음독 さ

N2 補佐 ほさ 보좌

佐官 さかん 좌관, 영관 참고어휘

0892

흩을 산

散

JLPT N2 | 4학년 | 부수 攵 攴

고기(肉)를 잘라(攵) 사람들에게 나눠줌(共). 여러 개로 흩어져 있음.

음독 さん

N2 散歩 さんぽ 산책

N2 解散 かいさん 해산

N1 分散 ぶんさん 분산

훈독 ちらかす

N2 散らかす N3 ちらかす (타) 흩뜨리다, 어지르다

ちらかる

N2 散らかる N3 ちらかる (자) 흐트러지다, 어질러지다

ちらす

N2 散らす ちらす (타) 흩뜨리다, 퍼뜨리다

ちる

N2 散る ちる (자) 떨어지다, 흩어지다

0893

엄할 엄

厳

JLPT N2 | 6학년 | 부수 ⺍

흉악한 범죄자를 보안이 철저한 형장으로 끌고 와(敢) 엄벌을 내림. 곡소리가 건물 밖까지 새어나옴.

음독 げん

N2 厳重 げんじゅう 엄중

N1 厳格 げんかく 엄격

N1 厳選 げんせん 엄선

ごん

華厳 けごん 화엄 (득도의 경지) 참고어휘

훈독 きびしい

N2 厳しい N4 きびしい 엄하다, 심하다

おごそか

N2 厳か おごそか 엄숙함

감히 감

범죄자의 귀(耳)를 끌어와 벌(攵)을 주는 용감한 경찰의 모습.

UPGRADE!

09

확인문제

한자표기 **다음 단어의 한자 표기로 적당한 것을 고르세요.**

01	けんとう	① 検討	② 験討	③ 験付
02	だんたい	① 団休	② 個体	③ 団体
03	そんちょう	① 配重	② 尊重	③ 尊働
04	こうぶつ	① 鉱物	② 広物	③ 払物
05	かくだい	① 広大	② 鉱大	③ 拡大

한자읽기 **다음 한자의 읽는 법을 고르고 빈칸에 뜻을 적으세요.**

06	戦争	① ぜんぞう	② せんぞう	③ せんそう	
07	法律	① ぼうりつ	② ほうりつ	③ ほりつ	
08	健康	① けんこう	② げんこう	③ けんごう	
09	演奏	① えんぞう	② えんそう	③ ねんそう	
10	平均	① へきん	② ひょうきん	③ へいきん	

정답 01 ① 검토 02 ③ 단체 03 ② 존중 04 ① 광물 05 ③ 확대 06 ③ 전쟁 07 ② 법률 08 ① 건강 09 ② 연주 10 ③ 평균

10

유용한 도구 유래 한자(29자)

0894

미울 증

憎

JLPT N2 | 중, 고등 | 부수 心忄

憎 憎

펄펄 끓어오르는 시루(曽)의 증기처럼 마음(心)의 증오가 끓어오르고 있는 사람의 모습.

음독 ぞう
- N2 憎悪 ぞうお 증오
- N1 愛憎 あいぞう 애증

훈독
- にくい: N2 憎い / N3 にくい 밉다, 증오스럽다
- にくしみ: N2 憎しみ にくしみ 미움, 증오
- にくむ: N2 憎む にくむ (타) 미워하다
- にくらしい: N2 憎らしい にくらしい 밉살스럽다, 얄밉다

0895

층 층

層

JLPT N2 | 6학년 | 부수 尸

層 層

높은 의자에서 걸터앉아(尸) 여러 층으로 된 대형 시루(曽)의 상태를 지켜봄.

음독 そう
- N2 一層 いっそう 일층
- N2 高層 こうそう 고층
- N1 階層 かいそう 계층
- N1 深層 しんそう 심층
- N1 上層 じょうそう 상층

재미있는 한자 이야기

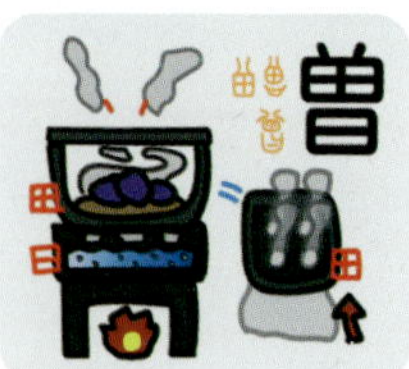

일찍 증

음식을 찔 때 사용하는 여러 층으로 된 시루의 모습.

일찍이 증기가 피어 오름. 이미, 예전에.

0896

줄 증

贈

JLPT N2 | 중, 고등 | 부수 貝

스님이 가난한 자에게 감자와 같은 찜(曽) 요리와 약간의 돈(貝)을 기증함.

음독 そう
N1 寄贈 きぞう 기증 — 원래 そう 였던 것이 탁음화로 인해 ぞう가 된 경우입니다.

ぞう
N2 贈呈 ぞうてい 증정 | N1 贈与 ぞうよ 증여

훈독 おくる
N2 贈る おくる (타) 보내다, 주다

0897

구리 동

銅

JLPT N2 | 5학년 | 부수 金

구리로 만든 큰 냄비(同)를 그린 모습. 철(金)인데도 잘 녹는 청동은 청동기 시대 이후 다양한 도구를 만드는 데 활용됨.

음독 どう
N2 銅 どう 동, 구리 | N1 銅像 どうぞう 동상

0898

일 흥

興

JLPT N2 | 5학년 | 부수 臼

좋은 일이 있어 커다란 청동 냄비(同)를 가져와(廾) 연회를 염. 흥을 돋구다.

음독 きょう
N2 興味 きょうみ 흥미 | N1 余興 よきょう 여흥

こう
N1 復興 ふっこう 부흥 | N1 振興 しんこう 진흥 | N1 新興 しんこう 신흥

훈독 おこす
N2 興す おこす (타) 흥하게 하다, (사업이나 단체를) 일으키다

おこる
N2 興る おこる (자) 흥하다, 번성하다

0899

筒

통 통

筒

JLPT N2 | 중, 고등 | 부수 竹

구리로 만든 거대한 냄비(同)처럼 구멍이 있는 대나무(竹) 통을 나타냄.

음독 とう

- 封筒 ふうとう 봉투 (N2, N4)
- 水筒 すいとう 물통, 보온병, 텀블러 (N2)

훈독 つつ

- 筒 つつ 통 (N1)

0900

机

책상 궤

机

JLPT N2 | 6학년 | 부수 木

팔을 걸치기(几) 딱 좋은 나무(木) 책상을 나타냄.

음독 き

- 机上 きじょう 탁상 참고어휘

훈독 つくえ

- 机 つくえ 책상 (N2, N5)

안석 궤

몸을 기댈 때 사용하는 방석이나 작은 책상을 그린 모습.

0901

肌

살 기

肌

JLPT N2 | 중, 고등 | 부수 肉 月

새로 산 방석과 책상을(几) 마음에 들어 하며 손바닥으로(肉) 슥슥 문지르고 있는 모습.

훈독 はだ

- 肌 はだ 피부, 살결, 표면 (N2)
- 肌色 はだいろ 피부색 (N2)

0902

곳 처

処

JLPT N2 | 6학년 | 부수 几

마을에 호랑이가 습격(夂)해 쉬고(几) 있던 사냥꾼에게 의뢰를 맡김.
"어딘 지 주소를 말하시오."

음독 しょ

N2 処理 しょり 처리	N2 処置 しょち 처치	N1 処罰 しょばつ 처벌
N1 処分 しょぶん 처분	N1 対処 たいしょ 대처	

N3에서 미리 외웠던 한자, 한번 더 복습해요!

복습

옷 의

衣

JLPT N2 | 4학년 | 부수 衣 衤

소매가 있는 옷을 그린 모습.

음독 い

N2 衣服 いふく 의복	N1 衣装 いしょう 의상	N2 衣食住 いしょくじゅう 의식주

훈독 ころも

衣 ころも 옷, 의복, 튀김옷 참고어휘

0903

의지할 의

依

JLPT N2 | 중, 고등 | 부수 人 亻

차가운 바람을 견디기 위해 옷(衣)으로 몸(亻)을 감쌈.

음독 い

N2 依頼 いらい 의뢰	N2 依存 いそん·いぞん 의존	N1 依然 いぜん 의연히, 여전히

훈독 え

帰依 きえ 귀의, 부처님의 품으로 돌아감 참고어휘

0904

俵

JLPT N2 | 6학년 | 부수 人亻

추운 겨울 날 가난한 자(亻)에게 쌀 가마니와 털옷(表)을 나눠 줌.

음독 ひょう

N1 俵 ひょう (가마에 든 것을 세는 말) 섬, 가마

N1 土俵 どひょう 흙을 담은 섬

훈독 たわら

N2 俵 たわら (쌀이나 숯, 흙 등을 담는) 섬

0905

複

JLPT N2 | 5학년 | 부수 衣衤

환자의 회복(复)을 위해 의사 선생님이 집에 방문하자, 집주인이 옷(衤)을 막 껴입으며 뛰쳐나감.

음독 ふく

N2 N4 複雑 ふくざつ 복잡함

N2 複数 ふくすう 복수

N2 複写 ふくしゃ 복사

회복할 복, 겹옷 복

기적같이 몸이 완치되어, 이리저리
뛰어다니며(夂) 기뻐하는(曰)
사람(人)의 모습. 집 밖을 맴돌음.

0906

腹

JLPT N2 | 6학년 | 부수 肉月

기적적으로 몸(肉)이 완치(复)되어, 옷이 풀어져 있는지도 모른 채 뛰어다니며 기뻐함. 배가 다 드러남.

음독 ふく

N2 空腹 くうふく 공복

N2 中腹 ちゅうふく (산 등의) 중턱, 중간 부분

훈독 はら

N2 腹 はら 배, 속

N1 腹立ち はらだち 크게 화냄, 성냄

0907

물방울 적

滴

JLPT N2 | 중, 고등 | 부수 氵

상품으로 팔고 있는 화분(啇)에 물(氵)을 주고 있는 모습. 물방울이 뚝뚝 떨어짐.

음독 てき
- N2 水滴 すいてき 물방울
- N1 点滴 てんてき 수액주사, 링거

훈독 しずく
- N2 滴 しずく 물방울

したたる
- N1 滴る したたる (자) (물 등이) 방울져 떨어지다, 싱싱하다

0908

폭 폭

幅

JLPT N2 | 중, 고등 | 부수 巾

천(巾)으로 비싼 술 항아리(畐)의 폭을 재봄.

음독 ふく
- 幅員 ふくいん (도로나 교량 등의) 폭, 너비 참고어휘

훈독 はば
- N2 幅 はば 폭, 너비
- N2 大幅 おおはば 폭이 큼

0909

부자 부

富

JLPT N2 | 4학년 | 부수 宀

집(宀)에 고급 술(畐)이 잔뜩 있음.

음독 ふ
- N2 豊富 ほうふ 풍부
- N1 富豪 ふごう 부호
- N1 貧富 ひんぷ 빈부

ふう
- N1 富貴 ふうき 부귀

훈독 とみ
- N1 富 とみ 부, 재산

とむ
- N1 富む とむ (자) 재산이 많다, 풍부하다

0910

복 복

福

JLPT N2 | 3학년 | 부수 示ネ

福 福

제단(示)에 고급 술(畐)을 올리며 나라의 평안과 가족의 행복을 빔.

음독 ふく

N2	N2	N1
福 ふく 복	幸福 こうふく 행복	福祉 ふくし 복지

가득할 복

아주 비싸고 고급진 술이 항아리 안에 가득 차 있는 모습. 새지 않게 뚜껑으로 완전 밀봉함.

0911

버금 부

副

JLPT N2 | 4학년 | 부수 刀 刂

副 副

귀한 손님이 올 때만 칼(刀)로 개봉하는 비싼 술(畐)을 말함. 거의 금에 버금갈만큼 귀함. 흔히 가장 좋은 것의 다음 것을 말함.

음독 ふく

N2	N2	N2
副業 ふくぎょう 부업	副詞 ふくし 부사	副食 ふくしょく 부식

0912

망세 맹

盟

JLPT N2 | 6학년 | 부수 皿

盟 盟

밤이든 낮이든 세월이 흘러도(明) 서로를 배신하지 않기로 맹세하며 술잔(皿)을 나눔.

음독 めい

N2	N1	N1
同盟 どうめい 동맹	連盟 れんめい 연맹	盟約 めいやく 맹약

0913

그릇 기

器

JLPT N2 | 4학년 | 부수 口

그릇 및 비씬 도구(㗊)들을 지키기 위해 망을 보고 있는 개(犬)의 모습. 유용한 도구 전반을 지칭함.

음독 き

N2 N3 楽器 がっき 악기

N2 N3 食器 しょっき 식기

N2 N3 受話器 じゅわき 수화기

훈독 うつわ

N2 器 うつわ 그릇

0914

갖출 구

具

JLPT N2 | 3학년 | 부수 八

솥처럼 생긴 그릇을 양손으로 떠받쳐 어디론가 나름.

음독 ぐ

N2 N4 道具 どうぐ 도구

N2 N4 具合 ぐあい 형편, 컨디션

N2 N3 家具 かぐ 가구

N2 器具 きぐ 기구

N2 N3 文房具 ぶんぼうぐ 문방구

0915

터 기

基

JLPT N2 | 5학년 | 부수 土

흙(土)에 바둑돌(其)처럼 생긴 자갈을 섞어 지반을 튼튼하게 만듦.

음독 き

N1 N2 基礎 きそ 기초

N1 N2 基盤 きばん 기반

N2 基本 きほん 기본

훈독 もと

N2 基 もと 근본, 토대, 기초

もとい

N2 基 もとい 근본, 토대, 기초 (격식)

그 기

바둑판과 바둑알 바구니인 키를 그린 모습.

0916

근심 환

患

JLPT N2 | 중, 고등 | 부수 心 忄

마치 꼬챙이(串)에 찔린 것처럼 온 몸이 아파 마음(心)이 편치 않음.

음독 かん　　N2 患者 N3 かんじゃ 환자　　N1 疾患 しっかん 질환

훈독 わずらう　　N2 患う わずらう (타) 병을 앓다, 병에 걸리다

0917

기와 와

瓦

JLPT N2 | 중, 고등 | 부수 瓦

집 지붕을 만드는 데 사용하는 기와의 구조를 나타냄.

음독 が　　N1 煉瓦 N2 れんが 벽돌 (흙을 구워서 만든 것)

훈독 かわら　　N2 瓦 かわら 기와

0918

병 병

瓶

JLPT N2 | 중, 고등 | 부수 瓦

오랫동안 음식을 보관할 수 있는 기와(瓦) 재질의 병(瓶)을 말함. 전쟁터에서도 병사(幷)들이 안심하고 음식을 먹을 수 있었음.

음독 びん　　N2 瓶 びん 병　　N2 花瓶 N5 かびん 꽃병

아우를 병 부수

방패를 들고 나란히 서 있는 병사들의 모습.

0919

주울 습

拾

JLPT N2 | 3학년 | 부수 手 扌

拾 拾

밥(合)을 먹기 위해 그릇과 숟가락을 주워 듦(扌).

음독 **しゅう**

N2 収拾 しゅうしゅう 수습

N2 拾得 しゅうとく 습득

じゅう

拾 じゅう 숫자 10을 뜻함 (문어적 표기) 참고어휘

훈독 **ひろう**

N2 N4 拾う ひろう (타) 줍다, 골라내다

0920

탑 탑

塔

JLPT N2 | 중, 고등 | 부수 土

塔 塔

부처님의 사리를 통 안에 넣어(合) 무덤(土, 艹)에 안치한 후, 그 위에 탑을 세움.

음독 **とう**

N2 塔 とう 탑

N2 石塔 せきとう 석탑

좀콩 답

밥솥처럼 생긴 통(合) 안에 야채(艹)와
콩 같은 것들이 담겨져 있음.

0921

줄 급

給

JLPT N2 | 4학년 | 부수 糸

병사들을 줄(糸) 세운 다음 식량(合)을 배급함.

음독 **きゅう**

- N2 N3 給与 きゅうよ 급여
- N2 N3 給料 きゅうりょう 급료
- N2 給食 きゅうしょく 급식
- N2 供給 きょうきゅう 공급
- N2 支給 しきゅう 지급

0922

바늘 침

針

JLPT N2 | 6학년 | 부수 金

날카로운 쇠바늘(金)로 천을 찌름(十).

음독 **しん**

- N2 方針 ほうしん 방침
- N2 針路 しんろ 침로, 코스
- N1 指針 ししん 지침

훈독 **はり**

- N2 N3 針 はり 바늘, 침

UPGRADE!

10

확인문제

한자표기 **다음 단어의 한자 표기로 적당한 것을 고르세요.**

01 ぞうお ① 贈悪 ② 層悪 ③ 憎悪

02 こうそう ① 高贈 ② 高層 ③ 高憎

03 きぞう ① 寄層 ② 寄憎 ③ 寄贈

04 きょうみ ① 興味 ② 興実 ③ 興夫

05 しょり ① 処利 ② 処里 ③ 処理

한자읽기 **다음 한자의 읽는 법을 고르고 빈칸에 뜻을 적으세요.**

06 依存 ① ぎそん ② ぎぞん ③ いそん [ ]

07 空腹 ① くうふく ② くうほく ③ くうはく [ ]

08 幸福 ① ごうふく ② こうぷく ③ こうふく [ ]

09 同盟 ① とうめい ② どうめい ③ どめい [ ]

10 食器 ① しょっき ② しょっぎ ③ しょき [ ]

정답 01 ③ 증오 02 ② 고층 03 ③ 기증 04 ① 흥미 05 ③ 처리 06 ③ 의존 07 ① 공복 08 ③ 행복 09 ② 동맹 10 ① 식기

11

줄 관련 한자(11자)

0923

줄 승

縄

JLPT N2 | 4학년 | 부수 糸

곤충을 끌어당기는 개구리(黽)의 혓바닥처럼, 사람을 포박할 때 쓰는 포승줄(糸)을 의미함.

음독 じょう　捕縄 ほじょう 포승 참고어휘

훈독 なわ　N2 縄 なわ 줄, 새끼줄, 포승줄　縄張り なわばり 자신의 구역, 영역 참고어휘

0924

비단 견

絹

JLPT N2 | 6학년 | 부수 糸

비단실(糸)을 뽑는 누에 애벌레(肙)의 모습.

음독 けん　絹布 けんぷ 견포, 비단 참고어휘

훈독 きぬ　N2 N4 絹 きぬ 비단, 명주

재미있는 한자 이야기

맹꽁이 맹

맹꽁이 또는 개구리를 말함.

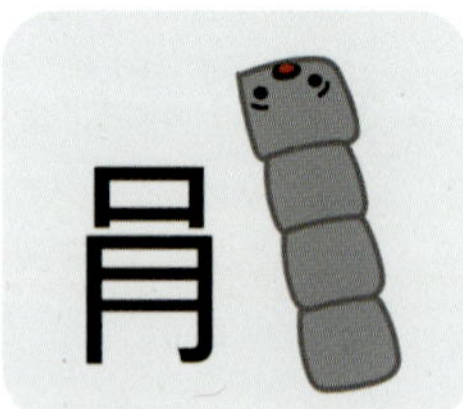

벌레 연

애벌레를 나타낸 모습

0925

벼리 기

紀

JLPT N2 | 5학년 | 부수 糸

왕자(己)가 가문의 대(糸)를 이음. 선대의 전통과 역사를 이어나감.

음독 き

N2 世紀 せいき 세기	N1 書紀 しょき 서기	N1 風紀 ふうき 풍기, 기강

0926

끊을 절

絶

JLPT N2 | 5학년 | 부수 糸

결혼을 반대하는 부모가 자식들의 연애(色)를 막기 위해 줄(糸)로 묶어놓음.

음독 ぜつ

N2 絶滅 ぜつめつ 절멸	N1 拒絶 きょぜつ 거절	N1 絶望 ぜつぼう 절망

훈독 たえる

N1
絶える たえる (자) 끊어지다, 끊기다

たつ

N1
絶つ たつ (타) 끊다

たやす

N1
絶やす たやす (타) 끊어지게 하다

0927

어릴 유

幼

JLPT N2 | 6학년 | 부수 幺

실(糸)처럼 약한 힘(力)을 가지고 있는, 보호가 필요한 유아를 말함.

음독 よう

N2 N3 幼児 ようじ 유아	N1 幼稚園 ようちえん 유치원

훈독 おさない

N2 N3
幼い おさない 어리다

0928

손자 손

孫

JLPT N2 | 4학년 | 부수 子

孫 孫

가문의 대(系)를 이어 나가는 자식(子)을 말함.

음독 そん

N2
子孫　しそん　자손

훈독 まご

N2 N4
孫　まご　손자

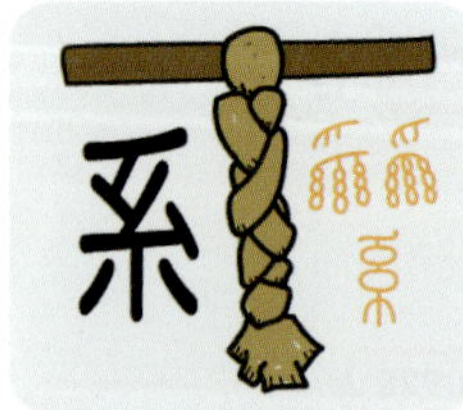

이어맬 계

0929

몇 기

幾

JLPT N2 | 중, 고등 | 부수 幺

幾 幾

실(糸)을 엮어 천으로 만들어주는 기구인 베틀을 나타냄. 그 과정이 너무나도 복잡하고 오래 걸려 얼마나 걸리냐는 의미가 붙음. 끝날 기미가 안 보임.

음독 き

幾何学　きかがく　기하학, 넓이나 길이 등이 어느정도 되는 지 측정하는 학문 참고어휘

훈독 いく

N2 N5
幾ら　いくら　얼마, 얼마나

N2 N5
幾つ　いくつ　몇 개, 몇 살

N2
幾分　いくぶん　일부분

0930

거느릴 솔, 비율 률

率

JLPT N2 | 5학년 | 부수 玄

率 率

일정한 비율로 범죄자들을 줄로 묶고 감옥으로 데려감.

음독 りつ

N2
能率　のうりつ　능률

N2
確率　かくりつ　확률

N1
比率　ひりつ　비율

음독 そつ

N1
軽率　けいそつ　경솔

N1
引率　いんそつ　인솔

훈독 ひきいる

N1
率いる　ひきいる　(타) 거느리다, 인솔하다, 통솔하다

0931

짐승 축

畜

JLPT N2 | 중, 고등 | 부수 田

마을 목장(田)에 강한 줄(玄)로 묶여 있는 가축들의 모습.

음독 ちく

N2 牧畜 ぼくちく 목축

N1 畜産 ちくさん 축산

N1 家畜 かちく 가축

검을 현

옻칠을 한 검은색 활줄을 그린 모습.
옻나무의 진액은 물건의 내구도를 강화하는 데
사용되었으며 방수처리에도 탁월했음.

0932

깨끗할 결

潔

JLPT N2 | 5학년 | 부수 氵

정직하게 물건을 납품해 계약(契)이 물(氵) 흐르듯 순조롭게 진행됨. 깨끗한 관계(糸)가 유지됨.

음독 けつ

N2 清潔 せいけつ 청결

N2 不潔 ふけつ 불결

N1 簡潔 かんけつ 간결

훈독 いさぎよい

N1 潔い いさぎよい 깨끗하다, 청결하다

교묘히 새길 갈

조각칼(刀)로 목판에
글씨를 교묘히 새김.

헤아릴 혈

계약(㓞)에서 요구했던 대로,
물건의 길이를 줄자(糸)로
정확하게 잰 후 규격에 맞게
납품함.

0933

은혜 혜

恵

JLPT N2 | 중, 고등 | 부수 心忄

恵 恵

방추(叀)에서 누에실을 조심히 뽑아내듯이, 큰 도움을 주신 윗사람에게 감사의 마음(心)을 세심히 전달함.

음독 **けい**　N2 恩恵 おんけい 은혜

え　N2 知恵 ちえ 지혜

훈독 **めぐむ**　N1 恵む めぐむ (타) 베풀다, 은혜를 주다

UPGRADE! 11

확인문제

한자표기 **다음 단어의 한자 표기로 적당한 것을 고르세요.**

01	せいき	① 世紀	② 世記	③ 世期
02	しそん	① 子村	② 子係	③ 子孫
03	おんけい	① 恩恵	② 恩専	③ 恩博
04	のうりつ	① 能律	② 能率	③ 能立
05	ふけつ	① 否潔	② 不契	③ 不潔

한자읽기 **다음 한자의 읽는 법을 고르고 빈칸에 뜻을 적으세요.**

		①	②	③	뜻
06	縄	① なわ	② わな	③ なお	
07	絹	① ぎぬ	② きぬ	③ きの	
08	幼い	① おざない	② わざない	③ おさない	
09	幾ら	① いこら	② いくら	③ りくら	
10	知恵	① ちえ	② ちへ	③ ちへい	

정답 01 ① 세기 02 ③ 자손 03 ① 은혜 04 ② 능률 05 ③ 불결 06 ① 줄 07 ② 비단 08 ③ 어리다 09 ② 얼마나 10 ① 지혜

12
돈 또는 자산 관련 한자(15자)

0934

법칙 칙

則

JLPT N2 | 5학년 | 부수 刀 刂

돈(貝)을 사람들에게 배분할 땐 엄격한 규칙(刀) 하에 나눠줘야 함.

음독 そく

- N2 N4 規則 きそく 규칙
- N2 N3 法則 ほうそく 법칙
- N2 不規則 ふきそく 불규칙
- N1 原則 げんそく 원칙

0935

헤아릴 측

測

JLPT N2 | 5학년 | 부수 氵

범람(氵)으로 인한 피해를 최소화하기 위해 얼마만큼의 비용을 투자하면 될지, 정확(則)하게 강의 폭과 깊이를 재보는 사람들의 모습. (황하강 문명 등, 옛 4대 문명 기하학 발전의 근간)

음독 そく

- N2 N3 測定 そくてい 측정
- N2 N3 測量 そくりょう 측량
- N2 予測 よそく 예측

훈독 はかる

- N2 測る はかる (타) 무게, 길이, 깊이, 넓이 등을 재다

재미있는 한자 이야기

조개 패

조개를 그린 모습. 고대 사회엔 조개를 화폐로 썼기에 재물이라는 의미를 가짐.

특히 마노 조개는 보석처럼 광택이 있고 구하기 힘들었음.

0936

패할 패

敗

JLPT N2 | 4학년 | 부수 攵 支

敗 敗

내기에서 패한 사람이 분해서 돈(貝)을 바닥에 내팽개치고 있는(攵) 모습.

음독 はい

N2 勝敗 しょうはい 승패

N1 腐敗 ふはい 부패

N1 敗北 はいぼく 패배

훈독 やぶれる

N2 敗れる やぶれる (자) 지다, 패배하다

N3에서 미리 외웠던 한자, 한번 더 복습해요!

복습

재주 재

才

JLPT N2 | 2학년 | 부수 手 扌

才 才

새싹이 고난을 이겨내고 피어 오르듯이, 자라오면서 길러진 어떤 사람의 재능을 뜻함.

음독 さい

N2 N3 才能 さいのう 재능

N1 天才 てんさい 천재

0937

재물 재

財

JLPT N2 | 5학년 | 부수 貝

財 財

자신의 재능(才)을 활용해 얻은 재산(貝)들을 뜻함.

음독 ざい

N2 財産 ざいさん 재산

N1 財源 ざいげん 재원

N1 財政 ざいせい 재정

훈독 さい

N2 N5 財布 さいふ 지갑

0938

재물 화

貨

JLPT N2 | 4학년 | 부수 貝

사람의 생명력이 시간에 따라 줄어들듯이(化), 모아두었던 돈(貝)도 점점 줄어듦.

음독 か

- N2 財貨 ざいか 재화
- N2 通貨 つうか 통화, 화폐
- N2 貨物 かもつ 화물
- N2 N4 百貨店 ひゃっかてん 백화점

0939

꾸짖을 책

責

JLPT N2 | 5학년 | 부수 貝

가시(朿) 돋친 돈(貝)인 빚을 잔뜩 져, 아버지에게 질책 받고 있는 아들의 모습.

음독 せき

- N2 責任 せきにん 책임
- N1 責務 せきむ 책무
- N1 叱責 しっせき 질책

훈독 せめる

- N2 責める せめる (타) 책하다, 비난하다, 재촉하다

0940

길쌈할 적

績

JLPT N2 | 5학년 | 부수 糸

길쌈(糸)을 하며 빚을 진 아들을 질책(責)하고 있는 어머니의 모습. 길쌈을 하며 빚을 갚음.

음독 せき

- N2 N3 成績 せいせき 성적
- N2 実績 じっせき 실적
- N2 功績 こうせき 공적
- N1 業績 ぎょうせき 업적
- N1 紡績 ぼうせき 방적, 실을 만드는 공정 및 산업

0941

쌓을 적

積

JLPT N2 | 4학년 | 부수 禾

창고에 벼(禾)와 약초(丰)와 돈(貝)을 쌓아 놓음.

음독 せき

N2 容積 ようせき 용적 N2 体積 たいせき 체적, 부피 N2 面積 めんせき 면적

훈독 つむ

N2 積む N3 つむ (타) 쌓다

つもる

N1 積る つもる (자) 쌓이다

0942

익숙할 관

慣

JLPT N2 | 5학년 | 부수 心 忄

많은 돈(貫)을 벌기 위해 수 십년 이상 매일 똑같은 직장을 다니다 보니, 일이 아주 익숙해 짐(心). 그러면서 생긴 습관이나 관습을 말함.

음독 かん

N2 習慣 N4 しゅうかん 습관 N1 慣習 かんしゅう 관습

훈독 ならす

N2 慣らす ならす (타) 익숙하게 하다

なれる

N2 慣れる N4 なれる (자) 익숙해지다

0943

도울 찬

賛

JLPT N2 | 5학년 | 부수 貝

밤새 보초를 서느라 고생하고 있는 병사(夫)들에게 더 많은 돈(貝)을 줌.

음독 さん

N2 賛成 N4 さんせい 찬성 N1 賛美 さんび 찬미 N1 協賛 きょうさん 협찬

0944

하례할 하

賀

JLPT N2 | 4학년 | 부수 貝

賀 賀

열심히 일하는(力) 사람을 칭찬(口)하며 돈(貝)을 더 줌.

음독 が

- N1 祝賀 しゅくが 축하
- N2 年賀状 N3 ねんがじょう 연하장

0945

귀할 귀

貴

JLPT N2 | 6학년 | 부수 貝

貴 貴

값비싼(貝) 물건을 조심스럽게 들어 올리고 있는 사람의 모습.

음독 き

- N2 貴重 きちょう 귀중
- N2 貴社 きしゃ 귀사
- N1 貴族 きぞく 귀족

훈독

- とうとい: N1 尊い·貴い とうとい 고귀하다, 존귀하다, 귀중하다
- とうとぶ: N1 尊ぶ·貴ぶ とうとぶ (타) 공경하다, 존경하다, 존중하다
- たっとい: 尊い·貴い たっとい 고귀하다, 존귀하다, 귀중하다 참고어휘
- たっとぶ: 尊ぶ·貴ぶ たっとぶ (타) 공경하다, 존경하다, 존중하다 참고어휘

0946

남길 유

遺

JLPT N2 | 6학년 | 부수 辵 辶

遺 遺

조상님이 남기고 간(辶) 귀중한 물건(貴)을 조심스럽게 들어올리고 있는 사람의 모습.

음독 い

- N2 遺産 いさん 유산
- N2 遺物 いぶつ 유물
- N1 遺憾 いかん 유감

훈독 ゆい

- N2 遺言 ゆいごん 유언

0947

가난할 빈

貧

JLPT N2 | 5학년 | 부수 貝

가지고 있는 재산(貝)을 나누다(分) 보니 가난해짐.

음독 **ひん**
- N2 貧困 ひんこん 빈곤
- N1 貧弱 ひんじゃく 빈약
- N1 貧富 ひんぷ 빈부

びん
- N1 貧乏 びんぼう 가난함

훈독 **まずしい**
- N2 N3 貧しい まずしい 빈약하다, 궁하다

0948

덜 손

損

JLPT N2 | 5학년 | 부수 手 扌

먹을 것을 나눠주니(扌)를 솥(員) 안의 음식이 점점 줄어들고 있는 모습.

음독 **そん**
- N2 N3 損害 そんがい 손해
- N2 損得 そんとく 손득
- N1 損失 そんしつ 손실

훈독 **そこなう**
- N1 損なう そこなう (타) 손상시키다, (계획 · 감정 · 관계 등을) 해치다, 잃다

そこねる
- 損ねる そこねる (타) 손상시키다, 기회를 잃다, ~하는 데 실패하다 참고어휘

인원 원

해가 중천에 뜨자 밥을 먹기 위해

솥 앞으로 모여든 사람들의 모습.

UPGRADE!

12

확인문제

한자표기 **다음 단어의 한자 표기로 적당한 것을 고르세요.**

01	きそく	① 規則	② 規測	③ 規財
02	そくてい	① 測定	② 則定	③ 財定
03	さいのう	① 財能	② 才能	③ 材能
04	ざいさん	① 才産	② 材産	③ 財産
05	ざいか	① 才貨	② 財貨	③ 材貨

한자읽기 **다음 한자의 읽는 법을 고르고 빈칸에 뜻을 적으세요.**

06	実績	① しっせき	② しっぜき	③ じっせき	
07	習慣	① しゅかん	② しゅうかん	③ すかん	
08	貴重	① きじょう	② きちょう	③ ぎちょう	
09	遺産	① ゆさん	② いさん	③ いざん	
10	財布	① さいふ	② ざいふ	③ さいぷ	

정답 01 ① 규칙 02 ① 측정 03 ② 재능 04 ③ 재산 05 ② 재화 06 ③ 실적 07 ② 습관 08 ② 귀중 09 ② 유산 10 ① 지갑

13 풀과 작물 유래 한자(18자)

0949

해할 해

害

JLPT N2 | 4학년 | 부수 宀

가시(丰)처럼 날카로운 칼을 든 도둑이 집 안(宀)에 침입해 금품을 요구함(口).

음독 **がい**

- N2 N3 被害 ひがい 피해
- N2 損害 そんがい 손해
- N2 利害 りがい 이해, 손득
- N2 公害 こうがい 공해
- N2 障害 しょうがい 장해, 장애

0950

맑을 청

清

JLPT N2 | 4학년 | 부수 氵

우물(井)의 물(氵)이 새순(丰)처럼 싱싱하고 달빛(月)처럼 맑음.

음독 **せい**

- N2 N3 清掃 せいそう 청소
- N2 清潔 せいけつ 청결

しょう

- N2 清浄 しょうじょう 청정

훈독 **きよい**

- N2 清い きよい 맑다, 깨끗하다

きよまる

- N2 清まる きよまる (자) 맑아지다

きよめる

- N2 清める きよめる (타) 맑게 하다

재미있는 한자 이야기

풀 봉

새순 또는
가시를 그린 모습.

푸를 청

새순(丰)처럼 싱싱하고
우물(井)에 비치는
달빛(月)처럼 맑은 것.

0951

갤 청

晴

JLPT N2 | 2학년 | 부수 日

晴 晴

해(日)가 뜨자 새카맸던 하늘이 파랗게 맑아짐(青).

음독 せい
- N2 快晴 かいせい 쾌청
- N1 晴天 せいてん 청천

훈독 はれる
- N2 晴れる はれる (자) 하늘이 개다, 맑아지다

はらす
- N2 晴らす はらす (타) 풀다, 개운케 하다

0952

정할 정

精

JLPT N2 | 5학년 | 부수 米

精 精

새순(丰)처럼 싱싱하고 달빛(月)처럼 맑은 최고급 쌀(米)을 먹으니, 힘이 솟아나고 정신이 맑아짐.

음독 せい
- N2 精神 せいしん 정신
- N1 精鋭 せいえい 정예
- N1 精蜜 せいみつ 정밀

しょう
- N1 精進 しょうじん 정진

0953

낟알 립

粒

JLPT N2 | 중, 고등 | 부수 米

粒 粒

쌀알(米)의 상태를 면밀히 살피고 있는 학자(立)의 모습.

음독 りゅう
- N1 粒子 りゅうし 입자

훈독 つぶ
- N2 粒 つぶ 알, 낟알

0954

미혹할 미

迷

JLPT N2 | 5학년 | 부수 辵 辶

새를 잡기 위해 길가(辶)에 함정을 설치하고 쌀(米)로 미혹함. 갈길을 헤매게 만듦.
일본에서는 '민폐를 끼치다'라는 의미로도 활용됨.

음독 めい
- N2 迷惑 N3 めいわく 민폐, 성가심, 귀찮음
- N2 迷路 めいろ 미로
- N2 迷信 めいしん 미신

훈독 まよう
- N2 迷う N3 まよう (자) 헤매다, 방향을 잃다

0955

가루 분

粉

JLPT N2 | 5학년 | 부수 米

쌀(米)를 쪼개(分) 가루로 만듦.

음독 ふん
- N1 花粉 かふん 꽃가루
- N1 粉末 ふんまつ 분말

훈독 こ
- N2 小麦粉 N3 こむぎこ 밀가루

こな
- N2 粉 こな 가루, 분말
- N1 粉々 こなごな 산산조각남

0956

엿 당, 엿 탕

糖

JLPT N2 | 6학년 | 부수 米

방앗간(庚)의 주인장이 아이들에게 쌀(米)과 밀로 만든 엿을 먹어보라고 권유함(口).

음독 とう
- N2 糖 とう 당
- N2 砂糖 N4 さとう 설탕
- N2 糖分 とうぶん 당분

별 경
방앗간(广)에서
탈곡기에 벼를 털고(ヨ)
있는 농부의 모습.

당황할 당
방앗간(庚)에서 만들어
놓았던 전분으로 튀김을
만들어 놨는데, 아이가
훔쳐가버려 당황함(口).

0957

계절 계

季

JLPT N2 | 4학년 | 부수 子

季 季

사계절을 이겨내고 성공적으로 씨(子)를 맺은 벼(禾)의 모습.

음독 き

N2 N4 季節 きせつ 계절　　N2 N3 四季 しき 사계

0958

향기 향

香

JLPT N2 | 4학년 | 부수 香

香 香

향기로운 밥(禾)냄새에 이빨을 보이며(日) 좋아하는 사람의 모습.

음독 こう

N2 香水 こうすい 향수　　N1 香辛料 こうしんりょう 향신료

きょう

異香 いきょう 진귀한 향기 참고어휘

훈독 か

香 か 냄새, 향기 참고어휘

かおり

N2 N3 香り かおり 향기

かおる

N2 香る かおる (자) 향기가 나다

0959

맡길 위

委

JLPT N2 | 3학년 | 부수 女

委 委

벼(禾)를 수확하는 것은 힘이 많이 필요해 주로 남자가 했고, 수확한 벼를 관리하고 손질하는 건 주로 여자(女)가 하였음. 벼를 아내에게 맡김.

음독 い

N2 委員 いいん 위원　　N1 委託 いたく 위탁

훈독 ゆだねる

N2 委ねる ゆだねる (타) 맡기다, 위임하다

0960

분초 초

秒

JLPT N2 | 3학년 | 부수 禾

秒 秒

벼(禾)의 아주 작은(少) 수염 부분처럼, 시계의 가장 얇은 바늘을 말함.

음독 びょう

N2 N4 秒 びょう 초

N2 分秒 ふんびょう 분초

0961

숨길 비

秘

JLPT N2 | 6학년 | 부수 禾

秘 秘

곡물(禾)을 제물로 바치고 바가지(必)로 성수를 뿌리며 비밀스러운 의식을 시행함.

음독 ひ

N2 秘密 ひみつ 비밀

N1 秘書 ひしょ 비서

N1 神秘 しんぴ 신비

훈독 ひめる

N2 秘める ひめる (타) 숨기다, 비밀히 하다

0962

절 배

拝

JLPT N2 | 6학년 | 부수 手 扌

拝 拝

조상신에게 보리를 제물로 바치며 올해도 풍작이게 해 달라 기도하고 있는 모습.

음독 はい

N2 N3 拝見 はいけん 삼가 봄

N1 拝借 はいしゃく 빌려 씀

훈독 おがむ

N2 拝む おがむ (타) 합장하다, 빌다, 배례하다

0963

보리 맥

麦

JLPT N2 | 2학년 | 부수 麥 麦

보리를 그린 모습.

음독 ばく

蕎麦 しゅくばく 숙맥, 콩과 보리 참고어휘

훈독 むぎ

N2 麦 むぎ 보리, 밀, 귀리

N2 小麦 こむぎ 소맥, 밀

N2 大麦 おおむぎ 대맥, 보리

0964

독 독

毒

JLPT N2 | 4학년 | 부수 毋 母

임산부(毋)에게 절대로 주면 안되는 독 성분이 있는 풀(丰)을 나타냄.

음독 どく

N2 N3 毒 どく 독

N2 消毒 しょうどく 소독

N1 中毒 ちゅうどく 중독

0965

싹 아

芽

JLPT N2 | 4학년 | 부수 艸 艹

어금니(牙)처럼 땅에서 새싹(艹)들이 뾰족하게 발아하고 있는 모습.

음독 が

N1 発芽 はつが 발아

N1 麦芽 ばくが 맥아

훈독 め

N2 芽 め 싹

N1 新芽 しんめ 새싹

N1 芽生える めばえる 싹트다

어금니 아

짐승의 어금니를 그린 모습.

0966

密

山

빽빽할 밀

密

JLPT N2 | 6학년 | 부수 宀

중요한 인물을 우물(必)이 있는, 아주 깊은 산 속(山)의 피난처(宀)에 숨겨놓은 모습. 나무가 밀도 높게 가득 차 있음.

음독 みつ

N2 秘密 ひみつ 비밀	N1 綿密 めんみつ 면밀	N1 密度 みつど 밀도
N1 過密 かみつ 과밀	N1 厳密 げんみつ 엄밀	

必

반드시 필

삶에 반드시 필요한 물을 박으로 푸는 모습.

UPGRADE!

13

확인문제

한자표기 **다음 단어의 한자 표기로 적당한 것을 고르세요.**

01	**せいしん**	① 精神	② 清神	③ 生神
02	**さとう**	① 砂党	② 砂唐	③ 砂糖
03	**しょうどく**	① 少毒	② 小毒	③ 消毒
04	**いいん**	① 香員	② 委損	③ 委員
05	**ふんびょう**	① 分秒	② 分少	③ 分秘

한자읽기 **다음 한자의 읽는 법을 고르고 빈칸에 뜻을 적으세요.**

06	**秘密**	① びみつ	② ひみつ	③ ひびつ	
07	**清い**	① ぎよい	② きよい	③ きゆい	
08	**晴れる**	① なれる	② ほれる	③ はれる	
09	**粒**	① すぶ	② つむ	③ つぶ	
10	**迷う**	① まよう	② まゆう	③ なよう	

정답 01 ① 정신 02 ③ 사탕 03 ③ 소독 04 ③ 위원 05 ① 분초 06 ② 비밀 07 ② 맑다 08 ③ 개다 09 ③ 낱알 10 ① 헤매다

14
나무 또는 목재 유래 한자(27자)

0967

끓을 비

沸

JLPT N2 | 중, 고등 | 부수 氵

장작(弗)에 불을 붙여 물(氵)을 끓임.

음독 ふつ
N1 沸騰 ふっとう 액체가 끓어오름

훈독 わかす
N2 沸かす N4 わかす (타) 데우다, 끓이다, 흥분시키다

わく
N2 沸く N4 わく (자) 끓다, 열광하다

0968

편지 찰

札

JLPT N2 | 4학년 | 부수 木

나라의 명운을 좌우하는 중요한 서찰을 가진 전령이, 도적 떼를 보고 나무(木) 뒤에 숨은(乚) 모습. 지폐나 티켓 등, 중요한 가치가 있는 종이들을 말함.

음독 さつ
N2 札 さつ 지폐
N2 改札口 N3 かいさつぐち 개찰구

훈독 ふだ
N1 札 ふだ 표, 팻말, 부적

재미있는 한자 이야기

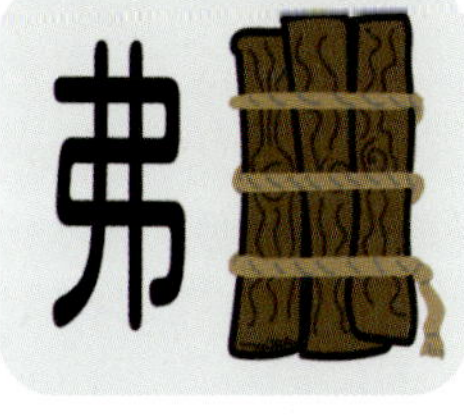

근심할 불

곧 겨울인데 장작이 얼마 안 남아 근심에 빠짐. 줄로 묶은 장작더미를 그린 모습.

0969

잔 배

杯

JLPT N2 | 중, 고등 | 부수 木

아직 덜 자란(不), 모종을 키우기에 알맞은 크기를 가진 나무(木) 잔을 말함.

음독 **はい**

N2 杯 はい 잔, 술잔, 잔을 세는 단위

N4 乾杯 かんぱい 건배

훈독 **さかずき**

N1 杯 さかずき 술잔

0970

배 리

梨

JLPT N2 | 4학년 | 부수 木

가을에 벼를 수확(利)할 때 쯤 나무(木)에서 열리는 열매인 배를 말함.

훈독 **なし**

N2 梨 なし 배

0971

매화 매

梅

JLPT N2 | 4학년 | 부수 木

어떤 시련이 있어도 옆을 지켜주는 어머니(毎)처럼, 추운 겨울에도 꿋꿋이 버텨 꽃을 피워내는 매화나무(木)를 나타냄.

음독 **ばい**

N2 梅雨 ばいう 장마 (문어체)　**예외** 梅雨 つゆ 장마 (구어적)

매실이 익을 무렵에 내리는 비라고 하여 장마에 '梅雨'라는 이름이 붙었습니다.

훈독 **うめ**

N3 梅 うめ 매화나무, 매실

0972

과자 과

菓

JLPT N2 | 중, 고등 | 부수 艸 艹

菓 菓

끈적한 풀즙(감초, 艹)과 달콤한 과일즙(果)을 섞어 만든 옛날의 과자를 말함.

음독 **か**

N2 菓子 かし 과자

N1 製菓 せいか 제과

0973

잡을 조

操

JLPT N2 | 6학년 | 부수 手 扌

操 操

지휘관이 지휘봉을 잡고(扌) 명령을 내리자, 병사들이 마치 나무 위의 새들처럼 함성(喿)을 내지르며 대답함.

음독 **そう**

N2 操作 そうさ 조작

N2 体操 たいそう 체조

N1 操縦 そうじゅう 조종

훈독 **あやつる**

N1 操る あやつる (타) 조종하다, 조작하다

みさお

操 みさお 절조, 지조, 절개 참고어휘

0974

마를 조

燥

JLPT N2 | 중, 고등 | 부수 火 灬

燥 燥

가뭄과 화재(火)로 모든 것이 말라 나무 위에서 구슬프게 울고 있는(喿) 새들의 모습.

음독 **そう**

N2 乾燥 かんそう 건조

N2 乾燥剤 かんそうざい 건조제

울 조

나무(木) 위에서 새들이 울고 있는 모습.

혹은 그렇게 생긴 모양.

0975

찌를 자

刺

JLPT N2 | 중, 고등 | 부수 刀 刂

가시나무(朿)처럼 날카로운 칼(刂)로 뭔가를 찌름.

음독 し

- N2 刺激 しげき 자극
- N1 刺繍 ししゅう 자수, 수를 놓음
- N2 名刺 めいし 명함

💡 일본에서는 명함을 교환할 때, 마치 찌르는 것처럼 두 손으로 명함을 앞으로 내밀기 때문에 이런 한자가 쓰이게 되었습니다.

음독 さす

- N2 刺す さす (타) 찌르다

ささる

- N2 刺さる ささる (자) 박히다, 찔리다

0976

꾀 책

策

JLPT N2 | 6학년 | 부수 竹

죽간(竹)을 뒤적이며 대책을 마련하고 있는 신하와, 가시(朿) 돋친 말로 대책을 빨리 내놓으라고 재촉하고 있는 임금의 모습.

음독 さく

- N2 策 さく 책략, 계획
- N2 N3 対策 たいさく 대책
- N1 政策 せいさく 정책
- N1 方策 ほうさく 방책

0977

절제할 제

制

JLPT N2 | 5학년 | 부수 刀 刂

분별없이 길어진 나뭇가지를 칼(刀)로 자름.

음독 せい

- N2 体制 たいせい 체제
- N2 制限 せいげん 제한
- N2 N3 制服 せいふく 제복
- N2 規制 きせい 규제
- N2 制度 せいど 제도
- N2 制作 せいさく 제작

0978

그루 주

株

JLPT N2 | 6학년 | 부수 木

나무(木)를 자르고 자르다 보면(朱) 그루터기만 남음. 뭔가를 지탱하는 부분을 말함.

훈독 **かぶ**

N2 株 かぶ 1. 그루터기 2. 주식의 주

N2 株式 かぶしき 주식

N1 株主 かぶぬし 주주

0979

의지할 뢰

頼

JLPT N2 | 중, 고등 | 부수 頁

마을 제일의 검사(刀)에게 납치된 가족(束)을 구해달라고 돈(貝)을 주며 머리(頁)를 조아림.

음독 **らい**

N2 信頼 しんらい 신뢰

N1 依頼 いらい 의뢰

훈독 **たのむ**

N2 頼む N4 たのむ (타) 부탁하다

たのもしい

N2 頼もしい N3 たのもしい 믿음직하다

たよる

N2 頼る N2 たよる 의지하다, 믿다

붉을 주

자르면 붉은색이 나오는 주목나무를 그림. 열매도 붉은색이었음.

묶을 속

장작더미를 줄로 묶어 놓은 모습. 또는 짐을 잔뜩 동여맨 사람의 모습.

0980

형상 상, 문서 장

状

JLPT N2 | 5학년 | 부수 犬 犭

훌륭한 공을 세운 군견(犬)과 그 주인에게 상장을 수여하려는 장군의 모습. 책상(爿) 위에 있는 문서에 그들의 행적을 자세히 적어 칭찬함.

음독 じょう

N2 症状 しょうじょう 증상	N2 現状 げんじょう 현상	N2 状態 じょうたい 상태
N2 状況 じょうきょう 상황	N1 賞状 しょうじょう 상장	

나뭇조각 장

책상, 옷걸이 등 나무로 만든 무언가를 나타냄.

0981

장수 장

将

JLPT N2 | 6학년 | 부수 寸

장군이 평상(爿) 위의 있는 전리품들을 병사들에게 나눠 주고(⺥) 있는 모습. 그걸 기뻐하며 받아 감(寸).

음독 しょう

N2 将来 しょうらい 장래	N2 将軍 しょうぐん 장군	N1 N2 将棋 しょうぎ 장기

0982

꾸밀 장

装

JLPT N2 | 6학년 | 부수 衣 衤

평상(爿) 앞에서 옷(衣)을 꾸미고 있는 사관(士)의 모습.

음독 そう

N2 包装 ほうそう 포장	N2 服装 ふくそう 복장	N2 装置 そうち 장치

しょう

N1 衣装 いしょう 의상

훈독 よそおう

N2 装う よそおう (타) 치장하다, 단장하다, 꾸미다

0983

자석 자

磁

JLPT N2 | 6학년 | 부수 石

철가루들이 돌(石)에 버드나무 이파리처럼 무성(玆)하게 달라 붙어있는 모습.

음독 じ

N2 磁石 じしゃく 자석

N1 磁気 じき 자기 (자석이 갖는 작용이나 성질)

무성할 자

마치 줄(幺)처럼 기다란 잎(艹)이
무성하게 자라 있는 버드나무의 모습.

0984

불을 자

滋

JLPT N2 | 4학년 | 부수 氵

비가 많이 내려 물(氵)이 버드나무 이파리(玆) 마냥 흘러 넘침. 좋은 게 늘어남.

음독 じ

N2 滋養 じよう 자양

N2 滋味 じみ 깊은 맛, 맛이 좋은 음식

0985

드리울 수

垂

JLPT N2 | 6학년 | 부수 土

수양버들의 긴 잎사귀가 치렁치렁 드리워져 있는 모습.

음독 すい

N2 垂直 すいちょく 수직

懸垂 けんすい 현수, 턱걸이 운동 참고어휘

훈독 たらす

N1 垂らす たらす (타) 늘어뜨리다, 드리우다

たれる

N1 垂れる たれる (자) 늘어지다, 드리워지다

0986

매울 신

辛

JLPT N2 | 중, 고등 | 부수 辛

원래는 끌로 노예의 등에 표식을 새긴다는 뜻이었으나, 혀를 찌르는 듯한 감각으로 의미가 변함.

음독 しん

N1 香辛料 こうしんりょう 향신료　N1 辛辣 しんらつ 신랄　N1 辛抱 しんぼう 참음

훈독 からい

N2 辛い からい 맵다, 얼얼하다

0987

벽 벽

壁

JLPT N2 | 중, 고등 | 부수 土

포로들이 도망치지(辟) 못하게 흙벽(土)을 쌓아놓음.

음독 へき

N1 外壁 がいへき 외벽

훈독 かべ

N2 N4 壁 かべ 벽

도망칠 피

고문(辛) 당하고 있는 아군을 보고 겁먹어 도망침.

0988

글 장

章

JLPT N2 | 3학년 | 부수 立

매우 뾰족한 끌로 목판에 문장을 새기고 있는 사람의 모습.

음독 しょう

N2 N4 文章 ぶんしょう 문장　勲章 くんしょう 훈장 참고어휘

0989

막을 장

障

JLPT N2 | 6학년 | 부수 阜 阝

국가의 운명을 좌우하는 중요한 서신(章)을 전달해야 하는데, 삼엄한 경계(阝)에 막혀 그러지 못함.

음독 しょう

N2 故障 こしょう 고장

N2 障害 しょうがい 장해, 장애

N1 障壁 しょうへき 장벽

훈독 さわる

N1 障る さわる (자) 방해가 되다

0990

옛 구

旧

JLPT N2 | 5학년 | 부수 日

새들의 터줏대감인, 수리부엉이의 절구처럼 생긴 둥지를 그린 모습. 부엉이는 오래된 나무의 구멍이나 바위 틈에 둥지를 트는 습성이 있음. 오래되다. 예전의 것이다.

음독 きゅう

N2 旧 きゅう 옛것, 그전의 상태

N2 復旧 ふっきゅう 복구

N1 旧知 きゅうち 구면

0991

아이 아

児

JLPT N2 | 4학년 | 부수 儿

머리 부분이 비어있는 절구처럼, 갓 태어난 아이의 닫혀있지 않은 두개골을 나타냄. 영유아의 두개골은 매우 말랑말랑하며 나이가 먹음에 따라 닫히는 구조임.

음독 じ

N2 N3 幼児 ようじ 유아

N2 N3 育児 いくじ 육아

N2 児童 じどう 아동

훈독 に

N1 小児科 しょうにか 소아과

0992

개펄 석

潟

JLPT N2 | 중, 고등 | 부수 氵

절구질(臼)한 떡처럼 매우 끈적끈적한 흙으로 이루어진 개펄(氵)을 말함. 들어갔더니 팔다리가 진흙 속으로 빠짐(勿).

훈독 かた

N2
潟 かた 1. 개펄 2. 석호 3. 포구, 만

干潟 ひがた 간석지 참고어휘

절구 구

절구통을 그린 모습.

0993

상수리나무 회

栃

JLPT N2 | 4학년 | 부수 木

일만(万) 대군을 살리는 힘을 가진, 산기슭(厂)에 주로 자라는 도토리 나무(木)를 말함. 열매는 병사들의 공복을 채워주기 좋았고, 뿌리 껍질은 장 치료에 탁월한 효능을 가졌음.

훈독 とち

栃 とち 칠엽수 (= とちのき) 참고어휘

일본에서는 칠엽수 나무를 뜻하며, 열매가 도토리처럼 생긴 것이 특징입니다.
일본 초등 4학년 학생들이 외우는 한자로, JLPT에서는 아주 드물게 나오는 한자입니다.

일만 만

일 만의 원군이 온다는 소식을 듣고
전갈처럼 두 손을 하늘 위로 들며
만세를 외치는 병사의 모습.

UPGRADE!

14

확인문제

한자표기 **다음 단어의 한자 표기로 적당한 것을 고르세요.**

01	かし	① 菓子	② 巣子	③ 果子
02	そうさ	① 草作	② 探作	③ 操作
03	しんらい	① 新頼	② 信束	③ 信頼
04	たいさく	① 対策	② 舞台	③ 舞治
05	たいせい	① 体製	② 体制	③ 休制

한자읽기 **다음 한자의 읽는 법을 고르고 빈칸에 뜻을 적으세요.**

06	現状	① けんしょう	② げんじょう	③ げんしょう	
07	状況	① しょうきょう	② しょうぎょう	③ じょうきょう	
08	将来	① しょうらい	② じょうらい	③ じょらい	
09	服装	① ふくそう	② ふくぞう	③ ぶくそう	
10	文章	① ふんしょう	② ぶんしょう	③ ぶんじょう	

정답 01 ① 과자 02 ③ 조작 03 ③ 신뢰 04 ① 대책 05 ② 체제 06 ② 현상 07 ③ 상황 08 ① 장래 09 ① 복장 10 ② 문장

15

농경사회의 일상 관련 한자(34자)

0994

칠 타

打

JLPT N2 | 3학년 | 부수 手扌

망치를 잡고(扌) 못(丁)을 두들김.

음독 だ

N2 打撃 だげき 타격

N1 打開 だかい 타개

훈독 うつ

N2 N4 打つ うつ (타) 치다, 때리다

N2 打ち合せ うちあわせ 협의, 미팅

N2 打ち消す うちけす (타) 부정하다, 지우다

0995

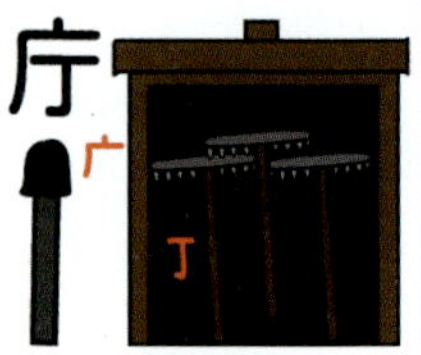

관청 청

庁

JLPT N2 | 6학년 | 부수 广

농민들에게 빌려줄 농기구(丁)들이 관청의 창고(广)에 쌓여 있는 모습.

음독 ちょう

N2 官庁 かんちょう 관청

N2 県庁 けんちょう 현청

재미있는 한자 이야기

고무래 정

못과 고무래를 그린 모습.

못 정

쇠로 만든 못을 말함.

0996

쌓을 저

貯

JLPT N2 | 5학년 | 부수 貝

국민들로부터 수취한 세금(貝)을 관청의 창고(庁)에 쌓아놓음.

음독 ちょ

- 貯金 ちょきん 저금 (N2, N3)
- 貯蔵 ちょぞう 저장 (N2)
- 貯蓄 ちょちく 저축 (N1)

0997

정수리 정

頂

JLPT N2 | 6학년 | 부수 頁

못(丁)의 평평한 머리처럼 사람의 머리(頁) 꼭대기에 있는 평평한 부분, 정수리를 말함.
왕이 주는 것을 정수리가 보일 때까지 크게 절하며 받음.

음독 ちょう

- 頂上 ちょうじょう 정상 (N2)
- 頂点 ちょうてん 정점 (N2)
- 頂戴 ちょうだい 1. (남이나 윗사람에게 귀중한 무언가를) 받음 2. 해 주길 요청함 (N1, N2)

정대(頂戴)는 원래, 윗사람이 하사하는 관을 정수리가 보일 때까지 인사하며 받는다는 뜻으로, 현대 일본에서는 남에게 무언가를 받을 때, 또는 부탁할 때 이 단어를 사용하곤 합니다.

1. 頂戴しました。 잘 받았습니다.
2. これ、頂戴。 이거 줘.

훈독 いただき

- 頂 いただき 맨 위쪽, 꼭대기, 정상 (N2)

いただく

- 頂く いただく (타) 1. (머리에) 이다, 얹다 2. 받들다, 모시다 (N2, N4)

재미있는 한자 이야기

일 대

신목의 가지(丰)를 잘라(戈) 왕관을 만듦.
새롭게 추대된 왕이 관을 받아 머리에 씀(異).

0998

등잔 등

灯

JLPT N2 | 4학년 | 부수 火 灬

灯 灯

못(丁)처럼 생긴 촛대에 불(火)이 피어 오르고 있는 모습.

음독 とう

N2 N4 電灯 でんとう 전등　　N2 N3 灯台 とうだい 등대　　N2 蛍光灯 けいこうとう 형광등

훈독 ひ

N2 灯 ひ 불빛, 등불

N3에서 미리 외웠던 한자, 한번 더 복습해요!

복습

차례 서

序

JLPT N2 | 5학년 | 부수 广

序 序

미리 수확한 곡식을(予) 차례차례 창고(广)에 쌓아 놓는 사람들의 모습.

음독 じょ

N2 順序 じゅんじょ 순서　　N1 秩序 ちつじょ 질서

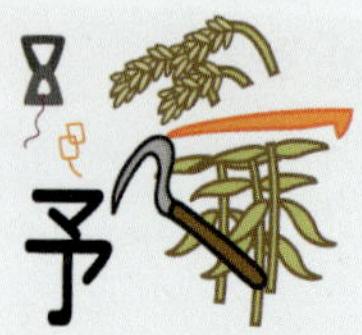

미리 예

벌레가 곡식을 먹기 전에 작물을 미리미리

수확해 두는 모습. 원래는 직기를 나타낸 한자였음.

0999

말미암을 유

由

JLPT N2 | 3학년 | 부수 田

由 由

촛불의 심지를 그린 모습. 어떤 현상의 유래가 되는 것들을 말함.

음독 ゆ

N2 経由 けいゆ 경유　　N2 由来 ゆらい 유래

ゆう

N2 N4 理由 りゆう 이유　　N2 N4 自由 じゆう 자유

ゆい

N1 由緒 ゆいしょ 유서, 내력

훈독 よし

由 よし 유래, 연유, 사정 참고어휘

1000

집 주

宙

JLPT N2 | 6학년 | 부수 宀

宙 宙

밤하늘의 별들이 컴컴한 집(宀) 안에 있는 촛불(由)처럼 빛나고 있음.

음독 **ちゅう**

N2 宇宙 うちゅう 우주

N1 宙返り ちゅうがえり 공중제비

1001

이를 계

届

JLPT N2 | 6학년 | 부수 尸

届 届

현장에서 몰래 빠져나와 밖에서 기다리고 있던 사람(尸)에게 다가가는 내부자의 모습.
촛불(由)을 들고 몰래 빠져나옴.

훈독 **とどく**

N2 届く N4 とどく (자) 닿다, 미치다, (짐, 서류 등이) 도착하다

とどける

N2 届ける とどける (타) 닿게 하다, (짐, 서류 등을) 보내다, 전달하다

1002

찾을 수

捜

JLPT N2 | 중, 고등 | 부수 手 扌

捜 捜

늦은 밤 피해자의 시신을 찾기 위해 횃불(叟)을 들고(扌) 수색을 시작함.

음독 **そう**

N2 捜査 そうさ 수사

N1 捜索 N2 そうさく 수색

훈독 **さがす**

N2 捜す さがす (타) 찾다

횃불 수

노인이 횃불을 소중히
들고 있는 모습.

1003

샘 천

泉

JLPT N2 | 6학년 | 부수 水 氺

泉 泉

밤에도 잘 보이게 샘(水)에 촛불(白)을 켜둔 모습. 빛이 일렁이는 아주 투명하고 맑은 샘물을 나타냄.

음독 せん

N2 N3
温泉 おんせん 온천

훈독 いずみ

N2
泉 いずみ 샘, 샘물

1004

병 고칠 료

療

JLPT N2 | 중, 고등 | 부수 疒

療 療

병자(疒)에게 따뜻한(尞) 방과 음식을 주며 정성껏 치료함.

음독 りょう

N2 N3
医療 いりょう 의료

N2
治療 ちりょう 치료

N1
診療 しんりょう 진료

1005

필 소

咲

JLPT N2 | 중, 고등 | 부수 口

咲 咲

아이들이 꺄르륵 웃으며(口), 횃불(关)처럼 화려하게 피어있는 꽃 벌판을 뛰어다님.

훈독 さく

N2
咲く さく (자) 꽃이 피다

횃불 료 부수

횃불로 짚 더미에 불을 붙이고 있는 모습.

불씨 선

불씨가 담긴 횃불을 조심스레 들고 있는 사람의 모습.

1006

고칠 경, 다시 갱

更

JLPT N2 | 중, 고등 | 부수 曰

화력을 높여 국을 끓이기 위해 부지깽이로 불씨에 덮인 재들을 털어냄. 밤을 새며 불씨를 고쳐 살림. 불을 피우기 어려웠던 옛날엔 불씨를 지키는 게 매우 중요했기 때문에, 하인들이 교대로 밤을 새가며 부지깽이로 불씨를 고쳐 화력을 더했음.

음독 **こう**

- N2 N3 変更 へんこう 변경
- N2 更新 こうしん 갱신
- N2 更生 こうせい 갱생

훈독 **さら**

- N2 更に さらに 그 위에, 더욱이

ふかす

- N1 更かす ふかす (타) 밤을 새우다

ふける

- N1 更ける ふける (자) (밤, 계절 따위가) 깊어지다

1007

굳을 경

硬

JLPT N2 | 중, 고등 | 부수 石

화력(更)이 너무 세서 솥 안에 음식물이 흘러 넘침. 무거운 돌(石)로 뚜껑을 짓눌러 강경하게 막음.

음독 **こう**

- N2 硬貨 こうか 동전, 금속 화폐
- N1 強硬 きょうこう 강경

훈독 **かたい**

- N2 N4 硬い かたい 단단하다, 딱딱하다

1008

사기 사

史

JLPT N2 | 5학년 | 부수 口

붓으로 종이에 무언가를 적고 있는 사람의 모습.

음독 **し**

- N2 N4 歴史 れきし 역사
- 史学 しがく 사학, 역사학 참고어휘

1009

가죽 혁

革

JLPT N2 | 6학년 | 부수 革

호랑이 가죽(革)을 그린 모습. 가죽이라는 의미도 있지만 정해진 규칙, 틀이라는 뜻도 있음.

음독 かく

- N1 改革 かいかく 개혁
- N1 革命 かくめい 혁명

훈독 かわ

- N2 革 かわ 가죽

1010

신 화

靴

JLPT N2 | 중, 고등 | 부수 革

가죽신발(革)을 아이(匕)에게 신기려는 어머니(人)의 모습.

음독 か

- N2 軍靴 ぐんか 군화
- 製靴 せいか 제화 (신을 만듦) 참고어휘

훈독 くつ

- N2 N5 靴 くつ 신발, 구두
- N2 N5 靴下 くつした 양말

1011

한가지 공

共

JLPT N2 | 4학년 | 부수 八

물그릇(廿)을 들어(廾) 나름. 한 사람 또는 한가지 목표를 위해 여러 명이 일함.

음독 きょう

- N2 N3 共通 きょうつう 공통
- N2 共同 きょうどう 공동
- N2 公共 こうきょう 공공

훈독 とも

- N2 共に ともに 함께, 동시에
- N1 共働き ともばたらき 맞벌이

1012

다를 이

異

JLPT N2 | 6학년 | 부수 田

異 異

무대 위에서 굉장히 이질적인 가면을 쓰고 있는 무용수의 모습.

음독 い

- N2 異常 いじょう 이상
- 差異 さい 차이
- N1 異議 いぎ 이의

훈독 こと

- N2 異なる ことなる (자) 다르다, 상이하다

1013

베 포

布

JLPT N2 | 5학년 | 부수 巾

布 布

나무 막대기에 젖은 천을 걸어 말림. 또는 깃발을 걸어 뭔가를 알림.

음독 ふ

- N2 N5 財布 さいふ 지갑
- N2 N4 布団 ふとん 이불, 요
- N2 N3 毛布 もうふ 모포, 담요

훈독 ぬの

- N2 布 ぬの 천

1014

두려워할 포

怖

JLPT N2 | 중, 고등 | 부수 心 忄

怖 怖

얼굴이 천(布)으로 뒤덮여 있어 아무것도 안보임. 너무나도 두려움(心).

음독 ふ

- N2 恐怖 きょうふ 공포

훈독 こわい

- N2 N4 怖い こわい 무섭다, 겁나다

1015

며느리 부

婦

JLPT N2 | 5학년 | 부수 女

남편이 일하러 나간 사이, 빗자루(帚)로 집안 청소를 하고 있는 아내(女)의 모습.

음독 ふ

N2 N3 夫婦 ふうふ 부부	N2 N3 主婦 しゅふ 주부	N2 婦人 ふじん 부인

1016

쓸 소

掃

JLPT N2 | 중, 고등 | 부수 手扌

빗자루(帚)를 잡고(扌) 바닥을 쓸고 있는 모습.

음독 そう

N2 N4 掃除 そうじ 청소

N2 清掃 せいそう 청소

N1 一掃 いっそう 일소, 한꺼번에 제거함, 소탕함

훈독 はく

N2 掃く はく (타) 1. 쓸다 2. 붓으로 가볍게 칠하다

1017

인쇄할 쇄

刷

JLPT N2 | 4학년 | 부수 刀 刂

조각칼(刀)로 목판을 깎아 활판을 만든 후, 천(巾)에다가 문자를 찍고 있는 사람(尸)의 모습.

음독 さつ

N2 印刷 いんさつ 인쇄

N1 刷新 さっしん 쇄신, 개혁

훈독 する

N2 刷る する (타) 박다, 찍다, 인쇄하다

1018

솜 면

綿

JLPT N2 | 5학년 | 부수 糸

추위를 녹여주는 촛불(白)처럼 몸을 따뜻하게 해주는 직물(巾)인 무명(糸)을 뜻함.
목화의 열매는 솜털, 면을 만드는 데 사용되었음.

음독 めん	N2 綿 めん 면, 무명	N2 N4 木綿 もめん 솜	N2 綿密 めんみつ 면밀
훈독 わた	N2 綿 わた 목화, 솜		

N3에서 미리 외웠던 한자, 한번 더 복습해요!

복습

띠 대

帯

JLPT N2 | 4학년 | 부수 巾

왕의 옷에 둘러져(卌) 있는 복잡한 띠(巾)를 나타낸 모습.

음독 たい	N1 N3 携帯 けいたい 휴대, 휴대폰	N2 熱帯 ねったい 열대	N1 包帯 ほうたい 붕대
훈독 おび	N2 N3 帯 おび 띠		
おびる	N1 帯びる おびる (타) (몸이나 허리 등에) 차다		

1019

터럭 모

毛

JLPT N2 | 2학년 | 부수 毛

짐승의 꼬리털을 그린 모습.

음독 もう	N2 毛布 もうふ 모포, 담요	N2 羊毛 ようもう 양모	N2 体毛 たいもう 체모
훈독 け	N2 N4 毛 け 털, 체모	N2 N3 毛糸 けいと 털실	

1020

터럭 발

髮

JLPT N2 | 중, 고등 | 부수 髟

옛 동양에선 부모로부터 물려받은 소중한 머리카락(長, 彡)은 가장 절친한 사람(友)에게 자르게 하는 문화가 있었음.

음독 **はつ**
- N2 白髮 はくはつ 백발 (격식)
- 예외 N2 白髮 しらが 백발 (구어체)

훈독 **かみ**
- N2 N4 髮 かみ 머리털, 머리카락
- N2 髮型 かみがた 머리 모양, 헤어스타일

1021

베풀 장

張

JLPT N2 | 5학년 | 부수 弓

난 아직 팔팔하다고 주장하며 어르신(長)이 활(弓) 시위를 메우고 있는 모습. 동서양 공통 힘센 사람을 상징하는 행위였음.

음독 **ちょう**
- N2 N3 主張 しゅちょう 주장
- N2 緊張 きんちょう 긴장
- N2 拡張 かくちょう 확장

훈독 **はる**
- N2 張る はる (자) 뻗다, 팽팽해 지다 (타) 펴다, 펼치다, (포스터를) 붙이다

1022

닦을 수

修

JLPT N2 | 5학년 | 부수 人亻

범죄자(亻)를 개심시키기 위해 몽둥이(丨)로 벌을 주며(攵) 상처(彡)를 입힘. 올바르게 행동하지 않으면 벌을 받음을 가르침.

음독 **しゅう**
- N2 N3 修理 しゅうり 수리
- N2 修正 しゅうせい 수정

しゅ
- N1 修行 しゅぎょう 수행

훈독 **おさまる**
- N1 修まる おさまる (자) 바로잡히다, 나아지다

おさめる
- N1 修める おさめる (타) 닦다, 수양하다

터럭 삼

털 또는 상처 자국을 나타냄

1023

보배 진

珍

JLPT N2 | 중, 고등 | 부수 玉 王

아름다운 보석(玉)처럼 윤기나는 머리(㐱)와 수염을 말함. 보기 힘들 정도로 귀함.

음독 **ちん**

N1
珍味　ちんみ　진미, 별미

훈독 **めずらしい**

N2　N4
珍しい　めずらしい　드물다, 희귀하다, 이상하다

숱 많고 검을 진

머릿결 관리가 잘 되어 있음. 물이 귀하던 옛날, 영양분을 잘 섭취하고 머리를 자주 감는 건 양반이 아니면 하기 어려웠음.

1024

더할 익

益

JLPT N2 | 5학년 | 부수 皿

그릇(皿)에 물을 계속 더하자 물이 넘침. 더해서 이익(益)을 남김.

음독 **えき**

N2
利益　りえき　이익

N1
有益　ゆうえき　유익

N1
収益　しゅうえき　수익

やく

利益　りやく　부처님의 공덕 참고어휘

1025

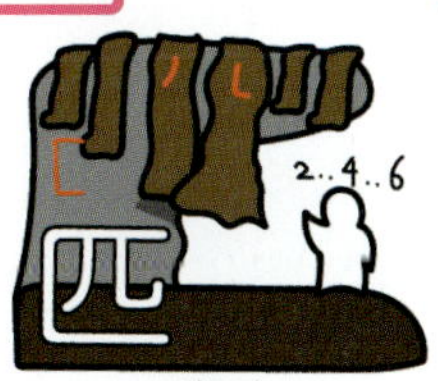

짝 필

匹

JLPT N2 | 중, 고등 | 부수 匚

절벽에 가죽을 널어 말리고 있는 모습.

음독 **ひつ**

N1
匹敵　ひってき　필적, 맞 먹는 것

예) 이 황금은 비단 3필(匹)에 필적한 가치를 가지고 있다.

훈독 **ひき**

N2　N4
匹　ひき　1. 마리 (동물, 벌레 등)　2. 필 (피륙을 세는 단위)　3. 푼 (옛날 엽전을 세던 단위)

1026

배 주

舟

JLPT N2 | 중, 고등 | 부수 舟

배를 나타낸 모습.

음독 しゅう

舟行 しゅうこう 주행, 배로 감 참고어휘

훈독 ふね

N2 N4
船・舟 ふね 배

💡 船(ふね)는 '큰 배 / 현대적인 배'를 말하고 舟(ふね)는 '작은 배 / 노 젓는 배'를 뜻해요.

ふな

N2
船便・舟便 ふなびん 배편

1027

대나무 죽

竹

JLPT N2 | 1학년 | 부수 竹

대나무를 그린 모습. 부수로 쓰일 땐 대나무로 만든 책인 죽간을 뜻할 때가 있음.

음독 ちく

N1
爆竹 ばくちく 폭죽

💡 실제 대나무를 태울 때, 마치 폭죽이 터지는 듯한 소리가 나는 걸 아시나요? 그래서 옛날 사람들은 폭죽을 지칭하는 한자에 '대나무 죽'을 넣게 되었습니다.

훈독 たけ

N2 N4
竹 たけ 대나무, 대

N3에서 미리 외웠던 한자, 한번 더 복습해요!

복습

모형 형

型

JLPT N2 | 4학년 | 부수 土

나무틀(开)과 진흙(土)을 칼(刂)로 잘라 모형을 만듦.

음독 けい

N2
典型 てんけい 전형

N2
模型 もけい 모형

N1
原型 げんけい 원형

훈독 かた

N2
型 かた 형태, 형식, 타입

UPGRADE!

15

확인문제

한자표기 **다음 단어의 한자 표기로 적당한 것을 고르세요.**

01	かんちょう	① 官庁	② 官町	③ 官釘
02	ちょきん	① 貯金	② 丁金	③ 貯庁
03	でんとう	① 電貯	② 電丁	③ 電灯
04	じゅんじょ	① 順予	② 順序	③ 順柔
05	ゆらい	① 由来	② 油来	③ 押来

한자읽기 **다음 한자의 읽는 법을 고르고 빈칸에 뜻을 적으세요.**

06	理由	① りゆう	② いゆう	③ のうぜい	
07	温泉	① ちゅきしょう	② おんせん	③ しゅくしょ	
08	医療	① いりょ	② いりょう	③ ちりょう	
09	変更	① へいこう	② へんこ	③ へんこう	
10	歴史	① れきし	② えきし	③ りきし	

정답 01 ① 관청 02 ① 저금 03 ③ 전등 04 ② 순서 05 ① 유래 06 ① 이유 07 ② 온천 08 ② 의료 09 ③ 변경 10 ① 역사

16
칼과 화살을 부수로 가진 한자(12자)

1028

가 변

辺 JLPT N2 | 4학년 | 부수 辵 辶

칼(刀)을 휘두르면 닿을 거리(辶)에 있음.

음독 へん
- N2 辺 へん 근처, 부근
- N3 周辺 しゅうへん 주변

훈독 あたり
- N2 辺り あたり 근처, 부근

べ
- N2 海辺 うみべ 해변, 바닷가
- N1 浜辺 はまべ 해변, 바닷가

1029

먹을 끽

喫 JLPT N2 | 중, 고등 | 부수 口

커다란 계약(契)을 성사해 막대한 이익을 본 상인이, 비싼 음식을 입(口)에 넣으며 행복을 만끽하고 있는 모습.

음독 きつ
- N2 喫茶店 きっさてん 찻집, 카페
- N2 満喫 まんきつ 만끽
- N1 喫煙 きつえん 흡연

재미있는 한자 이야기

맺을 계

두 어른이 목판 계약서(契)에 서명을 하고 있는 모습.

1030

부를 초

招

JLPT N2 | 5학년 | 부수 手 扌

범인을 붙잡았다고(扌) 상관을 불러(召) 자랑함.

음독 しょう

N2 N4
招待 しょうたい 초대

N2
招来 しょうらい 초래

훈독 まねく

N2 N3
招く まねく (타) 손짓하여 부르다, 초대하다, 초래하다

부를 소

칼(刀)을 든 장수가
병사들을 소집함(口).

1031

이을 소

紹

JLPT N2 | 중, 고등 | 부수 糸

사람들을 불러 모아(召) 인연(糸)을 맺게 도와줌.

음독 しょう

N2 N4
紹介 しょうかい 소개

N2
自己紹介 じこしょうかい 자기소개

1032

비칠 조

照

JLPT N2 | 4학년 | 부수 火 灬

수색을 위해 병사들을 소집(召)해 횃불(灬)로 이곳저곳을 밝힘(日).

음독 しょう

N2
対照 たいしょう 대조

N1
照合 しょうごう 조합

N1
参照 さんしょう 참조

훈독 てる

N2
照る てる (자) (해나 달이) 비치다, 날이 개다

てれる

N1
照れる てれる (자) 부끄러워하다, 얼굴을 붉히다

てらす

N2
照らす てらす (타) 빛을 비추다, 대조하다

1033

뛰어넘을 초

超

JLPT N2 | 중, 고등 | 부수 走

소집 명령을 내리자마자(召) 성벽을 뛰어넘어 달려옴(走). 기대를 넘는 우수한 인재를 말하기도 함.

음독 **ちょう**

N2 N3 超過 ちょうか 초과 　 N1 超越 ちょうえつ 초월

훈독 **こす**

N2 超す こす (타) 넘다, 초과하다

こえる

N2 超える こえる (자) 지나가다, 넘다, 초월하다

달릴 주

어딘가로 달려가는 사람의 모습.

1034

무리 도

徒

JLPT N2 | 4학년 | 부수 彳

어떤 무리가 여기저기 왔다(彳) 갔다(走) 하고 있는 모습. 사람의 무리가 길을 이룸.

음독 **と**

N2 N5 生徒 せいと 생도, 학생 　 N2 N3 徒歩 とほ 도보

1035

판단할 판

判

JLPT N2 | 5학년 | 부수 刀 刂

칼(刂)로 나눈(半) 후, 어떤 부분이 더 양이 많은 지 판단함.

음독 **はん**

N2 判断 はんだん 판단 　 N2 批判 ひはん 비판 　 N1 判決 はんけつ 판결

ばん

N2 評判 ひょうばん 평판 　 N2 裁判 さいばん 재판

1036

빌릴 열

列

JLPT N2 | 3학년 | 부수 刀 刂

나라를 지키려다 순국한, 나열된 병사들의 시신(歹)을 보며 예를 표하는 장수(刂)의 모습.

음독 **れつ**

- N2 N3 列 れつ 열, 행렬
- N2 行列 ぎょうれつ 행렬
- N1 整列 せいれつ 정렬
- N1 陳列 ちんれつ 진열
- N2 並列 へいれつ 병렬

1037

새길 각

刻

JLPT N2 | 6학년 | 부수 刀 刂

멧돼지(亥)가 어금니로 나무를 후벼 파고 있는(刂) 모습. 목판에 어떤 내용을 새김.

음독 **こく**

- N2 N3 時刻 じこく 시각
- N2 遅刻 ちこく 지각
- N1 彫刻 ちょうこく 조각

훈독 **きざむ**

- N2 N3 刻む きざむ (타) 잘게 썰다, 조각하다, 새기다

살바른 뼈 알

부러진 뼈와 시신이 땅 아래 묻혀있음.

돼지 해

어금니가 날카로운 멧돼지의 모습.

1038

이를 도

到

JLPT N2 | 중, 고등 | 부수 刀 刂

적군의 화살비(至)를 뚫고 결국 적진에 도착함. 칼(刂)을 뽑고 교전을 시작함.

음독 **とう**

N1	到底	とうてい	도저히
N2 N3	到着	とうちゃく	도착
N1	到達	とうたつ	도달

1039

넘어질 도

倒

JLPT N2 | 중, 고등 | 부수 人 亻

몰려오는 적(亻)들에게 화살(至)을 퍼붓고 검(刀)을 휘두름.

음독 **とう**

N1	倒産	とうさん	도산
N1	圧倒	あっとう	압도

훈독 **たおす**

N2 倒す N4 たおす (타) 쓰러뜨리다

たおれる

N2 倒れる N4 たおれる (자) 쓰러지다, 넘어지다

이를 지

무거운 화살이
땅(土)에 다다른 모습.

UPGRADE!

16

확인문제

한자표기 **다음 단어의 한자 표기로 적당한 것을 고르세요.**

01	しゅうへん	① 週辺	② 周辺	③ 周召
02	うみべ	① 海紹	② 海召	③ 海辺
03	しょうたい	① 紹待	② 辺待	③ 招待
04	せいと	① 生超	② 生徒	③ 生走
05	はんだん	① 判断	② 半断	③ 半斬

한자읽기 **다음 한자의 읽는 법을 고르고 빈칸에 뜻을 적으세요.**

06	倒す	① たのす	② たおす	③ たうす	
07	辺り	① あたり	② あだり	③ はたり	
08	時刻	① しごく	② じこく	③ じごく	
09	行列	① きょうれつ	② ぎょうれつ	③ ぎょうねつ	
10	超す	① ほす	② ふす	③ こす	

정 답 01 ② 주변 02 ③ 해변 03 ③ 초대 04 ② 학생 05 ① 판단 06 ② 쓰러뜨리다 07 ① 근처 08 ② 시각 09 ② 행렬 10 ③ 넘다

17 자연물 유래 한자(45자)

1040

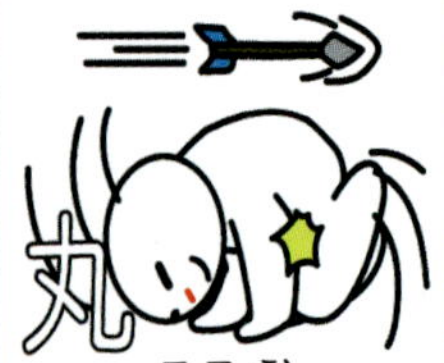

둥글 환

丸 JLPT N2 | 2학년 | 부수 丶

팔꿈치를 땅에 대고 몸을 둥글게 만 사람의 모습.

음독	**がん**	N1 一丸 いちがん 똘똘 뭉침	N1 弾丸 だんがん 탄환		
훈독	**まる**	N2 丸	まる	동그라미, 공, 원, 둥근 것	
	まるい	N2 丸い	N5 まるい	둥글다, 원만하다	
	まるめる	N2 丸める	まるめる	(타) 둥글게 하다, 뭉치다, 구슬리다	

1041

형세 세

勢 JLPT N2 | 5학년 | 부수 力

묘목(圥)을 땅에 심는 것처럼(丸) 정성스레 병사들을 육성해 세력(力)을 강화함.

음독	**せい**	N2 姿勢 しせい 자세	N2 情勢 じょうせい 정세	N1 形勢 けいせい 형세
훈독	**いきおい**	N2 勢い いきおい 기세, 세력, 활기		

재미있는 한자 이야기

圥

버섯 륙

버섯이나 식물의
묘목을 나타냄.

1042

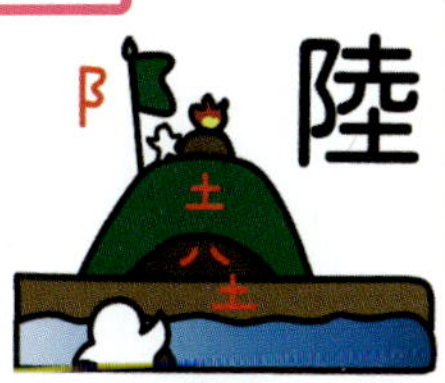

뭍 륙

陸

JLPT N2 | 4학년 | 부수 阜阝

陸 陸

긴 항해길 끝에 고향의 깃발(阝)과 산(坴)이 보임.

음독 りく

N2 陸 りく 뭍, 육지

N2 大陸 たいりく 대륙

N2 陸地 りくち 육지

언덕 륙

언덕 너머에 보이는
큰 산의 모습.

💡 뭍 륙(陸)에 쓰인 한자는 버섯 륙(先)이 아닌 언덕 륙(坴)입니다.

1043

언덕 부

阜

상급한자 | 4학년 | 부수 阜阝

阜 阜

암벽, 또는 언덕 위에서 나부끼고 있는 깃발을 그린 모습.

음독 ふ

岐阜 ぎふ 기후, 일본 중부 지방의 현 참고어휘

1044

쫓을 추

追

JLPT N2 | 3학년 | 부수 辵辶

追 追

언덕(阜) 위에 둥지를 튼 새가 귀중품을 훔쳐 감. 특히 까마귀가 반짝이고 비싼 물건들을 잘 훔쳐갔으며, 둥지의 재료로 쓰려고 비녀를 가져가는 경우도 있었음.

음독 つい

N2 追加 ついか 추가

N1 追跡 ついせき 추적

N1 追放 ついほう 추방

훈독 おう

N2 追う N3 おう (타) 쫓다, 뒤쫓다

1045

멜 담

担

JLPT N2 | 6학년 | 부수 手 扌

동이 트자마자(旦) 짐(扌)을 메고 시장에 물건을 팔러 가는 상인들의 모습.

음독 たん

- N2 N3 担当 たんとう 담당
- N2 負担 ふたん 부담
- N2 担任 たんにん 담임

훈독 かつぐ

- N2 担ぐ かつぐ (타) 메다, 짊어지다

になう

- N1 担う になう (타) 물건을 짊어지다, 책임을 지다

아침 단

동이 틀 때 햇살이 환하게 비치는 그 일순간을 나타냄.

1046

볕 양

陽

JLPT N2 | 3학년 | 부수 阜 阝

아주 높은 암벽을(阝) 순식간에 기어 올라가는(勿) 아주 혈기 왕성한(旦) 청년의 모습.

음독 よう

- N2 太陽 たいよう 태양
- N2 陽気 ようき (성격이) 밝고 쾌활함, (좋은) 날씨

1047

창자 장

腸

JLPT N2 | 6학년 | 부수 肉 月

소독해도 냄새가 심해서 태양볕에(旦) 말려야(勿) 하는 부위, 창자를 말함.

음독 ちょう

- N2 腸 ちょう 장, 창자
- N2 胃腸 いちょう 위장

1048

얻을 득

得

JLPT N2 | 5학년 | 부수 彳

이른 아침부터(旦) 시장에 나와 부지런히 움직이며(彳), 손(寸)을 내밀어 좋은 재료들을 전부 쓸어 담아가는 주부의 모습.

음독 とく

- N2 損得 そんとく 손실과 이득
- N2 納得 なっとく 납득
- N1 獲得 かくとく 획득
- N2 得意 とくい (자발적으로 먼저 손을 들 만큼) 잘함, 자신 있음

훈독 える

- N2 得る える (타) 얻다, 손에 넣다

うる

- N2 得る うる (타) 얻다, 손에 넣다 (えるの 문어체)

1049

사나울 폭

暴

JLPT N2 | 5학년 | 부수 日

사나운 태양(日) 때문에 남아도는 곡식(米)이 없음. 공유(共)할 게 없음.

음독 ぼう

- N2 乱暴 らんぼう 난폭
- N2 暴力 ぼうりょく 폭력
- N2 暴行 ぼうこう 폭행

ばく

- N1 暴露 ばくろ 폭로

훈독 あばれる

- N2 暴れる あばれる (자) 날뛰다, 난폭한 행동을 하다

あばく

- N1 暴く あばく (타) 파헤치다, 폭로하다

1050

불 터질 폭

爆

JLPT N2 | 중, 고등 | 부수 火 灬

태양열(暴)이 불(火) 같이 뜨거워, 곡물 알갱이들이 팝콘처럼 터지고 있는 모습.

음독 ばく

- N2 爆発 ばくはつ 폭발
- N1 爆弾 ばくだん 폭탄
- N1 爆破 ばくは 폭파

1051

暮

JLPT N2 | 6학년 | 부수 日

무성한 풀(艹) 너머로 해(日)가 지고 있는 것을 바라보고 있는 건강한 성인(大)의 모습.

음독 ぼ

暮春 ぼしゅん 늦봄 참고어휘

훈독 くれる

N2
暮れる くれる (자) (날이) 저물다, (시간, 계절 등이) 지나가다

くらす

N2
暮らす くらす (타) (일상생활을) 보내다, 살다

1052

墓

JLPT N2 | 5학년 | 부수 土

석양(莫)을 바라보며, 전쟁에서 사망해 무덤(土)에 묻힌 애인을 그리워함.

음독 ぼ

N1
墓地 ぼち 묘지

N1
墓碑 ぼひ 묘비

훈독 はか

N2
墓 はか 묘, 무덤, 묘비

N2
墓参り はかまいり 성묘

없을 막, 저물 모 부수

무성한 풀 너머로 해가 지고 있는 것을 바라보고 있는 건강한 성인의 모습.

그릴 모

석양을 바라보며 어떤 사정으로 인해 멀리 떠난 애인을 그리워 함.

1053

장막 막

幕

JLPT N2 | 6학년 | 부수 巾

마치 장막(巾)이 드리워지는 것처럼, 풀숲(艹) 사이로 해(日)가 저물고 있는 것을 바라보고 있는 성인(大)의 모습.

음독 **ばく**　幕府　ばくふ　막부 (1192년에서 1868년까지 일본을 통치한 쇼군의 정부)　참고어휘

まく　N2 幕　まく　막　　N1 幕切れ　まくぎれ　막이 내림, 끝맺음

1054

본뜰 모

模

JLPT N2 | 6학년 | 부수 木

건축을 위해 나무(木)위에 올라가, 해가 드리워진 허허벌판(莫)을 바라보며 설계도를 그림.

음독 **ぼ**　N2 規模　きぼ　규모　　N2 大規模　だいきぼ　대규모

も　N2 模様　N3 もよう　모양　　N1 模型　もけい　모형

1055

오를 승

昇

JLPT N2 | 중, 고등 | 부수 日

중요한 직책에 오른 후 태양신(日)을 향해 쌀을 바치며(升) 복을 기원함.

음독 **しょう**　N2 上昇　じょうしょう　상승　　N1 昇進　しょうしん　승진

훈독 **のぼる**　N2 昇る　のぼる　(자) 떠오르다, 높이 올라가다

되 승

작은 바가지로 쌀 한 되를 퍼올리는 모습.

1056

젖을 습

湿

JLPT N2 | 중, 고등 | 부수 氵

湿 湿

매우 뜨거운 땅에 물(氵)을 뿌리니 증기가 피어 오름(显).

음독 しつ

- N2 N3 湿度 しつど 습도
- N1 陰湿 いんしつ 음습
- N1 保湿 ほしつ 보습

훈독 しめす

- N2 湿す しめす (타) 적시다, 축이다

しめる

- N2 湿る しめる (자) 축축해지다, 습기가 차다

1057

갈래 파

派

JLPT N2 | 6학년 | 부수 氵

派 派

물이 사방으로 화려하게 뻗어 나가고 있는 모습. 각 물줄기를 파벌에 빗댐.

음독 は

- N2 派 は 파
- N2 派手 はで 화려함
- N1 派遣 はけん 파견
- N1 党派 とうは 당파
- N1 派閥 はばつ 파벌

1058

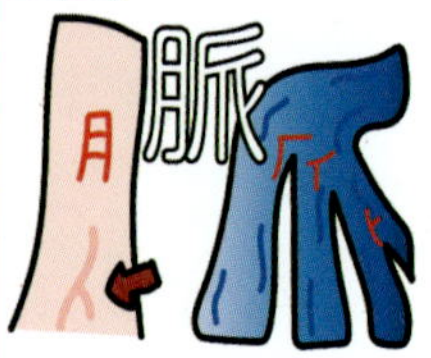

줄기 맥

脈

JLPT N2 | 5학년 | 부수 肉 月

脈 脈

신체(肉)의 안에 있는, 물의 갈래처럼 생긴 핏줄들을 나타냄.

음독 みゃく

- N2 脈 みゃく 맥
- N2 文脈 ぶんみゃく 문맥

1059

누를 압

圧

JLPT N2 | 5학년 | 부수 土

산기슭(厂)처럼 흙(土)을 쌓아 올린 후 단단히 누름.

음독 あつ

- N2 血圧 けつあつ 혈압
- N2 気圧 きあつ 기압
- N1 圧力 あつりょく 압력

1060

재 회

灰

JLPT N2 | 6학년 | 부수 火 灬

만질 수 없는 불에 비해 손으로 잡을 수 있는 불의 잔여물, 재를 말함.

음독 かい

- 灰分 かいぶん 재 참고어휘

훈독 はい

- N2 灰 はい 재
- N2 N5 灰皿 はいざら 재떨이

1061

숯 탄

炭

JLPT N2 | 3학년 | 부수 火 灬

산(山)이나 동산(厂)에 불(火)이 붙고 나면 생기는 숯 같은 것들을 말함.

음독 たん

- N2 石炭 せきたん 석탄
- N2 炭鉱 たんこう 탄광
- N1 炭素 たんそ 탄소

훈독 すみ

- N2 炭 すみ 숯, 목탄

1062

근원 원

源 JLPT N2 | 6학년 | 부수 氵

源 源

삶에 필수적인 물(氵)이 언덕 위에 있는 샘(原)에서 솟아나고 있는 모습.

음독 しげん

N2 資源 しげん 자원 | N1 電源 でんげん 전원 | N1 水源 すいげん 수원

훈독 みなもと

N1 源 みなもと 기원, 근원

1063

꿈 몽

夢 JLPT N2 | 5학년 | 부수 夕

夢 夢

저녁(夕) 회식 자리(冖)에서 술을 먹다 잠든 사람이 꿈 속에서 아름다운 꽃밭(艹)을 보고(罒) 있는 모습.

음독 む

N2 夢中 むちゅう 꿈속, (어떤 것에) 몰두함 | N1 悪夢 あくむ 악몽

훈독 ゆめ

N2 N4 夢 ゆめ 꿈

1064

진 액

液 JLPT N2 | 5학년 | 부수 氵

液 液

귀중한 진액(氵)을 숙성시키기 위해 심야(夜)의 어두운 창고에서 장을 담그는 사람의 모습.

음독 えき

N1 液 えき 액, 액체, 즙 | N2 N3 血液 けつえき 혈액 | N2 液体 えきたい 액체

N1 溶液 ようえき 용액

1065

산등성이 강

岡

JLPT N2 | 4학년 | 부수 山

岡 岡

마을의 대문(冂) 바깥으로 집(穴)보다 높은 산등성이(山)가 늘어서 있음.

훈독 おか

N2
岡 おか 언덕, 작은 산, 구릉

福岡 ふくおか 후쿠오카, 일본 규슈 지방의 현 참고어휘

1066

강철 강

鋼

JLPT N2 | 6학년 | 부수 金

鋼 鋼

탄광촌 정문 바깥으로 검은 산(岡)이 늘어서 있는 모습. 탄광재를 산처럼 쌓아놓음.
탄광에서 캐온 석탄으로 강철(金)을 만듦.

음독 こう

N2
鉄鋼 てっこう 철강

N2
鋼鉄 こうてつ 강철

훈독 はがね

N1
鋼 はがね 강철

1067

펼 연

演

JLPT N2 | 5학년 | 부수 氵

演 演

화살이 과녁의 정중앙을 뚫고 가듯이(寅), 물줄기(氵)가 아주 막힘없이 퍼져나감.
뭔가가 퍼져나가다. 사람들 앞에서 재주를 선보이다.

음독 えん

N2 N3
演奏 えんそう 연주

N2 N3
演劇 えんげき 연극

N2
演技 えんぎ 연기

N1
公演 こうえん 공연

N2
講演 こうえん 강연

N1
演出 えんしゅつ 연출

범 인

연회 자리에서
화살 묘기를 펼침.

1068

화할 충

沖

JLPT N2 | 4학년 | 부수 氵

바다의 한 가운데(中)에서 육지까지 오는 파도(氵)를 지칭함. 일본에서 이 한자는 주로 오키나와(沖縄)의 지명으로 활용됨.

음독 ちゅう

沖積 ちゅうせき 충적 참고어휘

훈독 おき

N2 沖 おき 먼 바다

沖縄 おきなわ 오키나와 참고어휘

1069

밀물 조

潮

JLPT N2 | 6학년 | 부수 氵

해(𠦝)와 달(月)의 위치에 따라 바다(氵)의 깊이가 변하는 모습. 밀물과 썰물, 조수를 말함.

음독 ちょう

N1 満潮 まんちょう 만조

N1 風潮 ふうちょう 풍조

훈독 しお

N2 潮 しお 조수, 밀물과 썰물

1070

길 영

永

JLPT N2 | 5학년 | 부수 水 氺

끝 없는 강줄기를 따라 배를 타고 감.

음독 えい

N2 N3 永遠 えいえん 영원

N2 永久 えいきゅう 영구

훈독 ながい

N2 永い ながい 아주 오래다, 영원하다

1071

헤엄칠 영

泳

JLPT N2 | 3학년 | 부수 氵

泳 泳

물을 튀기며(氵) 강의 끝(永)을 향해 수영함.

음독 **えい**

N2 水泳 N4 すいえい 수영

훈독 **およぐ**

N2 泳ぐ N5 およぐ (자) 헤엄치다, 수영하다

1072

찔 증

蒸

JLPT N2 | 6학년 | 부수 艸 艹

蒸 蒸

채소(艹)를 증기(蒸)로 찌기 위해, 솥에 물(水)을 담고 불(灬)을 붙임.

음독 **じょう**

N2 蒸気 じょうき 증기

N2 蒸発 じょうはつ 증발

훈독 **むす**

N2 蒸す むす (자) (날씨가) 무덥다, 찌다 (타) (음식을) 찌다, 익히다

むらす

N1 蒸らす むらす (타) (음식을 찐 후) 뜸들이다

むれる

N1 蒸れる むれる (자) 뜸 들다, 습기로 답답해지다

1073

초록빛 록

緑

JLPT N2 | 3학년 | 부수 糸

緑 緑

풀잎을 짜(ヨ) 추출한 염료(氺)를 실(糸)에 묻히고 있는 모습.

음독 **りょく**

緑茶 りょくちゃ 녹차 참고어휘

ろく

緑青 ろくしょう 녹청 참고어휘

훈독 **みどり**

N2 緑 N5 みどり 녹색, 초록빛

1074

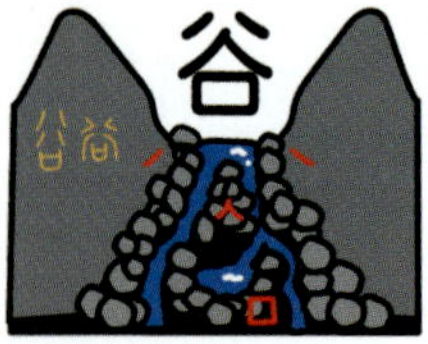

골 곡

谷

JLPT N2 | 2학년 | 부수 谷

골짜기 사이에 형성된 계곡(谷)의 모습.

음독 こく

N2 峡谷 きょうこく 협곡

훈독 たに

N2 谷 たに 골짜기, 계곡, 골

1075

목욕할 욕

浴

JLPT N2 | 4학년 | 부수 氵

계곡(谷)에서 물(氵)로 몸을 씻고 있는 모습.

음독 よく

N2 入浴 N3 にゅうよく 입욕 　 N2 海水浴 N3 かいすいよく 해수욕 　 N1 浴室 よくしつ 욕실

훈독 あびる

N2 浴びる N5 あびる (타) (물, 햇빛, 영향 등을) 뒤집어쓰다, 받다

あびせる

N2 浴びせる あびせる (자) (물, 말, 시선 등을) 퍼붓다, 끼얹다, 들이붓다

1076

녹을 용

溶

JLPT N2 | 중, 고등 | 부수 氵

어머니가 기다리는 고향집(宀)에 도착하기 전, 일단 계곡(谷)으로 가 물(氵)로 옷의 얼룩을 녹여 없앰.

음독 よう

N2 溶岩 ようがん 용암 　 N1 溶液 ようえき 용액 　 N1 溶解 ようかい 용해

훈독 とく

N2 溶く N3 とく (타) (가루, 액체 등을) 풀다, 개다

とかす

N2 溶かす N3 とかす (타) (고체 등을) 녹이다

とける

N2 溶ける N3 とける (자) 녹다, 풀어지다

1077

물 따라갈 연

沿

JLPT N2 | 6학년 | 부수 氵

물(氵)이 산을 타고 계속 아래로 흘러 가는(㕣) 모습.

음독 えん

N2 沿岸 えんがん 연안

N2 沿革 えんかく 연혁

N1 沿線 えんせん 연선

훈독 そう

N2 沿う そう (자) 따르다, 따라가다, 의거하다

1078

거칠 황

荒

JLPT N2 | 중, 고등 | 부수 艸 艹

초목(艹)과 시냇물(川)이 죽음(亡)을 맞이한 황무지를 나타냄.

음독 こう

N1 荒廃 こうはい 황폐

훈독 あらい

N2 荒い あらい 거칠다, 사납다

あらす

N2 荒らす あらす (타) 황폐케 하다, 파손하다

あれる

N2 荒れる あれる (자) 거칠어지다, 사나워지다

1079

가르칠 훈

訓

JLPT N2 | 4학년 | 부수 言

흐르는 강물(川)처럼 역사 대대로 이어지는 삶의 교훈(言)을 차근차근 알려줌.

음독 くん

N2 訓練 くんれん 훈련

N1 教訓 きょうくん 교훈

1080

고을 주

州

JLPT N2 | 3학년 | 부수 巛 川

강의 모래톱을 나타낸 모습. 나라의 행정구역을 나타내기도 함.

음독 しゅう

N2 州 しゅう 주 (영국, 미국 등의 행정구역)

훈독 す

州 す 주, 삼각주 (강이나 호수, 바다 등의 퇴적 지형) 참고어휘

1081

재앙 재

災

JLPT N2 | 5학년 | 부수 火 灬

홍수(川)와 화재(火)로 고통받는 사람들의 모습.

음독 さい

N2 N3 火災 かさい 화재   N2 防災 ぼうさい 방재

훈독 わざわい

N2 災い わざわい 재앙, 재난, 화

1082

격할 격

激

JLPT N2 | 6학년 | 부수 氵

바람에 촛불(白)이 사방(方)으로 격(激)하게 움직이는 것처럼, 강물(氵)이 세차게(攵) 요동치고 있는 모습.

음독 げき

N2 感激 かんげき 감격   N2 激増 げきぞう 갑자기 늘어남   N2 刺激 しげき 자극

훈독 はげしい

N2 N3 激しい はげしい 격렬하다, 심하다

1083

그럴 연

然

JLPT N2 | 4학년 | 부수 火 灬

굶어 죽어가는 자식을 살리기 위해, 개(犬)를 죽여 고기 요리(肉, 灬)를 하려는 아비의 모습. 누구나 그럴 수밖에 없게 됨. 자연의 섭리를 말함.

음독 **ぜん**

- N2 全然 N4 ぜんぜん 전혀, 온통
- N2 自然 N3 しぜん 자연
- N2 突然 N3 とつぜん 돌연
- N2 当然 とうぜん 당연
- N2 偶然 ぐうぜん 우연

ねん

- N2 天然 てんねん 천연

1084

탈 연

燃

JLPT N2 | 5학년 | 부수 火 灬

굶어 죽어가는 자식을 살리기 위해, 키우던 개를 불(火)로 요리(然)하고 있는 아비의 모습.

음독 **ねん**

- N1 燃焼 ねんしょう 연소
- N1 燃料 ねんりょう 연료

훈독 **もえる**

- N2 燃える N3 もえる (자) 타다, 불길이 일다

もやす

- N2 燃やす N3 もやす (타) 불태우다

もす

- N2 燃す もす (타) 태우다, 타게 하다 (もやす의 문어체, 고어체)

UPGRADE!

17

확인문제

한자표기 **다음 단어의 한자 표기로 적당한 것을 고르세요.**

01	ついか	① 師加	② 阜加	③ 追加
02	たいりく	① 大陸	② 大階	③ 大隆
03	たんとう	① 旦当	② 担当	③ 担尚
04	ようき	① 陽気	② 場汽	③ 陰気
05	ぼうりょく	① 暴力	② 爆力	③ 漢力

한자읽기 **다음 한자의 읽는 법을 고르고 빈칸에 뜻을 적으세요.**

06	爆発	① はくはつ	② ばくはつ	③ はくばつ	
07	墓	① まか	② はか	③ なか	
08	幕	① ばく	② はく	③ まく	
09	規模	① きぼ	② ぎぼ	③ きぼう	
10	上昇	① じょうしょう	② しょうしょう	③ しょうじょう	

정답 01 ③ 추가 02 ① 대륙 03 ② 담당 04 ① 밝고 쾌활함 05 ① 폭력 06 ② 폭발 07 ② 묘 08 ③ 막 09 ① 규모 10 ① 상승

18

새와 각종 동물 유래 한자(26자)

1085

권세 권

権

JLPT N2 | 6학년 | 부수 木

나무(木) 위에 둥지를 틀어 거의 내려오지 않는 고고한 황새(雚)처럼, 권력(権)의 정점에 서서 내려오지 않음.

음독 **けん**

- N2 権利 けんり 권리
- N1 権威 けんい 권위
- N1 棄権 きけん 기권

ごん

- 権化 ごんげ 화신 참고어휘

1086

섞일 잡

雑

JLPT N2 | 5학년 | 부수 隹

엄청나게 많은(九) 새(隹)들이 나무(木) 위에 앉아있는 모습.

음독 **ざつ**

- N2 N4 複雑 ふくざつ 복잡
- N2 N3 混雑 こんざつ 혼잡
- N2 雑音 ざつおん 잡음

훈독 **ぞう**

- N2 雑巾 ぞうきん 걸레
- N1 雑木 ぞうき 잡목

재미있는 한자 이야기

황새 관

주로 나무 꼭대기에 둥지를 짓는 황새(雚)를 그린 모습.

황새는 땅에 거의 내려오지 않는 습성을 가지고 있음.

1087

밀 추, 밀 퇴

推

JLPT N2 | 6학년 | 부수 手扌

잘 아는 사람을 데려와(扌) 추천함. 마치 새(隹)가 날아오르듯이 순식간에 목표와 가까워짐.

음독 すい

N2 推定 すいてい 추정

N1 N2 推薦 すいせん 추천

N2 推進 すいしん 추진

훈독 おす

N1 推す おす (타) 밀다, 추천하다, 추대하다

1088

외짝 척

隻

JLPT N2 | 중, 고등 | 부수 隹

바다 건너 다가오는 적선의 수를 망원경으로 보며 셈. 그 수를 종이에 기록하여 비둘기(隹) 다리에 묶은 후, 본부로 날려보냄(又).

음독 せき

N2 隻 せき 척 (배를 세는 말)

N2 一隻 いっせき 쌍으로 되어 있는 것의 한 쪽

隻眼 せきがん 외눈 참고어휘

1089

떨칠 분

奮

JLPT N2 | 6학년 | 부수 大

밭(田)의 농작물을 훔쳐먹는 새(隹)를 빗자루로 내쫓고 있는 농부(大)의 모습.

음독 ふん

N1 興奮 こうふん 흥분

N1 奮闘 ふんとう 분투

훈독 ふるう

N2 奮う ふるう (자) 용기를 내다, 떨치다

1090

깃 우

羽

JLPT N2 | 2학년 | 부수 羽

깃털을 그린 모습.

음독 う　羽毛 うもう 새털, 깃털 참고어휘

훈독 は　N2 羽 は 날개, 깃털

はね　N2 羽・羽根 N4 はね 날개, 깃털 (羽根는 물품등에 달린 날개를 뜻하기도 함)

1091

다음날 익

翌

JLPT N2 | 6학년 | 부수 羽

밤새워서 공부를 하던 사람(立)이 해가 뜨는 걸 봄. 새소리(羽)가 나니 해가 떠오름. 먼 옛날 사람들은 해가 떠오르는 것을 보며 신의 새가 해를 운반한다고 생각했었음.

음독 よく　N2 翌朝 よくあさ 다음날 아침　N2 翌日 よくじつ 익일, 다음 날

1092

배우 배

俳

JLPT N2 | 6학년 | 부수 人亻

아름다운 날개(非)를 등에 달고 연기를 하고 있는 사람(亻)의 모습. 날개 달린 것 마냥 어딘가를 배회함.

음독 はい　N2 俳優 はいゆう 배우　俳徊 はいかい 배회 참고어휘

아닐 비

새의 두 날개(非)를 그린 모습. 새가 순식간에 날아 오르듯이 동료를 등지고 배신함. 비난(非)받을 일.

1093

슬플 비

悲 JLPT N2 | 3학년 | 부수 心 忄

배신(非)을 당한 사람의 슬픈 마음(心)을 나타냄.

음독 ひ

N2 悲劇 ひげき 비극　　N1 悲鳴 ひめい 비명

훈독 かなしい

N2 悲しい N4 かなしい 슬프다, 애처롭다

かなしむ

N2 悲しむ N3 かなしむ (타) 슬퍼하다, 한탄하다

1094

허물 죄

罪 JLPT N2 | 5학년 | 부수 网 罒 ⺳

죄인이 새(非)처럼 멀리 도망갈까봐 그물(网)을 던짐.

음독 ざい

N2 犯罪 はんざい 범죄　　N1 謝罪 しゃざい 사죄　　N1 罪悪 ざいあく 죄악

훈독 つみ

N2 罪 つみ 죄

1095

능할 능

能 JLPT N2 | 5학년 | 부수 肉 月

힘도 세고 달리기도 빠르고 수영도 잘하는 곰을 나타냄. 총이 없던 시절, 재능이 많은 곰은 먼 옛날 공포의 대상 그 자체였음.

음독 のう

N2 能力 N3 のうりょく 능력　　N2 才能 N3 さいのう 재능　　N2 芸能 げいのう 예능

N2 可能 かのう 가능　　N2 機能 きのう 기능

1096

곰 웅

熊

JLPT N2 | 5학년 | 부수 火 灬

마음에 온 곰(能)을 쫓기 위해 주변에 불(灬)을 붙이는 사람의 모습. 그래야 할 정도로 강함.

훈독 くま

N2
熊 くま 곰

1097

코끼리 상

象

JLPT N2 | 5학년 | 부수 豕

사진이 없던 옛날에는 말로 설명되는 코끼리의 모습은 신비 그 자체였음.
"덩치가 집보다 크고 귀가 문짝만한 생물이 있다고?" 머릿속으로 그 모습을 상상해 봄.

음독 しょう

N2
印象 いんしょう 인상

N2
現象 げんしょう 현상

N2
対象 たいしょう 대상

ぞう

N2
象 ぞう 코끼리

1098

모양 상

像

JLPT N2 | 5학년 | 부수 人 亻

사진이 없던 옛날에는 말로 설명되는 코끼리(象)의 모습은 신비 그 자체였음.
"덩치가 집보다 크고 귀가 문짝만한 생물이 있다고?" 어떤 사람(亻)이 머릿 속으로 코끼리의 모습을 상상해 봄.

음독 ぞう

N2
像 ぞう 상, 사물의 형체

N2 N3
想像 そうぞう 상상

N1
映像 えいぞう 영상

N1
仏像 ぶつぞう 불상

1099

심할 극

劇

JLPT N2 | 6학년 | 부수 刀 刂

호랑이(虎)와 멧돼지(豕)가 날카로운 발톱과 어금니(刀)를 휘두르며 심하게 싸움. 사람들이 그걸 구경하며 즐김. 극적이니 재미있음.

음독 げき

- N2 劇 げき 극, 연극
- N2 N3 演劇 えんげき 연극
- N2 劇場 げきじょう 극장
- N2 悲劇 ひげき 비극
- N1 喜劇 きげき 희극

1100

무리 대

隊

JLPT N2 | 4학년 | 부수 阜 阝

성난 돼지(豕) 떼처럼 엄청나게 많은 병사들이 언덕(阝) 위에서 잠복해 있다가, 풀숲(艹) 사이에서 튀어나와 기습함.

음독 たい

- N2 軍隊 ぐんたい 군대
- N2 兵隊 へいたい 병대, 병정
- N1 隊員 たいいん 대원
- N1 部隊 ぶたい 부대

1101

모퉁이 우

隅

JLPT N2 | 중, 고등 | 부수 阜 阝

언덕(阝)에 있는 온천에서 한가롭게 목욕을 즐기고 있는 사람의 모습. 원숭이(禺)가 모퉁이에서 눈치를 보며 기다리고 있음. 실제로 원숭이들도 온천을 자주 즐겼음.

음독 ぐう

- 一隅 いちぐう 한 모퉁이, 하나의 견해 참고어휘

훈독 すみ

- N2 N3 隅 すみ 모퉁이, 구석
- N1 片隅 かたすみ 한쪽 구석

범 호

돼지 시

원숭이 우

1102

닿을 촉

触

JLPT N2 | 중, 고등 | 부수 角

벌레(虫)들이 팔에 날카로운 침(角)을 놓으니 너무 간지러움.

음독 しょく

- N1 接触 せっしょく 접촉
- N1 感触 かんしょく 감촉

훈독 さわる

- N2 触る N4 さわる (자, 타) 직접 손으로 만지다

ふれる

- N2 触れる ふれる (자, 타) 가볍게 스치다, (감정, 정보 등에) 닿다

1103

착할 선

善

JLPT N2 | 6학년 | 부수 口

양치기의 말(言)을 잘 따르는 양(羊)처럼, 말을 잘 듣는 선한 사람을 말함. 한자를 만든 지배 계급의 입장에선 말을 잘 듣는 것이 선함의 기준이었음.

음독 ぜん

- N2 善 ぜん 선
- N2 改善 かいぜん 개선
- N1 善悪 ぜんあく 선악
- N1 最善 さいぜん 최선
- N1 善良 ぜんりょう 선량

훈독 よい

- N2 善い よい (도덕적, 윤리적으로) 바람직하다

1104

늦을 지

遅

JLPT N2 | 중, 고등 | 부수 辵辶

말이 없어 느린 양(羊)을 타고(尸) 가(辶) 지각함.

음독 ち

- N2 遅刻 ちこく 지각

훈독 おそい

- N2 遅い N5 おそい 늦다, 느리다

おくれる

- N2 遅れる おくれる (자) 늦다

おくらす

- N2 遅らす おくらす (타) 늦추다

1105

얽을 구

構

JLPT N2 | 5학년 | 부수 木

장사를 하기 위해 물고기(再)를 나무(木) 진열대(井)에 묶어 놓음.

음독 **こう**

N2 構造 こうぞう 구조

N2 N4 結構 けっこう 1. 훌륭함, 짜임새 있음, 양호함 2. 제법

훈독 **かまう**

N2 構う かまう (자, 타) 신경 쓰다, 상대하다

かまえる

N2 構える かまえる (타) 자세를 잡다, (가게 등을) 마련하다

1106

외울 강

講

JLPT N2 | 5학년 | 부수 言

마치 진열대(井)에 물고기(再)가 매달려 있는 것처럼, 학생들이 책상에 나란히 앉아 강의(言)를 듣고 있는 모습.

음독 **こう**

N2 N4 講義 こうぎ 강의

N2 N4 講堂 こうどう 강당

N2 講師 こうし 강사

N2 講演 こうえん 강연

N2 休講 きゅうこう 휴강

두 재, 다시 재

강을 거슬러 올라가기 위해 재차 물 위로 뛰어오르고 있는 물고기의 모습.

1107

고기 잡을 어

漁

JLPT N2 | 4학년 | 부수 氵

漁漁

상(氵)이나 바다에서 물고기(魚)를 잡음.

음독 **ぎょ**

N2 漁業 ぎょぎょう 어업

N1 漁船 ぎょせん 어선

りょう

N2 漁師 りょうし 고기잡이, 어부

1108

칠 목

牧

JLPT N2 | 4학년 | 부수 牛 牜

牧牧

채찍을 휘두르며(攵) 소(牛)를 울타리 안으로 몰고 있는 사람의 모습.

음독 **ぼく**

N2 牧場 ぼくじょう 목장

N2 牧畜 ぼくちく 목축

훈독 **まき**

牧 まき 목장 참고어휘

1109

사슴 록

鹿

JLPT N2 | 4학년 | 부수 鹿

鹿鹿

사슴을 그린 모습. 사슴을 보고 말이라고 우기는 사람을 마록(馬鹿), 바보(バカ)라 불렀음.

훈독 **か**

N2 馬鹿 ばか 바보, 어리석음

しか

N2 鹿 しか 사슴

1110

하늘 건

乾

JLPT N2 | 중, 고등 | 부수 乙 乚

乾 乾

햇볕이 내리쬐는(𠦝) 하늘을 향해 제비(乙)가 날아오르고 있는 모습. 아주 맑은 날 젖은 빨래를 널어 말림.

음독 **かん**

N2 乾杯 かんぱい 건배 　 N2 乾燥 かんそう 건조 　 N2 乾電池 かんでんち 건전지

훈독 **かわく**

N2 乾く　N4 かわく　(자) 마르다

かわかす

N2 乾かす　かわかす　(타) 말리다

햇빛 간

햇빛(日)이 초목(艹)을 비추고 있는 모습.

새 을

제비가 하늘 위로 날아오르는 모습. 하늘의 기운이나 천간의 둘째 을(乙)을 말하기도 함.

UPGRADE!

18

확인문제

한자표기 **다음 단어의 한자 표기로 적당한 것을 고르세요.**

01	けんり	① 権利	② 権梨	③ 観利
02	こんざつ	① 皆雑	② 今雑	③ 混雑
03	げんしょう	① 現象	② 見象	③ 現像
04	かんそう	① 渇燥	② 幹燥	③ 乾燥
05	のうりょく	① 罷力	② 能力	③ 熊力

한자읽기 **다음 한자의 읽는 법을 고르고 빈칸에 뜻을 적으세요.**

06	想像	① そうぞう	② そうそう	③ ぞうそう	
07	演劇	① ねんげき	② えんげき	③ えんけき	
08	軍隊	① ぐんだい	② くんだい	③ ぐんたい	
09	改善	① かいせん	② かいぜん	③ がいぜん	
10	遅刻	① じごく	② ちごく	③ ちこく	

정 답 01 ① 권리 02 ③ 혼잡 03 ① 현상 04 ③ 건조 05 ② 능력 06 ① 상상 07 ② 연극 08 ③ 군대 09 ② 개선 10 ③ 지각

19 농경사회, 천문, 점성술 관련 한자(29자)

1111

풍년 풍

豊 (획순 1–13)

JLPT N2 | 5학년 | 부수 豆

豊 豊

항아리처럼(豆) 좋은 몸매를 하고 있는 아낙네가 곡식이 가득 든 바구니를(曲) 머리 위에 이고 있는 모습.

음독 ほう

- N2 豊富 ほうふ 풍부
- N1 豊作 ほうさく 풍작

훈독 ゆたか

- N2 豊か ゆたか 풍부함, 풍족함

1112

농사 농

農 (획순 1–13)

JLPT N2 | 3학년 | 부수 辰

農 農

성공적인 수확(曲)을 위해, 별의 거리를 계산해(辰) 날씨를 예측하고 있는 천문학자의 모습.

음독 のう

- N2 N3 農村 のうそん 농촌
- N2 N3 農民 のうみん 농민
- N2 農家 のうか 농가
- N2 農業 のうぎょう 농업
- N2 農産物 のうさんぶつ 농산물

재미있는 한자 이야기

별 진

사다리를 타고 올라가 직각자로 별의 거리를 재며 날씨와 운세를 예측함.

주로 시간 측정의 기준으로 삼는 별인 진성을 말함. "오늘은 일진(운세)이 좋군."

1113

우레 진

震

JLPT N2 | 중, 고등 | 부수 雨

폭우(雨) 속 사다리 위에서 날씨를 측정(辰)하다가, 천지를 뒤흔드는 천둥소리에 떨어질 뻔함.

음독 しん

- N2 地震　じしん　지진
- N2 震災　しんさい　지진 재해

훈독 ふるう

- N2 震う　ふるう　(자, 타) (강하게) 떨다, 진동하다

ふるえる

- N2 震える　N3 ふるえる　(자) (감정, 추위, 공포 등으로) 떨리다, 흔들리다

1114

구름 운

雲

JLPT N2 | 2학년 | 부수 雨

비(雨)를 머금고 있는 구름(云)의 모습.

음독 うん

- 青雲　せいうん　청운, 파란 하늘　참고어휘

훈독 くも

- N2 雲　くも　구름
- N2 黒雲　くろくも　먹구름

1115

흐릴 담

曇

JLPT N2 | 중, 고등 | 부수 日

태양(日)이 비(雨)를 품은 검은 먹구름(云) 때문에 고개를 내밀지 못함.

음독 どん

- N1 曇天　どんてん　흐린 하늘

훈독 くもる

- N2 曇る　くもる　(자) 흐리다, 흐려지다, 어두워지다

1116

재주 예

芸

JLPT N2 | 4학년 | 부수 艸 艹

바람이 불자 꽃(艹)과 구름(云)이 춤을 춤. 아름다운 재주를 펼침.

음독 げい

N2 N3 芸術 げいじゅつ 예술	N2 芸能 げいのう 예능	N2 工芸 こうげい 공예
N2 N3 文芸 ぶんげい 문예	N2 手芸 しゅげい 수예	

1117

떨어질 령

零

JLPT N2 | 중, 고등 | 부수 雨

나라가 망해 모든 것이 0이 된, 영락한 권세가의 집에(令) 비가(雨) 내리고 있는 모습.

음독 れい

N2 零 れい 영, 0	N2 零点 れいてん 0점	N2 零細 れいさい 영세

1118

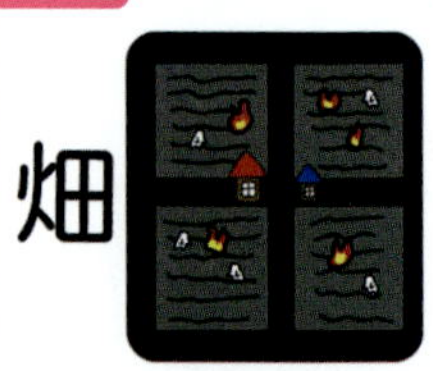

화전 전

畑

JLPT N2 | 3학년 | 부수 田

초목을 불태워(火) 땅(田)에 영양을 보급해 밭농사를 함. 화전농업을 나타낸 한자이나 일본에서는 평범하게 밭을 지칭함.

훈독 はた

N2 畑 はた 밭	N2 田畑 たはた 논밭, 전답, 농토

훈독 はたけ

N2
畑 はたけ 밭, 자신의 전문 영역

1119

고양이 묘

猫

JLPT N2 | 중, 고등 | 부수 犬 犭

주로 풀숲이나 묘목(苗) 사이로 숨어 다니는 네발짐승(犭), 고양이를 나타냄.

음독 びょう

N1 愛猫 あいびょう 애묘

훈독 ねこ

N2 N5 猫 ねこ 고양이

1120

묻을 매

埋

JLPT N2 | 중, 고등 | 부수 土

사람들이 잘 다니지 않는 마을(里)의 외곽 부지(土)에 죽은 자를 묻음.

음독 まい

N1 埋蔵 まいぞう 매장

N1 埋没 まいぼつ 매몰

훈독 うめる / うまる / うもれる

N2 埋める N3 うめる (타) 묻다, 메우다, 막다

N2 埋まる N3 うまる (자) 묻히다, 메워지다, 가득 차다

N2 埋もれる うもれる (자) 묻히다, 세상에 알려지지 않다

1121

아이 동

童

JLPT N2 | 3학년 | 부수 立

마을(里) 변두리에서 주로 뛰어 노는 아이들(立)을 말함.

음독 どう

N2 児童 じどう 아동

N2 童話 どうわ 동화

N1 N2 童謡 どうよう 동요

훈독 わらべ

N1 童 わらべ 동자, 어린아이

1122

날랠 용

勇

JLPT N2 | 4학년 | 부수 力

勇 勇

무거운 쇠종(甬)도 거뜬히 드는 아주 용맹한 남자(男)를 말함.

음독 ゆう

N2 N3 勇気 ゆうき 용기

N1 勇敢 ゆうかん 용감함

훈독 いさむ

N1 勇む いさむ (자) 기운이 솟다, 용기가 나다

길 용

엄청나게 큰 종을 그린 모습.

또는 뒤집은 통을 손으로 두드림.

1123

두루 주

周

JLPT N2 | 4학년 | 부수 口

周 周

농사(田)를 지으며 주변(周) 동료들을 부르고(口) 있는 농부의 모습.

음독 しゅう

N2 周囲 しゅうい 주위

N2 周辺 しゅうへん 주변

N1 周期 しゅうき 주기

훈독 まわり

N2 N3 周り・回り まわり 주위, 주변, 둘레

1124

우물 정

井

JLPT N2 | 4학년 | 부수 二

井 井

우물에서 물을 퍼 밭에 물을 줌. 부수로 쓰일 땐 마을 공동체를 나타내기도 함.

음독 しょう

N2 天井 てんじょう 천장, 천정

せい

井底 せいてい 우물의 밑바닥 참고어휘

훈독 いど

N2 井戸 いど 우물

1125

둘레 위

囲

JLPT N2 | 5학년 | 부수 口

마을(井) 주변(口)이 적들로 둘러싸여 있음.

음독 い

N2 周囲 しゅうい 주위 (N3)
N2 範囲 はんい 범위 (N3)
N3 雰囲気 ふんいき 분위기

훈독 かこむ

N2 囲む かこむ (N3) (타) (여러 방향에서) 둘러싸다, 에워싸다

かこう

N1 囲う かこう (타) (울타리 등을 쳐서) 가두다, 보호하다, 감추다

1126

밭 갈 경

耕

JLPT N2 | 5학년 | 부수 耒

가래(耒)로 밭(井)을 가는 사람들의 모습.

음독 こう

N2 耕作 こうさく 경작
N2 耕地 こうち 경지

훈독 たがやす

N2 耕す たがやす (타) (논밭을) 갈다, 파서 일구다

1127

문서 적

籍

JLPT N2 | 중, 고등 | 부수 竹

열심히 농사 지은 것(耒)들을 대홍수(昔)로 모두 잃은 농민들을 구제하기 위해, 피해 규모를 정확하게 죽간(竹)에 기록함.

음독 せき

N2 国籍 こくせき 국적
N2 書籍 しょせき 서적
N2 戸籍 こせき 호적

가래 뢰

밭을 가는 데 사용했던 농기구인 가래를 뜻함.

예 석

B.C 2000년 전, 태양을 집어 삼킬 정도의 범람이 자주 일어났던 황하강 유역을 말함. 그 옛 시절.

1128

놓을 방

放

JLPT N2 | 3학년 | 부수 攵 支

복역을 마친 범죄자의 수갑을 부숨(攵). 신나서 뛰어나감(方).

음독 **ほう**

- N2 放出 ほうしゅつ 방출
- N2 放送 ほうそう 방송
- N2 解放 かいほう 해방

훈독 **はなす**

- N2 放す はなす (타) (손에서) 놓다, 떨어뜨리다, 풀어주다

はなれる

- N2 放れる はなれる (자) (속박에서) 벗어나다, 풀리다

ほうる

- N2 放る ほうる (타) 던지다, (무책임하게) 내팽개치다

はなつ

- N1 放つ はなつ (타) (빛, 냄새, 화살 등을) 내보내다, 방출하다

1129

찾을 방

訪

JLPT N2 | 6학년 | 부수 言

도움(言)을 구하러 어른을 찾아감(方).

음독 **ほう**

- N2 訪問 ほうもん 방문

훈독 **たずねる**

- N2 N4 訪ねる たずねる (타) 찾다, 방문하다

おとずれる

- N1 訪れる おとずれる (자, 타) 방문하다, 찾아오다

1130

동네 방

坊

JLPT N2 | 중, 고등 | 부수 土

동네 여기저기(方) 불법을 설파하러 가는 스님의 모습. 동네 언덕(土) 위에 하나씩은 있는 절, 승방을 말함. 또는 여기저기 돌아다니는 어린아이를 나타냄.

음독 **ぼう**

- N1 坊主 ぼうず 스님, 중, 민머리
- N2 N4 寝坊 ねぼう 늦잠, 잠꾸러기

ぼっ

- N2 坊ちゃん ぼっちゃん 도련님, 아드님

1131

별 성

星

JLPT N2 | 2학년 | 부수 日

풀(生)들 사이에 태양(日)처럼 빛나는 작은 별들이 떠 있음. 해와 달의 아이들, 별.

음독 **せい**
- N2 衛星 えいせい 위성
- N1 惑星 わくせい 혹성
- N1 星座 せいざ 별자리

しょう
- 将星 しょうせい 장성, 장군 참고어휘

훈독 **ほし**
- N2 N4 星 ほし 별

1132

성 성

姓

JLPT N2 | 중, 고등 | 부수 女

아이(生)가 태어나자 어머니가 기뻐하며 아이(女)의 이름을 부름.

음독 **しょう**
- 百姓 ひゃくしょう 백성 참고어휘

せい
- N2 姓 せい 성, 성씨
- N1 姓名 せいめい 성명

1133

잡을 포

捕

JLPT N2 | 중, 고등 | 부수 手 扌

채소밭(甫)에서 채소를 뽑기 위해 줄기를 잡음(扌).

음독 **ほ**
- N1 N3 逮捕 たいほ 체포
- N1 捕獲 ほかく 포획
- N1 捕虜 ほりょ 포로

훈독

つかまえる	N2 捕まえる	N4 つかまえる	(타) 잡다, 붙잡다
つかまる	N2 捕まる	N3 つかまる	(자) 잡히다, 붙들리다
とらえる	N2 捕える	とらえる	(타) (대상, 기회 등을) 잡다, 포착하다
とらわれる	N2 捕らわれる	とらわれる	(자) (대상, 감정 등에) 붙잡히다, 얽매이다
とる	N2 捕る	とる	(타) (동물, 물건 등을) 잡다, 포획하다

채마밭 포

채소밭을 그린 모습.

1134

기울 보

補

JLPT N2 | 6학년 | 부수 衣 衤

어르신의 비싼 옷(衤)을 찢어버린 농부가 채소밭(甫)에서 키운 과일로 보상하려는 모습.

음독 ほ

N2 候補 こうほ 후보

N1 補充 ほじゅう 보충

N1 補償 ほしょう 보상

훈독 おぎなう

N2 補う おぎなう (타) 보충하다, 변상하다, 보상하다

1135

뛸 용

踊

JLPT N2 | 중, 고등 | 부수 足

성 안에 신나는 노랫소리(甬)가 들려 안으로 들어가(足) 춤을 춤.

음독 よう

N2 舞踊 ぶよう 무용

훈독 おどり

N2 踊(り) おどり 춤

おどる

N2 踊る おどる (자) 춤추다

길 용

엄청나게 큰 종을 그린 모습.

또는 뒤집은 통을 손으로 두드림.

1136

억조 조

兆

JLPT N2 | 4학년 | 부수 儿

100만 대군이 쳐들어온다고 해, 거북이 등껍질을 태워 갈라진 틈을 보고 나라의 운을 점침.
압도적인 수를 말함. 과거에는 100만이었으나 현재는 1조로 바뀜.

음독 ちょう

N2 兆 ちょう 조, 1조

N1 兆候 ちょうこう 징후

N1 前兆 ぜんちょう 전조

훈독 きざし

N2 兆し きざし 조짐, 징조, 전조

きざす

N2 兆す きざす (자) 싹트다, 징조가 보이다

1137

도망할 도

逃

JLPT N2 | 중, 고등 | 부수 辵 辶

소(兆)의 군대가 몰려 온다는 점괘에 도망(辶)치는 사람들의 모습.

음독 とう
- N1 逃亡 とうぼう 도망
- N1 逃走 とうそう 도주
- N1 逃避 とうひ 도피

훈독
- にげる — N2 逃げる にげる (자) 도망치다, 달아나다 (N4)
- のがす — N2 逃す のがす (타) 놓치다, 도망치게 하다
- のがれる — N2 逃れる のがれる (자, 타) 벗어나다, 피하다, 도망치다
- にがす — N2 逃がす にがす (타) 놓치다, 놓아주다

1138

펼 신

伸

JLPT N2 | 중, 고등 | 부수 人 亻

두 팔을 넓게 벌리고 번개(申)를 신의 계시라 가리키며, 신도들에게 자신의 의견을 설파하고 있는 제사장(亻)의 모습. 교세를 넓힘.

음독 しん
- N1 伸縮 しんしゅく 신축
- N1 伸長 しんちょう 신장

훈독
- のばす — N2 伸ばす·延ばす (N3) のばす (타) 펴다, 늘이다
- のびる — N2 伸びる·延びる のびる (자) 펴지다, 발전하다, 신장하다
- のべる — N1 伸べる·延べる のべる (타) 펴다, 늘이다, 펴서 깔다

납 신

구름 위에서 번개를 내리고 있는 신의 모습.

1139

점령할 점

占

JLPT N2 | 중, 고등 | 부수 卜

새로운 지역을 점령하고 앞으로의 운세를 점(卜)치고 있는 모습. 점을 본 결과를 말함(口).

음독 せん
- N1 独占 どくせん 독점
- N1 占領 せんりょう 점령
- N1 占拠 せんきょ 점거

훈독
- うらなう — N2 占う うらなう (타) 점치다, 예언하다
- しめる — N2 占める しめる (타) 차지하다, 자리 잡다

UPGRADE!

19

확인문제

한자표기 **다음 단어의 한자 표기로 적당한 것을 고르세요.**

01	のうみん	① 豊民	② 農眠	③ 農民
02	じしん	① 地雲	② 地震	③ 地曇
03	てんじょう	① 天井	② 天丼	③ 大井
04	どうわ	① 童話	② 鐘話	③ 勇話
05	ゆうき	① 要気	② 谷気	③ 勇気

한자읽기 **다음 한자의 읽는 법을 고르고 빈칸에 뜻을 적으세요.**

		①	②	③	뜻
06	国籍	① ごくせき	② こくぜき	③ こくせき	
07	放出	① ぼうしゅつ	② ぼしょう	③ ほうしゅつ	
08	訪問	① ほうもん	② ぼうもん	③ ほもん	
09	放送	① ぼうそう	② ほうそう	③ ぼうぞう	
10	耕す	① たがやす	② たかやす	③ だかやす	

정 답 01 ③ 농민 02 ② 지진 03 ① 천정 04 ① 동화 05 ③ 용기 06 ③ 국적 07 ③ 방출 08 ① 방문 09 ② 방송 10 ① 밭을 갈다

20 황실과 귀족의 권위 관련 한자(17자)

1140

임금 황

皇

JLPT N2 | 6학년 | 부수 白

무지를 촛불(白)로 밝혀주고 약자를 도끼(王)로 보호해주는 지고의 존재, 황제를 말함.

음독 **おう**　皇子 おうじ 황자, 왕자 참고어휘　　예외 N2 天皇 てんのう 천황, 일본 국왕

こう　N1 皇居 こうきょ 황거, 천황의 거처　　N1 皇帝 こうてい 황제

1141

누에 잠

蚕

JLPT N2 | 6학년 | 부수 虫

누에나 지렁이 같이 하늘(天)에서 내린 귀한 벌레(虫)들을 말함.

음독 **さん**　養蚕 ようさん 양잠 참고어휘

훈독 **かいこ**　蚕 かいこ 누에 참고어휘

1142

선비 사

士

JLPT N2 | 5학년 | 부수 士

왕의 힘은 양날도끼(王)로, 신하들의 힘은 외날 도끼(士)로 비유되었음.

음독 **し**　N2 弁護士 N3 べんごし 변호사　　N2 武士 ぶし 무사　　N2 修士 しゅうし 석사 학위

1143

구슬 옥

玉

JLPT N2 | 1학년 | 부수 玉 王

아주 귀한 보석인 옥을 그린 모습. 부수로 쓰일 땐 임금 왕(王)의 모습을 할 때가 있음.

음독 ぎょく

N2 玉 ぎょく 옥 (보석의 하나) 玉座 ぎょくざ 옥좌, 왕의 자리 참고어휘

훈독 たま

N2 玉 たま 구슬, 옥, 보석

1144

보배 보

宝

JLPT N2 | 6학년 | 부수 宀

집이나 창고(宀) 안에 엄중히 숨겨져 있는 귀중한 보석(玉)을 나타냄.

음독 ほう

N2 N3 宝石 ほうせき 보석 N1 国宝 こくほう 국보

훈독 たから

N2 宝 たから 보물, 보배 N1 宝くじ たからくじ 복권

1145

나눌 반

班

JLPT N2 | 6학년 | 부수 玉 王

병사들을 효율적으로 지휘하기 위해 반을 나누고(刂), 반장을 정해 그 증표(玉)를 줌.

음독 はん

N2 班 はん 반, 그룹 N2 班長 はんちょう 반장

1146

뜻 지

志

JLPT N2 | 5학년 | 부수 心 忄

志 志

사관(士)들의 강인한 마음과 뜻(心)을 의미함. 하고자 하는 의지가 있음.

음독 し

- N2 意志 いし 의지, 의사
- N1 志望 しぼう 지망
- N1 志向 しこう 지향

훈독 こころざし

- N1 志 こころざし 뜻, 마음

こころざす

- N1 志す こころざす (자, 타) 마음먹다, 뜻을 두다, 지향하다

1147

응할 응

応

JLPT N2 | 5학년 | 부수 心 忄

応 応

오랜 친구, 또는 높은 사람이 불러 성심껏(心) 집(广) 밖까지 뛰쳐나감.

음독 おう

- N2 応募 N3 おうぼ 응모
- N1 応援 N2 おうえん 응원
- N2 応接間 N3 おうせつま 응접실

훈독 こたえる

- N2 応える こたえる (자) 응하다, 반응하다

1148

기록할 지

誌

JLPT N2 | 6학년 | 부수 言

誌 誌

사관(士)의 마음(心)에서 우러나온 말(言)을 종이에 기록하고 있는 서기의 모습.

음독 し

- N2 雑誌 N5 ざっし 잡지
- 日誌 にっし 일지 참고어휘

1149

꾸짖을 힐

詰

JLPT N2 | 중, 고등 | 부수 言

후배의 개선되어야 할 점을 하나부터 열까지 세세하게 따지고(言) 있는 사관(吉)의 모습.

음독 きつ

N1 詰問 きつもん 추궁
N1 難詰 なんきつ 질책, 비난, 힐난

훈독 つめる

N2 詰める つめる (타) 채우다, 담다, 좁히다 (자) (직무를 위해) 대기하다

つむ

N1 詰む つむ (자) 막히다, 궁지에 몰리다

つまる

N2 詰まる つまる (자) 가득 차다, 막히다, 답답하다

N2 詰まらない N4 つまらない 하찮다, 보람이 없다
N2 詰まり つまり 결국, 즉

1150

맡길 임

任

JLPT N2 | 5학년 | 부수 人 亻

측근(壬)에게 중요한 임무를 맡기고 있는 사람(亻)의 모습.

음독 にん

N2 責任 N3 せきにん 책임
N2 担任 たんにん 담임
N2 就任 しゅうにん 취임

훈독 まかす

N1 任す まかす (타) 맡기다

まかせる

N2 任せる N3 まかせる (타) 맡기다, 위임하다

북방 임
가까이서 아첨함.

1151

품삯 임

賃

JLPT N2 | 6학년 | 부수 貝

맡긴 임무를 아주 훌륭하게 해낸 측근(壬)에게 보수(貝)를 줌.

음독 ちん

N2 家賃 やちん 집세
N2 運賃 うんちん 운임
N2 賃金 ちんぎん 임금

1152

한도 정

程

JLPT N2 I 5학년 I 부수 禾

程 程

올해는 세금(禾)을 어느정도 걷었는지 상급자에게 그 과정을 세세하게 보고하고 있는 측근(呈)의 모습.

음독 てい

N2 N3 日程 にってい 일정
N2 程度 ていど 정도
N2 過程 かてい 과정
N2 N3 課程 かてい (주로 교육) 과정
N2 音程 おんてい 음정

훈독 ほど

N2 程 ほど 한계, 한도, 정도
N2 N4 成る程 なるほど 과연, 정말, 그렇군

1153

뜰 정

庭

JLPT N2 I 3학년 I 부수 广

庭 庭

담(广)으로 보호되고 있는 조정(廷) 내 정원을 그린 모습.

음독 てい

N2 N4 家庭 かてい 가정
N2 N3 校庭 こうてい 교정

훈독 にわ

N2 N5 庭 にわ 정원

조정 정
임금과 측근들을 활을 들고 호위하고 있는 병사들의 모습. 그런 존재들이 모이는 곳.

길게 걸을 인
활을 메고 어디론가 나아가고 있는 사람의 모습.

1154

낳을 탄

誕

JLPT N2 I 6학년 I 부수 言

誕 誕

왕의 자식이 태어난 것을 축하(言)하기 위해 호위병들을 길게 배치(延)해 놓고 축제를 염.

음독 たん

N2 誕生日 たんじょうび 생일

1155

성인 성

聖

JLPT N2 | 6학년 | 부수 耳

행색이 초라한 거지가 가까이 와도(壬) 꺼려하지 않으며 그들의 이야기(口)를 경청(耳)함.

음독 せい

N2 聖人 せいじん 성인	N2 神聖 しんせい 신성	N2 聖書 せいしょ 성서, 성경

1156

거리 가

街

JLPT N2 | 4학년 | 부수 行

마을 사람들이 바삐 오가는(行) 번화가를 유심히 시찰하고 있는 제후(圭)의 모습.

음독 がい

- N1 街頭 がいとう 길거리, 노상
- N1 市街 しがい 시가, 거리

かい

- N2 街道 かいどう 가도

훈독 まち

- N2 街 まち 번화가, 거리, 시내
- N2 街角 まちかど 길모퉁이, 길거리

서옥 규

제후를 봉할 때 주는 옥으로 만든 증표인 규장(圭)을 그린 모습.

봉할 봉

황제가 규장(圭)을 주며(寸) 토지를 관리할 제후를 봉함. 중요한 문서를 봉투에 넣어 건넴.

확인문제

한자표기 **다음 단어의 한자 표기로 적당한 것을 고르세요.**

01 ほうせき　① 玉石　② 宝石　③ 宝岩

02 はんちょう　① 部長　② 版長　③ 班長

03 いし　① 意志　② 意氏　③ 意仕

04 せきにん　① 責人　② 責賃　③ 責任

05 ちんぎん　① 責金　② 賃金　③ 債金

한자읽기 **다음 한자의 읽는 법을 고르고 빈칸에 뜻을 적으세요.**

06 日程　① いってい　② いってい　③ にってい　[　　　]

07 家庭　① かてい　② がてい　③ かでい　[　　　]

08 聖人　① ぜいじん　② せいじん　③ せんじん　[　　　]

09 程　① ぼど　② ほど　③ ほと　[　　　]

10 任す　① まかす　② まけす　③ ばかす　[　　　]

정답 01 ② 보석　02 ③ 반장　03 ① 의지　04 ③ 책임　05 ② 임금　06 ③ 일정　07 ① 가정　08 ② 성인　09 ② 정도
10 ① 맡기다

21
병기와 전쟁 유래 한자(26자)

1157

기계 계

械

JLPT N2 | 4학년 | 부수 木

마을을 경계(戒)하던 경찰이 범죄자를 붙잡아 나무(木) 형틀로 구속한 모습. 아주 유용함.

음독 かい

N2 N3 機械 きかい 기계　　N2 器械 きかい 기구

1158

지경 역

域

JLPT N2 | 6학년 | 부수 土

성(口) 근처에 토산(土)을 쌓아 놓고 경계를 서고 있는 병사(戈)의 모습.

음독 いき

N2 N3 区域 くいき 구역　　N2 地域 ちいき 지역　　N2 流域 りゅういき 유역

N1 領域 りょういき 영역

재미있는 한자 이야기!

창 과

낫처럼 생긴 창인
'과'를 나타냄.

경계할 계

창(弋)을 들고(廾)
적이 오는 지 감시함.

혹 혹

혹여나 적이 오지 않을 까
성문(口) 앞에서 경계를 서고
있는 병사(戈)의 모습.

1159

호반 무

武

JLPT N2 | 5학년 | 부수 止

武 武

창(戈)을 들고 목적을 이룰 때까지 앞으로 전진(止)함.

음독 ぶ

N2 武士 ぶし 무사, 사무라이　N2 武器 ぶき 무기　N1 武力 ぶりょく 무력

む

武者 むしゃ 무사, 무장을 한 전사 참고어휘

1160

짤 직

織

JLPT N2 | 5학년 | 부수 糸

織 織

병사(戈)들을 줄(糸) 지어 세우면서 조직을 편성(音)하고 있는 지휘관의 모습.

음독 しき

N2 組織 そしき 조직

しょく

染織 せんしょく 염직, 염색 및 직조 참고어휘

훈독 おる

N2 織る おる (타) (옷감 등을) 짜다, 짜 맞추어 만들다

1161

알 식

識

JLPT N2 | 5학년 | 부수 言

識 識

병사(戈)들에게 작전에 필요한 시식(言)을 전파(音)하는 지휘관의 모습.

음독 しき

N2 意識 いしき 의식　N2 N3 常識 じょうしき 상식　N2 知識 ちしき 지식

N1 認識 にんしき 인식　N1 無意識 むいしき 무의식

1162

나 아

我

JLPT N2 | 6학년 | 부수 戈

서로 무기를 들며 함께 싸우자고 말함. 공동체에 속한 자기 자신의 정체성, 자아.

음독 が

N1 自我 じが 자아
N2 怪我 けが 상처, 다침
N1 N2 我慢 がまん 참음, 아만
N1 N3 我慢強い がまんづよい 참을성이 많다

훈독 われ

N2 我 われ 우리

わ

N2 我が わが 나의, 우리의

거만할 만

전쟁에서 반드시 승리할 거라고 생각하는 오만한 장군이 밤새 연회를 즐기며 술을 퍼마심.

아만(我慢)이란, 공동체를 위해 자신의 오만방자함을 억누르는 것을 의미합니다. 불교에서 온 용어입니다.

1163

옷 마를 재

裁

JLPT N2 | 6학년 | 부수 衣 衤

필요 없는 옷감(衣)을 잘라(戈) 재료를 확보한 후, 다시 원하는 목적에 맞게 재봉함. 어떤 기준에 맞게 과감하게 구조를 재구성함.

음독 さい

N1 N2 裁縫 さいほう 재봉
N2 制裁 せいさい 제재
N2 裁判 さいばん 재판
N1 独裁 どくさい 독재
N1 仲裁 ちゅうさい 중재
N1 体裁 ていさい 체재, 형식

훈독 さばく

N1 裁く さばく (타) 판가름하다, 재판하다, 시비를 가리다

たつ

N1 裁つ たつ (타) 재단하다, 마르다

다칠 재

풀(丰)이나 옷 등을 날붙이(戈)로 자름.

1164

얕을 전

浅

JLPT N2 I 4학년 I 부수 氵

건널 수 있는 강(氵)인지 창(戔)으로 휘저어 보며 수심을 확인해 봄.

음독 **せん**

N2 深浅 しんせん 깊고 얕음

N2 浅薄 せんぱく 천박

훈독 **あさい**

N2 浅い N3 あさい 얕다, 깊지 않다

1165

돈 전

銭

JLPT N2 I 6학년 I 부수 金

많은 무기(戔)를 사기 위해 금으로 된 동전(金)을 지불함.

음독 **せん**

N2 金銭 きんせん 금전

N2 銭湯 せんとう 대중목욕탕

훈독 **ぜに**

N1 銭 ぜに (동전 등) 소액 화폐, 돈

N1 小銭 こぜに 동전, 잔돈

1166

재 성

城

JLPT N2 I 4학년 I 부수 土

창(成)으로 적장을 물리치고 토성(土)을 쌓아 적의 침입을 대비함.

음독 **じょう**

N1 城下 じょうか 성의 아래

훈독 **しろ**

N2 城 しろ 성

나머지 잔

무수히 많은 창(戈)들이
서로 부대끼고 있는 모습.
격렬한 전투를 하니
잔해물들이 잔뜩 남아있음.

이룰 성

창(戊)으로 말을 탄 장수를
끌어내리는 데 성공(成)함.

1167

성할 성

盛

JLPT N2 | 6학년 | 부수 皿

창으로 적장을 물리치는 데 성공(成)한 병사들이 술(皿)을 마시며 놂.

음독 せい
- N1 旺盛 おうせい 왕성
- N1 盛大 せいだい 성대
- N1 全盛 ぜんせい 전성

じょう
- N1 繁盛 はんじょう 번성

훈독 もる
- N2 盛る N3 もる (타) 그릇에 많이 담다, 높이 쌓아 올리다

さかる
- N2 盛る さかる (자) 세차게 되다, 활발해지다, 번창하다, (동물 등이) 발정하다

さかん
- N2 盛ん N4 さかん 성함, 맹렬함, 번성함

1168

정성 성

誠

JLPT N2 | 6학년 | 부수 言

적군의 명장을 사로잡는 데 성공(成)함. 적이지만 존경할 만한 사람이기에 성의를 표함(言).

음독 せい
- N2 誠意 せいい 성의
- N2 誠実 せいじつ 성실

훈독 まこと
- N2 誠 まこと 진실, 진심, 성의
- N1 誠に まことに 참으로, 대단히

1169

넘을 월

越

JLPT N2 | 중, 고등 | 부수 走

적을 창(戊)으로 무찌르고 넘어 섬(走).

음독 えつ
- N1 優越 ゆうえつ 우월
- N1 超越 ちょうえつ 초월

훈독 こえる
- N2 越える こえる (자) 넘다, 건너다, 지나다

こす
- N2 越す こす (타) 넘다, 건너다 (자) 이사하다

도끼 월

1170

부드러울 유

柔

JLPT N2 | 중, 고등 | 부수 木

장(矛)이 부러지지 않으려면 유연한 목재(木)로 창대를 만들어야 했음.

음독 **じゅう**

N2 柔道 じゅうどう 유도　　N1 柔軟 じゅうなん 유연함

にゅう

柔弱 にゅうじゃく 유약 참고어휘

훈독 **やわらか**

N2 柔らか　N4 やわらか　부드러운 모양

やわらかい

N2 柔らかい　N4 やわらかい　부드럽다, 말랑하다

창 모
찌르기도 좋고
베기에도 좋은 양날 창,
모(矛)를 나타냄.

1171

군사 군

軍

JLPT N2 | 4학년 | 부수 車

전선에 마차(車)를 주차해놓고 막사(冖)를 구축하고 있는 군대의 모습.

음독 **ぐん**

N2 軍人　N4 ぐんじん 군인　　N2 軍隊 ぐんたい 군대　　N1 軍事 ぐんじ 군사

N1 軍備 ぐんび 군장비　　N1 軍服 ぐんぷく 군복

1172

휘두를 휘

揮

JLPT N2 | 6학년 | 부수 手 扌

군사(軍)들에게 지시(扌)를 내리고 있는 지휘관의 모습.

음독 **き**

N2 発揮 はっき 발휘　　N1 指揮官 しきかん 지휘　　N1 揮発油 きはつゆ 휘발유

1173

차례 제

第

JLPT N2 | 3학년 | 부수 竹

활쏘기(弟) 시험을 치르기 위해 죽간(竹)에 적힌 참가자의 이름을 차례대로 호명함.

음독 だい

N2 次第 しだい 차례, 순서
N2 落第 らくだい 낙제
N2 第一 だいいち 제일, 첫 번째

1174

살필 후

候

JLPT N2 | 4학년 | 부수 人亻

몰래 성벽을 올라오는(丨) 적병이 없나 유심히 살피는 제후(侯)의 모습.

음독 こう

N2 兆候 ちょうこう 징후
N2 気候 きこう 기후
N2 候補 こうほ 후보

훈독 そうろう

御座候 ござそうろう 입니다, 있습니다, 계십니다 (고어) 참고어휘

아우 제

동생이 활쏘기(弓) 연습을 하기 위해 주살에 줄을 감음.

제후 후

성벽(ユ) 위에서 궁병(矢)들을 지휘하는 제후(亻)의 모습.

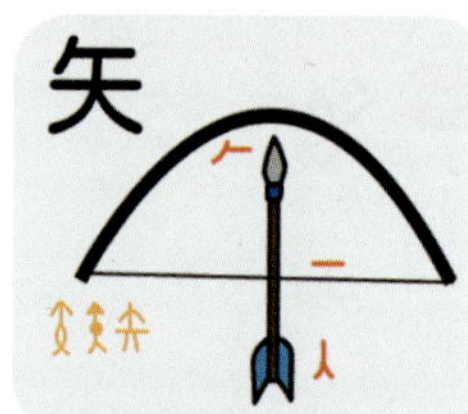

화살 시

화살과 활시위를 나타낸 모습.

1175

빌 기

祈

JLPT N2 | 중, 고등 | 부수 示ネ

건쟁에 나가기 선에, 신의 제단(示) 앞에서 승리를 기원하는 장수와 도끼(斤)를 치켜들며 함성을 외치는 병사들의 모습. 검이 전쟁에서 쓸만했던 건 철기 시대, 중국의 춘추전국시대 쯤부터였음.

음독 き

- N1 祈願 きがん 기원
- 祈念 きねん 기념, 기원 참고어휘

훈독 いのる

- N2 祈る いのる (타) 빌다, 기도하다, 기원하다, 희망하다

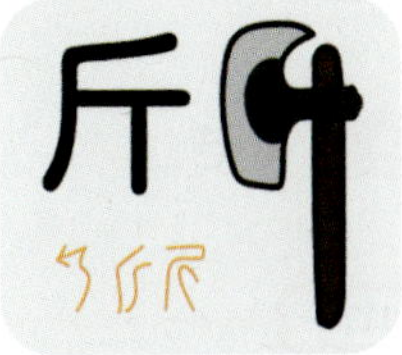

근 근

도끼(斤)를 그린 모습. 도끼 하나 정도의 무게인 1근, 약 600그램을 말함.

1176

병사 병

兵

JLPT N2 | 4학년 | 부수 八

도끼(斤)를 들고(廾) 전투를 준비하고 있는 병사(兵)의 모습.

음독 へい

- N2 兵隊 へいたい 군대, 병정
- N1 兵士 へいし 병사

ひょう

- 兵法 ひょうほう 병법 참고어휘

1177

마칠 졸

卒

JLPT N2 | 4학년 | 부수 十

군사 계급에서 맨 마지막 아래에 있는 병졸을 그린 모습. 노예들이 노예복을 입고 병역에 종사함. 가장 위험한 임무를 맡아 일찍 죽었음.

음독 そつ

- N2 卒業 N4 そつぎょう 졸업
- N2 新卒 しんそつ 신졸
- N1 兵卒 へいそつ 병졸

1178

순수할 수

粋

JLPT N2 | 중, 고등 | 부수 米

아직 전투 경험이 없는 순진한 어린 병졸(卒)들의 모습. 수염이 나고 햇빛에 그을린 피부를 가진 장수들에 비해 쌀(米)처럼 하얀 피부를 가지고 있음.

음독 すい

N2 純粋 じゅんすい 순수　　N1 抜粋 ばっすい 발췌

훈독 いき

N1 粋 いき 1. 세련되고 운치있음 2. 세상 물정이 밝음

1179

순수할 순

純

JLPT N2 | 6학년 | 부수 糸

창과 손을 줄(糸)로 묶고 자신의 자리를 지키고 있는 주둔병(屯)의 모습. 가족을 지키기 위한 망설임 하나 없는 마음의 상태, 순수를 말함. 부정과 타협이 없음.

음독 じゅん

N2 純粋 じゅんすい 순수　　N2 単純 たんじゅん 단순　　N2 純情 じゅんじょう 순정

1180

둔할 둔

鈍

JLPT N2 | 중, 고등 | 부수 金

결사항전의 각오로 싸우다 보니 주둔병(屯)의 칼날(金)이 많이 무디어진 모습.

음독 どん

N1 鈍感 どんかん 둔감

훈독 にぶい

N2 鈍い にぶい 둔하다, 무디다, 느리다

にぶる

N2 鈍る にぶる (자) 둔해지다, 무디어지다, 약해지다

진칠 둔

적이 쳐들어올 것을 대비해 울타리를 치고 경계를 서는 주둔병의 모습.

조아릴 돈

결국 방어선이 뚫려 머리(首)를 조아리고 만 명예로운 주둔병(屯)의 모습.

1181

거스를 역

逆

JLPT N2 | 5학년 | 부수 辵 辶

반역를 꾀하고 도주(辶) 하다가 붙잡혀 죽음(屰).

음독 **ぎゃく**

N2 N3 逆 ぎゃく 반대, 역

N1 逆転 ぎゃくてん 역전

훈독 **さか**

N2 逆様 さかさま 거꾸로 됨, 그런 모양

さからう

N2 逆らう さからう (자) 거스르다, 역행하다

1182

낄 개

介

JLPT N2 | 중, 고등 | 부수 人 亻

갑옷(儿) 사이에 꽉 낀 사람(人)의 모습. 뭔가의 사이로 개입함.

음독 **かい**

N2 紹介 しょうかい 소개

N2 介入 かいにゅう 개입

N1 介護 かいご 개호, 간호

거스를 역 부수

반역을 꾀하다 죽음.

몸이 뒤집힌 모양을 나타냄.

지경 계

갑옷을 단단히 껴 입은 병사(介)가 마을(田)의 경계에서 보초를 서고 있는 모습,

UPGRADE!

21

확인문제

한자표기 **다음 단어의 한자 표기로 적당한 것을 고르세요.**

01 きかい ① 幾械 ② 幾界 ③ 機械

02 ちょうこう ① 兆侯 ② 逃候 ③ 兆候

03 いしき ① 意識 ② 意織 ③ 意職

04 せいさい ① 制裁 ② 制剤 ③ 製剤

05 きんせん ① 金残 ② 金浅 ③ 金銭

한자읽기 **다음 한자의 읽는 법을 고르고 빈칸에 뜻을 적으세요.**

06 卒業 ① そつぎょう ② そつぎょ ③ そっきょう [ ]

07 純粋 ① ちゅんすい ② じゅんすい ③ じゅんしゅ [ ]

08 単純 ① だんしゅん ② たんじゅん ③ たんしゅん [ ]

09 鈍い ① するどい ② にがい ③ にぶい [ ]

10 逆らう ① ためらう ② さからう ③ はからう [ ]

정답 01 ③ 기계 02 ③ 징후 03 ① 의식 04 ① 제재 05 ③ 금전 06 ① 졸업 07 ② 순수 08 ② 단순 09 ③ 둔하다 10 ② 거스르다

메모 メモ

배운 내용을 자유롭게 적어가며 복습해보세요!

“국내 최초!
일본에서 특허 받은 한자 학습법”

아니마칸지의

일본어 한자혁명

- 찾아보기 -

ㄱ

ㄹ

ㅁ

ㅊ

ㅋ

ㅌ

ㅍ

ㅎ

메모 メモ

배운 내용을 자유롭게 적어가며 복습해보세요!

메모 メモ

배운 내용을 자유롭게 적어가며 복습해보세요!

메모 メモ

배운 내용을 자유롭게 적어가며 복습해보세요!

아니마칸지의 일본어 한자혁명 1

초판2쇄 발행	2025년 10월 15일(인쇄 2025년 8월 19일)
초 판 발 행	2025년 6월 20일(인쇄 2025년 4월 30일)
발 행 인	박영일
책 임 편 집	이해욱
저 자	아니마칸지 손양의
기 획 편 집	이동준 · 신명숙
표지디자인	하연주
편집디자인	양혜련 · 임창규 · 고현준
발 행 처	시대에듀
공 급 처	(주)시대고시기획
출 판 등 록	제 10-1521호
주 소	서울시 마포구 큰우물로 75 [도화동 538 성지 B/D] 9F
전 화	1600-3600
팩 스	02-701-8823
홈 페 이 지	www.sdedu.co.kr

I S B N 979-11-383-9224-2 (13730)

정 가 25,000원